越玩越聪明的999个数独游戏

慕容漪汐 著

			5		7	6		
				9		3		
3	4							
9								4
	6						2	
7								6
							9	1
		7		8				
		5	1		6			

中国纺织出版社

内 容 提 要

数独是危险的事物，它让你忘记家庭，忘记工作，只想着房间里乱飞的纸片和涂涂改改的印迹。《泰晤士报》的这句评论生动地说明了数独的魅力，数独不仅能够训练人们的专注力，还能提高大家的逻辑思维能力。刚刚接触数独的读者通常靠猜数来完成盘面，可是如果掌握各种技巧的话，就会又快又准确地完成盘面。本书是一本数独技巧与题目的合集，第一章介绍了标准数独的各种基本解法，第二章介绍了十种变形数独的技巧，之后章节提供了999道不同类别不同难度的数独题目，你可以由易到难，一步步进行挑战，也可以随性而至选择题目，享受你的闲暇时光和碎片时间。

图书在版编目（CIP）数据

越玩越聪明的 999 个数独游戏 / 慕容漪汐著 . —北京：中国纺织出版社，2018.10（2023.1 重印）

ISBN 978-7-5180-5207-3

Ⅰ . ①越… Ⅱ . ①慕… Ⅲ . ①智力游戏 Ⅳ . ① G898.2

中国版本图书馆 CIP 数据核字（2018）第 147536 号

策划编辑：郝珊珊　　责任校对：陈　红　　责任印制：储志伟

中国纺织出版社出版发行

地址：北京市朝阳区百子湾东里 A407 号楼　邮政编码：100124

销售电话：010-67004422　传真：010-87155801

http：//www.c-textilep.com

E-mail：faxing@c-textilep.com

中国纺织出版社天猫旗舰店

官方微博 http://weibo.com/2119887771

佳兴达印刷（天津）有限公司印刷　各地新华书店经销

2018 年 10 月第 1 版　2023 年 1 月第 5 次印刷

开本：710 × 1000　1/16　印张：18

字数：260 千字　定价：52.80 元

凡购本书，如有缺页、倒页、脱页，由本社图书营销中心调换

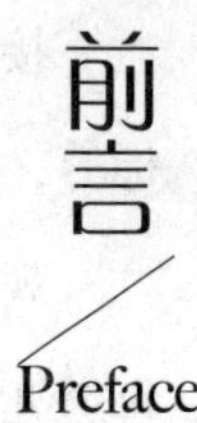

数独的规则与元素

什么是数独呢?

简单地说，填入不同的数字，使得数字 1~9 在**每一行**、**每一列和每一个粗线宫格内都不重复**、**不遗漏**的游戏就叫数独。例如图 1，左边是初始状态，我们拿到一道题目的时候，盘面内有很多空格。我们需要的是合理地填补这种空格，让最终得到的答案完全符合规则。

	7	2					3	
8			9			1		2
	9		1		2			8
		9		6		4	2	
			7		9			
	3	4		2		8		
9			6		7		1	
5		7			3			6
	1					2	7	

1	7	2	4	8	6	5	3	9
8	6	3	9	7	5	1	4	2
4	9	5	1	3	2	7	6	8
7	5	9	3	6	8	4	2	1
2	8	1	7	4	9	6	5	3
6	3	4	5	2	1	8	9	7
9	2	8	6	5	7	3	1	4
5	4	7	2	1	3	9	8	6
3	1	6	8	9	4	2	7	5

图 1　九宫标准数独图示。左图为初始状态，右图为填好之后的状态

接下来看一看标准数独的**元素**。我们需要了解的元素有：行，列，宫，坐标等，这些对于理解数独的规则和阅读有关解题的方法都是必要条件。

观察图 2。拿到一道数独题目，首先要有**行、列**（Row & Column）的概念。每道九宫标准数独题目，必然有从上到下的 9 行和从左到右的 9 列。对这 9 行和 9 列有很多种命名方式，本书中，我们规定从上到下的 9 行分别是 A~I 行，从左到右的 9 列分别是 1~9 列。

图 2　九宫标准数独的基础元素图示

在规定了行列的概念之后，我们对于盘面上的小方格进行观察，一共是 9×9 共 81 个小方格，这些小方格我们命名为**单元格**（Grid）。为了指出某一个特定的单元格，我们会使用“某一行第几个小方格”这样的表述，例如“第三行第四格”。同时，我们在之前对于行列进行了命名，所以我们也可以使用“C 行（第三行）第四列（第四单元格）”这样的命名法，然后更加简化地称呼为 C4 格。这种**字母加数字的命名法**为本书中使用的主要命名法则。盘面内给出了很多数字作为线索，这些题目给定的数字我们称之为**已知数**。我们要做的事情就是通过给定的已知数，去探索空白单元格里应该填入哪些数字。

此外，盘面内有九个**宫**（Box），按照从左到右、从上到下的顺序，分别是第一～第九宫。

目录 Contents

第一章　标准数独解法

第 1 节　唯一余数法

我们来看看唯一余数法。

	4	5		3			2	8
8	9	7					1	
	3			8			7	9
4		3						
	1		4		5		6	
						2		4
3	6			7			8	2
	2						3	
7				2		9	4	

	4	5		3			2	8
8	9	7					1	
	3			8			7	9
4		3						
	1		4	✡	5		6	
						2		4
3	6			7			8	2
	2						3	
7				2		9	4	

图 1　例题（左图），唯一余数法（右图）

唯一余数法是指，一个单元格里面有 8 个数字都不能填的时候，这个单元格里一定是剩余的那个数字。观察图 1，星格所在的行里有数字 1、4、5、6，列里有 2、3、7、8，因此这个单元格一定是数字 9。

第 2 节　排除法

按照规则，每行（列、宫）内数字不重复，意味着对于任何一个已经有确定数字的单元格而言，它所在的行（列、宫）内不会再次出现这一数字。

观察图 2 的左图，B2 格内是数字 1，那么根据规则，所有灰色单元格内都不能是数字 1。这是最基础的排除法。在此基础上观察右图，右图里有 4 个已知的数字 1，那么根据推理，图中灰色单元格内也都不能是 1，进而可以发现，第三宫中，1 只能填在一个地方，那么很显然，星格内一定是数字 1。

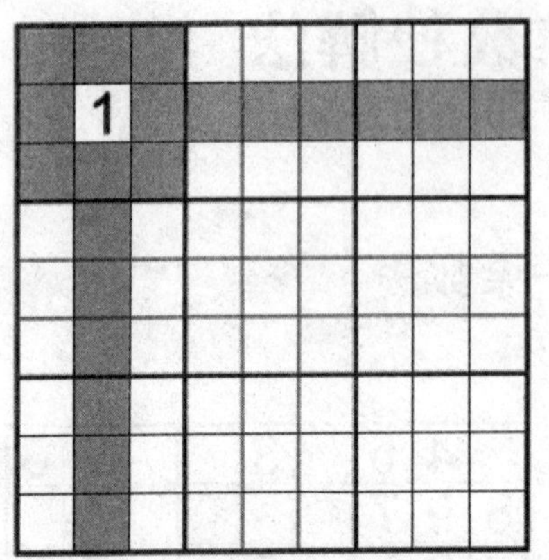

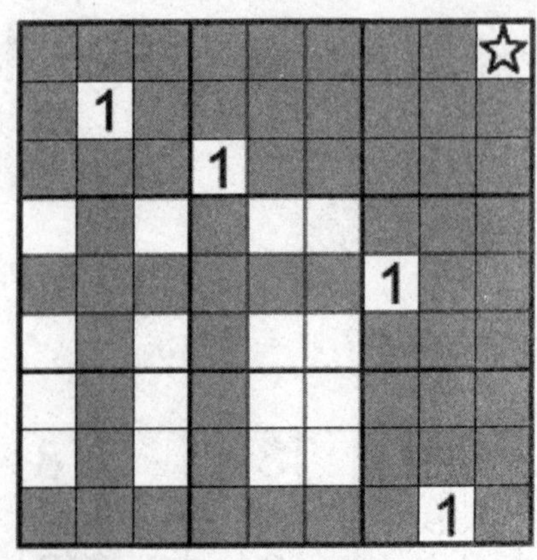

图 2　排除法图示（左图），宫内排除法实例图（右图）

在数独实际题目中，宫内排除法是最常用的技巧。我们用线条来表示排除，用一道例题进行示意。观察图 3 的左图，是一道简单的九宫数独题目。我们可以选数字 1 作为观察对象。观察题目可发现，第三、四、五、七、八、九宫中都有数字 1，所以我们要判断第一、二、六宫内的数字 1 能填在哪里，也就是在这些宫里面找数字 1 的宫内排除。先看第一宫，我们用线条表示排除法，经过排除可以知道，第一宫内只有星格可以填 1，所以数字 1 一定填在那里，用坐标表示就是 C3=1。

当然，举一反三，除了宫内排除法以外还有行列排除法。这一点请大家看图 3 右图，第七列的 1 只能在星格里，原理和宫排除法是一样的，只是观察对象转化为行列而已。

	9	2				7	3	
5			2		7			1
3		☆			9			5
	3	9		1			4	
			3		2			
	1			9		2	6	
9			1					4
1			6		5			9
	6	5				3	1	

9						3		
8		6	3	9	4	7		
	3	4	5			8	9	
3		8		4			1	
	9		2		6		3	
	4			3		5		
	8	9			3	2	7	
		1	6	7		9		3
		3				☆		

图 3　例题（左图），行列排除法（右图）

第3节　区块法

首先我们来说明一下什么是区块。在某些单元格里必然存在某个数字，这些单元格就构成了关于该数字的区块。那么，区块有什么作用呢？实际上，区块有辅助观察排除和辅助获得唯一余数两种作用。

在图4所示的例题（左图）中，5对于第四宫进行排除，得到圆圈内（右图）有一个5的区块。这个区块里面一定有数字5，所以结合行列排除法可以排除C3的5，得到第一宫的5在星格里。

		9				5	8	2
				8	5	7		9
	8		9			1		4
9	4		1		8	3	2	6
8				2		9	7	5
2	6			9	3	4	1	8
			8		9	6	5	3
		8	3	6		2		
3		6				8		

		9				5	8	2
				8	5	7		9
☆	8		9			1		4
9	4		1		8	3	2	6
8				2		9	7	5
2	6			9	3	4	1	8
			8		9	6	5	3
		8	3	6		2		
3		6				8		

图4　例题（左图），区块排除法（右图）

我们再来观察难度高一点的图5。在这里，第一列的5必然在圆圈的区块中（右图），排除第一宫其他位置的5，结合行列排除法得到第一行的5在星格。

1				2		6		3
						8		1
	8		4		1			
3	1	4	6	7	2	9	8	5
8			1			3	6	7
6	7	9	5	8	3	1	2	4
		1			5		3	
4							1	
7		8		1				6

1				2		6	☆	3
						8		1
	8		4		1			
3	1	4	6	7	2	9	8	5
8			1			3	6	7
6	7	9	5	8	3	1	2	4
		1			5		3	
4							1	
7		8		1				6

图5　例题（左图），行列区块排除法（右图）

再来看一个区块唯一余数的例子。观察图 6 例题（左图），可以发现第二宫的1区块，第八宫的2区块。结合第五宫里的已知数3、6和第六行的已知数4、5、7、8，能得到唯一余数 E5=9。

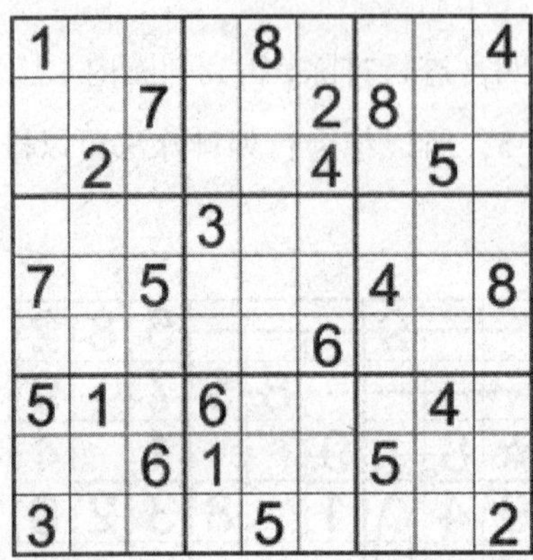

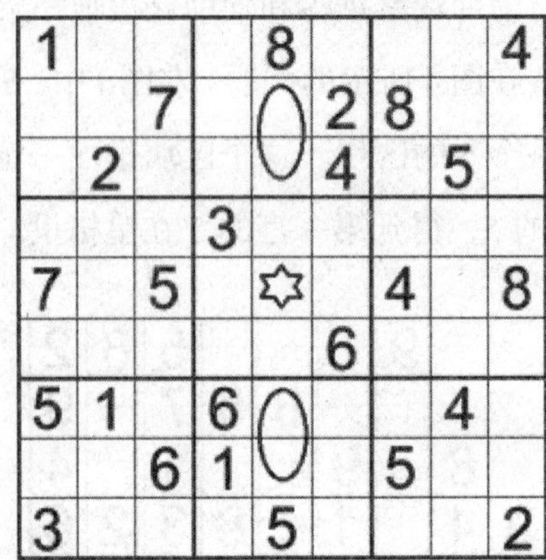

图6　例题（左图），区块唯一余数（右图）

第 4 节　数对

观察图 7，我们可以发现 F6 和 F9 都只能是 4 或 8，因此这两个单元格必然是一个 4 和一个 8，这样这一行其他格子里就没有 4 和 8 了。这样的观察方法我们叫作显性数对，意思是某两个格子里必然是某两个数。在这道题中，我们能够很明显地看到，星格原本是 3、4、8 三个可能，通过显性数对排除后，星格里只可能是 3。

		7	1	8	5	9	6	2
5	9	6	2	3	7	8	4	1
2			4	6	9			7
7			3	9	2			5
		2	5	7				
9		5	6	1				
1	7	9	8	4	6			3
8	2	4		5	3			6
6	5	3		2	1			

		7	1	8	5	9	6	2
5	9	6	2	3	7	8	4	1
2			4	6	9			7
7			3	9	2			5
		2	5	7				
9	☆	5	6	1	48			48
1	7	9	8	4	6			3
8	2	4		5	3			6
6	5	3		2	1			

图 7　例题（左图），显性数对（右图）

有显性就必然有隐性，我们再来看看图 8，在图中，第二行的 4 和 5 只能在 B4 和 B6 两个单元格里，这两个单元格的位置被占据了，就不能再填入别的数字，因此 9 不能填到这两个里，结合行列排除法得到第二行的 9 在星格里。

7	6		2				4	5
		2		7				6
	5	4				9	7	2
6	8	5			2	7	3	4
4	7	3		6		2	9	1
	2		7			5	6	8
	4	6		2	7		5	
2		7		5		4		
5	9	8			1	6	2	7

7	6		2				4	5
☆		2		7				6
	5	4				9	7	2
6	8	5			2	7	3	4
4	7	3		6		2	9	1
	2		7			5	6	8
	4	6		2	7		5	
2		7		5		4		
5	9	8			1	6	2	7

图 8　例题（左图），隐性数对法（右图）

数对法的核心在于，某两个单元格内只能是某两个数字（但是顺序未知）。这样，这两个单元格内就不能填进别的数字，这些单元格共同影响的区域里也不能再出现这两个数字。一句很简单的口诀是“隐性占位，显性删减”，大家可以自己体会一下。

第 5 节　数组

数组实际上是数对扩展开到 3 个甚至 4 个的情况。

图 9 左图是显性 3 数组，删除 C2 的 8，得到第一宫的 8 在星格。右图是隐性 3 数组，得到第六列 8 在星格。

	1		7			8		
	4				8		7	5
☆	\	7						
	○				2	9		6
	9	3	5	6	7	4	1	
4						5		7
	○					3		
6	3		1		9		5	
	○	2			4		9	

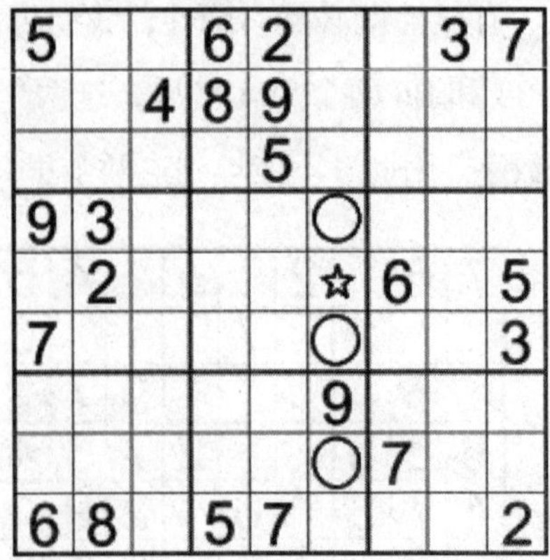

图 9　显性数组（左图）和隐性数组（右图）

数组内也有区块。观察图 10，大框内是 5、6、7、8 四数组，小框内是数组内部的 6 区块。排除后得到第四列的 6 在星格。

2	6	7	5	8	9	4	1	3
		9	3				2	5
		3	4	2		6		
		1				3		
		4	9			2	7	
		6				5		
			2	3	4	9		
	9		1					2
		2		9		1		

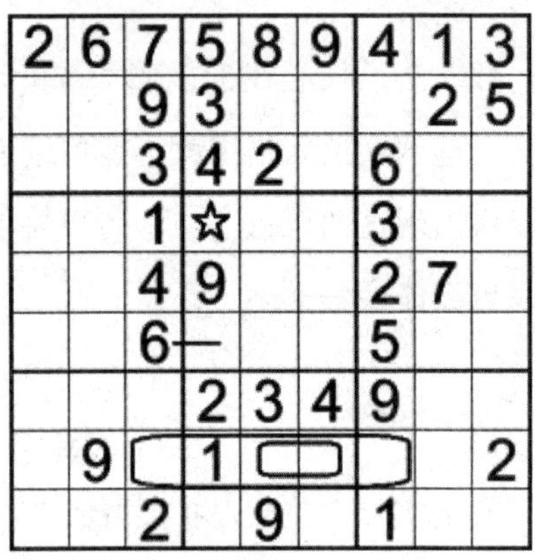

图 10　例题（左图），数组内区块（右图）

第 6 节　唯一性解法

合格的数独只有一个解，基于这个规则，有一些相关的解法，在本书所涉及的内容中，我们只讲一下简单的 UR 解法。

UR 的全称是 Unique Rectangle（唯一矩形）。简要地说，就是当形成如图 11 中这种矩形结构的时候，左边的两个单元格是某两个数的数对，右边也是，在这种情况下，题目的这个局部会有两组解，从而产生局部多解。因为合格的数独只有唯一的解，而这个局部多解的产生，必然意味着题目另一处会有矛盾，导致题目无解。所以这种结构叫作致命结构，UR 技巧就是在盘面内以各种方式避免致命结构的产生。

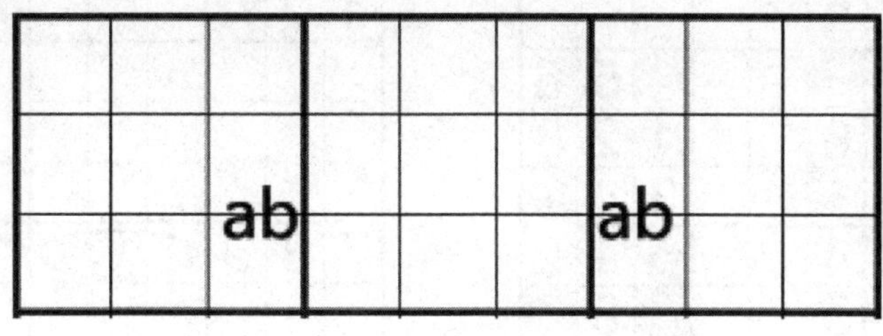

图 11

观察图 12。左上角，第一宫是 8、9 数对，第二宫 A4 是 7、8、9 数对，B4 是 8、9 数对。为了避免致命结构的产生，B4=7。七宫灰色区域为 2、4 数对，九宫的 2 和 4 只能在灰色区域里，若在上方两格，那么 G2 无数可填；若在右侧两格，那么形成致命结构；因此，2、4 只能在左上和下方的两格里。

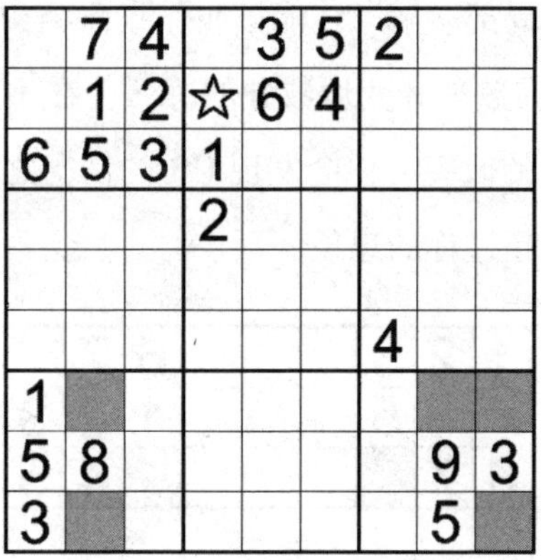

	7	4		3	5	2		
	1	2	☆	6	4			
6	5	3	1					
			2					
						4		
1								
5	8						9	3
3							5	

图 12

当然，唯一矩形也有拓展和误区。下面给出唯一矩形常见的两种拓展情况：

第一种：如图 13 左图，如果 G7=6 的时候，H7 和 H9 形成 7、9 数对，所有灰色的部分形成一个大的致命结构，这就是致命结构的拓展情况之一。

第二种：如图 13 右图，第八宫圆圈里是 4、5、6 数组，C3 ~ C6 是 3、4、5、6 数组，如果星格为 3，那么 C4、C5、C63 个单元格也是 4、5、6 数组，大家可以自己思考一下，这个结构也是一种更为复杂的致命结构。

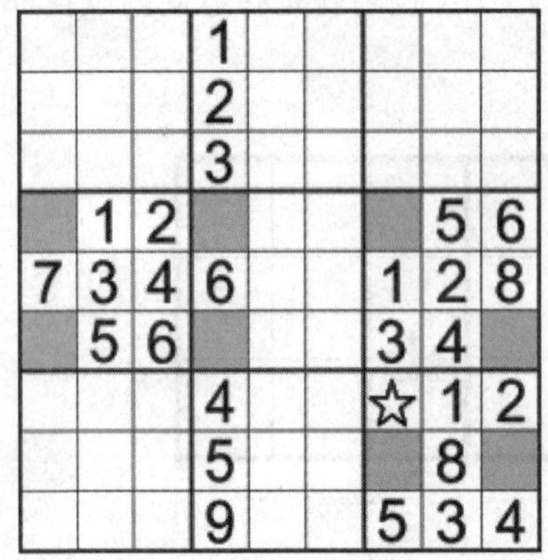

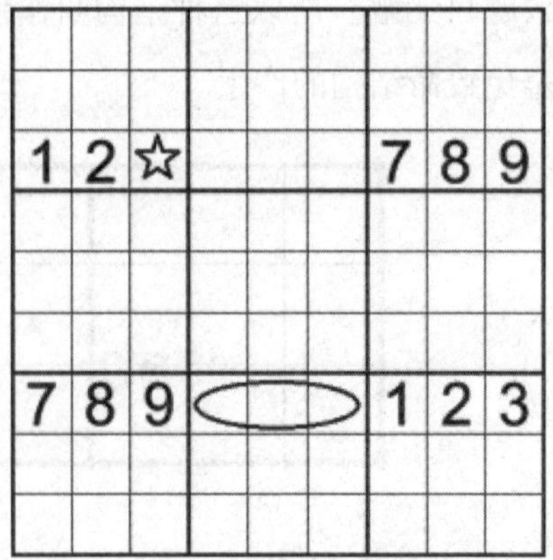

图 13

与此同时，UR 解法还存在着非常严重的使用误区，大家一定要明辨。在图 14 中，虽然看起来像是致命结构，但是它的 4 个角位于 4 个宫里，不能形成局部多解，所以也就不存在致命结构。UR 解法在变形数独里也可以使用，但是还是要满足“形成局部多解”才能被叫作致命结构。总而言之，彻底掌握 UR 技巧需要大量的标准数独和变形数独的练习。在不局限于本书对于数独的理论技巧下进行进一步的研究，你会发现 UR 的情况之多，以及各种情况内部结构的复杂程度，远远超过你的想象。

1	2	3				6	7	
	4	5				1	2	3
6	7						4	5
3	1						5	7
4	5	2				3	1	6
	6	7				2		4

图 14　UR 解法的误区，4 个灰色单元格都是 8 和 9，却不是致命模式

第二章　变形数独解法

第 1 节　杀手数独

杀手数独是指在标准数独的基础上，有一些虚线框，框内数字不能重复，角标数字为框内数字之和。

技巧 1：45 法则

每行、每列、每宫填入数字 1~9，意味着这一行、列、宫的和是 45。然后可以通过运算得到一些特定单元格的值，例如图 1 的左图，第九行里有 4 个虚线框，它们的和是 44，那么剩下一个星格里的数字必定为 1。同理，可以得到另两个星格的数字。这个技巧比较简单，在 99% 的题目里，第一步需要观察的就是 45 法则。但是，45 法则不仅仅是将框内数字加起来，也有很多的简化步骤。例如，图 1 左图的第九行，可以将 12、15、12、5 的个位数相加，发现和尾数是 4，而总和是 45，得到星格是 1。这种在比较复杂的情况下会极大缩减计算量。例如，有的情况要计算两行甚至三行的和，与 90 或者 135 来进行比对，这种情况下只算尾数会简便很多。当然，尾数也有弊端。例如目标是某两个单元格的和，就不建议只计算尾数。如用尾数算出来两个单元格的和尾数是 3，那么可能是 3，也可能是 13。这时，需要全部加一遍来计算。

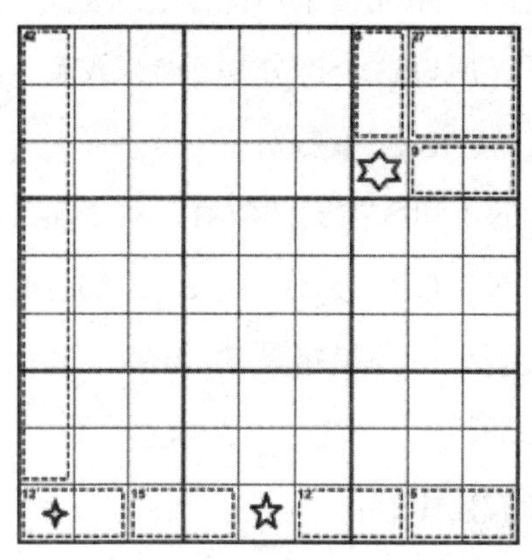
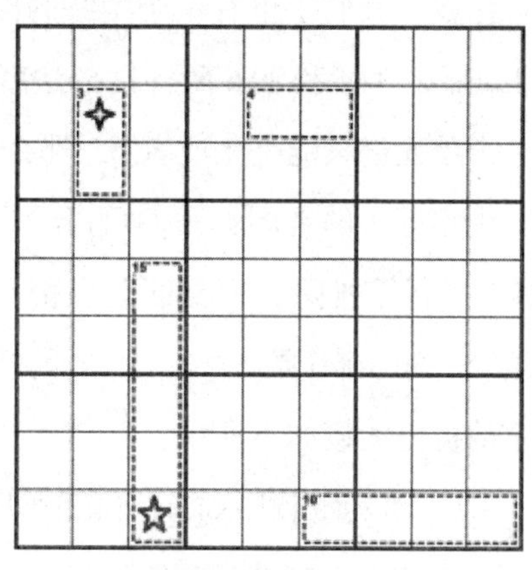

图 1　45 法则图示（左图），固定数字的拆分（右图）

关于45法则怎样计算也有讲究。图2是一道题目的半边，解题的时候可以使用45法则计算右边5列（图中未给出数值）的和，然后和225比对，也可以计算左边4列的和。而在这个图里，最佳的方法肯定是用45法则算出来每一列最下方的数字，然后利用15进行计算。

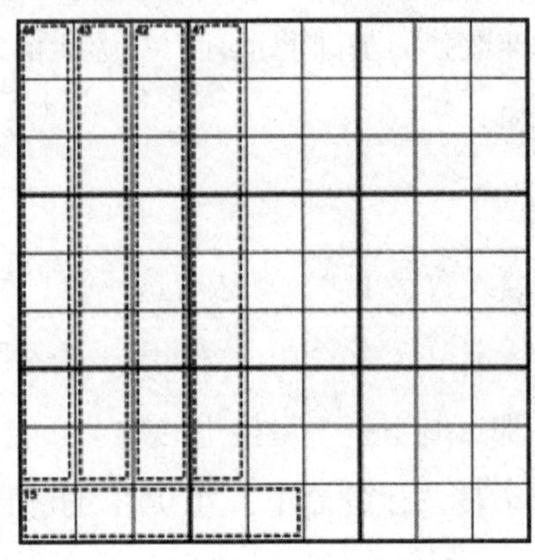

图2 45法则如何优选

技巧2：数字的拆分

有一些组合有固定的拆分方法。我们把B个数字的和A这件事记作A[B]。很显然有3[2]=1+2、4[2]=1+3等组合。一个确定了拆分的虚线框，我们往往可以将其当作数对或者数组使用。当然更多的情况是结合45法则，排除某个单元格的候选等，对于一个拆分进行分组讨论。

比如，我们手里有一个7[2]的拆分，这两个单元格都不能是3，也都不能是1，那么3+4和1+6两种拆分法就否决了，所以这个拆分是2+5；或者，其中一个单元格只能是1或者6，那么这里也一定是1、6数对。

观察图1的右图，我们可以看见，4[2]的1和3构成了数对，对于3[2]的1和2进行了排除，得到四角星格是2。接下来观察15[5]，是1、2、3、4、5的组合，而10[4]是1、2、3、4的组合，能得到五角星格是5。还有一些固定数字的拆分大概如下所示：

3[2]，4[2]，5[2]，6[2]，14[2]，15[2]，16[2]，17[2]；

6[3]，7[3]，23[3]，24[3]；

10[4]，11[4]，12[4]，29[4]，30[4]；

15[5]，16[5]。

其中，有一些是必须要记住的，现在我们来找一找规律，看看要记住的是哪些：

① $1+2+\cdots+n$ 和 $1+2+\cdots+n+(n+2)$ 这两种，且都只有一种拆分法。

② 常见的两种拆分的有 5[2]、6[2]、14[2]，等等。

大家有没有发现我们没有讨论 5 个数以上的拆分？在 5 个数以上的时候，用 45 法则，讨论框里没有的数是怎样拆分呢？即反向拆分，从而获得虚线框的拆分。

技巧 3：拆分必含

研究一个拆分 8[3]，它必然有两种形式：8=1+2+5 或者 8=1+3+4。这样可以发现，拆分 8 必然含有数字 1，这就是拆分必含。这种必含往往当作区块来使用。我们需要记住的必含包括：

8[3]、13[4] 必含 1；

12[4] 必含 1 和 2；

22[3]、27[4] 必含 9；

28[4] 必含 8 和 9。

技巧 4：极值估算

换一个角度观察。我们研究一个拆分 20[3] 的时候，因为两个数相加的最大值是 17，所以另一个数字最小也要是 3，这种方法叫作极值估算。

继续说刚才的 8[3] 拆分，很明显，这种拆分里面不能含 9 和 8，由于两个数的和最小也是 3，所以第三个单元格里最大也只能是 5 了，这是另一种形式的极值估算。

极值估算有什么作用呢？观察图 3 左图，1 不能在 29[4] 或者 11[2] 中，结合排除法，1 在 C3；右下角中，9 不能在 12[4]、9[2] 或者 8[2] 中，那么也很容易得到第九宫的 9 在 I7。

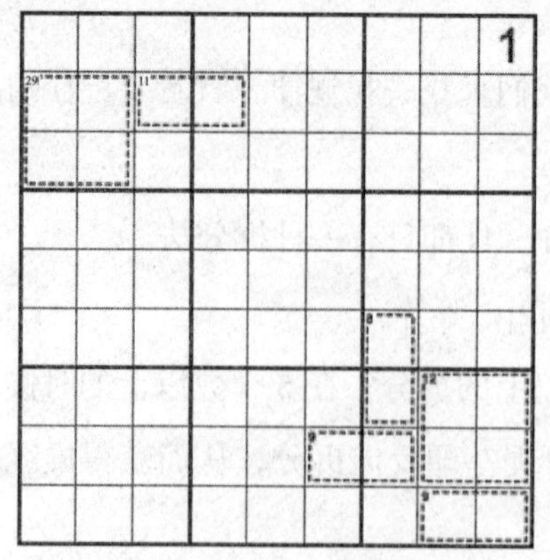

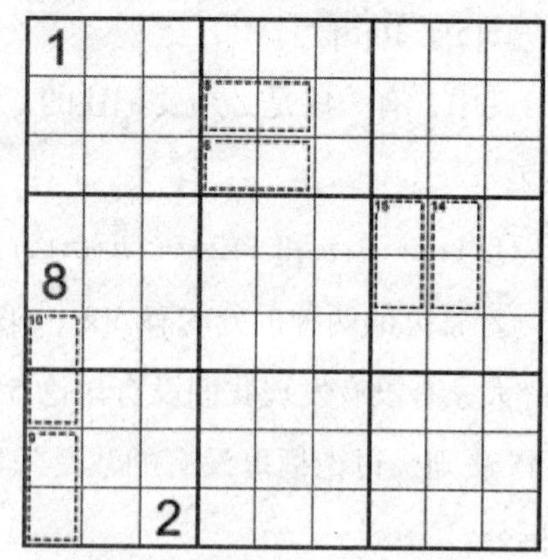

图 3　极值估算（左图），拆分冲突图示（右图）

技巧 5：拆分冲突

观察两个拆分 6[2] 和 5[2]。6[2]=1+5 或者 2+4，5[2]=1+4 或者 2+3。那么如图 3 右图所示，5 和 6 在一个宫里会出现什么情况？ 5 是 1+4 的时候 6 无法拆分，6 是 2+4 的时候 5 无法拆分。这就是拆分冲突。最常见的拆分冲突就是 5[2] 和 6[2]，还有 14[2] 和 15[2]。图 3 中大家可以多多观察。

在图 3 右图左边第一列，10[2] 不能是 1+9 或者 2+8，所以只能是 3+7 或者 4+6。同理，9[2] 只能是 3+6 或者 4+5。很明显，这里也有拆分冲突，10 不能是 4+6，9 不能是 3+6。

当然，更多的拆分冲突是只能否定一部分的可能性。例如 5[2] 和 7[2] 冲突的时候，5[2] 不能是 3+4。

技巧 6：差值估算

观察图 4 左图，两个虚线框内数字相加和是 37，而第五行一整行的和是 45，这意味着星格比灰色格大 8，那么显然，星格是 9，灰色格是 1。

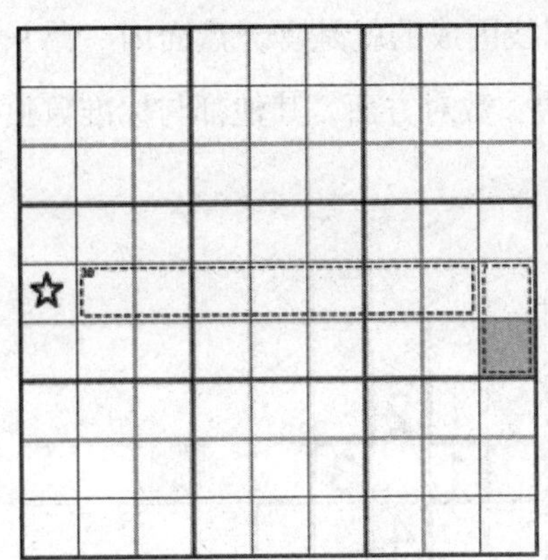

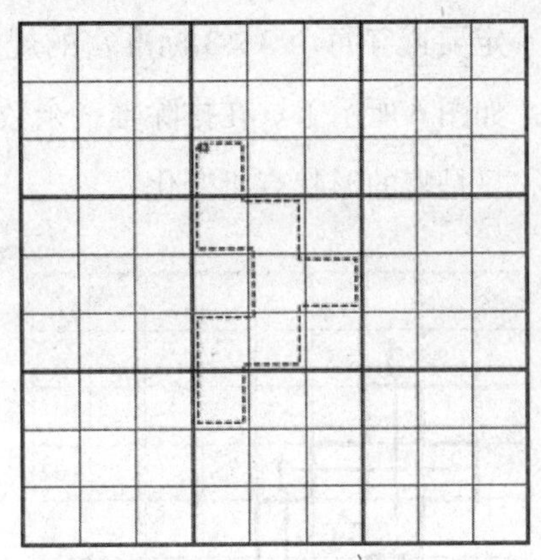

图 4　差值估算（左图），虚线框限制（右图）

技巧 7：虚线框限制

这是很少见的情况。观察图 4 右图，虚线框内很明显是除了 2 以外的 8 个数字，这 8 个数字都能影响 E4，得到 E4=2。

技巧 8：虚线框内区块

观察图 5，8 必然在灰色部分，利用虚线框内数字不重复的规则，得到第九宫星格是 8。

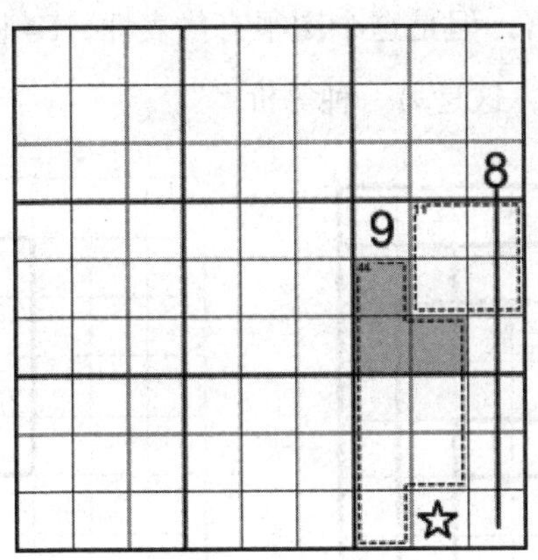

图 5　虚线框内区块

第 2 节　锯齿数独

锯齿数独是指在标准数独的基础上，宫变成了不规则形状的数独。在这里不一定要遵守每个 3×3 标准宫的规则，粗线围成的就是宫，盘面内一共 9 个宫（如图 6 所示）。在排除唯一余数、区块、数对方面，其他都与标准数独一致，只是宫的形状有所变化。

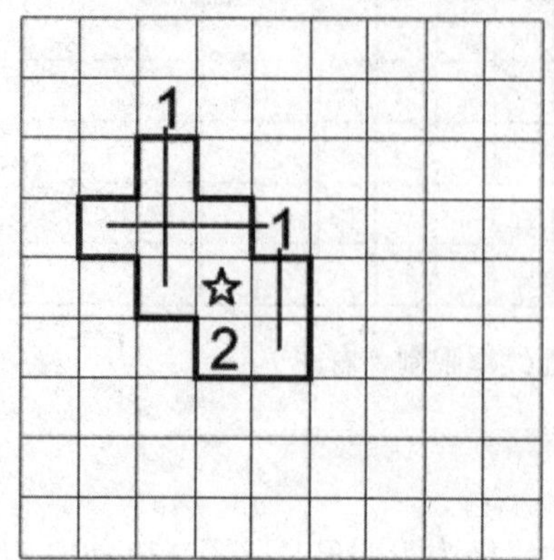

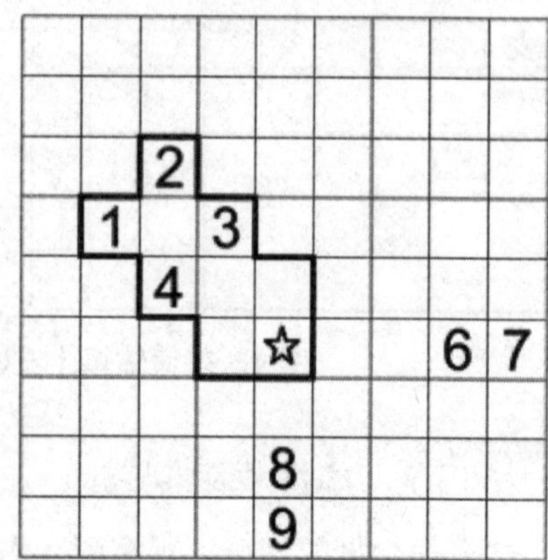

图 6　锯齿数独基本图示

锯齿数独的基本技巧也不难，需要注意如下几个技巧：

技巧 1：等价

观察图 7，在左图中，A1 和 B2 是等价的，A9 和 B8 是等价的……在右图中，只画出了锯齿的一个宫，但是这个图很有代表性，F4 格无论是几，这个数在锯齿宫中只能在 E5 格，这是另一种等价。

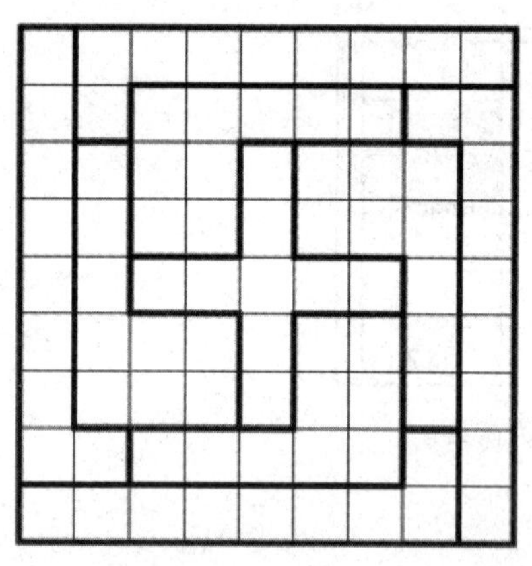

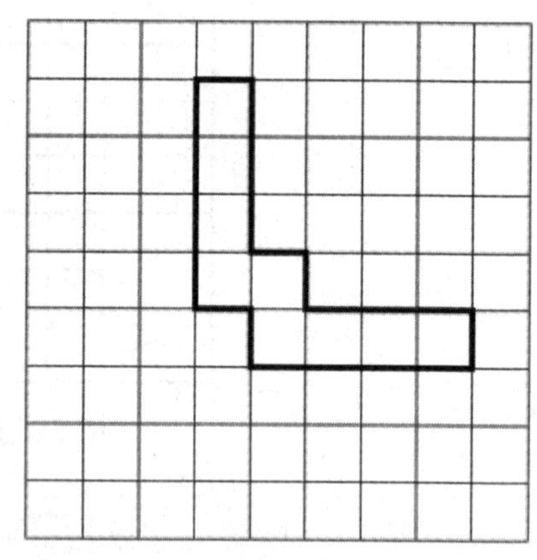

图 7　等价图示

技巧 2：LoL

这个技巧实际上是等价的一种拓展使用。观察图 8 左图，画出了 3 个宫，左边也有 3 列，通过观察容易明白，圆形部分的两个单元格和菱形部分的两个单元格等价。右图是这种等价的另一种表示形式，图中也有 3 个宫，是 3 组 1~9，下方两行是两组 1~9，那么剩下的凸出的 9 个格便构成了一个额外区域，这个额外区域里也是一组 1~9。这个技巧的名字叫 LoL。

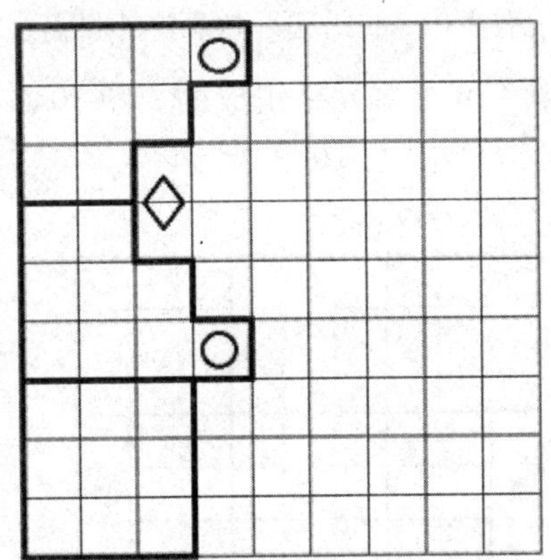
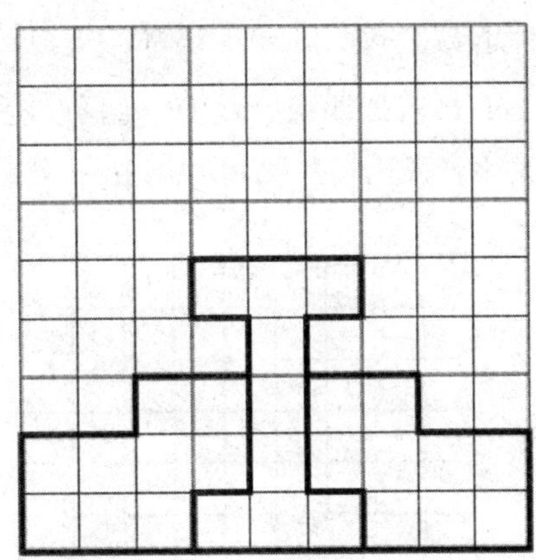

图 8　LoL 图示

技巧 3：特殊区块及共同影响区域

观察图 9 的图示。在这个画出的宫中，3 只能在 E6 和 F5。很显然，无论 3 在哪一个单元格，星格里都没有 3，这就是基于锯齿数独特殊宫内结构的特殊区块。右图中，圆圈内是 8 和 9，排除下方共同影响的位置的 8 和 9。

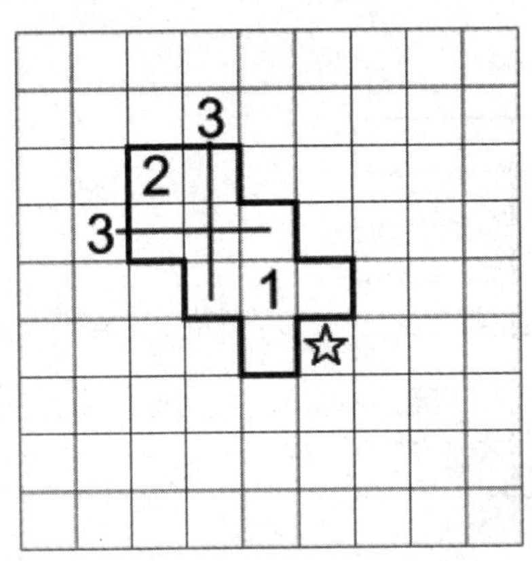

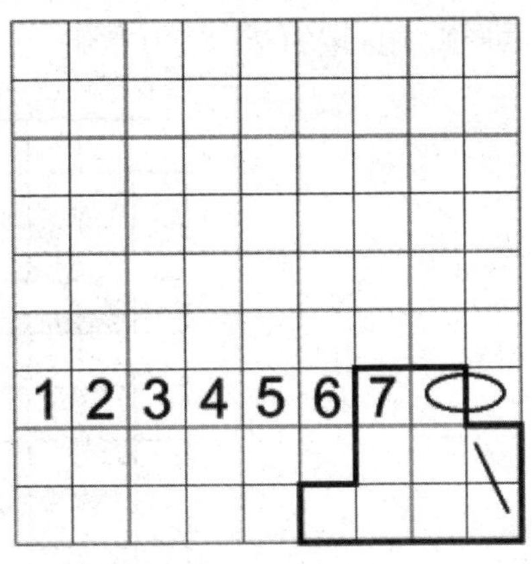

图 9　特殊区块（左图），共同影响区域（右图）

第 3 节　窗口数独

窗口数独是指在标准数独的基础上，四个额外的窗口宫内也是数字 1~9 不重复。

窗口数独的技巧主要是前文锯齿数独的 LoL 技巧，但是又略有不同。

技巧 1：LoL 及其推论

由前文锯齿数独相关技巧，3 个椭圆形内是 1 组 1~9。一道题目，有四个这样的宫。我们进一步观察，每道题目是九组 1~9，四个窗口宫占据四组，四个 LoL 宫占据四组，还有一组额外宫，是剩下 9 个单元格组成的（图 10 右图所示）。在窗口数独里，一共有十八个宫。

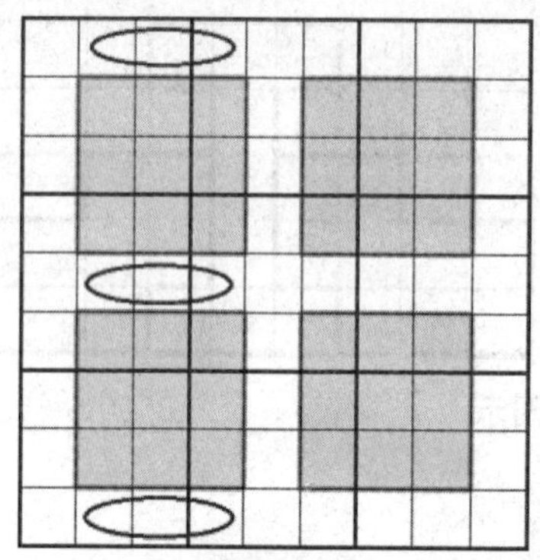

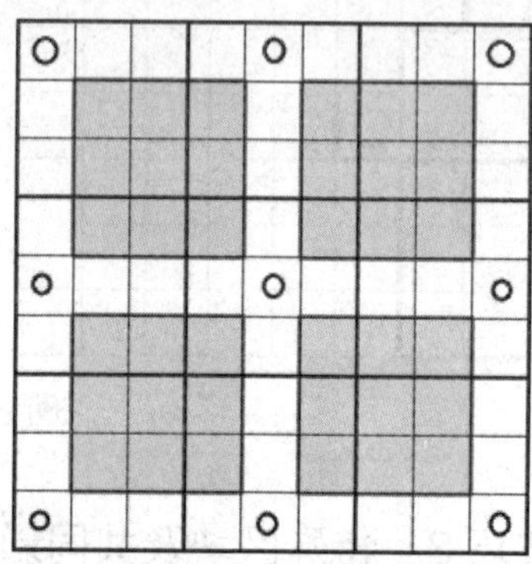

图 10　LoL 宫（左图），角宫（右图）

技巧 2：共同影响区域删减

观察图 11 方形框里面的 3 个单元格，这 3 个单元格是 7、8、9 数组，删除共同影响区域的 7、8、9 数组。

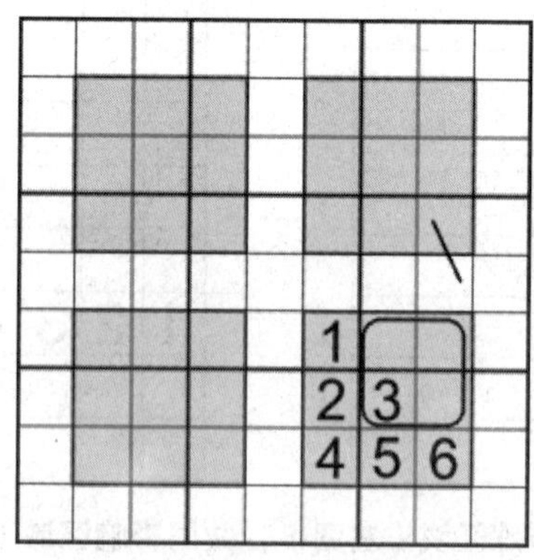

图 11　共同影响区域删减

第 4 节　无缘数独

无缘数独是指在标准数独的基础上，任意一个数，其周围 8 个数都不能与之相同，即对角相邻的数字也不能相同。无缘数独有一个特征就是针对于此规则，从斜向也可以进行一些排除，从而得到一些新的结论。与此同时，也出现了新的区块。

技巧 1：特殊区块删减

观察图 12 左图，第一宫有个 1 的区块。按照无缘数独的规则，这个区块可以排除 D2 和 E2 两个单元格的 1，原理大家可以考虑一下。这种特殊区块是无缘数独最常见的。右下角部分，框内的 5 区块也可以排除 F8 的 5。仔细想一想也可以发现，就算没有 G8=4 这个条件，5 在 G7、G8 和 G9 之中时候，F8 都不能是 5。

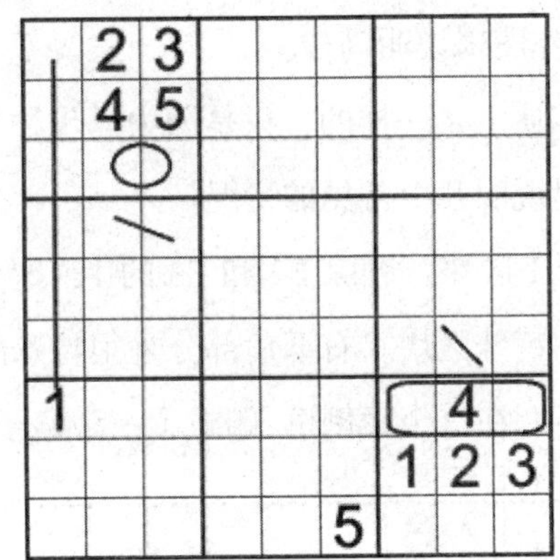

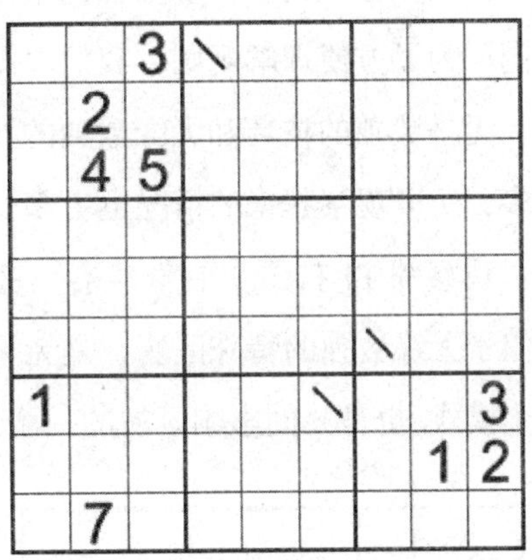

图 12　特殊区块删减图示（左图），共同影响区域图示（右图）

技巧 2：共同影响区域

观察图 12 的右图。第一宫里的 1 必然在 A2 或者 B3，在 A2 的时候通过行列排除法删减 A4 的 1，在 B3 的时候通过无缘规则排除 A4 的 1。因此得到结论 A4 不能是 1。右下角的情况更为复杂一些，G7、G8、H7 都可能是 7，大家可以观察到，有两个共同影响区域的数字 7 被排除了。

这些技巧在行列排除法里也可以使用，不过观察难度大一点，如图 13 所示。

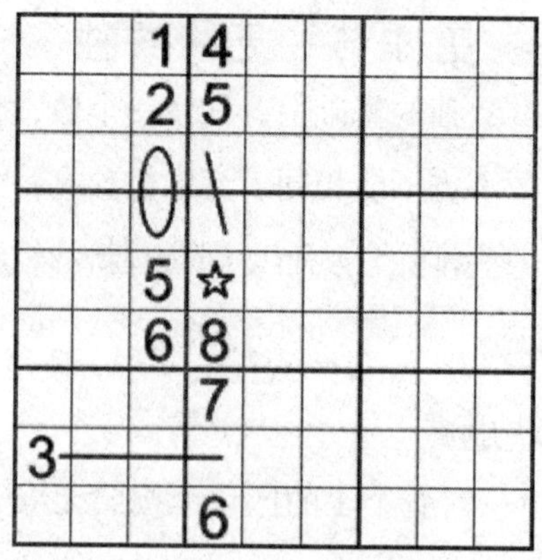

图 13　行列排除图示

第 5 节　无马数独

无马数独是指在标准数独的基础上，任意呈马步的单元格内，数字都不能相同。为了方便理解规则，我们以图 14 的左图来说明马步。

无马数独的技巧和无缘数独的技巧在本质上是一样的，只是因为马步种类较多，所以观察起来的情况也更多。在这里说明几个常见的情况。

观察图 14 右图左上角，第一宫有一个 1 区块，删除 E2 和 E3 的 1，这个类似于无缘数独的特殊区块，是无马数独的特殊区块。右下角部分是很特殊的一个模式，也是共同影响区域的一个经典案例。在这个案例里，删减了三个格子。

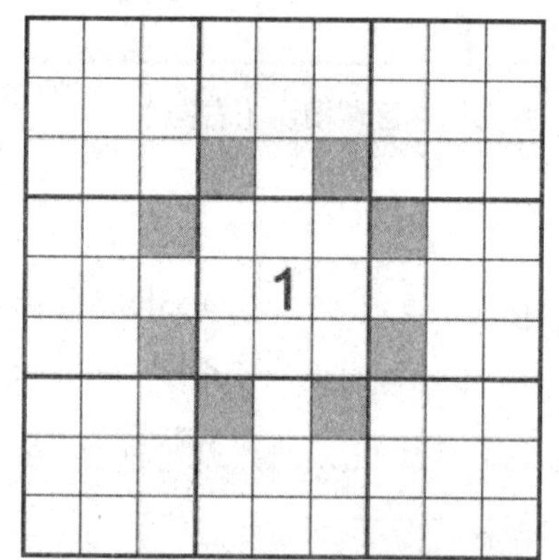

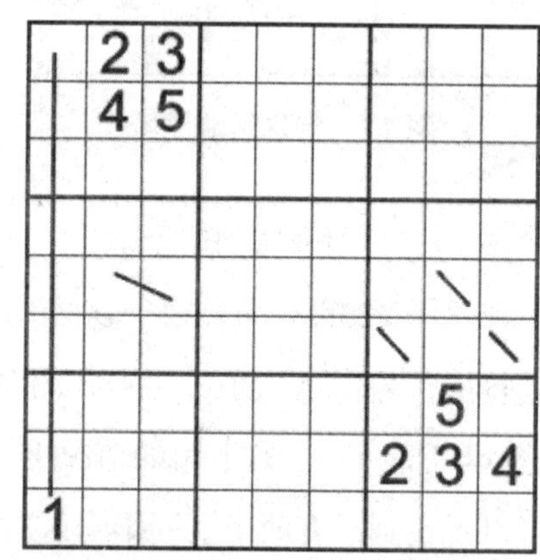

图 14　马步示意图（左图），技巧图示（右图）

观察图 15 的左图，1 在 B2、C1、C3 之中，与图 14 的那种区块不同。但是还是可以删减三个位置的1。接着根据行列排除法，第六宫有一个2的区块，通过这个区块删减第六列，结合其他的行列排除法和无马排除法，得到第6列的2在星格里。

图15的右图也是一个用特殊区块结合行列排除法得到结论的案例，大家可以仔细观察。当然，第三行的区块在这个案例里，能共同影响删减八个格子的数字3，大家也可以看一下是哪八个格子。

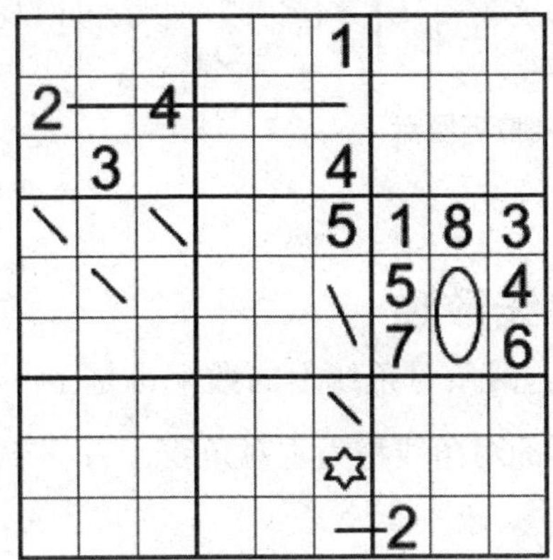
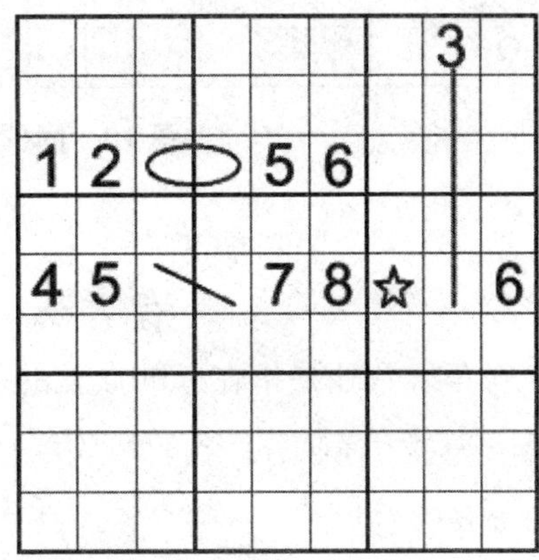

图15　特殊区块

第6节　同位数独

同位数独是指在标准数独的基础上，每个宫同一个位置的数字组合成一组1~9。具体来说，就是每个宫左上角组成一组1~9，右上角组成一组1~9，右下角也是一组1~9…一个宫有九个位置，也就是九组1~9。

同位数独有一个要点是针对额外的宫的排除。因为这种宫很多又很分散，所以非常难以观察。例如，观察图16左图，是对于左下角的额外宫进行的排除，得到1在星格里。右图是对于左下角额外宫进行的数对删减。C1和I4都是7或8，构成7、8显性数对，排除后星格得到唯一余数。

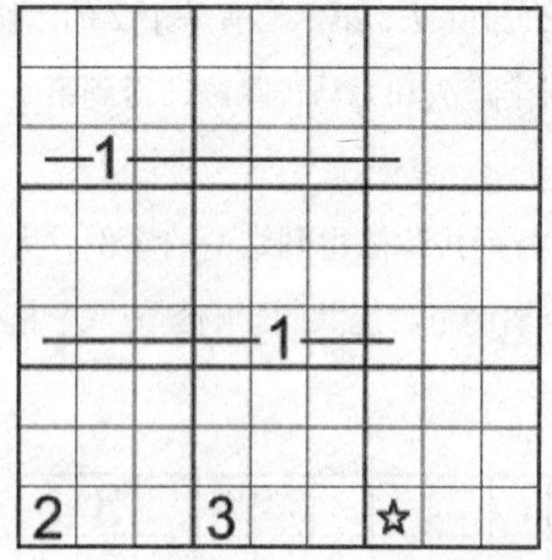

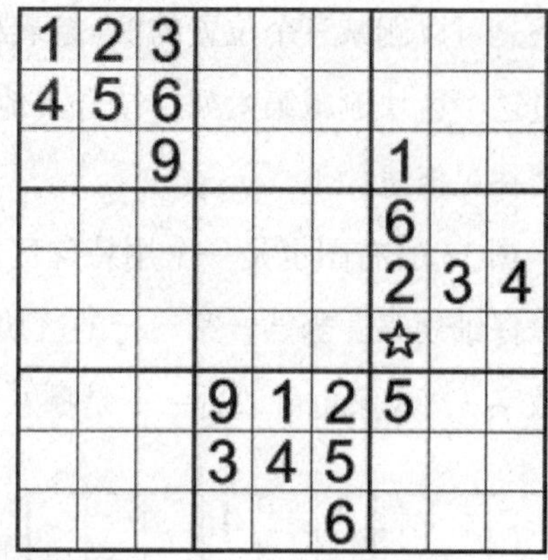

图 16　同位数独基础技巧图示

第 7 节　对角线数独

对角线数独是指在标准数独的基础上，两条对角线上的数字也是 1~9 不重复。为了方便区分，我们把从左上到右下的对角线称为主对角线，另一条称为副对角线。

与标准数独不同的地方是多了对角线的限制条件，对角线上也可以使用排除、唯一余数、区块、数对等技巧。观察图 17 左图，第一宫的 5 区块得到第九宫的 5。右图中，第一宫由 7、8、9 显性数组，可以得到第九宫的两个数组（4、5、6 显性数组，7、8、9 隐性数组），而且除此之外还有主对角线在第五宫的 1、2、3 数组。

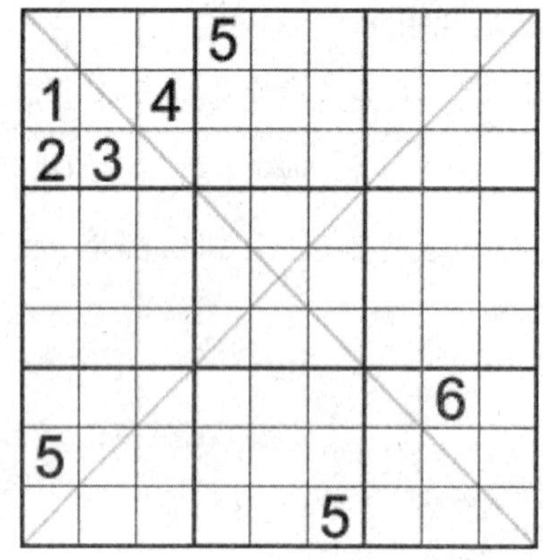

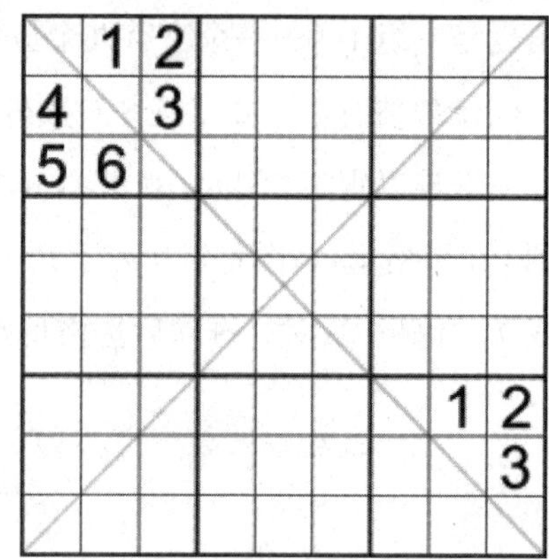

图 17　对角线数独基本图示

技巧：共同影响区域排除

对角线的特殊区块情况非常多，也不易观察，例如图 18 左图，灰色的区域里必然有 3，从而删减 C4 和 D3 的 3。右图情况更为复杂一点，灰色部分形成共同影响区域，得到星格是 3。

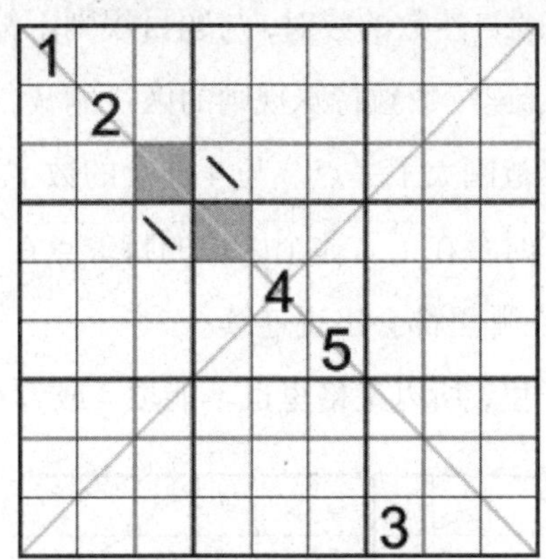

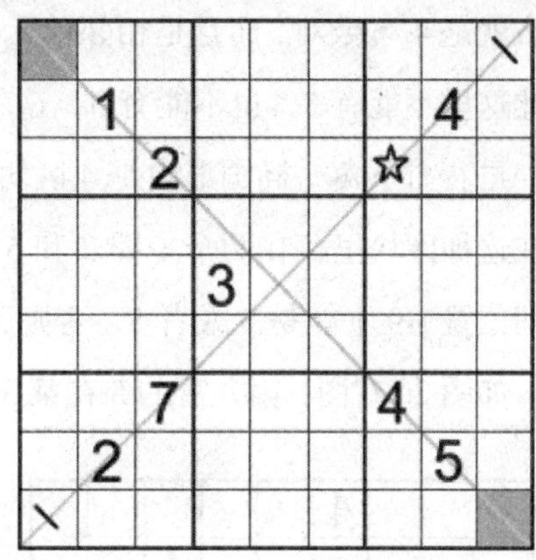

图 18 对角线技巧图示

第 8 节 额外区域数独

额外区域数独是指在标准数独的基础上，给定的有色格里，数字不重复。

额外数独的技巧主要还是共同影响区域排除以及特殊区块，这里不再赘述。窗口、同位等，实际上都是额外区域数独的细化分类。在本题册中，有 70 道额外区域数独，其中大部分都是某三种区域，这三种区域的名字分别叫作 Center dot、Asterisk、Girandola。翻译成中文分别是天元（也译作中心或者魔方）、星形、烛台形额外区域（见图 19）。

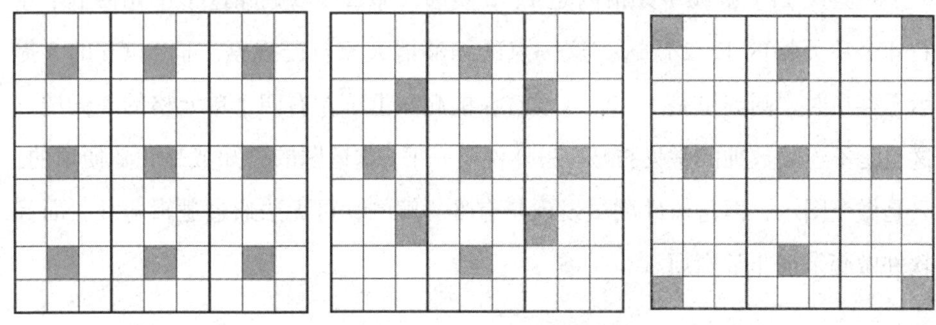

图 19 三种常见的额外区域图示

第 9 节　不连续数独

不连续数独是指任意两个相邻单元格，其数字不连续。

技巧 1：连续数区块删减

观察图 20 左图。左上角灰色区域是 4 的区块，这两个单元格里若有 5，那么就是 4、5 数对，而且是相邻单元格内连续自然数的数对，与题目规则不符，因此这里不能有 5，也不能有 3，这就是基于连续数独特殊规则的区块删减。

再看右下角，椭圆形内是 4 区块，当然范围大了一点。与 4 连续的数字不能在这种区块里存在两个（即 3 和 5 不能同时存在）。这个区块的特殊点在于中间位置 H9 不能是 3 或者 5，否则无论 4 在哪里都会出现连续。

如图 20 右图，第九宫的 5 在某 3 个格子里，所以星格里也不能填 4 或者 6。

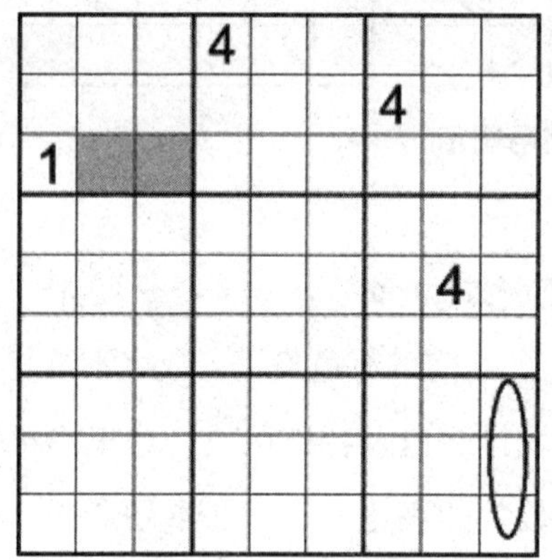

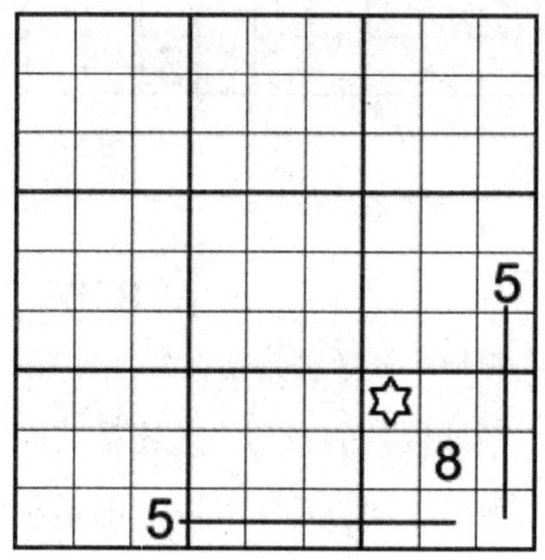

图 20　不连续数独的特殊区块删减

技巧 2：相邻单元格连续数删减

观察图 21，圆圈单元格内是 1、2 候选，那么可以删除这个单元格上下左右 4 个单元格的 1、2 候选。这一点的细节请大家自己思索。而当 C6 的 3 提示不存在时，圆圈里是 1、2、3 候选，能删减上下左右四个单元格的 2 候选。这也是不连续数独的常见技巧。另外说明一下，这道题的已知数是我随便填的，只是做个图示，但是软件测试发现是有唯一解的，可无法通过逻辑解开，而且软件做起来也非常麻烦。

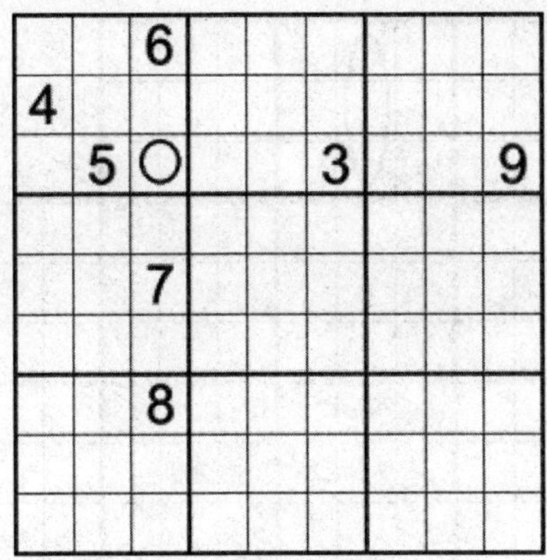
图 21　相邻单元格连续数删减

技巧 3：综合删减

观察图 22，在某个案例里，灰色部分是 1、4、5、6 的数组，那么该怎么填呢？大家可以思考一下，会发现这种T型单元格的中间位置，肯定只能填入1，若填入其他数字都会引发矛盾。

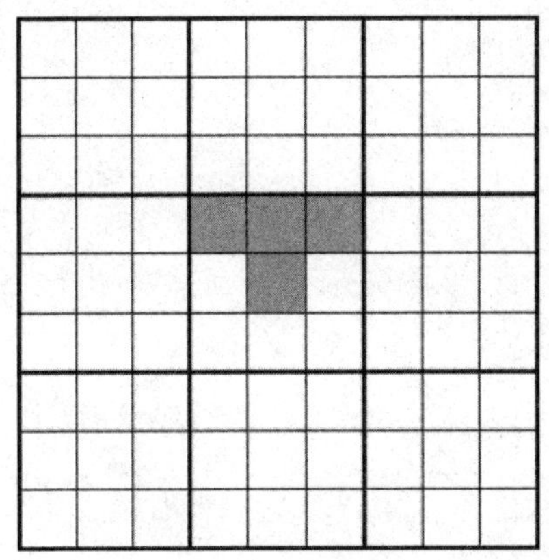
图 22　综合删减

第 10 节　连体数独

连体数独是指两个数独连体，共用一些宫格。

连体数独的技巧主要就是互补。两个椭圆形里，其实是一致的三个数字，当然，顺序是未知的，如图 23 所示。

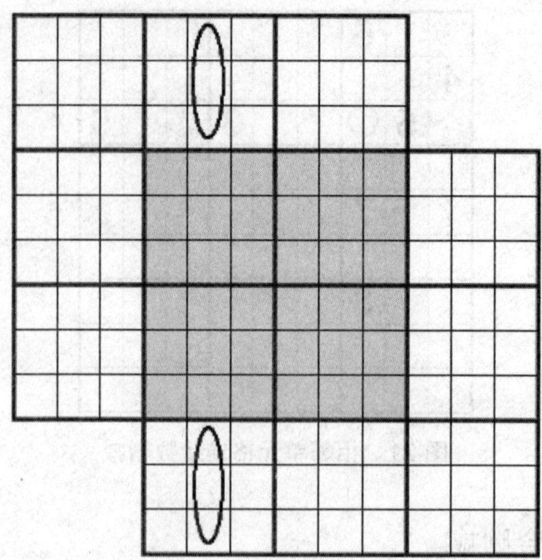

图 23 连体数独互补

第三章　标准数独初级题目

A001

				6	8	9		
	5	8			1		6	
9		6		4		5	8	
1	7							
6		5				7		1
							9	3
	3	2		8		4		9
	8		4			2	3	
		9	3	5				

A002

7		6	5	4			2	3
2	3					9	7	
	8				7			6
		7		5				9
9			6		2			1
1				8		4		
6			1				5	
	5	1					9	4
4	9			6	5	7		8

A003

	6			2			4	
4		2				5		8
	1		8		5		9	
		4				9		
			3	5	8			
		8			7			
	4		6		3		5	
1		6				2		3
	5			1			6	

A004

	8		9		7		1	
6								9
		1		4		5		
	5	6				9	4	
8				5				6
	3	9				7	5	
		3		8		6		
7								2
	4		5		6		7	

A005

5	3		9		7		4	1
	6	1	3		4	7	2	
			7	6	9			
	1						6	
			5	4	1			
	5	4	1		6	2	9	
6	2		4		8		3	7

A006

9		4					1	3
		3	9					
			6	8		9		
				3		6		1
		2				7		
5		1		2				
		6		5	1			
					9	3		
2	9					1		6

A007

				8				
		8	1		4	5		
	5	9	2	6	7	8	1	
	3	7				2	4	
6		2				9		1
	8	1				6	7	
	6	4	8	2	3	1	9	
		3	7		6	4		
				4				

A008

5		2				8		4
	3		4		1		6	
			2		5			
6			9		7			3
2				4				9
9			3		6			5
			8		9			
	4		7		2		9	
3		8				2		7

A009

	6	8		5		7	2	
7			1	6	3			9
3								6
	3		6		8		5	
5	8						6	7
	4		5		7		3	
2								4
8			2	1	4			5
	1	6		7		8	9	

A010

9			3					1
4		7					2	
	3	8		2		6	4	
3						1	7	
2								6
	1	9						5
	9	3		8		7	6	
	7					5		2
6					5			3

A011

				3		2	7	8
	8		1		6			4
		4	7					6
	2	8					4	
1								2
	5					3	9	
5					8	7		
8			5		9		1	
9	4	1		7				

A012

	3			4	9			5
	4			6				
2							9	
3	6					9		7
		1	7		8	2		
4		2					1	3
	1							2
				7			8	
7			4	2			3	

A013

8							2	
	2				8		5	9
		5	1	2				
		7		4			6	
		6	7		2	3		
	8			5		4		
				6	9	8		
7	9		2				4	
	3							2

A014

	6		4					7
4		5	7	6			1	
		2						9
		8		1			9	
5								6
	2			9		3		
9						4		
	8			5	3	9		1
2					8		5	

A015

8						1		
		2	6	8	5	4		
		3				5		
	3							8
			2	4	3			
7							5	
		5				7		
		6	9	2	7	8		
		1						2

A016

					5			3
			9				6	
				7				2
8				6				9
9	6		8		2		1	5
1				5				7
6				4				
	2				3			
5			1					

A017

		4	5		9	9		
5								3
8		9		6		1		5
		3	9	1	8	2		
		5	6	7	3	9		
1		6		9		5		8
4								6
		8	1		6	4		

A018

	4		9		7	1	5	
2		9		8		4		3
5	8						2	
8								7
	3						1	
1								9
	6						9	1
4		8		7		3		2
	9	1	2		6		4	

A019

6		5	7					
					2			
9		7		5				
	5						4	9
		3				7		
4	1						6	
				7		3		5
			9					
					6	8		7

A020

	6			2				
	9		1	4	5			8
4		2	3					
5		1	6			3		
7								6
		3			1	8		7
					6	7		9
1			2	9	7		8	
				3			5	

A021

	5		7	9			8	
6		8						4
				8	4		5	
		7	3		1			2
1		2				7		5
4			6		7	9		
	4		9	7				
8						5		9
	1			6	2		3	

A022

			6		7			
8	4						1	7
		7		4		2		
5			4		8			1
1		4				6		2
7			2		5			3
		1		7		3		
6	2						9	4
			8		4			

A023

6	5	9	4					
1		2						
8	3				2			
9				8	6	2		
			7	3	4			
		7	9	2				4
			8				4	9
						5		7
					9	6	2	3

A024

								8
	7	9	3	4	6		2	
	6	2	7					
	5	6	2				1	
	9			8			5	
	8				3	7	4	
					5	9	3	
	2		4	7	9	5	8	
9								

A025

3			2		9			7
	7		3	1	6		4	
		6				3		
9	3		1	8	2		5	4
	6		5		7		8	
8	5		6	9	4		2	3
		3				4		
	2		9	4	1		3	
1			8		3			2

A026

	8	5	7		6	2	3	
2		9				5		7
4	6			3			8	1
6			9		2			8
		8				4		
			1		4			9
8	4			2			9	5
5		3				8		6
	2	1	6		8	7	4	

A027

	1					8	4	
4	5			9		2	6	7
6	7		2					
			6		2	3		
	3			5			1	
		1	7		3			
					5		7	3
5	8	7		3			2	1
	6	2					8	

A028

	3	1			4			
8		5		9			7	
4	6		8					
		7	3		6			1
	1						4	
6			1		9	7		
					3		5	8
	9			7		4		6
			9			2	3	

A029

	2		6		8	4		
3						2	5	
		6				7	8	3
8			9	4				2
			8		2			
6				7	3			8
2	7	9				5		
	6	3						9
		5	2		6		3	

A030

4	2						8	9
7				1				4
			6		8			
1	4			2			5	3
		2		3		7		
8	5			9			2	6
			4		3			
5				8				2
3	8						4	7

A031

	9	8				4	5	
5			6		7			1
3		6	4		8	7		9
	5	4		2		9	1	
			5		3			
	7	3		8		5	6	
1		9	8		5	6		2
4			1		9			8
	8	7				1	9	

A032

				5	9	4		
	4		7	8			3	
9		7	2			5		
1						6	5	
4	3						7	2
	7	6						4
		2			3	7		8
	9			2	6		1	
		3	4	7				

A033

	2		4	7			3	8
9			5		6			4
						5		
1				9				
	6	7		3		2	4	
				6				7
		9						
4			8		2			3
6	8			1	9		7	

A034

5			3		9			2
			6		2			
		3		4		7		
4	9		1		3		7	8
		8				2		
2	7		5		8		9	3
		6		3		9		
			7		4			
3			9		6			5

A035

5				4				3
		7	6		9	5		
1			5		3			7
	3			9			7	
8		4				2		5
	2			8			3	
7			9		4			2
		6	8		1	3		
4				5				1

A036

		4				9		
			1	9	3			
7			2	5	4			3
	3	6	5		9	8	4	
	4	1				3	5	
	5	7	3		1	2	9	
1			4	3	5			9
			8	6	7			
		8				6		

A037

8	2	3				1	6	7
		5		1		8		
	6		7		2		4	
7								1
	3		9	2	4		7	
5								4
	8		5		3		1	
		4		7		2		
6	5	7				4	8	3

A038

5	2			6			3	1
8	9		7		3		4	5
	4			7			8	
6			9		4			7
	1			3			2	
3	8		6		1		9	4
4	7			8			6	2

A039

				1				5
			3		8	4		
		3	2				7	
	2	8		3	7		4	
7			4		1			8
	4		6	8		3	9	
	7				6	9		
		2	5		3			
5				9				

A040

5		3	7					9
	2		5		6		8	
				1	3			2
	9	4					3	5
		2				7		
7	5					6	9	
6			8	7				
	4		1		5		2	
2					4	8		6

A041

		9				4		
			6	9	4			
3			5		8			2
	2	3	8		5	1	6	
	5						4	
	6	8	3		9	2	7	
2			7		6			1
			4	3	2			
		7				3		

A042

			6			3		
	1	3			2		6	
7		4			5	9	2	
	7	1		9				6
			1		6			
5				7		1	3	
	2	8	3			4		5
	3		5			6	9	
		5			9			

A043

7	3				8	6		9
								2
5		6		9	1	3		
3		4		8				
		9	4		7	2		
				3		4		1
		2	8	1		5		3
9								
1		5	6				9	4

A044

6				2				3
		8	7		4	9		
		2		5		4		
	9		8		5		3	
7								1
	8		1		3		4	
		9		3		8		
		1	4		2	7		
5				8				4

A045

1		3		4		6		8
		4	6	7	8	1		
			1		3			
	7						5	
3	8			9			4	6
	1						8	
			7		9			
		1	5	8	2	9		
7		2		3		8		5

A046

			8		9	1		
		1		7	4			
6			1	2			8	
7	6					3		5
	1	8				6	9	
3		9					7	1
	2			4	1			8
			6	9		4		
		5	3		2			

A047

6					1	3		5
						1	7	
				4			2	6
			1	5				3
		2	3	9	8	4		
9				2	7			
4	3			7				
	2	6						
1		7	8					4

A048

	3			5			8	
4			8		6			2
			9	1	2			
	2	7				8	6	
9		4				5		7
	5	6				2	9	
			7	4	3			
7			5		1			3
	4			8			5	

A049

6				2		3		9
	1					7	8	
2	4	8			3	1		
		6		3				
7			2		8			5
				7		6		
		4	9			2	6	1
	6	9					7	
1		5		4				3

A050

	9				4	6		
		7		1	8			5
2		8			7	9	1	
6	4	5						
	7						5	
						7	9	6
	2	4	3			8		9
9			7	8		1		
		3	4				2	

A051

7				1	5	4		9
		6	2		7			
3				8			1	
8	1						4	
4		9				1		3
	6						2	8
	3			9				7
			5		2	3		
2		8	7	3				4

A052

		2	8					
			3	4		2		
	4	5	1			6		9
						8	9	6
	5			3			2	
6	9	4						
8		9			3	1	4	
		6		8	7			
					4	7		

A053

3	8			7		6		5
1		4				7	8	
	6			9			2	4
			9	1				
4		1	6		7	8		3
				5	8			
8	4			3			7	
	7	3				1		6
2		6		4			3	8

A054

8			3		9	5	6	7
5				8	1			
3					6			
6	8	3						5
	9						1	
7						9	8	2
			6					9
			5	1				3
1	3	5	9		4			8

A055

1	9		2			5		
	2	5		9			6	9
					1			4
2	8		7					
					3		4	2
4			1					
7	6			8		4	9	
		2			9		1	7

A056

				8				
3	8						7	5
9			4		3			2
	1		5		2		4	
	2						9	
	3		7		9		1	
7			1		8			4
8	6						3	1
				6				

A057

		5	1	8	9	2		
4	1		7		3		9	6
	8	1		6		3	2	
			9		7			
	5	9		1		4	6	
8	9		6		2		5	3
		2	3	7	5	9		

A058

4	2		6	5			3	1
3		6						8
					2		6	
		2	7		6			9
6								4
9			8		3	7		
	6		2					
8						4		2
2	4			8	9		7	3

A059

	4			9	3			
	5	6	2				8	9
9				8			5	
2				6			4	
		1	9		4	6		
	8			1				5
	9			4				3
3	1				6	5	9	
		8	3				7	

A060

	8	9		1		2	3	
6	1			5	3		7	4
3					8			6
	2	6						
1	5						2	9
						1	6	
4			1					2
2	9		6	8			4	7
	3	8		2		6	9	

A061

		4	8	5	9	2		
	6		1		2		8	
	9	8		4		5	1	
	4		5		1		2	
	5	1		2		4	3	
	7		9		3		5	
		3	7	1	5	6		

A062

2				3				7
		6	7		2	1		
	5		6		1		8	
	4	8				2	7	
3								4
	7	2				6	9	
	9		5		4	2		
		4	2		8	5		
8				7				6

A063

		4	2		8	9		
5	6		1		4		7	3
4		9	5		3	1		7
				2				
1		7	6		9	8		5
2	5		4		6		9	8
		3	8		2	4		

A064

		8		2			4	
	9		5	4		8		3
4					1		5	
	1				6	2		
5	3						9	1
		2	1				7	
	4		7					2
1		6		5	9		8	
	8			1		7		

A065

				1				
8	5	6				2	7	1
9			5		7			3
		8	4		1	9		
				2				
		3	6		5	8		
2			1		6			8
5	7	1				6	3	9
				9				

A066

5			6		8		1	2
9					2	5		
	8			9				
8	1		7		4			6
		7				4		
4			2		9		8	1
				3			2	
		6	9					3
3	9		1		5			7

A067

3				2		8		1
	7						6	
8		5			9	2		
		6	3	4	5			
5			1		8			9
			7	9	2	6		
		2	9			1		4
	4						8	
1		8		7				3

A068

	1			9			4	
8								2
	3		5		1		7	
3		1		5		8		4
7								6
4		2		6		1		7
	7		2		9		8	
9								1
	8			3			5	

A069

2		9	1		4	5		8
7		5		3		9		1
8			3		9			4
		2				7		
9			7		2			6
3		4		9		1		5
6		7	2		8	4		9

A070

				4	6	5		7
	4		7	9	5			
					2			6
	3					6	1	4
4	1						7	9
6	7	9					3	
8			1					
			5	3	4		6	
5		3	6	7				

A071

6	9		3				2	5
5				6	2			1
			5	7				
	2					8		7
	5	4				9	6	
8		7					1	
				3	9			
7			8	2				3
4	3				1		9	8

A072

		5	6		8	2		
			3		4			
3		4				1		7
9	2		1		6		7	5
8	1		4		9		3	2
5		9				3		4
			5		3			
		1	8		2	5		

A073

2				6		7	3	8
6	5						9	
7		4			2	5		
		1		8				
4			5		9			3
				1		4		
		3	7			8		1
	7						4	2
1	4	6		5				9

A074

	4			9	1			
	6		3			4	5	1
	2		5	4				
2						7	8	
5		4		7		6		3
	7	8						4
				6	5		7	
4	5	3			7		9	
			9	2			4	

A075

		3		6		8		
	6	1	8				3	
8			3				6	4
						1	7	
7				1				8
	5	6						
4	2				9			3
	3				2	9	1	
		8		5		7		

A076

	4		7	8	9		2	
7	8		5		2		3	4
				3				
8	5			7			4	6
2		7	6		8	5		3
4	6			2			9	8
				6				
6	3		2		1		8	7
	7		3	5	4		6	

A077

5				2	4		3	8
		1					9	2
	4			3		6		
				9				4
1		2	7		5	9		3
4				1				
		6		5			2	
9	2					5		
3	7		2	8				9

A078

6		9	7	3	1	2		8
	7						1	
1		3				5		7
5			9		2			6
7								2
8			4		7			9
3		7				6		4
	8						9	
9		5	2	6	3	8		1

A079

2			6		7	3		8
	3		2				7	
6			9	3	4			
7		3				9	2	6
		2				8		
9	5	6				4		7
			4	6	9			1
	6				3		9	
8		9	1		2			3

A080

7				4	1	6		3
						7		
	8	4					9	
8	3			7				
2								9
				8			6	4
	6					9	5	
		2						
5		1	3	2				6

A081

3	1		4		6		7	2
6	4						9	1
		2	9		5	3		
8		3	7		1	4		9
9		4	3		2	7		8
		7	1		8	6		
4	6						8	3
5	9		6		4		2	7

A082

5			4					3
		8	2	3				
		3	6		7	5	1	
		1				7	3	5
	5						2	
9	3	7				4		
	8	9	5		6	1		
				7	4	8		
4					9			2

A083

		5		3		6		
		8	9		5	4		
1	3		6		7		5	2
	2	6		5		7	4	
7			2		6			8
	5	1		7		2	6	
4	1		8		2		9	5
		3	7		1	8		
		2		4		1		

A084

7							2	3
					3	6	4	7
		2	1			8	5	
		6	8		7		1	
	8		9		2	3		
	5	8			9	2		
1	4	3	7					
2	7							5

A085

6				3				9
	4		6		9		2	
		1		4		3		
	5		1		6		3	
8		6				9		1
	9		8		3		5	
		8		2		7		
	1		3		7		4	
4				1				2

A086

			6	8	2			
2								7
	6						1	
3		6		5		9		1
		9	7		6	4		
4		7		1		2		3
	7						8	
6								5
			9	7	5			

A087

	5						4	
		1		8		6		
2	3						5	9
		3	6	7	9	4		
	2		8		5		9	
		9	2	1	3	5		
6	4						8	7
		8		5		2		
	7						6	

A088

9								5
	3			4			7	
		6	2	7	3	1		
		3		5		7		
	5	7	6		9	4	2	
		2		8		9		
		5	4	6	8	3		
	4			9			6	
3								7

A089

7				8				1
			1			8		
	9	1	2	5		3		
				1		4	3	
1		4	3		2	7		9
	8	7		9				
		6		4	5	9	1	
		9			1			
5				7				4

A090

	5		6		9		3	
4		8		2		7		9
1	4	9		6		8	7	2
	7						9	
5	2	6		9		1	4	3
3		7		1		4		5
	1		9		4		2	

A091

				8	3			
8	1						5	7
	4						6	
9				1		5		
		4				9		
		8		5				2
	3						4	
4	6						8	1
			6	2				

A092

		9	8		6	4		
				9				
6	1						9	2
	6	5	3		1	2	8	
7								6
	3	4	5		8	9	7	
8	9						4	3
				8				
		2	1		4	8		

A093

1	2				9			7
9	3							
		7		8	1		2	
					8			5
7		1		9		8		2
4			7					
	7		6	1		3		
							8	6
6			8				7	9

A094

			2	5				
	9	6			1	8		
	2	7	3				4	
2		8			6		7	
7								6
	4		7			2		9
	6				5	4	1	
		1	6			3	9	
				3	2			

A095

6			8		2			5
	8						7	
5		9				2		1
	5		3		4		1	
1			9		8			3
	2		6		1		9	
3		2				1		7
	6						5	
7			2		6			4

A096

4			6	8		9		3
8	5			1	3			7
	8	7		6				
1		6				8		2
				2		1	7	
3			2	4			1	5
7		8		3	5			4

A097

			7		2			
	8	9				2	3	
1								8
9			2	4	8			3
	2		9		1		6	
8			6	7	5			4
2								6
	7	4				3	1	
			1		7			

A098

8			9				5	7
2				1		3		
	5	6	7			4		
			3		7	8		5
	3			8			1	
4		7	6		1			
		5			2	1	7	
		8		7				4
7	4				5			2

A099

1		4	2		5	6		9
	2						3	
			6		1			
		1		5		4		
			4		2			
		9		6		2		
			3		4			
	9						7	
7		2	5		6	8		4

A100

5		2		1		7		3
8	1						5	2
	7						4	
			1		2			
6			4	9	8			5
			6		3			
	3						2	
9	4						7	8
2		8		4		6		9

第四章　标准数独中级题目

B001

4					8			2
	3			6				
8		2	9	1				4
		4		3	6			
		3				4		
			7	8		9		
7				9	5	3		8
				4			5	
5			8					1

B002

	5			3		7		9
	7	4		5	8			
					7		6	
								2
		8				4		
9								
	3		5					
			3	8		6	2	
8		7		1			3	

B003

1		9	3	4				
		5	6			3		
					9	2		1
3	9							2
			7		6			
2							1	5
4		2	9					
		6			8	9		
				5	4	7		6

B004

9		1		2		8		4
7		3	8		9	1		6
		7		9		4		
4			3		1			5
		5		6		2		
2		4	9		5	6		7
6		9		8		5		2

B005

9	7					4	8	5
			4	5				9
	4							
		7	8		4			3
	9			7			1	
4			2		1	6		
							3	
6				1	7			
7	8	1					5	6

B006

		7				8		
	8						9	
1			5		9			7
		1	3	5	7	4		
			9		8			
		8	2	6	1	3		
8			7		5			3
	4						5	
		9				1		

B007

1		8			6		4	5
3	9		5	4			8	
								1
4							5	
	3			1			2	
	1							3
5								
	4			2	5		3	6
9	6		8			5		7

B008

		4					2	
		6	4	9		7		3
9	2					6	8	
	3		9		6			
	4			3			9	
			5		4		6	
	6	1					7	9
2		8		1	9	4		
	7					8		

B009

9				3		7		8
		1	5			9		
3	4		2				6	
						6	5	
1								4
	2	6						
	3				4		8	9
		4			1	2		
6		9		2				5

B010

	9	3		5		8	7	
1	4		7		9		5	6
5				3				1
	1						8	
9		5				6		7
	2						1	
4				2				8
2	6		3		8		4	5
	5	1		7		2	3	

B011

		9	4					
	2		5				4	
				9	2			1
		1		2			9	3
		4	8		1	5		
5	3			6		8		
9			6	5				
	6				9		2	
					7	6		

B012

	2						8	
		1				5		
4	5		6		8		3	2
	8		3		5		4	
	3		1		2		9	
7	6		4		1		5	3
		9				6		
	1						2	

B013

7			2		8	9		
	5		1	3			7	
					7			8
5	4					2		6
	3						1	
1		6					9	3
6			7					
	1			4	3		2	
		5	9		2			7

B014

2	3				7			9
4		6		3		7		
	7		1				5	
		9						3
	4						6	
6						2		
	2				3		9	
		3		4		5		8
1			9				3	2

B015

				4	5	6		
6							4	
	4	5	8					
2		8	9			7		
5	7		6		2		9	1
		6			1	2		4
					3	8	6	
	3							7
		2	5	1				

B016

7			1	9				
	1				4			
		4	5	6				
3	7		2		5		8	
	8						7	
	2		7		6		1	3
				2	3	4		
			4				3	
				5	1			6

B017

1		5		7		9		
	7				3			
3		2			5			7
					9	4	3	
4				6				1
	8	3	4					
8			2			7		6
			5				1	
		4		9		3		8

B018

				6				
7			9		5			4
4	9						8	1
		7	3		1	2		
				4				
		1	5		2	4		
9	2						3	5
6			2		4			7
				3				

B019

	3	5	2		7	8	1	
7			8	5	1			6
	6						7	
			3	7	5			
			6	4	9			
	1						2	
2			5	8	3			7
	5	9	7		2	6	3	

B020

	5		9				7	
8					3			6
		4		7		9		
	4			6				1
		5	7		1	2		
9				3			5	
		3		9		5		
7			4					3
	2				6		1	

B021

		6				5		
	4	5		3		6	9	
2				5				4
		2	6		5	9		
6			2		1			5
		7	3		9	8		
7				6				9
	2	4		9		7	6	
		3				2		

B022

	1	3		5	7			
5			2					
8					4			
	5			7		4		6
7			8		5			3
2		6		9			5	
			5					9
					3			5
			7	4		2	8	

B023

			9				3	
7			3		6		4	1
					8			7
2	5	7						8
				8				
1						4	5	2
3			5					
4	7		8		1			3
	8				9			

B024

		6			1			4
		3	4		2		5	
2	8							
	3				7		2	8
				2				
4	2		1				9	
							6	5
	5		7		6	8		
6			9			7		

B025

8					2	5	3	6
3								
5		9	1	3		7		
9			8		3	2		
		3		2		9		
		6	7		9			3
		8		5	6	4		7
								5
7	5	4	3					2

B026

1		9			6		8	
	3			4			7	1
5			2					
		1	9					5
	9			6			3	
6					4	7		
					5			4
4	5			2			9	
	1		4			6		7

B027

			5		6			
		3	9	1	7	4		
	5			8			1	
5	8						3	9
	3	1				6	2	
2	4						8	7
	6			4			9	
		8	7	9	5	2		
			6		1			

B028

	6			2				4
7	1			5				
			7		9			
		6	5	4		2		
9	5		3		2		1	8
		2		9	7	6		
			6		8			
				3			7	1
4				7			6	

B029

7		6			3			5
		5			4			
	9		6				2	
2			8			1		4
			3	4	5			
6		7			2			8
	6				8		7	
			7			2		
3			5			4		6

B030

	6	3	8		9			
2				6				
	1	9					2	
			9			3		5
		6		8		4		
3		7			4			
	9					5	7	
				9				6
			5		1	9	3	

B031

					3	8		
	7				5	6	3	
2	3			9	8			
6	5	9						
		2				7		
						9	5	1
			5	1			4	8
	6	4	3				9	
		5	4					

B032

		2					1	
	7	8				2	4	5
1	3		9				7	
		3		8				
			6	1	2			
				5		8		
	4				3		6	1
2	1	6				3	8	
	5					4		

B033

9			4			2		8
			2	3		6		7
					6			1
					7	5		
	9						7	
		3	8					
1			9					
4		6		7	2			
8		9			4			6

B034

					1			6
1	5			9	3			
		2		8			7	
2							6	
			7		8			
	3							5
	4			6		5		
			3	4			2	9
8			1					

B035

1					7		5	
	4						9	
		6			3	8		
4	6		7					
			8	9	1			
					6		2	8
		7	3			1		
	1						4	
	9		2					3

B036

8	2			4				
4		9		7	3			
	3			6	8			
	6		1			2	5	
	5	4			7		3	
			4	8			2	
			3	2		9		5
				1			8	3

B037

		5				6		
		6	5	9	2	4		
			1		6			
9	2			6			3	4
	7						8	
5	8			1			6	9
			8		9			
		2	3	7	4	8		
		9				3		

B038

			3			5		7
		4		6				
5					2	3	4	1
		5						2
7	4						9	5
9						1		
3	2	9	8					4
				7		9		
4		1			9			

B039

6	5			8			3	4
			6		4			
7								1
	3			1			6	
		1	3		6	5		
	6			5			9	
4								6
			5		3			
1	8			6			4	9

B040

		3				4		
5	8		2		6		1	3
4			5		3			2
				2				
	1			5			3	
				9				
1			7		9			5
9	6		4		2		7	1
		4				6		

B041

7		6	1	4		3		
			2					
5		1						6
4				5			6	
			9	6	2			
	1			7				2
9						6		8
					8			
		8		9	3	1		7

B042

		6		2		7		
	8		3		4		9	
	3						2	
		3	6		8	2		
		5				8		
		1	7		2	4		
	1						6	
	2		9		5		4	
		9		7		1		

B043

				4	6		2	
3				8		1		
	5	6	1			4		
1			6		7	5		
4	6			3			1	7
		5	8		4			2
		9			1	2	4	
		1		6				8
	7		4	5				

B044

	9				6	7	1	
4			1					3
1		7		9		4		
5			9		4		8	
		2				1		
	8		2		1			5
		8		1		5		4
9					8			1
	1	4	7				6	

B045

7		1		4		3		2
		2						
3	6					8		1
				5	6			
2			8		1			9
			4	9				
4		9					1	7
						2		
8		3		2		9		5

B046

		4	2	5	6	8		
		5				1		
8				9				5
	2		8		4		5	
				7				
	9		1		2		6	
1				8				2
		9				4		
		3	6	2	7	5		

B047

		4	8				1	
8					3	4		
	2	3			7	6		8
	9	6		8				7
			5		6			
2				7		9	6	
3		9	7			5	8	
		2	1					3
	6				8	2		

B048

6		2	4		7			1
					9	2		
	5		1					7
2	4					9		8
				3				
7		1					2	3
3					8		1	
		7	2					
8			3		4	7		9

B049

	5						1	
4				8				7
9		7	1	2	5	8		4
1			7		8			6
				1				
2			6		4			8
7		4	5	9	3	6		1
3				7				5
	1						7	

B050

		8	5					
3				6			8	
			2	4		3	9	
		3					7	4
		2		1		8		
4	7					6		
	3	6		8	5			
	8			2				6
					1	7		

B051

3							5	
5			8		1			
	1	8		9		3		
			3		4	6		
2			9		6			4
		7	2		5			
		3		6		2	8	
			1		8			9
	2							6

B052

	1		6		4	5		
					2		4	
	5				3	2		
		7				1		
3	8						6	2
		4				8		
		5	4				8	
	3		5					
		1	9		8		2	

B053

7					2			
				8	3		7	
3	6		1	5				2
	7	3						
1		5	6		4	7		8
						5	4	
5				7	6		2	1
	4		3	1				
			2					7

B054

			8	9		7	2	
			2				6	8
					1	9		5
		5			9	1		
3								6
		1	3			2		
4		6	5					
1	2				3			
	3	9		4	7			

B055

		5	7	8				3
				3			9	
7					2	4		
9					7	3		
1	2			9			8	4
		8	2					9
		4	9					1
	7			6				
3				2	1	8		

B056

	3		8			6	7	
4	5		7				9	2
								4
3	4		1	9				
			6		5			
				4	2		8	5
5								
6	9				7		1	8
	1	4			9		2	

B057

	9		6	1				2
		1	4		2			
2						5		
			9			7	5	
				8				
	5	2			6			
		5						6
			7		9	4		
9				3	8		7	

B058

3								
		7	5		8		1	
	9	2		7	3			
	7		2			1	4	
		4				5		
	2	1			7		9	
			3	9		2	6	
	3		8		2	9		
								5

B059

7								9
	8			2				
	3		6					
1		5		6	3	4		
		9				7		
		7	9	4		2		5
					8		6	
				9			2	
5								4

B060

4				1				9
		5		9	2	7	4	
					7			
	6	8				4		3
1		4				9	6	
			5					
	8	7	1	4		3		
9				3				8

B061

		8				2		
9		5	2	4	6	7		3
		2	7		9	1		
7								2
		1		2		6		
6								4
		6	9		1	4		
1		7	8	3	2	9		6
		9				8		

B062

	3	6						
		4		6	2	9		5
	5		1				4	6
	8					7		
	4			9			5	
		2					8	
3	1				5		9	
4		8	2	1		5		
						4	7	

B063

9							5	4
			3			6		9
			6			8	1	
	3	8	9		4			
				1				
			7		2	9	8	
	5	3			1			
6		1			9			
7	2							6

B064

6								3
			2	3	5			
		4	6		7	8		
8	2		9		3		5	6
3	9		5		1		4	7
		5	1		9	3		
			4	6	8			
9								1

B065

	7		8	5				4
8	1				9		5	
		5		7				
7							9	
4		1				2		6
	6							8
				4		8		
	8		3				7	5
2				8	1		6	

B066

9					4		7	2
			2	1			9	5
					5	6		
	7					9		4
	8						2	
2		3					1	
		4	8					
8	5			7	2			
6	2		9					1

B067

8	1	5					9	2
2						4		
				3			8	
1			7		2			4
	3			5			7	
6			3		9			8
	2			9				
		6						9
7	8					2	4	3

B068

		6	2		8	9		
8		1				4		5
	3						2	
4				8				1
6				9				4
2				3				6
	9						8	
3		2				1		9
		8	1		9	6		

B069

5				4				2
	7		8		2		3	
		6				5		
	9			6			4	
6			5		3			7
	5			2			6	
		9				1		
	4		2		7		5	
2				3				8

B070

	5	1		3				4
3					6			
				1		6	7	
			8			7		
	4		2		3		5	
		9			7			
	7	2		8				
			6					9
4				2		1	3	

B071

			8	6	7			
	4					6	8	
	7				4			
3		9		1				8
8			3		6			1
1				9		3		2
			5				1	
	8	1					2	
			1	4	9			

B072

	9			1			5	
			7	9	2			
		1				7		
9	7						2	8
			8		4			
3	6						1	4
		5				3		
			2	8	6			
	1			5			6	

B073

							6	3
	1	2	3	4			8	
						1		
3			8		2		1	6
				3				
2	9		5		1			8
		7						
	3			6	7	2	9	
9	4							

B074

	8	4	6		9	1	2	
		9	8		2	6		
				4				
8		1				7		2
	2						9	
4		7				3		5
				8				
		5	4		1	8		
	1	8	5		3	2	7	

B075

	8	3					1	
9	1			8			5	6
		6		3		8		9
			9		4			
	9	4		2		6	8	
			6		8			
3		5		1		2		
6	2			4			9	7
	7					4	3	

B076

			7		8	9		
	6				1		4	
		9		3				5
5							9	6
		1				4		
8	9							1
7				5		8		
	3		6				5	
		5	3		7			

B077

		7				2		
	9		2		4		1	
2								9
	6		4		5		7	
8	7		9		3		4	1
	1		7		8		9	
3								7
	2		3		7		6	
		9				4		

B078

	5	6		8				
8			1		2		5	
1		3						
	6		2		4		8	
7				6				1
	8		5		7		6	
						5		2
	9		3		1			8
				4		9	1	

B079

9	5						3	4
2	1			3			6	7
			1		6			
		9		2		6		
	7		6		8		1	
		2		7		4		
			5		7			
6	9			4			8	5
7	2						4	1

B080

			9				1	
	2	9		7				6
	7		2	3		4		
5		6						
	3	1				5	4	
						6		8
		7		2	4		6	
6				1		8	7	
	5				7			

B081

	5	3		4				
7	9		1				6	
4		2						
	4			1	7			
9			4	6	2			1
			3	5			4	
						2		4
	7				1		9	3
				2		7	5	

B082

2								1
	3			5			8	
		8	9		2	7		
		3	6		1	2		
	1						5	
		6	3		5	8		
		7	1		4	9		
	8			6			2	
1								4

B083

6							1	
	2				6	5		
	5			8	1	3		9
3	7							
	6			7			5	
							9	8
9		6	7	4			8	
		1	6				4	
	4							5

B084

								5
			2			7		8
		9	3			2		
		1	4	3		9		
	5						8	
		4		7	8	1		
		8			6	4		
6		2			9			
7								

B085

		9		4			3	
5	6						9	
		4		6		7		1
			2		8			
8		2		9		3		7
			3		4			
6		7		2		4		
	5						2	8
	2			3		9		

B086

7						9		
	8		4		6			
		4	2	7				3
	2	9			7		8	
		8				7		
	7		9			6	3	
3				1	5	2		
			3		4		7	
		2						5

B087

		6	7			3		
	1			9	3		7	
7				2				5
4					7		5	
	5	1				7	8	
	6		8					1
1				3				8
	4		9	8			6	
		5			1	4		

B088

	7	5		1		2		
2				8				
1			2			6		9
		3			7			
4	1						2	7
			4			1		
3		7			2			5
				3				2
		8		5		7	4	

B089

			4				8	
7	5		2			6		
		8	3				1	
		2	1				9	3
	8						6	
6	3				9	8		
	9				4	2		
		3			5		4	6
	4				2			

B090

	3			7			9	
		8	9		2	3		
8	1	3				9	7	6
5			1		6			3
6	4	2				5	1	8
		6	7		4	1		
	9			5			8	

B091

			7			3		
			4	5		2		
9	1	2			3	4		
		7					2	5
	5						3	
3	9					8		
		9	8			1	6	2
		4		6	2			
		3			7			

B092

						1		2
	1	2					6	
	7	8		6	1	9		
	2		4	8			9	6
6								8
8	9			5	7		4	
		4	1	9		6	2	
	5					4	7	
2		9						

B093

	5	6						2
7		8				1	5	
9	2			8			6	
				4	9			
		5	3		6	9		
			7	2				
	3			9			1	6
	1	9				7		8
8						3	4	

B094

	9			6		2		
5		1		2	3			9
						5	1	
					9		6	
8		2				9		1
	1		8					
	5	3						
7			6	8		1		3
		4		9			2	

B095

4				1		5		6
						3		
			4		5		1	2
		4		7	9	6		
7			3		4			1
		9	5	2		4		
8	4		6		7			
		5						
1		7		5				3

B096

	9			7				
3	4		5					2
	7	6		1			8	
8			6		3	1		
		7	2		9			5
		9		3		5	2	
7					6		9	1
		1					7	

B097

							2	3
	8		9			6		
	1	2	6		3	8		
2		3			1	9		
	5		3		9		1	
		9	4			2		8
		6	1		4	3	8	
		4			8		9	
8	9							

B098

	4			6				3
5					2			8
		2					9	
8		3	6					
			8		7			
					1	3		4
	1					2		
9			2					6
4				1			5	

B099

1	5		9	3				
		9					4	
		4			6		1	2
		1					3	
9				1				4
	4					8		
6	7		3			4		
	1					7		
				4	7		5	6

B100

	1			9	5	7	2	
				1		3		
		9			3			1
6			3					7
	2						9	
3					8			4
4			2			9		
		2		8				
	8	5	7	3			1	

第五章　标准数独高级题目

C001

8		6	1				2	9
		5			9			8
4	7		8			1		
5		2			6		1	
	9		5			3		6
		8			1		3	5
1			6			2		
6	2				4	8		1

C002

8		4				3		6
5		7		3		9		2
7		8	2		3	6		9
	2		4		5		8	
9		1	6		7	5		3
1		3		5		2		4
6		2				1		5

C003

		7				5		
			4		6		3	2
	3	5	7				6	
			9		1		5	7
				6				
5	1		3		8			
	5				2	1	8	
9	2		1		4			
		4				9		

C004

		1	6	7		4		
					2			1
5		8					2	
			1					5
	7		8		5		4	
4					7			
	9					5		7
8			3					
		2		6	1	9		

C005

				5	7			
2			8	4				3
	6						1	
	8							4
3	1						7	9
7							2	
	7						5	
4				2	3			8
			9	6				

C006

5		9	7			4		
		4	6					
	7	8			4		5	
	9		8					4
4					2		1	
	6		2			1	3	
					8	7		
		3			1	8		5

C007

			2	3	9			
		7		8		3		
	9	4	5		7	8	1	
	7						8	
			8	9	3			
	6						3	
	3	6	9		8	1	7	
		9		2		6		
			3	5	6			

C008

				8	9		2	
4		2		3		5		
	9				6		8	
7		5						
2	4						1	8
						3		5
	5		9				3	
		3		4		9		6
	2		5	6				

C009

			3		8		1	
2		9	6			3		7
			7					
	4	8			5		2	3
	5						4	
3	1		8			5	9	
					7			
7		4			9	2		1
	9		4		3			

C010

7			4			8		1
	6	9			2		4	
1							6	
	7		9		4			2
				8				
9			5		6		3	
	8							4
	9		8			1	2	
6		7			1			3

C011

	6		7	1	3		5	
1								2
			2		6			
5	9			6			8	4
		2				5		
4	3			2			1	9
			6		9			
6								5
	2		1	5	7		3	

C012

2	6			4			9	1
7			5					4
		5		2		6		
			6		2		4	
6		7		1		8		9
	5		9		8			
		9		8		4		
8					6			7
5	1			9			8	2

C013

6	1				4			3
5	8			2			7	
		2			1	5		
						6		1
	2			6			8	
9		8						
		6	2			3		
	3			7			1	6
8			4				9	7

C014

	2		4					
8				6	2			
			7			4	1	
3		2					9	4
6		9				1		3
5	4					8		6
	6	5			1			
			8	7				9
					5		7	

C015

	5			3				
9			4			5		
	8	4			1			6
2		1				6	9	
				6				
	6	7				3		2
4			1			9	5	
		9			5			3
				2			6	

C016

	2			5		8		
	3				7		5	6
9		6		1		3		
	4		1		2			
1		3				7		2
			6		3		1	
		8		6		1		9
4	1		7				3	
		5		3			7	

C017

	3							1
5		8	7			2		
	9		2			5	8	
	2	7			9			
				2				
			8			4	1	
	8	2			6		9	
		5			3	8		4
9							6	

C018

4		3					5	
			1	2			9	7
	9				5	6		
5							6	
	3		8		6		7	
	6							8
		2	9				8	
3	8			6	1			
	7					2		9

C019

					3		7	
			5	9				4
		3	1	4		2		
	1	8			2			7
	2	7		3		4	1	
9			6			3	8	
		9		8	4	5		
4				2	6			
	3		9					

C020

		8	9		3	4		
1								7
		3	5		7	8		
		4				2		
	9		2		5		3	
		6				5		
		2	1		6	7		
7								8
		5	7		9	6		

C021

		9	8					
				6	7	5		
	8	2				6		7
	5		6	7	2			1
	2		5		4		6	
6			1	8	9		5	
4		3				8	1	
		5	3	9				
					8	3		

C022

4		6				2		5
		7		2				
	8	9	5	6		3		
6	2		3	7				
				1	5		8	6
		2		5	9	8	3	
				3		4		
1		3				6		9

C023

4	8	9						
					9		5	7
2	5				6	4		
						5	9	4
	1			7			6	
8	9	6						
		1	5				4	8
7	3		6					
						3	1	6

C024

2	6		8		7		9	1
5				1				6
		8				7		
3			2		4			7
	8			9			5	
6			3		8			2
		6				3		
7				8				5
8	2		1		6		7	9

C025

		4	6		7	8		
9	1		8		3		6	7
	4	3		6		7	1	
5								6
	8	9		2		3	4	
4	9		5		8		7	1
		8	1		6	4		

C026

8				5				6
			4		3			
3		7				8		5
	6		5	4	8		9	
		1				5		
	5		9	7	1		6	
1		9				6		7
			8		5			
6				1				2

C027

7	5		6		8		4	9
9	3			4			8	2
1				6				5
	9		2		4		1	
2				5				7
3	2			1			7	4
4	7		9		3		6	8

C028

	9	6						
			9		8			7
		4	5			6		9
	4			2		7	5	
			6		5			
	5	2		1			8	
1		8			7	4		
2			4		6			
						9	6	

C029

	1	2			7	4		
			1				5	
6					8			
			5			7	6	1
		4	8		2	5		
9	5	1			6			
			2					9
	2				5			
		3	6			2	8	

C030

4		9	1	5				3
	8							
	2			4		6		
		7					5	2
9				3				7
1	7				4			
		6		7			4	
							1	
8				6	1	3		5

C031

			6		9			3
		8		5		4		
	4	5			8		2	
7			3			1		8
	1						5	
8		9			1			7
	6		9			8	1	
		1		8		2		
2			1		5			

C032

				6				
	6	7	1	2		4	8	
		3	4				6	7
		4	2			8	5	6
2	5	6			8	3		
6	3				2	9		
	7	5		4	6	2	3	
				1				

C033

					1		4	5
	1	3	4		7	9		2
	5	9			6		7	
	9					6	5	1
1	6	8					9	
	2		7			5	1	
9		1	6		5	7	3	
5	4		9					

C034

1				2				4
	3	2				8	9	
	5		8		4		1	
		9		1		5		
5			2		6			7
		7		9		1		
	6		1		9		7	
	9	4				6	8	
7				6				9

C035

	4					5		1
9		5	6					
		2		4		3	8	
			1	9	4			
	9			5			7	
			2	7	3			
	8	9		6		7		
					7	8		2
5		7					9	

C036

		3	9		6	1		
			8		2			
2				4				9
6	4						9	7
		7				4		
8	3						5	1
1				7				3
			5		9			
		9	2		1	8		

C037

		9			6		5	
	6			1				8
7				8				
1		4	6					
	9	7				4	6	
					1	3		2
				4				6
3				5			1	
	7		3			9		

C038

				2	3	8		5
8				9		1	2	
2			4					
1	6						3	
4								1
	9						6	8
					8			7
	8	2		1				6
3		4	7	5				

C039

		5	1				7	8
	7			4				2
2					8			
7			2		9	1		
	2						8	
		8	7		3			9
			3					7
5				2			9	
6	4				1	2		

C040

				8				
	6		1		7		9	
		7	9		3	4		
	9	6				7	4	
3								8
	8	1				5	6	
		2	3		8	9		
	1		4		9		7	
				2				

C041

9			3					2
		1		9		3		
	5		1		6		7	
		2		7		5		1
	9		2		8		3	
4		7		1		9		
	7		9		1		8	
		9		3		1		
6					5			3

C042

	6				4			1
				1				5
		1				3	6	
8	1	7		2				6
		5				9		
9				6		7	1	2
	4	6				5		
7				9				
1			8				7	

C043

	6			4				
3					1	2	6	
8	9		2					4
	2	9	1		3			6
1			5		9	4	2	
9					5		3	2
	5	8	7					9
				1			5	

C044

					5	6	7	
	2	5	6					3
	3			8				5
	9				3			1
		1				4		
2			1				3	
9				2			6	
6					8	3	9	
	7	3	5					

C045

	1	4	9					
8					7			
7		6	8	5		9		
6		1	7				8	
		7				6		
	4				6	7		1
		9		2	8	1		5
			5					2
					9	4	3	

C046

8			4			9	1	
		9			8			5
	3	4						7
9			3	1			7	
			5	2	9			
	5			8	4			9
6						4	5	
3			8			2		
	8	2			5			1

C047

				1	2		5	
		6	7					2
	8		4			7		
	7	8	1		5			3
5								7
9			3		8	5	6	
		5			7		4	
6					4	2		
	3		5	2				

C048

	2	4				9	7	
5			7		9			4
		8				3		
			8		4			
		5		9		4		
			5		1			
		7				6		
3			4		5			2
	9	2				7	3	

C049

		9	2	3	4	7		
			1		5			
	7						2	
7			8	1	9			4
3								1
1			3	5	6			2
	8						6	
			6		3			
		1	7	8	2	9		

C050

			4	8				
	5			7			1	
		9	2	6		3		
						4		1
8	9	1				2	7	6
6		2						
		4		2	6	9		
	1			4			2	
				5	7			

C051

		5	7	6				3
							7	
7				9		6		4
2					1			
4		6				1		5
			5					9
8		3		4				6
	7							
6				5	7	8		

C052

	7		1		5	4		
9						7	1	
		4			9	6	2	3
2			8			3		4
5		8			4			2
3	2	5	4			9		
	4	6						7
		1	2		3		4	

C053

5		6			9		2	
		1		2				8
8	2		5					
		8	4					1
	1						9	
3					2	5		
					4		6	5
4				6		9		
	9		2			7		4

C054

	9			5			7	
			2		6			
5				8				4
9		8				7		2
		5				6		
3		6				9		8
4				9				3
			8		3			
	5			6			8	

C055

7		4				9		
		8	2	5	7			4
3		7			2	1		
8		9	6		5	7		3
		5	4			6		9
5			7	6	9	4		
		3				8		7

C056

					1			
		5	8	3		9	6	
	7		2	5			3	
	2	4						9
	5	6				4	7	
7						3	5	
	9			6	2		1	
	6	7		4	3	2		
			7					

C057

8		3	9		5			7
			3			8	2	
		7						
	8				9			2
		2		4		3		
9			1				8	
						7		
	4	9			1			
7			5		2	6		9

C058

			8	1	6			
	8						9	
1		3		4		8		7
7								2
		1	7		2	6		
8								9
2		5		7		9		3
	9						4	
			3	9	1			

C059

					3			1
		9	1		4	2		3
					2		4	6
7			5					
	3	8				6	5	
					1			2
9	2		4					
5		6	3		9	1		
3			7					

C060

	6						2	
			8	1	3			
1								9
		9	2	3	7	4		
3	2			5			9	1
		8	9	6	1	2		
4								6
			7	9	4			
	5						1	

C061

	9				3	6		
			6					
8				2			3	4
				6	7	2		
3	1						5	9
		8	3	5				
9	5			8				6
					4			
		4	5				2	

C062

	3		7		6		5	
7			9		5			8
		9		2		4		
3	9						4	6
		8				3		
4	7						8	1
		3		9		8		
1			2		8			5
	8		4		1		2	

C063

			6	4	7			
8		7				3		2
	6						7	
4			1		5			8
	5						1	
7			2		9			5
	2						8	
3		8				4		6
			9	6	8			

C064

		2	7					6
	3			2		5		
7					3		4	
8			2		5	3		
	1						2	
		4	3		1			7
	2		6					1
		3		4			5	
4					7	2		

C065

		9	2		4		5	
			3	1		4		7
1							2	
4	8				1			2
	1						6	
2			4				3	8
	4							5
8		5		4	2			
	6		5		7	2		

C066

	7		9	8			4	
4		5			2			8
				4			5	
	6		8		9			5
8		2				7		9
9			2		3		1	
	2			9				
5			6			9		1
	4			3	7		8	

C067

4						1	2	
			8	1	4			
1		8				4		
	2				8		7	4
			1		5			
5	6		7				8	
		3				6		7
			3	6	1			
	1	4						5

C068

			8		4			
		6	3		1	4		
2				5				1
	5	7				8	9	
6								7
	8	2				5	6	
4				1				9
		1	4		3	2		
			2		5			

C069

9	4							
1	7			4	8			
3	2		9	6			8	
			7	8			1	
		2	1		9	3		
	1			3	2			
	5			9	1		7	6
			8	2			9	1
							2	3

C070

	4	8	7			1		
	9			4	5			
	2	7	6					
							7	5
2								3
9	5							
					4	7	2	
			8	9			4	
		2			7	5	6	

C071

							2	
3		9				7		1
			3	6			9	
7		3			8			2
					1			
9		1			6			8
			2	8			7	
8		6				1		4
							8	

C072

2				3	1			
							8	3
5				6		7		
			9				5	7
	8						4	
4	9				6			
		4		2				9
7	5							
			7	1				2

C073

					1		7	
		4	9			1		6
	3	7		6			4	
	4		1					3
		9		5		7		
7					3		8	
	9			1		8	2	
4		2			5	3		
	5		2					

C074

			4	2		7		
	9			3	1			
		5						3
1			8				3	
9	3						6	5
	7				3			2
2						5		
			9	6			4	
		1		7	5			

C075

	5		3	8		9		
	4		9				2	1
	1			2				
		1				4		2
4								8
2		7				6		
				9			5	
9	2				6		4	
		8		4	3		1	

C076

	7			2			5	
5			8		3			7
		6		7		3		
	5		7		2		9	
6								4
	2		6		4		7	
		3		5		8		
9			3		8			5
	6			1			3	

C077

	9	6				2		
						3		4
			2		5			
9		3		4				
	5		8	6	3		4	
				9		6		5
			3		1			
3		2						
		4				9	1	

C078

		9	2				6	
			4	8		2		9
2		5					8	
3	4		8		9			
	6						2	
			6		2		9	4
	5					8		2
1		7		4	8			
	9				6	5		

C079

		8		1		3	4	
						5		9
3					9		7	1
				9		7		
4			2		6			5
		7		4				
9	6		3					8
2		1						
	8	3		5		9		

C080

8		9						3
			2					8
2		1			7			
	5			7			3	9
	8		9		4		7	
9	7			2			1	
			4			5		2
4					9			
5						4		1

C081

			7		6			
	1	6				2	7	
		8		4		6		
8			2		3			7
	7						9	
1			4		7			6
		1		6		7		
	3	9				5	1	
			9		1			

C082

1			7	8			5	
		5	2	4		1		
6							9	
	1						4	7
			4		3			
4	3						2	
	6							9
		8		3	1	7		
	9			6	4			8

C083

	4		8					2
	3	6						
			3	5	1			
2		8		6		7		
	6				4	1		
		7				2		3
7			4		2		1	
				8			4	7
3		4			7			

C084

	9	7	2			3		
1	4						2	
6			5					1
2		4	1	3				
			6		5			
				7	9	5		2
7					1			9
	8						6	3
		9			2	4	7	

C085

		8	7		3		1	
					5		7	8
3				6				
6					7		8	9
		5				7		
7	8		6					3
				2				6
8	1		4					
	2		3		8	9		

C086

		4	1		6	7		
6	7						9	5
	3						4	
	4		2		7		6	
	2			4			5	
	8		9		5		3	
	1						7	
8	5						2	4
		9	4		3	5		

C087

5			6		1			4
7			2	4	8			3
		2		1		6		
		9				1		
		4		7		2		
3			9	6	2			7
4			7		5			2

C088

				9			5	4
			7			6		
	6				2		1	
		1					6	3
	2		6	5	3		7	
3	8					9		
	9		3				4	
		3			9			
7	5			1				

C089

4						8	9	
			1		4			7
				5		2		4
	1		3		5		7	
		9				5		
	7		4		9		1	
6		4		9				
7			2		6			
	9	5						2

C090

				8		4		
7			1			5	3	
1		4	3			7		9
2	1	5		3		9		
		7		9		1	2	3
4		1			2	3		7
	3	2			1			8
		8		4				

C091

								7
	1			3	6		4	
5	6		9		7			
			3			2		
	8			7			9	
		6			2			
			5		3		7	1
	4		6	9			8	
8								

C092

		6	8			5	2	7
								1
9		8		1		3		6
3				5				
		1	4		3	7		
				2				5
5		2		3		1		8
8								
7	1	3			8	4		

C093

	7	3	1	5			9	
8	4		9				2	7
								3
			4		1		6	8
1				3				2
2	8		6		9			
3								
4	9				6		8	5
	1			9	4	2	3	

C094

	8	3	9					
	5					9		3
		1	4					
9				7	2			
1			8		4			6
			1	3				7
					9	7		
4		6					3	
					8	1	2	

C095

1					6	3		9
		9				2	5	
			3	9		1		
	4					5	2	
9				3				1
	2	1					7	
		3		4	5			
	1	4				7		
6		7	9					4

C096

	3		2		5		4	
			4	8	3			
	2	1				8	5	
			6		1			
1		7				3		5
2								9
	9		3		2		7	
		2		6		5		
8				4				6

C097

			5		6			
	8			1			5	
		6	8	4	7	9		
3		4				2		8
	6	2		7		5	3	
1		8				6		9
		9	3	5	4	8		
	4			6			9	
			1		9			

C098

		6	9	8				
			4		6			
8		2				6		
4	7				5		2	
						8	9	
1	2				7		6	
3		5				1		
			5		9			
		4	3	2				

C099

5				6	3			
	8	7				4		
	6			8			2	
			6					7
6		5				9		1
2					9			
	9			5			6	
		6				8	1	
			4	7				2

C100

	9	1				5	4	
2	4						8	9
6				8				2
			6	4	3			
		4	9		8	2		
			5	1	2			
5				2				4
9	1						7	5
	7	6				3	2	

第六章　杀手数独训练题

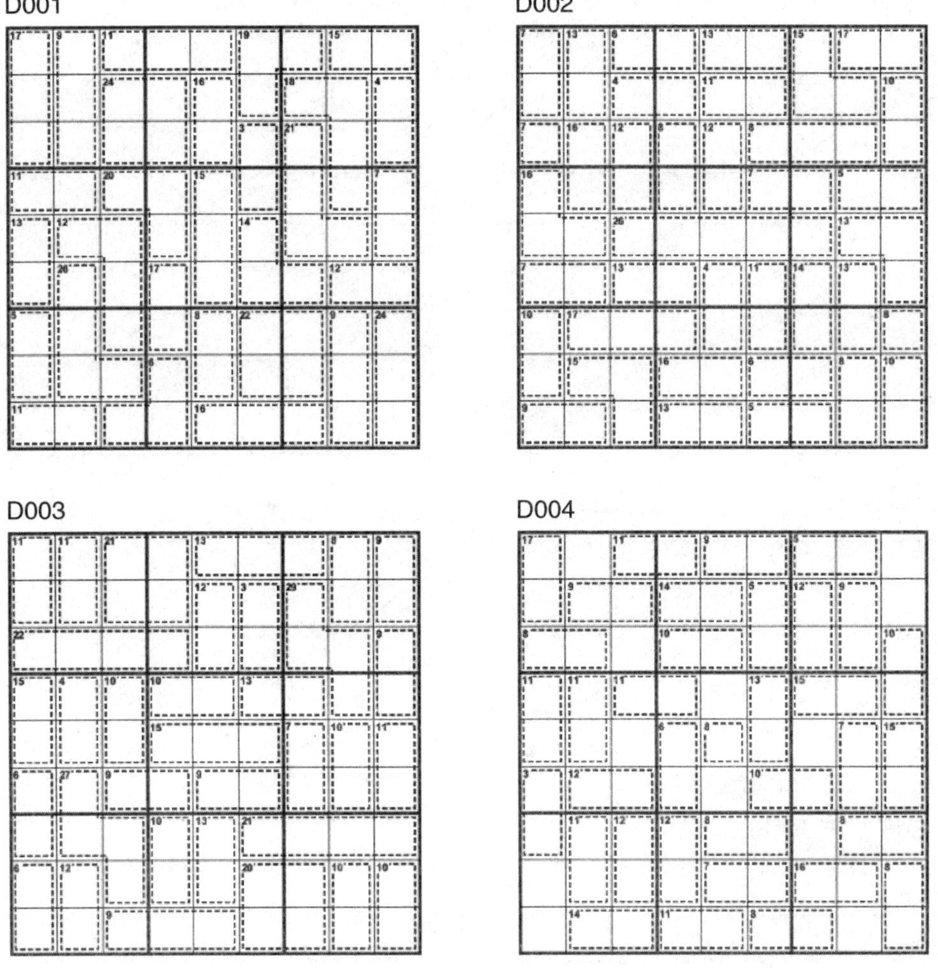

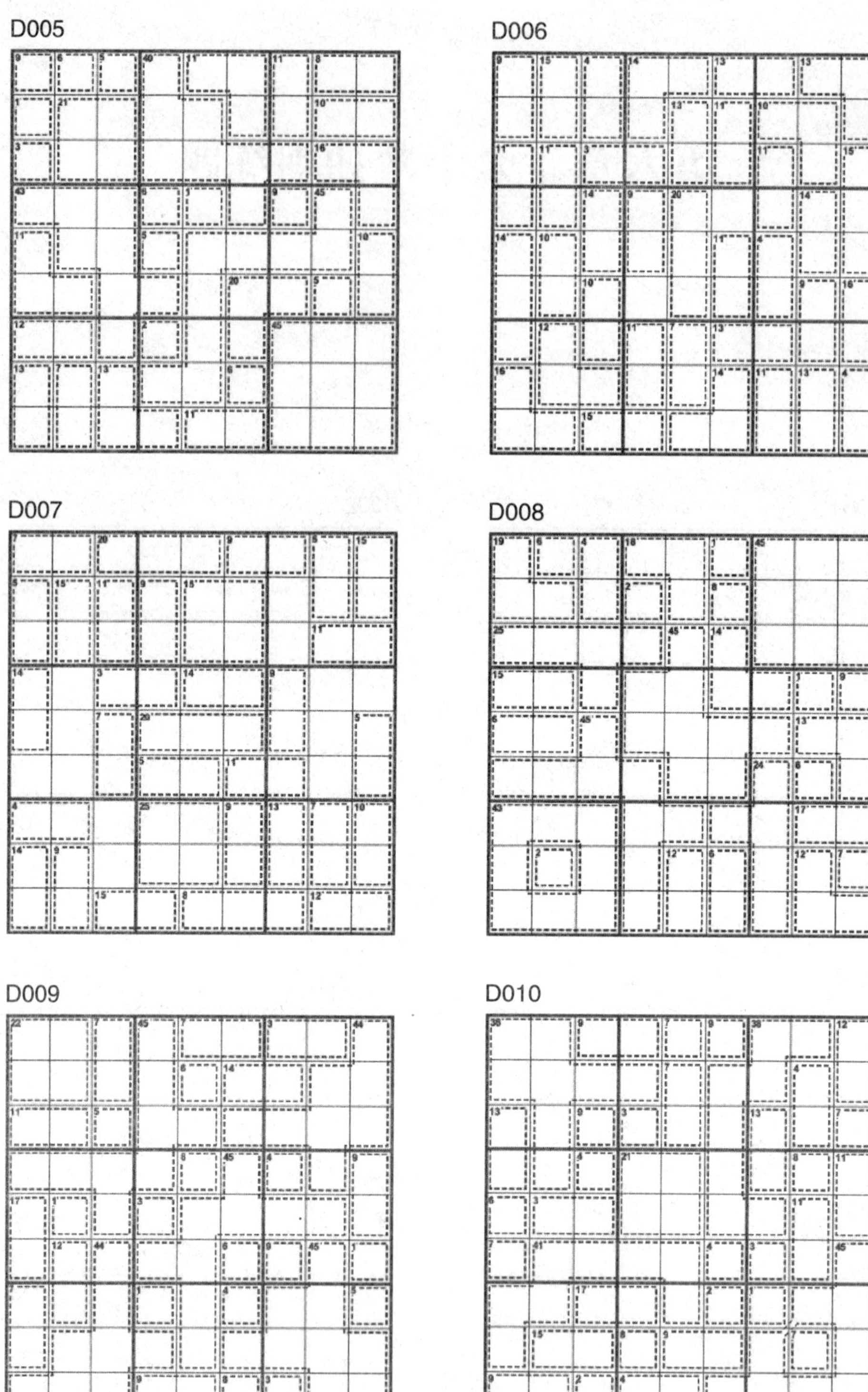
D005
D006
D007
D008
D009
D010

D011

D012

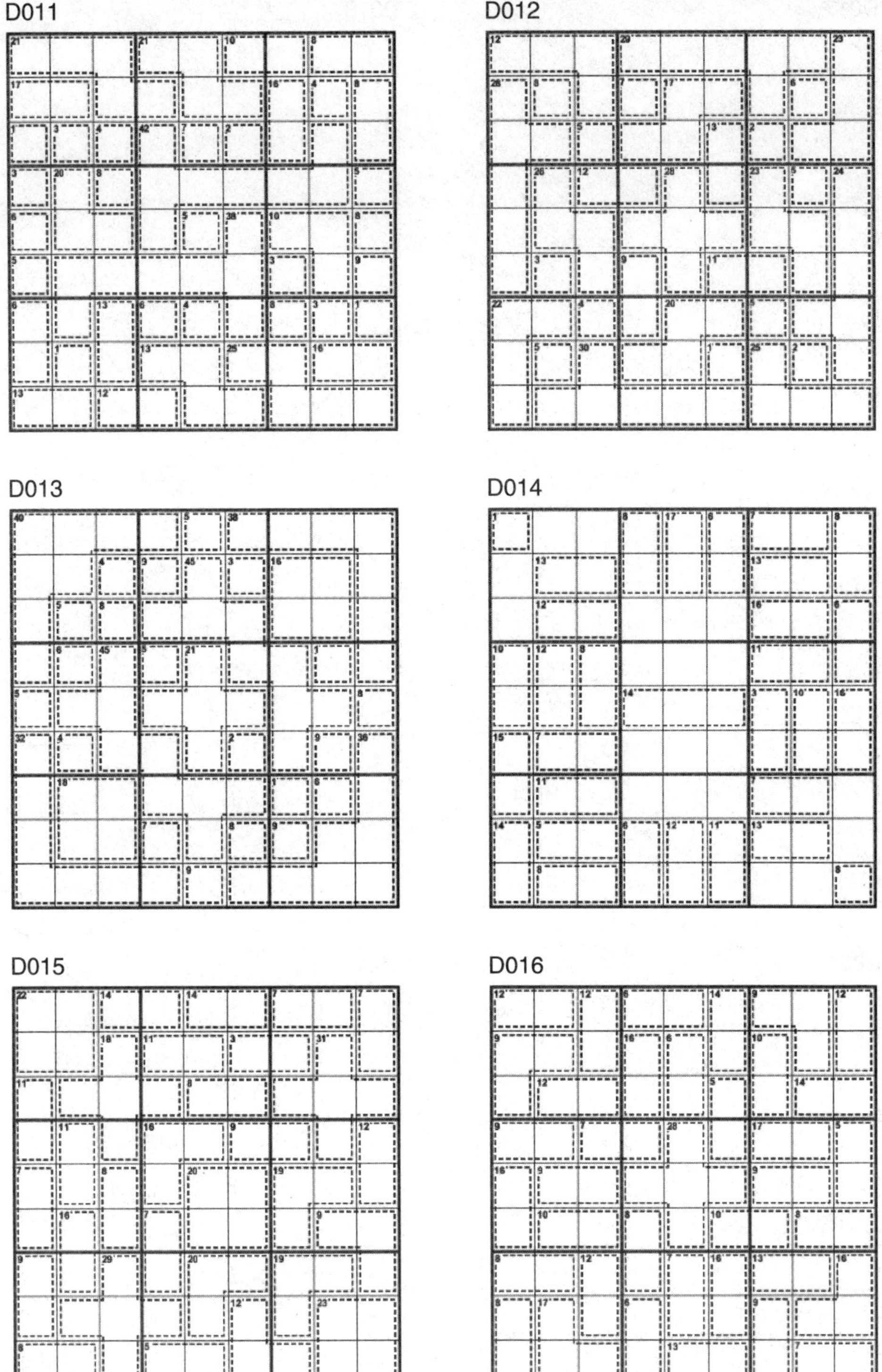

D013

D014

D015

D016

D017 D018

D019 D020

D021 D022

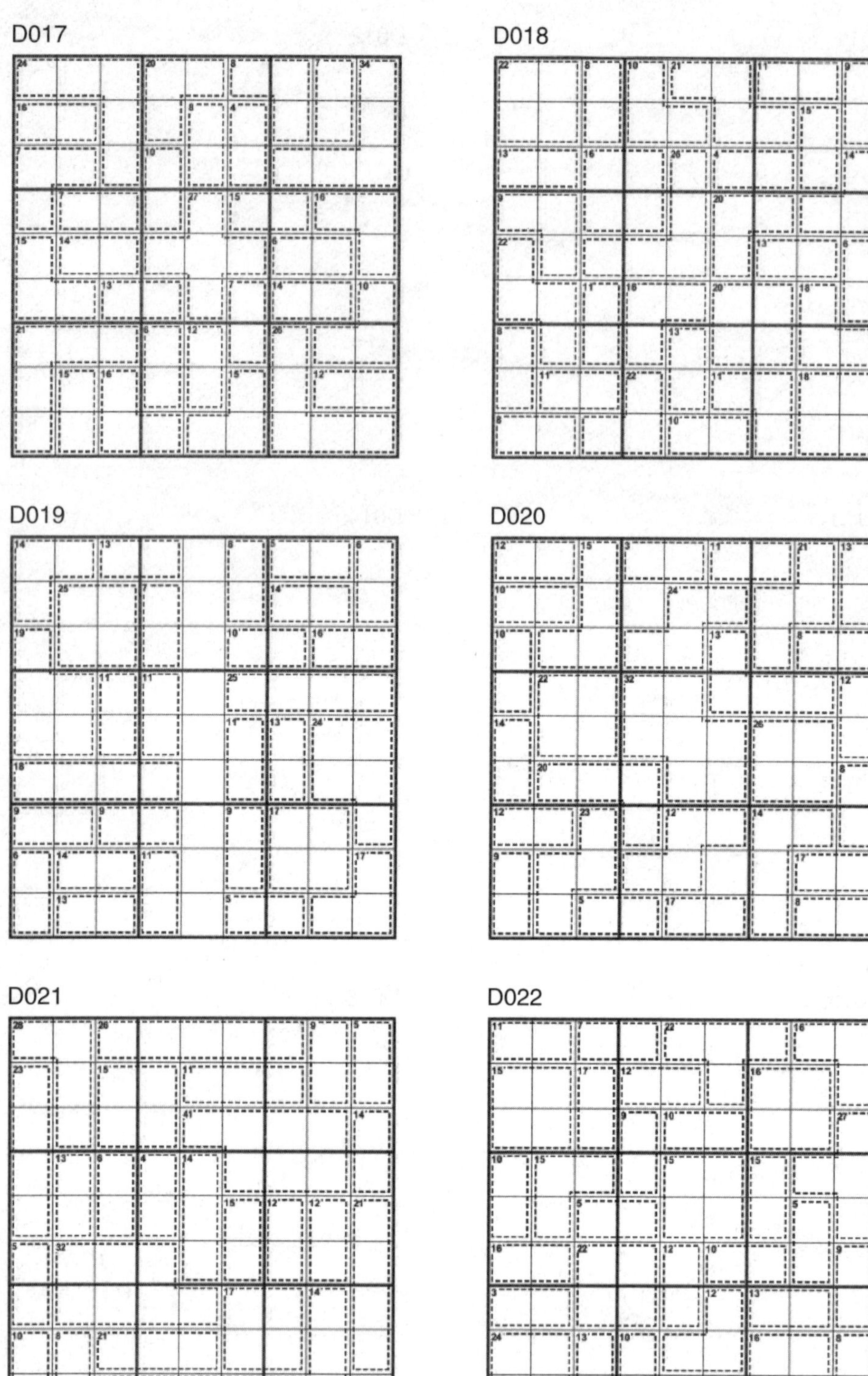

D023

D024

D025

D026

D027

D028

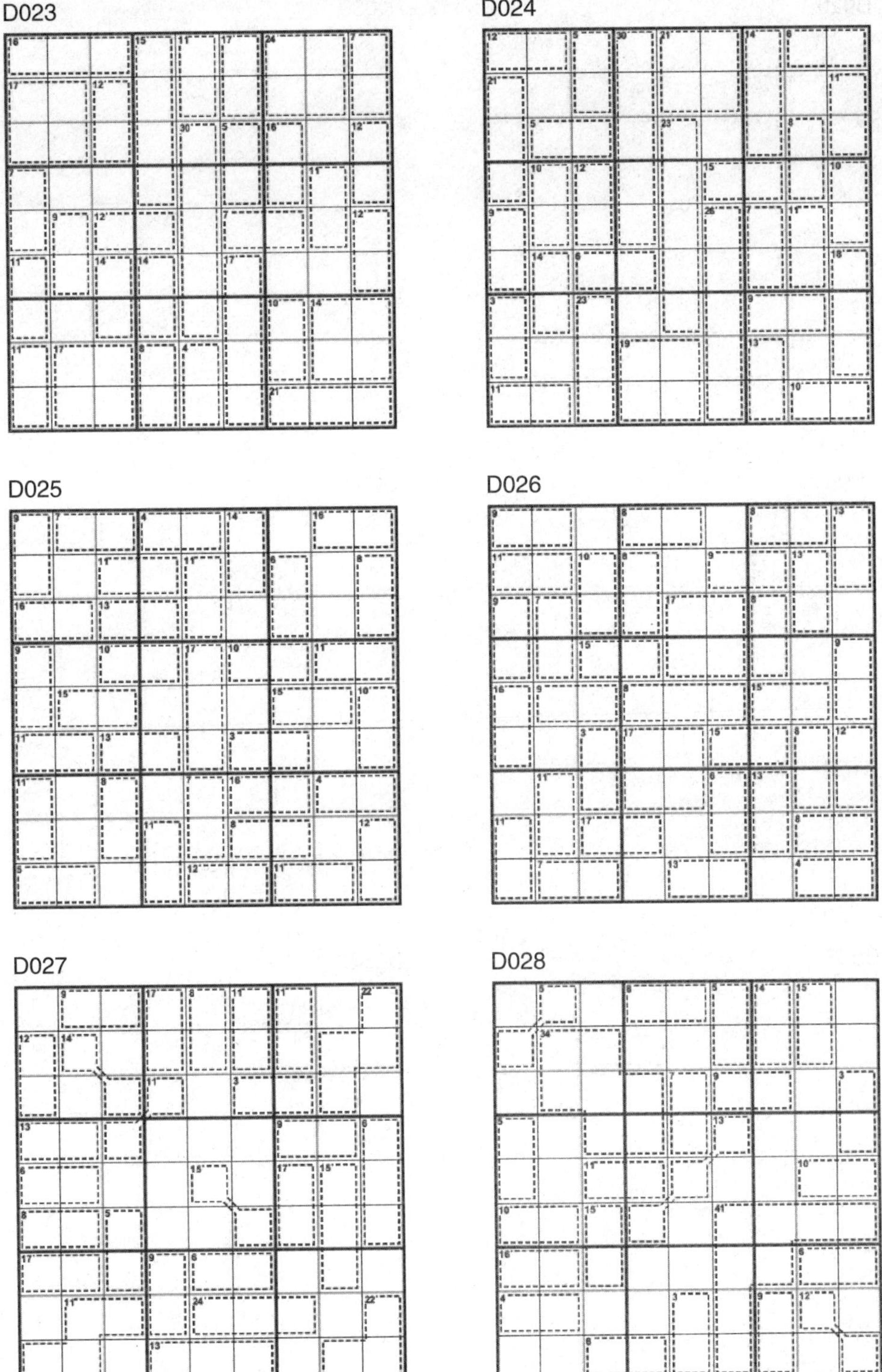

D029

D030

D031

D032

D033

D034

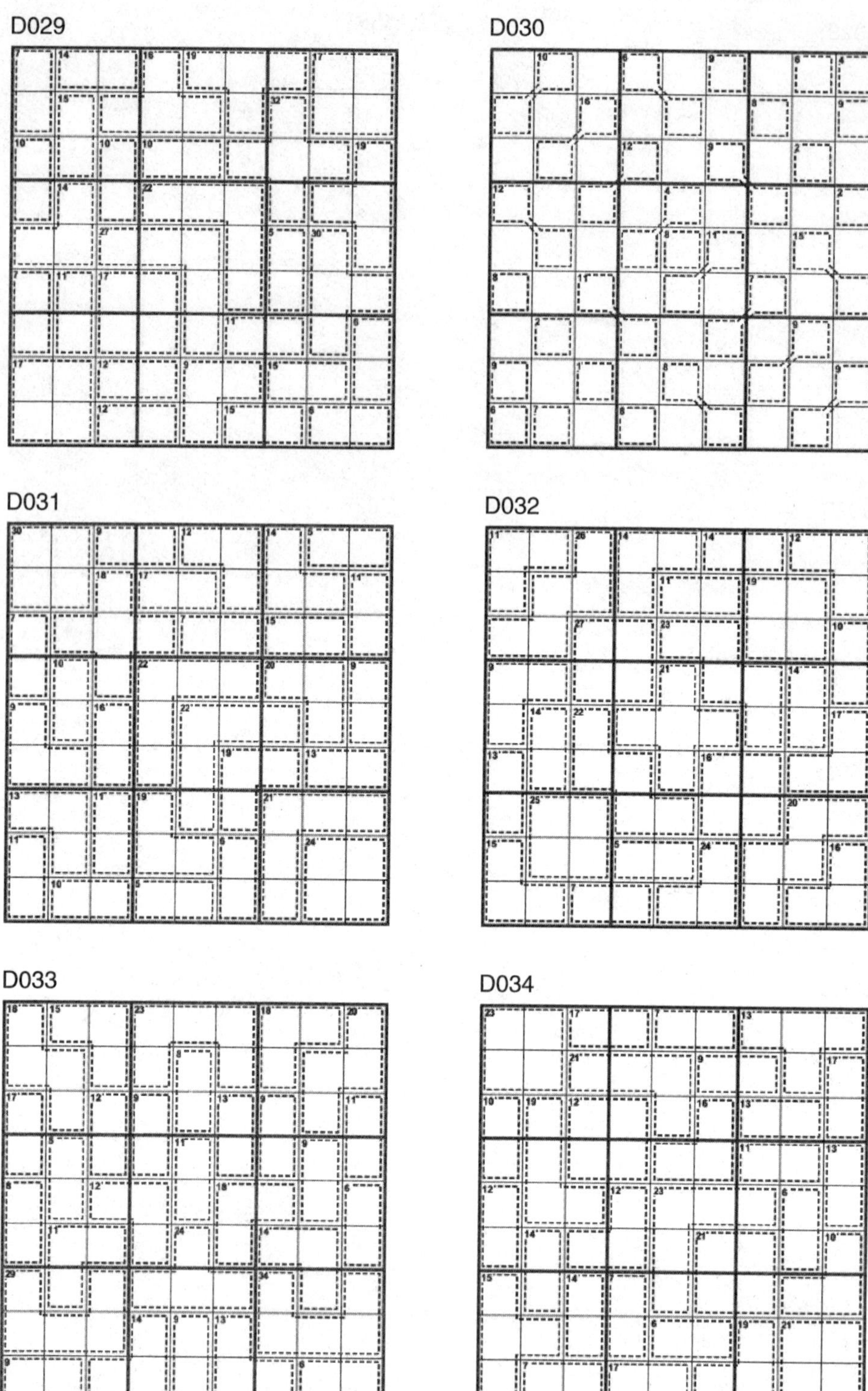

D035 D036

D037 D038

D039 D040

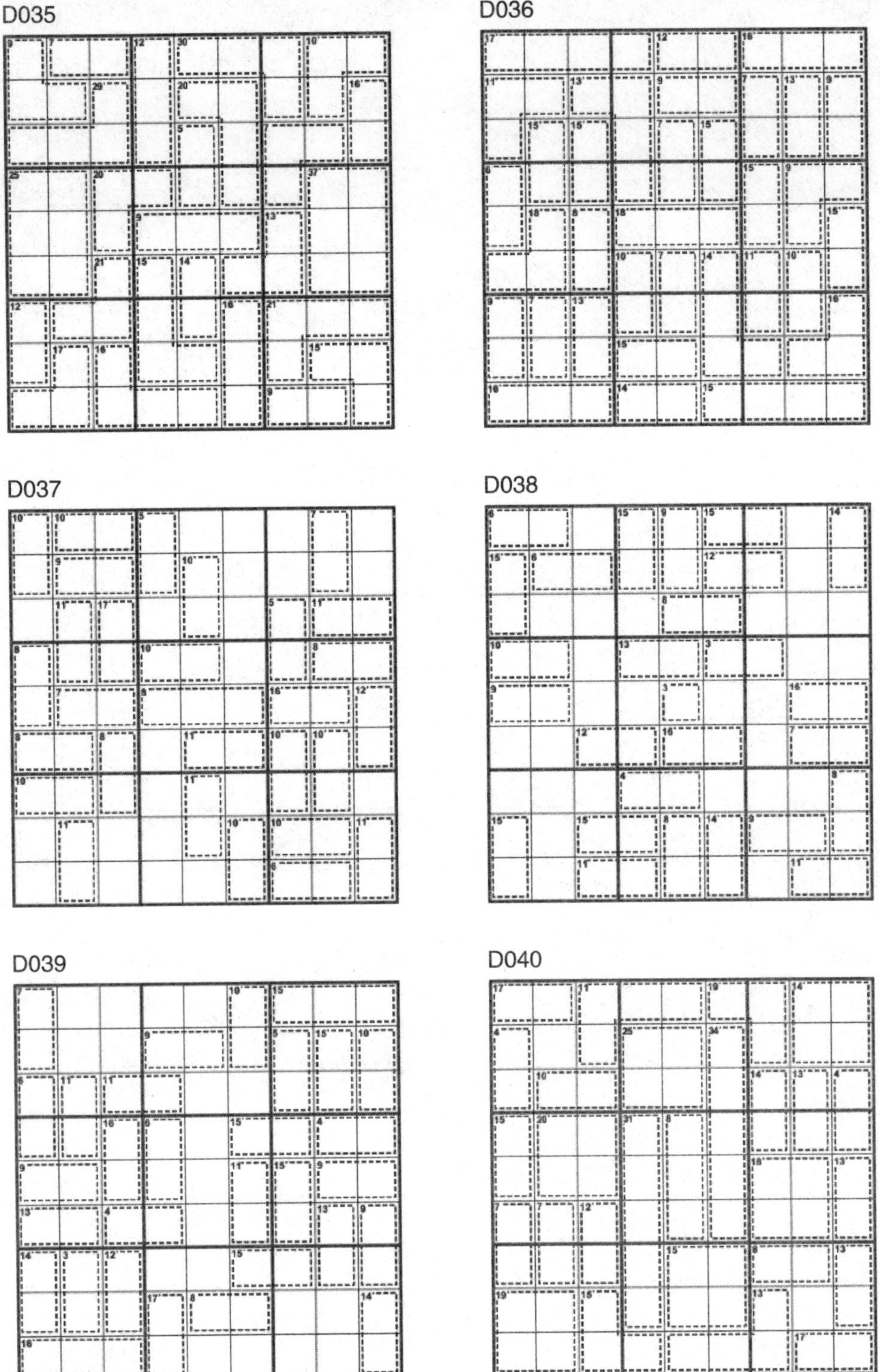

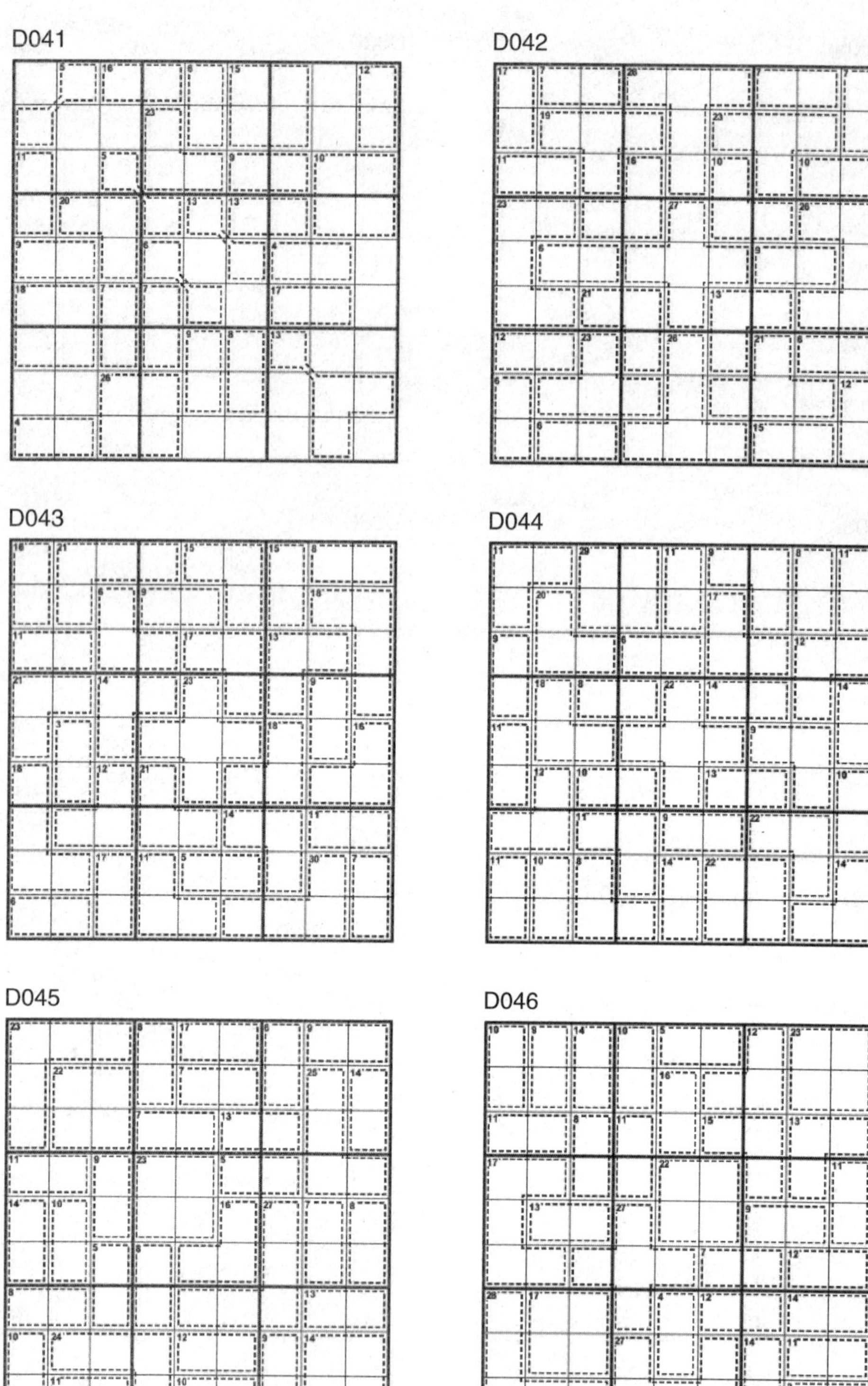
D041
D042
D043
D044
D045
D046

D047

D048

D049

D050

D051

D052

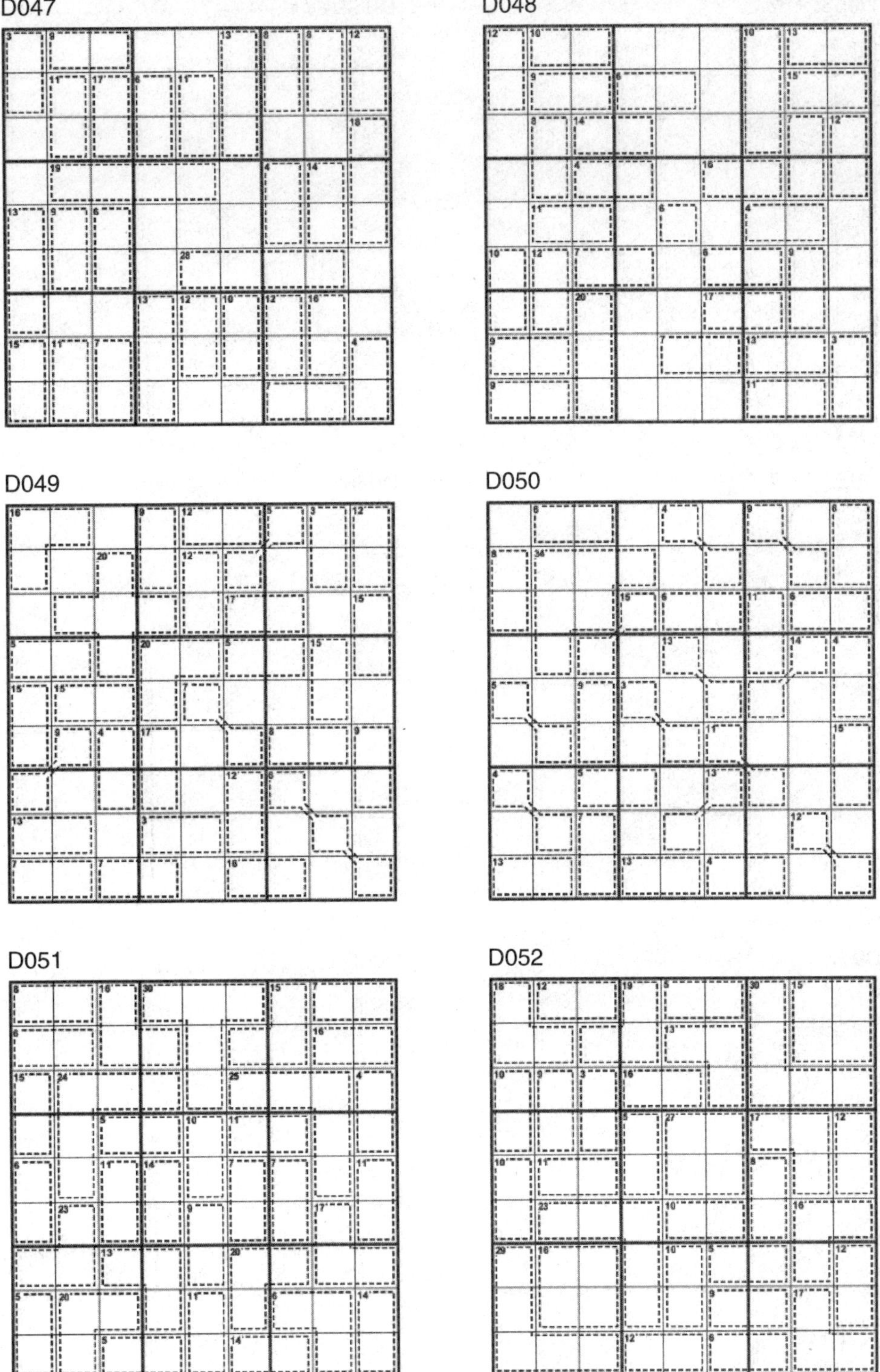

D053

D054

D055

D056

D057

D058

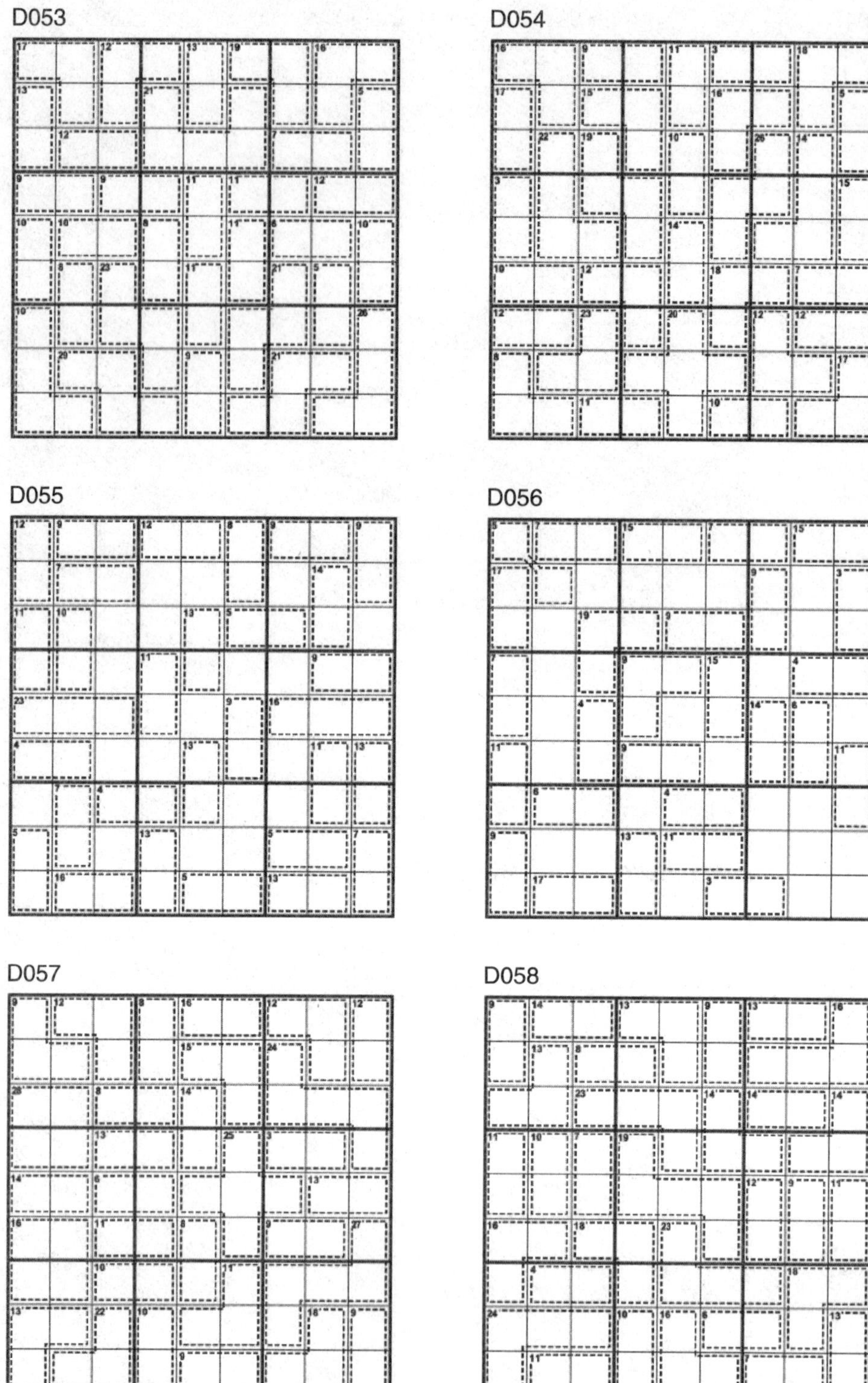

D059

D060

D061

D062

D063

D064

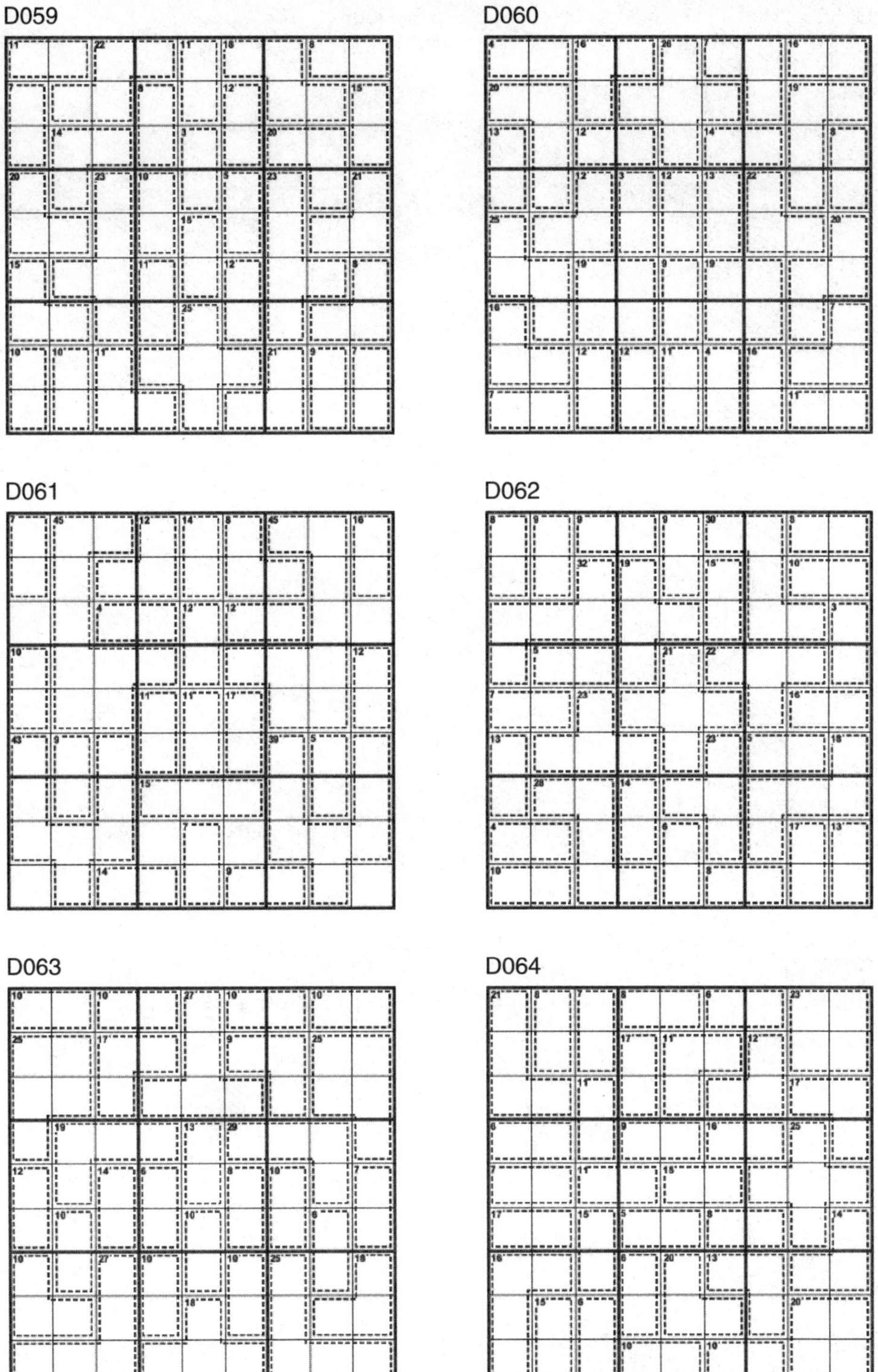

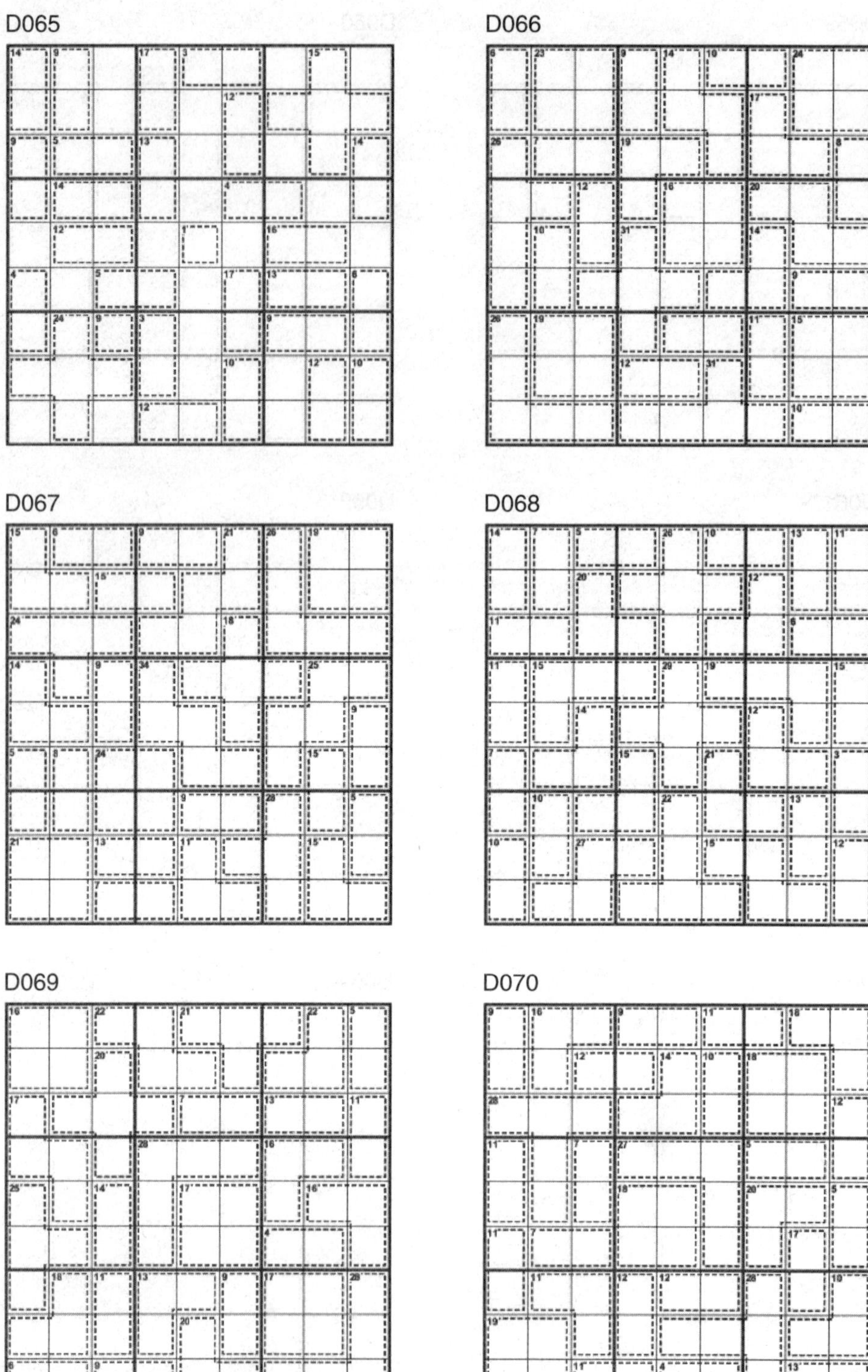
D065
D066
D067
D068
D069
D070

第七章　锯齿数独训练题

E001

3				8				9
	7	1				6	2	
			6		7			
	4			3			9	
			7		8			
	5			7			1	
			1		2			
	9	7				1	6	
2				6				7

E002

1		8				4		9
3				8				7
			2		4			
	9			5			1	
		7				3		
	5			4			3	
			4		1			
9				2				4
5		1				6		2

E003

9			6					
				2	4		7	
			7					9
1		2			5			
	9					8		6
	6		4				3	
				5				
	8				6			7
		7		1			2	

E004

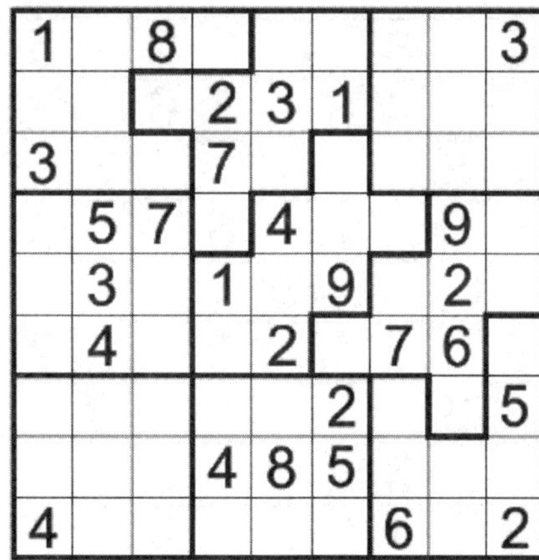

1		8						3
			2	3	1			
3			7					
	5	7		4			9	
	3		1		9		2	
	4			2		7	6	
					2			5
			4	8	5			
4						6		2

E005

	6	8		2		5	9	
5								9
9			7		1			5
		9		7		1		
2			6		9			7
		5		8		4		
7			4		3			8
6								1
	9	6		4		7	3	

E006

					5	8		3
		4	8				2	
	2	5						8
	4				9			5
				8				
1			5				3	
3						6	5	
	5				8	1		
2		9	6					

E007

9		5	2					
			3		6		5	
5		9				1		
		1		2			7	
				3	4			
			7				3	4
					5	2		7
3								
	8					6		2

E008

	4		1		9		3	
6		8				5		7
	7			8			2	
2			6		8			3
9			2		5			4
	8			4			7	
1		4				8		5
	6		8		2		4	

E009

3		8				2		5
		4	8		7	6		
	8						7	
5			7		6			9
				5				
6			1		8			2
	3						2	
		3	2		1	5		
8		1				9		7

E010

2		6					3	
			8		7	4		
5							4	
		4					7	
				3				
	1					3		
	5							6
		1	2		8			
	9					7		5

E011

9		5						3
					6		8	
	6							9
	2				4			
6								4
			6				4	
7							9	
	7		8					
5						2		7

E012

	5		2		9			
					2		9	
	7	2						4
		1		3				6
				5				
1				2		4		
3						9	5	
	9		3					
			7		6		1	

E013

6	7		1			9		
		4	5					
	2							
						8		5
			8		6			
5		1						
							2	
					8	6		
		7			5		9	2

E014

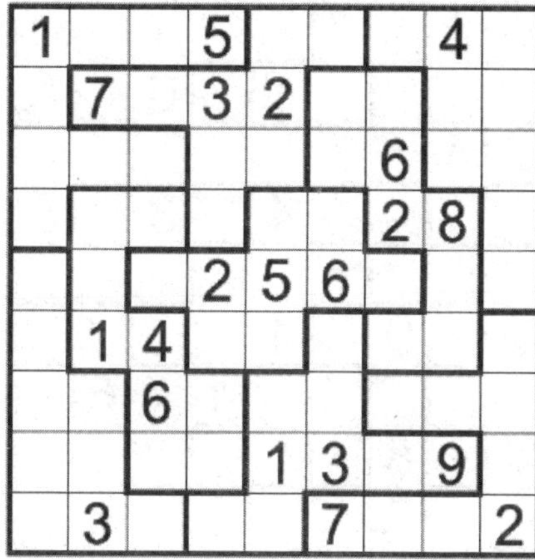

1			5				4	
	7		3	2				
						6		
						2	8	
			2	5	6			
	1	4						
		6						
				1	3		9	
	3				7			2

E015

2							8	
			8	2	7			
3						8	9	
		8						5
			2		9			
7						3		
	3	1						9
			6	8	1			
	4							7

E016

	6	8	2					
1						8	2	
			7			6		
3				1				
	5						1	
				4				1
		4			1			
	1	3						5
					9	4	5	

E017

3		8			9			
	4					2		9
6				9				
1					3		7	
		4				3		
	5		3					7
				4				3
8		7					9	
			2			8		6

E018

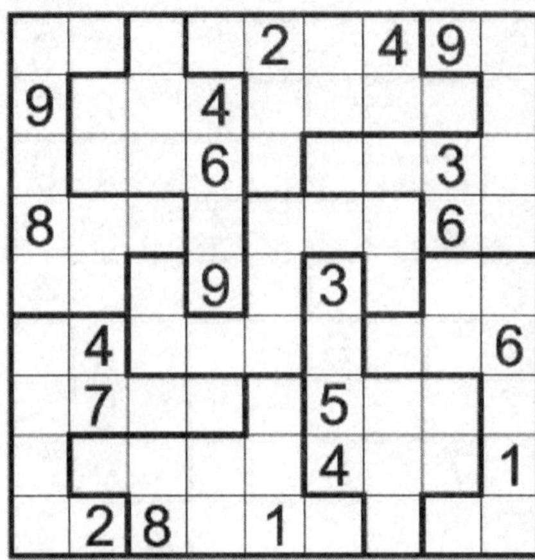

				2		4	9	
9			4					
			6				3	
8							6	
			9		3			
	4							6
	7				5			
					4			1
	2	8		1				

E019

	8		2			1		
						6		5
	4		7					
				4		3		8
2		9		1				
					1		6	
4		8						
		7			2		4	

E020

	4					3		9
	3		6		2			
				5		9		6
	7	8						
3				6				5
						8	5	
1		6		4				
			1		3		6	
6		7					1	

E021

1		6		9				
	8				2			9
	2	9						
					6			2
				8				
2			7					
						2	4	
4			3				5	
				7		3		1

E022

	2					3		
						7		6
4				5				
	1		5					7
			9		3			
3					4		9	
				2				8
6		7						
		3					1	

E023

2				6			1	
1						7		
	1	6						
8						5	7	
			7		4			
	7	1						4
						1	8	
		2						3
	3			5				7

E024

					3			
			7			8		4
					9		2	
9	7			3		5		
				8				
		2		5			3	9
	4		5					
5		8			2			
			1					

E025

				7			1	4
3	2	7						
					4		5	
		1			6			8
		8				4		
6			9			2		
	7		3					
						1	2	5
9	1			5				

E026

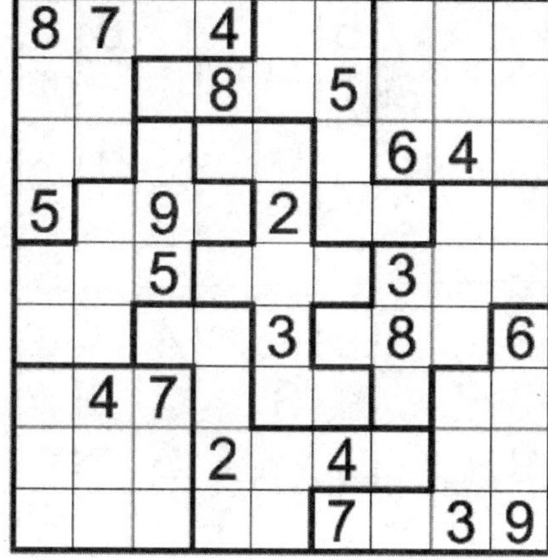

8	7		4					
			8		5			
						6	4	
5		9		2				
		5				3		
				3		8		6
	4	7						
			2		4			
					7		3	9

E027

						5	7	
		4						
5			3				4	
2		8						5
			4		1			
6						7		4
	2				6			8
						6		
	5	1						

E028

2		8	3					
					5		2	
5	7	3	2					
				7			4	2
7	5			4				
					7	9	5	6
	1		8					
					8	5		4

E029

		1						
	5		2	1				
		3			5			8
8	3		1					
		9				2		
					6		4	7
5			7			4		
				4	1		8	
						6		

E030

				4			9	
8		6	5					
9							6	
						4	7	
			7		3			
	3	9						
	4							9
					1	8		5
	5			3				

E031

			5				8	
		8	7					1
		7		5			4	
		2						
2								6
						4		
	7			3		2		
9					4	5		
	9				1			

E032

		9		6		1		
3			4					
			2					
4							5	2
			7		3			
6	8							5
					8			
					5			9
		6		1		9		

E033

	3	7						
				1	2		8	
6								
4						6		1
			2		6			
8		9						7
								9
	5		3	6				
						7	1	

E034

	9			2		5		
					7			5
		9			3			
4	2							9
		8		3		9		
6							5	1
			3			8		
5			7					
		2		6			4	

E035

		1		9	4	5		
	3		1				7	
6								
2			7					
3				2				9
					5			2
								8
	6				9		2	
		8	2	6		3		

E036

				6		7		4
		6	3	7				
	2				7			
	1							6
		5				6		
1							3	
			7				6	
				2	3	4		
7		9		8				

E037

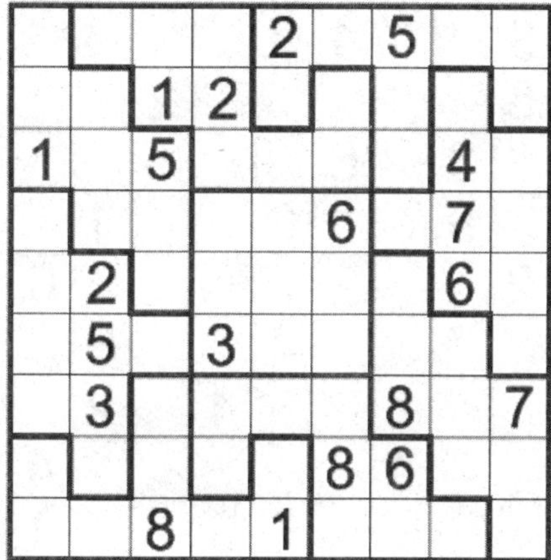

				2		5		
		1	2					
1		5					4	
					6		7	
	2						6	
	5		3					
	3					8		7
					8	6		
		8		1				

E038

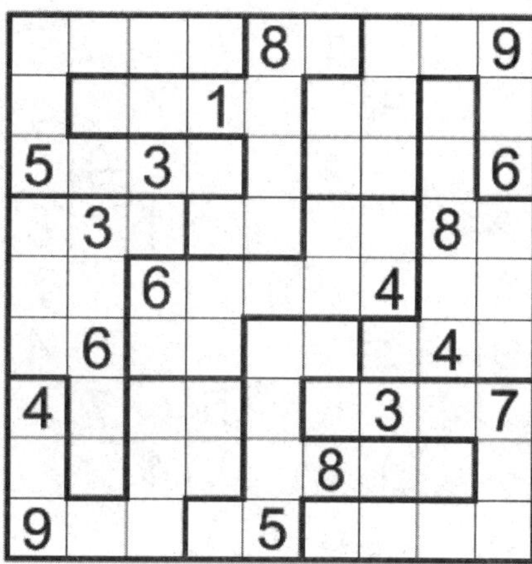

				8				9
			1					
5		3						6
	3						8	
		6				4		
	6						4	
4						3		7
					8			
9				5				

E039

		7	8					9
	3							
				3	6		9	
	6		9					5
9								3
1					8		5	
	5		6	9				
							8	
2					9	5		

E040

6							1	
1		3					4	
			1		6	4		
5								
		8		3		1		
								6
		2	4		8			
	2					6		7
	5							2

E041

	6		2		3		8	
		4						
				3				9
3								4
		5		4		6		
5								8
2				5				
						8		
	1		5		7		9	

E042

	1					5		6
		2	4		8			
				5				1
	3					8		
	2						7	
		9					1	
5				4				
			2		1	3		
1		8					9	

E043

			1	8	4			9
		8				7		
	2		4				9	
2						1		8
4				1				7
9		7						4
	4				5		7	
		1				4		
5			6	7	1			

E044

8			1	3				
5						2		
	8		6					
	9			6			1	
2								6
	7			4			8	
					4		2	
		1						4
				7	9			1

E045

3	1	5						
						9	8	3
				8				
6		7						
			5		7			
						2		6
				4				
1	6	4						
						1	3	9

E046

			8	9		7		
	2					1		
6								5
3			5				6	
				7				
	9				4			1
7								6
		9					5	
		5		8	7			

E047

				6	7	2		
	8		4					
						8	9	4
3		2						
			9		1			
						4		5
9	3	4						
					2		8	
		8	2	9				

E048

	6	1		4				
					4		1	
		5		3				
5			4					3
6								4
3					5			8
				8		9		
	8		6					
				6		7	2	

E049

			3				2	
8	7							
					8			5
4				6				8
		8				4		
2				1				9
1			6					
							9	4
	6				9			

E050

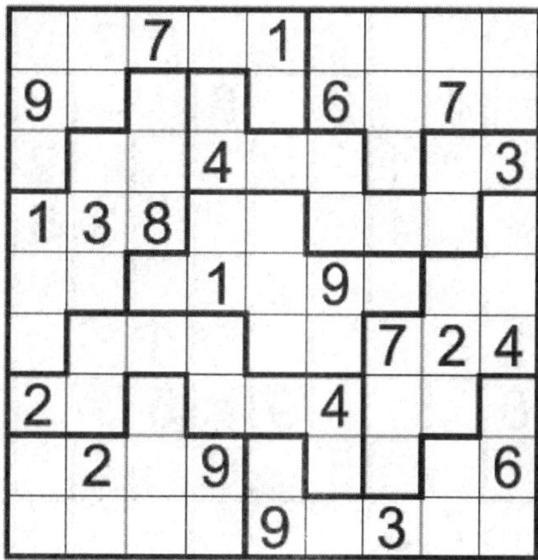

		7		1				
9					6		7	
			4					3
1	3	8						
			1		9			
						7	2	4
2					4			
	2		9					6
				9		3		

E051

	4		8	1				
7						5		
	5						3	
			2					6
9		4				3		5
5					6			
	3						6	
		9						7
				8	1		5	

E052

	1		9			8		
7						5		
	3							9
	7		8					4
			4		2			
9					3		1	
6							3	
		1						7
		9			1		4	

E053

1		5	7					
				5	9			
						9		5
	4	8						
			6	4	5			
						7	8	
2		7						
			2	1				
					7	8		3

E054

				6				9
5	9							
		7			8		4	
4		9		8				
			9		4			
				2		8		3
	5		8			6		
							6	2
7				5				

E055

						9	7	
	4		9		6			
		1		5				2
		4					3	5
				2				
3	5					8		
8				9		5		
			5		8		4	
	7	3						

E056

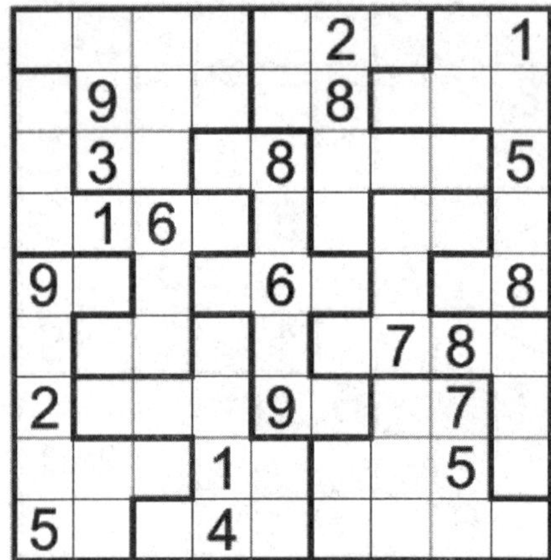

E057

			4		1		9	
6	2	5						
		4						5
3		8						
5								9
						3		6
4						9		
						7	4	3
	5		2		3			

E058

	5	8	2	9				
6								
1			8				2	
					8			5
		3				5		
5			1					
	3				1			4
								3
				8	4	3	1	

E059

		4			6			
		1		6				2
					5			1
4	5						1	
			5		7			
	1						7	9
1			2					
2				9		7		
			7			3		

E060

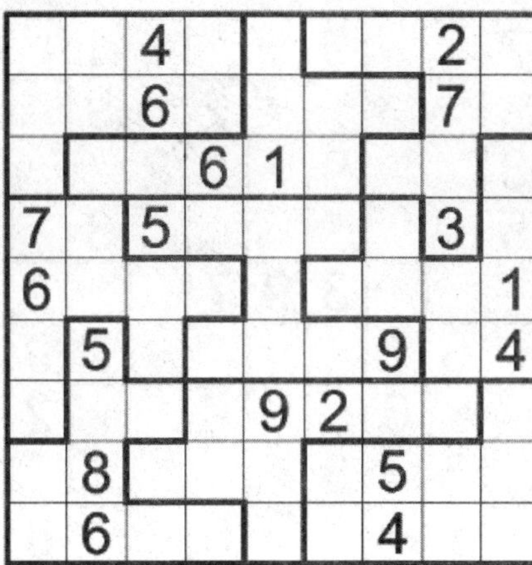

		4					2	
		6					7	
			6	1				
7		5					3	
6								1
	5					9		4
				9	2			
	8					5		
	6					4		

E061

9					5	6		
					8	2		
	5				4			
4							2	
	9			8			7	
	3							2
			6				1	
		9	2					
		4	8					7

E062

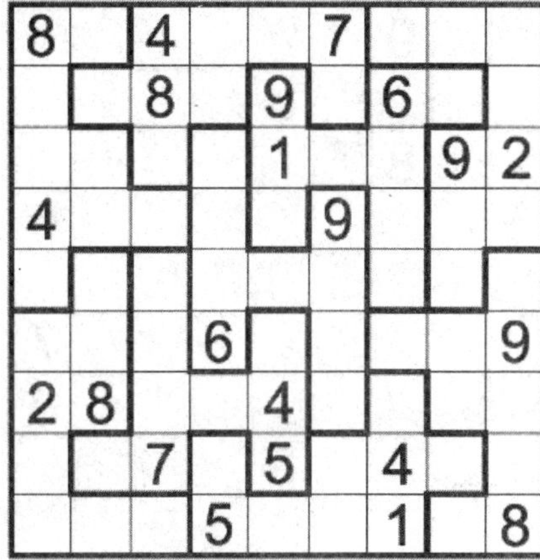

8		4			7			
		8		9		6		
				1			9	2
4					9			
			6					9
2	8			4				
		7		5		4		
			5			1		8

E063

5			1			4		
6						2	7	
4			8					
	2						3	
			7		2			
	7						5	
					6			7
	5	7						8
		1			5			9

E064

			9		2	1		
		9						2
	7			2				3
	6	2						5
	1			5			2	
7			2				5	
6				7		2	8	
2						5		
	2	7			4			

E065

7			5				1	
					2		9	
3			9			2		
5							3	
			3	9	7			
	3							9
		6			9			2
	5		8					
	7				6			8

E066

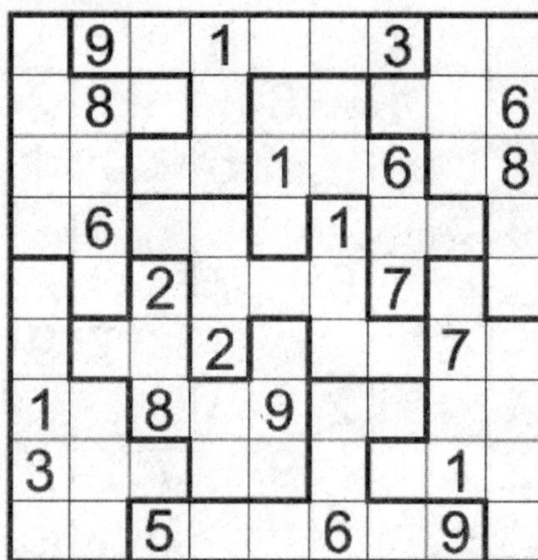

E067

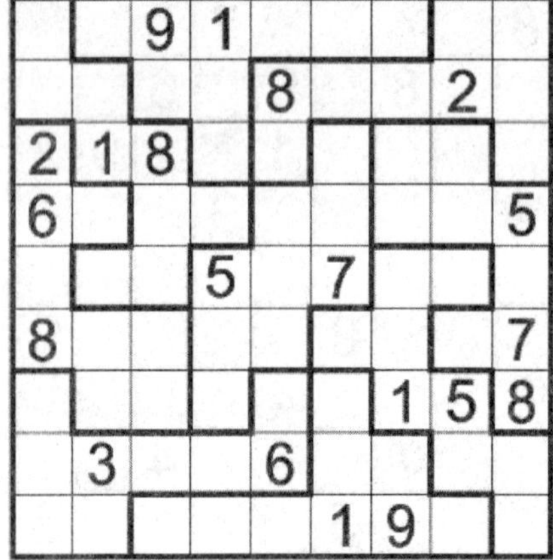

E068

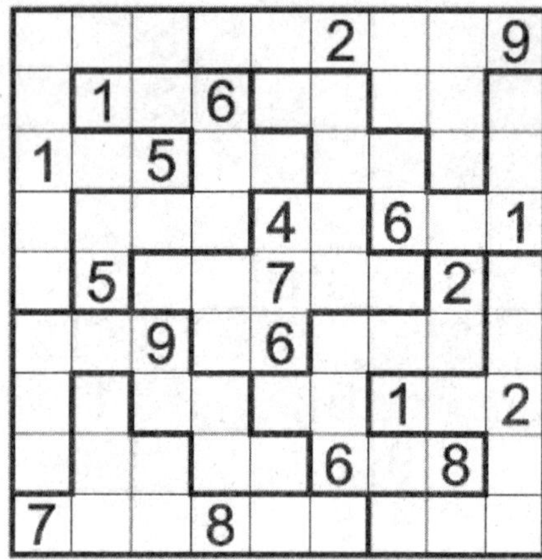

E069

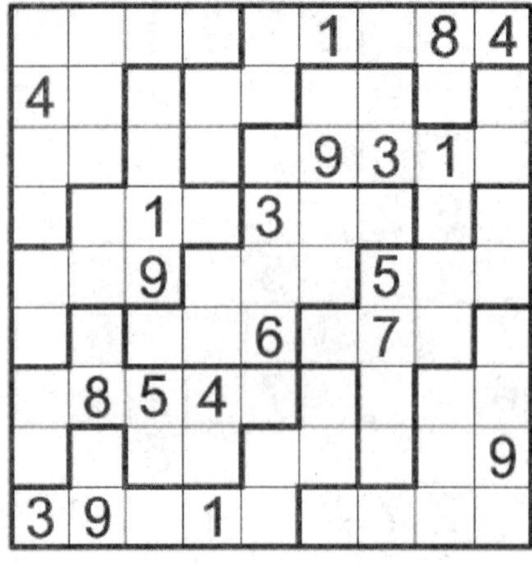

E070

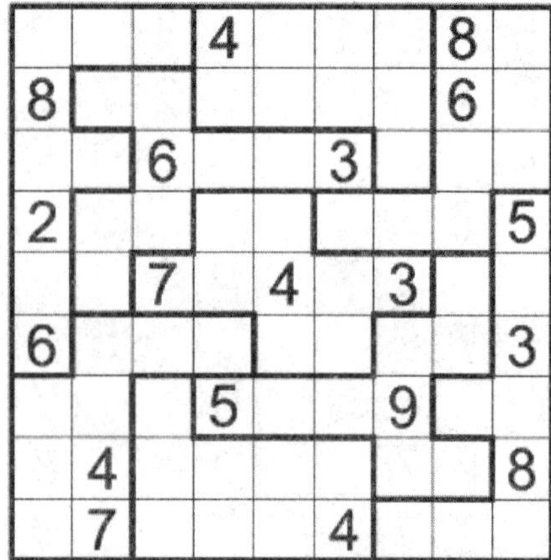

第八章　窗口数独训练题

F001

	9		8					
						5		7
	6		5					
						4	3	8
			2		9			
7	1	5						
					5		7	
9		6						
					2		8	

F002

				8	2			
8	3	4						
								3
		5			4			
		2				5		
			9			8		
7								
						6	5	1
			1	6				

F003

	3	8	9		6			
		6				3		9
	9						6	8
1								5
9								6
3	7						8	
2		1				6		
			7		3	9	1	

F004

7						4		6
					5	2		
6	2	5				9		
	8		9		4			
			8		2		4	
		2				6	1	7
		6	1					
5		4						2

F005

					1	7	3	
3		7		8				
							2	
		4			5			
5								1
			7			5		
	4							
				4		9		7
	2	8	1					

F006

			3				1	
		8				5		4
	3				7		9	
6				3				5
			7		8			
		3		2				
	1						5	
8		2				9		
	5		8					

F007

					9			
2		7						
		3			5		1	
1		6						
7								5
						6		9
	7		6			8		
						7		4
			9					

F008

	3		1		5			
4		1				5		
	2						3	
5				3				9
			8		6			
3				1				5
	8						2	
		3				9		8
			2		3		7	

F009

	6		2					
9						7	2	
			4			1		
5		9		8				
			7			5		8
	4	1		7				
	5						6	
				6				

F010

				9	4			
6		4					8	
	8	1						
		2						4
								8
4			2					
					6	8	4	
1						3		
	6		7				9	

F011

			8					
	8	2						
		3			2			
1						8		
3			7					
				4				5
						6	7	
	9						4	
				6	5			

F012

3								
5		4				6		
					7		1	
		2				8		
			4					
1				6				
	1				4		2	
2		5						
	8		6				4	5

F013

			4		9		8	
		8				5		1
	2	9					3	
8				3				9
			8		7			
7				9				5
	8					9	5	
3		5				1		
	1		9		5			

F014

			5	3				
	4						1	
	2							5
					5	9		2
		2				7		
5		4	8					
1							8	
	5						3	
				5	6			

F015

					2		5	
		8				7		4
	6	1					2	
				3				5
			5	4	6			
6				2				
	3					2	6	
8		2				5		
	7		2					

F016

			5	8	6			
		6				5		2
	9							
7						6		4
3					4			
6				7			1	
	7		1				6	
					7	9	4	
	3		6					

F017

				1	6			
		6				7		
	7					1		
								8
3								7
6								3
	3	2					6	
						4		9
			1	4	8		7	

F018

		5	7					
						1		
	6		2				5	
4				3				6
				6				
1				8				3
	7				8		6	
		4						
					9	7		

F019

			3	8				
9		3				1		
		7					6	
2								
5			8					9
				9				5
	2					9	5	
	8	9						
				3	8		7	

F020

			5	7	8			
		2					9	
	7						6	
1								7
9						1		
5								
				4				
	5	9					7	
			8					

F021

			1					
7		8					5	
5					9	4		
	4						7	
			8	1	6			
	8						6	
		1	9					3
	5					8		6
					8			

F022

			7		3		9	
						8		7
					6		4	
4						1		5
5		8						3
	3		4					
1		9						
	4		2		1			

F023

			1	7				
		1				7	4	
	7		2				6	
1		4		8				
6			3		7			5
				2		6		1
	2				1		7	
	1	6				3		
				3	6			

F024

		8	3		5			
	4						3	
5		3						
1				3				7
			6		7			
7				9				4
						3		1
	9						4	
			9		3	8		

F025

					4		8	
5		7		8		9		
	6		2				5	
6						8		
	1						6	
		2						5
	8				5		2	
		1		2		6		3
	4		6					

F026

					4		8	
	7	8						
							7	
4				7				1
7								6
2				6				9
	4							
						3	2	
	1		2					

F027

				2				
	1					8	6	
	7		3		9			
		2				4		
4				9				6
		3				2		
			8		4		1	
	4	1					5	
				1				

F028

					8		1	
						2		3
	5	3					8	
4								7
			7	6				
3				9				
		8				9		
	4					3		
			5		9			

F029

			4					
	8	1				9		
					3		7	
						5		
5				6				
9								1
		4					8	
	9						1	
			3	7				

F030

			2	3			8	
		2				9		
	1	5					6	
5								6
2				5				
						2		3
	4				8			
1		8						9
			1		3		2	

F031

	5		9		4			
2						6		9
			6				5	
1		8						6
				2	9			
5				6				
	1						2	
		5				9		
	3		7					

F032

		4	2					
						8		6
	3		9	7				
						6		9
		5				1		
6		1						
				9	7		1	
1		3						
					2	5		

F033

			9		8			
		1				2		
	6						4	
8				6				4
			5		7			
4				9				6
	9						7	
		6				4		
			6		4			

F034

			1		2		7	
		5				6		8
	7						1	
6								4
9								1
	6						9	
7		1				3		
	9		5		6			

F035

				6				
		2				7		
	1						2	
6				4				
			5		6			4
4				1				
	9						3	
		1				4		
			1		7			

F036

9		6	7					
					6	4		
4				8			1	
5							3	
		2				7		
	4							5
	7			3				8
		5	6					
					1	6		7

F037

	5		7				8	
			2			5		1
							3	
6								
4								
							4	5
	4	8						
		2						3
				8	9			

F038

					4		6	
6		7		8				
							5	
7				3				
	6		5		1		9	
				7				3
	8							
				6		5		9
	9		7					

F039

	8		2		9			
						9		1
	9	7				2		
7								2
				6				
2								6
		6				1	2	
9		5						
			6		5		3	

F040

			7	4				
		7				8	4	
	1	8						
1						9		6
3				5				
	2		1					
	8							4
			8				5	

F041

					6		4	
	8				5			
9								1
					7			
8		7				2		5
			2					
3								2
			5				6	
	6		3					

F042

			5	6				
		1				8		
		7					2	
6								
1								7
9								6
	8					9	7	
	3	9						
			7	3	9			

F043

	1						9	
5		2						
	4						3	
					7	5		8
								7
			1					
			9			6	7	
1		5				4		
			8	6				

F044

			5				7	
		3				1		5
		4					2	
	9			7				
					5			
6								1
						5	1	
8					3			
	3		2					

F045

2			8		1			
		8					3	
		7						
3				6				8
					4			
4								3
	8					4	9	
6		4						
	1		4		3			7

F046

			8	4				
	9	1	2					
						6		
				5				
					7			9
3							5	7
	3						8	
		4					9	
			9					

F047

			2					
	1				7			
6		4		3				
					6		8	
3						7		
2								9
		6				9		
	2						4	
			7	1		2		

F048

	7		9					
1							5	
			8		3		9	
3		4						
					1			3
		6		3				
						9		1
	9	7						
				6		2		

F049

	2			7	4			
					8		5	
	6	8						
							6	3
				4				8
7		2						
			4			1		
9						3		4
	8		7					

F050

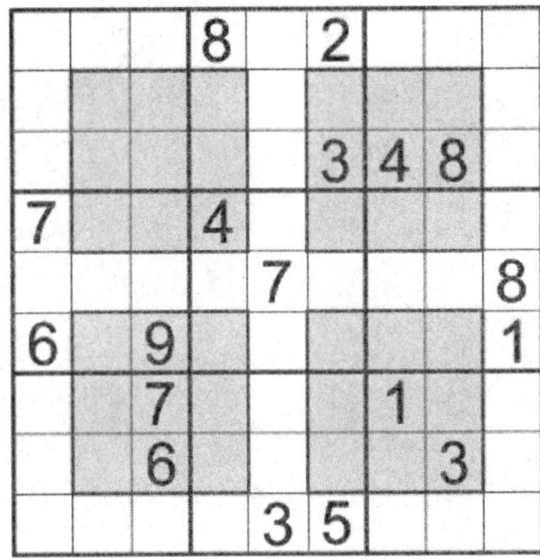

			8		2			
					3	4	8	
7			4					
				7				8
6		9						1
		7				1		
		6					3	
				3	5			

F051

				6				
	9					2		
						6	5	
				5				2
4			1	7				
						1		
	6	5			8			
		8					4	
			9					

F052

	6		4		5			
7		2				9		
	4		9				6	
6		7						4
9						1		6
	1				9		2	
		4				8		3
			2		4		9	

F053

			9		3			
4		7						
	5							
7								5
			7	5				
5				2				3
	6						3	
		3				5		
			1		6		8	

F054

				3	1			
	7						1	
	5	3						
9				5				6
					9			5
		4						
			2			1		
						6	3	
					5			

F055

			9		5			
						8		1
		6					9	
4						1		8
					8			
3				2				
	9		4				8	
		3				4		
	5		8					

F056

			2					6
	7							
			9			5		2
						3		7
			3		5			
2		9						
1		4			6			
							5	
3					4			

F057

				2	8			
						4		
	1	9					2	
6								8
4								6
			7					
						5		
3						6		
	5			9	4			

F058

	8		5					
7						2		
			1			3	5	
9		2						
								7
								9
	2	9					3	
		1				7		
				8	4			

F059

	8		4					
5		7				9		
	6						2	
2								7
					7			
				1				3
	3							
		8					3	
			6		8			

F060

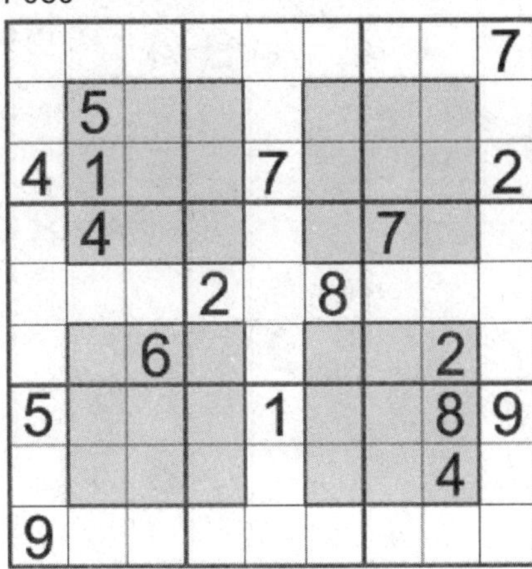

								7
	5							
4	1			7				2
	4					7		
			2		8			
		6					2	
5				1			8	9
							4	
9								

F061

	2		4	6				
		4				8		
							1	
4				9				
					4			3
1								6
	1						3	
		5						7
			3		6			

F062

				1	6			
8	7							
		5	2					6
						6		5
			1		9			
6		1						
2					1	8		
							6	3
			3	9				

F063

5			3		7			
					9		5	
						2		
9				5				6
			1					9
1	3							2
		6				9	3	
	1					8		
			8	3	5			

F064

			6		5			7
8					3			
	5	2						
	8						4	1
								6
3						8		
	7				2	1		
		9					3	

F065

					9	4		
	8	1						
	3					5		7
				1				8
			6		7			
7				9				
8		2					7	
						8	3	
		9	4					

F066

			6		5			
		2					5	
	8					1		
4				6				2
					8			
8								3
	5						3	
		9				7		
			5		6			

F067

				7				6
	7	4			5			
5								
					1		6	
		6				1		
	2		9					
								8
			8			3	2	
4				2				

F068

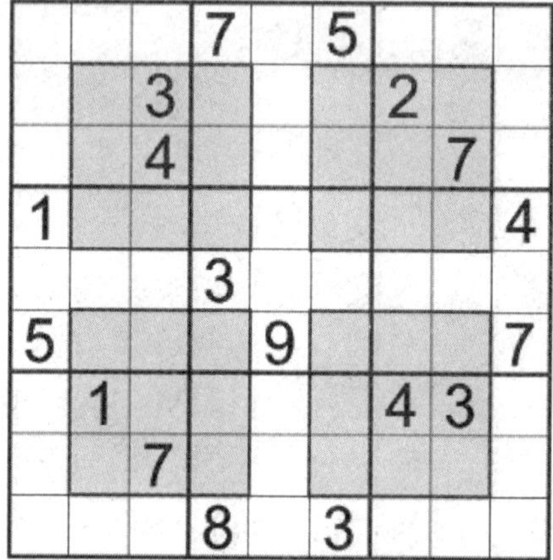

F069

	8		7		9		5	
5		1				9		7
	7				5		6	
9		8						3
6						5		4
	6		8				4	
8		7				6		5
	2		9		6		1	

F070

5					6			
	3					7	6	
			4				1	
2				3				7
					2			
3			1			9		
	2	4						
		6					3	
			6		7			8

第九章　无缘数独训练题

G001

			9			7		
8	4							
	7			5		3		
							7	5
			6	9	5			
2	9							
		6		8			4	
							8	9
		7			1			

G002

			1		5	8		
	4	2	6					
	5			4				9
3	9							4
		8		1		9		
5							2	8
6				8			9	
					9	5	6	
		9	7		6			

G003

2						3		6
		1	6	2				
8					9		4	
		9					3	
	7						8	
	8					6		
	1		9					8
				7	2	9		
9		7						2

G004

	8	2			4		7	
4					3			6
				5				8
8	5							
		3				7		
							5	1
5				7				
2			4					5
	1		2			4	6	

G005

3		9			7		8	5
4					9			
				2	8			7
2	4	8						
		5				8		
						2	1	9
9			5	3				
			1					2
8	6		9			3		1

G006

			6			9		2
	2		5					
					3	5		4
3	5							
						1		
		1					4	3
1		3		4				
					6		1	9
8		9			5		7	

G007

	7		3		5			
	8					4		6
	3		1					9
				7		8		1
				9				
7		3		6				
8					4		6	
3		2					1	
			6		2		8	

G008

			7			9	1	
	9					8		
			9	6		2		
5		4						1
		1		4	7			
				1				5
1	5	2						
4								9
			4		6		8	

G009

	5	6	3					
					5	9		
	2		6				5	
5					3		4	
	3		5					
7				4		5		9
2								8
				2		3		6
		9	7		8			

G010

5		9	1	2				
						1	4	9
8				7		2		
2						8		4
6		8						
							7	
	8	1	9					
	2				1			5
	6		3				1	

G011

		9						
5	4			9				
			8					
7	5							
	3		5				4	
				2		9		
		8						3
				6	4		5	
					3		7	

G012

	2		7		6	8		
4	7		1				5	
			2					9
7	9	5						4
2						9	7	6
9					8			
	5				3		2	8
		2	5		4		9	

G013

	2		5			4		
1	3		7			5		
			3			1		
2	1	4						8
					9			1
				7			3	
6	7	2						
					6			
			9	2				

G014

			5	7	9	3		
4						8		9
3	7					5		
						6		7
				9				
6		8						
		5					6	4
2		3						5
		6	7	1	5			

G015

								5
				4		8		1
		8		7				
				8			9	
	3	7	6					
						1	4	
	5				3			
			5		9		2	
4	2							

G016

	2		4					
3			8	2		9	5	
			3			2	8	
7	1	8			9			
	6						1	
			7			5	6	8
	5	2			3			
	8	3		4	7			5
					2		9	

G017

5	9			8				
						3		
			9	7			6	
7	8	1						
				9		6		1
						5		
4		7			8			
					4			8
		2			9			5

G018

	6				3			
		7		1	2			
					7		6	
8		6						4
2								5
9						8		1
	3		4					
			3	2		5		
			5				1	

G019

1		4						
	3							
			4	7				
5								
	2					5		
			8			4		
3	6							8
		8		2			3	
		1			7			4

G020

3	7		5					4
					9	3		6
	4		3	7				
	3					6		1
		5				4		
2		4					3	
				5	6		4	
8		1	9					
4					3		5	8

G021

7		1		5	2			
	3					5		
						8	7	
3	1							6
	9		1					7
			4	2				
	4							2
		8		9	1		3	
					3			8

G022

			5	7		8		
7	9		1					
						7		6
6	7	4						
	5							2
							6	5
9					5			
				9	1		5	
		2			3		8	

G023

		1						4
7	2							
			8	3	2			
9						3		
	7		4			8		
				8		1		
								6
				4			2	
					7		1	

G024

					6		5	
8	4				3		9	
					7			
4	2	9						
						1	2	7
			9					
	5		3				4	1
	1		6					

G025

					9			3
	2				3			
7	9							
							6	8
3	8	6						
8		2		9				
				6		4	3	
		5		3		7		

G026

	8					3	5	
1			3					9
3			2	5				
						1	9	
		3				7		
	7	1						
				2	5			6
7					3			2
	6	8					3	

G027

					3	7		
	2		4	8				
						8	1	4
	9		8					
	3				7	1		
8				2				6
9		8		6				
		3						1
		6			8		9	

G028

9	5					8		
1			8	2				
				4				6
7	1	2						
						2	6	
							1	
3					5			
					7			2
8		5			2		7	4

G029

			5	8		1		2
	1	8	7					
	6							7
8	3		6		4			
7								3
			3		9		8	4
6							9	
					5	6	7	
4		5		6	7			

G030

				7	6		4	
2	6	4					3	
		9			4	2	1	
9		2						
7								9
						4		7
	3	8	4			5		
	9					3	7	1
	2		1	3				

G031

		1	4	3	5			
	8							
2		9						
7					4			1
4				5				6
8			9					5
						6		4
							2	
			6	8	2	7		

G032

2		3						
				7			5	
7			1					
		2				6		
	8				7			
				5	9			3
			2					
	7							6
					3		8	

G033

1				6		5		
8	7						6	
						7		1
9	5		8					
			6					8
				2	3			
	2							
		3			9		7	
					4		5	6

G034

		5		7		1		6
	2			5	8			
4					9			8
						8	3	
7	3						5	1
	5	8						
6			7					5
			4	1			6	
5		3		9		2		

G035

9							1	4
1		4		2	6			
					1		6	
	1	6						
	7						8	
						2	7	
	8		2					
			6	7		1		3
6	9							8

G036

	2				6		3	
5		6			9			4
					8		6	
7	5	2						
				9				
						6	1	7
	1		2					
2			9			8		1
	6		3				9	

G037

		9				7		4
		2		1				
		3		9				1
2								
			1			5	7	
4			6	8				
						3	8	7
6								
	8		3		1			

G038

7	1		5					
4			1			5		
			4	7			8	
8	2	1						
		6		9		8		
						6	2	4
	5			4	7			
		4			3			7
					1		6	2

G039

		9			7			
		5	2	6	8			
							8	6
9	5						4	
	1						6	
	6						5	2
8	2							
			9	7	2	3		
			3			6		

G040

7					6		1	2
6	9						4	
					2			
9		7		1				
			2		8			
				3		6		5
			1					
	8						3	1
5	1		8					9

G041

	4		7			2	3	
1						7		5
7	2				3			
		9		8				2
			3	2	6			
4				5		3		
			9				8	4
9		1						3
	3	4			2		1	

G042

2	9		6					
				4		7		
			2			9	8	
7	1							
				6			1	
						6		4
6	7	3						
		8			7			9
		2			6			8

G043

7	3		2					
	4		1	8				
						4		
	7	9						2
				7				
3						6	9	
		1						
				1	5		7	
					2		1	8

G044

1	5		4			7		
8							1	
			1	9				8
4		9						
		7				2		
						3		7
7				6	9			
	8							3
		2			5		7	4

G045

	8		9		1			
4			6				8	
						1	4	
2	5			3				
			5				3	9
7						5		
		5			2			6
	4	6		9				
				5		4		

G046

		3		6		5		
	7			5				4
5			4	9				
		9					2	
3	2	4						
							4	
2								
			2		7			3
	9						1	6

G047

	2		4					
	9		6				1	5
			9	1				
						3	8	1
		2				7		
8	5	7						
				4	9			
2	8				7		6	
					6		9	

G048

	1		2			9		4
3			4					
			1			8		7
5	7	6						
					4		6	
				8	6			
7		5						
				4				2
2		4					8	

G049

7	2			6				
				1		8		
				4			2	
3	8							
						7	6	8
6			7					
5		1						
					5			3
		3	6		1			4

G050

			1			3		
	4							
			8	3		1		5
3		2						
		4		7				
						5	1	3
2		5			3			
					9			
		1			7			8

G051

			8		1		5	
	6		4					
						1		7
8	2							
						9		3
6								1
		5		6				
3								5
		9		5	8		1	

G052

		5		9		7		
8	1							
		7		5		9		8
		3	4					
						1		2
2					6			
					5	4		6
5	3						8	
	7		8				5	

G053

				2	1	5		
		5	4					
	2					3		1
	8							4
2				3				5
5							8	
3		2					1	
					9	7		
		1	2	4				

G054

1	6							8
			1			3		2
	8		9	4				
						2	8	
		7				9		
	4	1						
				5	3		6	
6		5			9			
4							2	5

G055

	2		7				6	
5						8		9
	9		1					
				9		2		4
			8		4			
8		9		6				
					5		2	
6		5						1
	8				1		9	

G056

	7		8				9	
9	1		2					
						5	4	
7	5							
					7	4		9
				5				3
		1		3		6		
4		2						8
				2	8		1	

G057

	5		1				6	
1			5					8
			2	7				
						4	7	9
		4				1		
6	1	2						
				3	1			
3					9			4
	6				5		1	

G058

3			4			8	7	
								2
					5	1		4
4				6		2		
			2	9	4			
		5		8				7
5		4	6					
1								
	9	8			2			6

G059

	6		7		8			
8	4						2	
			5	3				
6		4						7
		9				3		
2						1		4
				8	2			
	9						4	2
			4		9		1	

G060

2			4	3			8	
7								4
8			6					
					6			
	9	5						3
						2		5
	2	1		4				
		7		6				
						9	3	6

G061

	5	7			3			
		8			4			1
					8		6	5
8	6	5						
				5				
						4	5	6
7	3		4					
5			7			9		
			8			5	7	

G062

9		1		7		6		
			6	8		5		
5							1	7
	9				7			
1	8						7	6
			8				9	
7	1							3
		5		9	6			
		6		1		9		4

G063

5	3	9						4
				7	5			9
			6					3
	9					4		
	4			2			3	
		7					9	
9					4			
8			7	9				
1						9	6	8

G064

2		9	8		3			
						1		
5		6					4	
6				8				2
			3		1			
4				9				7
	5					7		1
		3						
			7		8	4		3

G065

				4	8			9
					5			
3	8	4						
					2		3	7
		8		9				5
9		6						
			8	2		5		
1						8		
	5		1			7		

G066

3				1				
						8	5	1
				8		3		
						1		9
2		4		5				
								7
	6	7	8					
	2							
	1		4		6			

G067

	3				6		1	
4			5					3
			7					
7				9		2	3	
			6		5			
	2	9		1				8
					9			
2					4			9
	9		2				4	

G068

	8		4			5		1
	5							
			1	3		7		
7								2
	2						7	
3								4
		6		1	3			
							6	
4		2			6		9	

G069

3	8							
			3		7		5	
								4
		2		9		8		
		1				5		
		7		1		2		
9								
	7		4		5			
							3	2

G070

4	9							1
			4	5	1			2
			9					
	7					4	1	
	5						9	
	4	6					7	
					5			
7			3	1	6			
3							2	7

第十章　无马数独训练题

H001

3			6				5	1
9		1						
			1		5		9	
		7				1		5
2		5				7		
	2		9		4			
						4		2
4	8				1			3

H002

5			3					7
		4				3		
	8						4	
				9				1
			5		1			
6				4				
	1						5	
		9				6		
7					5			3

H003

3	6		2					
						7		4
			1					
						9		6
6		7						
					5			
8		9						
					4		5	1

H004

4								
				9	4			
2					5			
		8				1	4	
			1				5	
	2	9		5				
			9		7			
3			2					
	1					6		4

H005

					1	4	3	
5		1						
3			8				1	
6				5		8		
			2		8			
		8		6				3
	7				6			2
						9		6
	2	6	7					

H006

	9			6				7
		3						
5			7		8			
				7		8		
					9			3
3	6					9		
	3						4	
		8	9					6
			1			2		

H007

	6				7			
		9				5		
			6				7	
4								2
7			2					
				7		6		
	3						5	
5		7						4
	2			3	8			

H008

	8				9		3	
7		9				8		
			7					
8								4
			6		4			
4								5
					6			
		7				9		8
	9		1				4	

H009

	7		6			3	9	
4								1
								2
7				8				
			9		4			
				5				6
1								
8								5
	4	3			8		1	

H010

	4						2	
6								8
			5		3		7	
		8						
			3		7			
						7		
	5		4		6			
3								5
	9						1	

H011

	2		7				5	
						2		1
	6		8				7	
		2		3				
					1			
		1				3		4
			9		8			
						6		9

H012

	9						8	
								4
	5		7		1			
3				4		1		
			2		5			
8				7		9		
	3							
		8				4		7
			8		4			

H013

	4				7			
2		1				7		
	6				1		4	
				1		9		4
			6		9			
7		9		8				
	7		1				9	
		5				2		7
			5				8	

H014

					6		1	
4		5						3
	9							
		3		8				6
					1			
7		8						
			1		5		3	
5						4		
	8		2				6	

H015

9					1		5	
3								1
			2		6			
						2		3
			8					
		7		3		8		
	7		6					
		1						
							7	9

H016

			1			3		2
		3			9			
	6		3					5
3		6					5	
	9					2		4
5					3		2	
			5			4		
9		7			4			

H017

	8						3	
		4				8		1
							2	
		9		2				
					3			
		3						
			1		6		9	
7								5
8	4							

H018

	8				2		7	
6						8		1
	7		3					
4				2		6		
			4		6			
		6		3				4
					3		4	
3		2						9
	6		9				2	

H019

			1			4	7	
2		1						
6							3	
				2				3
			8		7			
1				4				
	1							6
						7		8
	5	9			2			

H020

7			6			8	9	3
1						6		
6	3		8					
				1		3		9
			7		3			
2		3		8				
					8		3	4
		1						8
4	8	2			9			6

H021

	4		2			1		3
2						6		
							2	9
6				1				
			4		8			
				2				7
4	1							
		9						2
5		2			7		4	

H022

7	3				9			
						9		
	5				8			
8				6				9
			8		4			
3				5				2
			4				2	
		6						
			9				7	4

H023

	4						1	
3				6				
								8
				8				2
	3		1					
						1		3
					4			
2								9
		8	5		6		3	

H024

			2		3			
3		7						
	9				5			
						7		3
			4					
6		5		1				8
	5		8				4	
		8				6		
			5				8	

H025

			7		8			
		3				8		2
	4						9	
4				2		3		1
			5					
6								
	5		3					
		6						7
	2		6				8	

H026

	4		3				9	
5								1
			2		9			
1		4				9		
8								
						4		5
6					7			
								4
		8		6	2		3	

H027

	1				2			8
8		3				7		
	5		7				6	
		5		7				6
			8		5			
9				4		5		
	9				4		8	
		7				9		4
4			9				1	

H028

							5	
2						6		4
	4				7		2	
1				6		7		
					4			
9		6						
			2					
						5		
			5		9		3	

H029

			3		9		6	
3		6				1		
	5						9	
4				1				6
			5		8			
7				3				9
	7						5	
		3				7		1
	8		7		3			

H030

	7						6	
1		2						7
	4		1		3			
		1				6		
		4				5		
			9		7		4	
2						7		8
	6						1	

H031

	4						2	
2		1		9				5
			2		4		9	
		3				2		
	9						4	
		7				1		
	7		4		3			
6				7		3		2
	5						7	

H032

	8			2			9	
6								5
			4				6	
		7				4		9
2					4			
				7				
			2				5	
3		2				9		
	9		3					

H033

1			3					
			9	8				
					7			
9	4					2		
	2						1	
		8					5	6
			8					
				7	1			
					3			1

H034

	5		1				2	
6						7		1
			3				6	
5		1		7				
			5		3			
				8		5		4
	7				8			
8		5						7
	4				5		3	

H035

								1
			1					
	4		7		5			
				7		9		
					8			
3		9				6	4	
	8		5					
		5				8		
1			8					

H036

	7						4	
						8		5
	5		4		6			
		7		6				1
2				4		7		
			6		4		9	
8		6						
	3						7	

H037

			8				7	
4		9				6		
	8						3	
				9				6
			3		7			
5				6				
	3						6	
		5				9		2
	7				2			

H038

3								9
			2	6				
							6	
	2					1		8
	9				6			
				5				
			4				9	
		8				5		
7			8					

H039

	6		8				5	
								7
	4		2					
4				8				
			1		3			
				5		6		1
						3		6
					1			

H040

	7		6		3			
1				5				
			2		7			
7		5				9		2
	4						7	
3		9				1		5
			7		1			
				4				1
			9		5		2	

H041

	5				9		4	
1		6						7
					8			
				8		5		6
					7			
8		3						
			8				9	
5								3
	9		3				7	

H042

	3				8			6
7					9			
			7		5			
		7				8	6	2
2	5	6				7		
			8		3			
			5					8
8			1				9	

H043

				7	3			6
								4
					4		7	
				4		2		
6			8					
2		9				8		
			9		1			
		8						
9	7							

H044

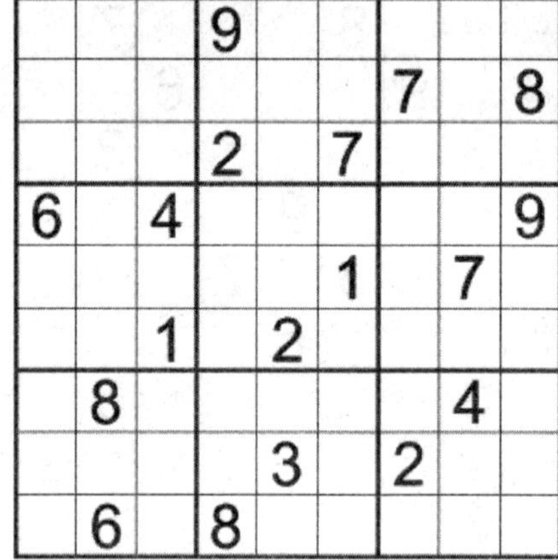

			9					
						7		8
			2		7			
6		4						9
					1		7	
		1		2				
	8						4	
				3		2		
	6		8					

H045

					1		4	
								8
			6		7			
		7		9		4		6
			4		6			
4		2		7		8		
			7		9			
1								
	7		5					

H046

	4				3			6
5		6						
	1				6			
				6		9		8
			9		5			
9		7		1				
			6				5	
						8		7
4			7				6	

H047

		1	4		7			
						7		
	9				1			2
2		8						5
9						1		7
3			5				1	
		9						
			1		8	3		

H048

3							6	
			1	6				
					2		8	
	2					6		8
	9				7			
		6		2				5
			7					
8		4						
			2		5			

H049

	9	2			4			
3						7		8
1								
						2		1
					3			
5				2				
	3		9					
	6		7					

H050

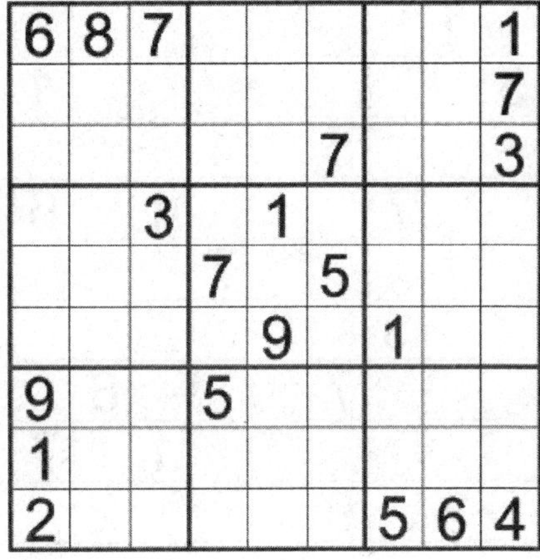

6	8	7						1
								7
					7			3
		3		1				
			7		5			
				9		1		
9			5					
1								
2						5	6	4

H051

1			7				9	
		7						
			6					8
		8		1			4	
			8		2			
	5			7		8		
3					7			
						7		
	8				4			3

H052

8							7	5
6		3				2		
	5		6				3	
				4		3		
			5		2			
		2		3				
	6				5		2	
		1				5		7
9	2							3

H053

	6		4		5			
2		5				1		
	4				1		8	
7						8		9
5		4						1
	5		3				1	
		3				5		8
			5		8		9	

H054

8	6				1			3
					6	4		1
	1				4			
2	9	8						
						8	5	9
			1				4	
4		1	7					
7			4				3	8

H055

	1							
5								1
			5		4			
		7				4		6
					7			
		3		5				
			7				8	
						1		7
	3		9				2	

H056

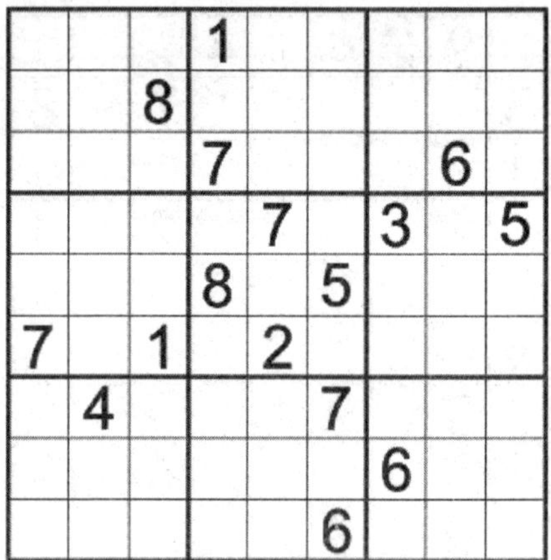

			1					
		8						
			7				6	
				7		3		5
			8		5			
7		1		2				
	4				7			
						6		
					6			

H057

	7		3					
						7		8
	3		7		2			
		9				4		2
8		3				9		
			2		9		4	
3		5						
					4		1	

H058

			4				1	
		9		1				
	1						9	3
2						6		
	9							
						5		1
			9		8			
5		8						
		2			7			

H059

	7	6			8			3
						6		
	1							
1						7		6
			1		5			
2		8						5
							5	
		2						
4			8			9	6	

H060

		7	1		6			
						6		8
6								
4				1				3
			5		2			
8				3		1		
	8				1			
								4
	2		8				6	

H061

	6		8			5	7	
2		8						4
	3							8
6				8				
			1		3			
				6				1
4							8	
8						6		5
	2	6			8		1	

H062

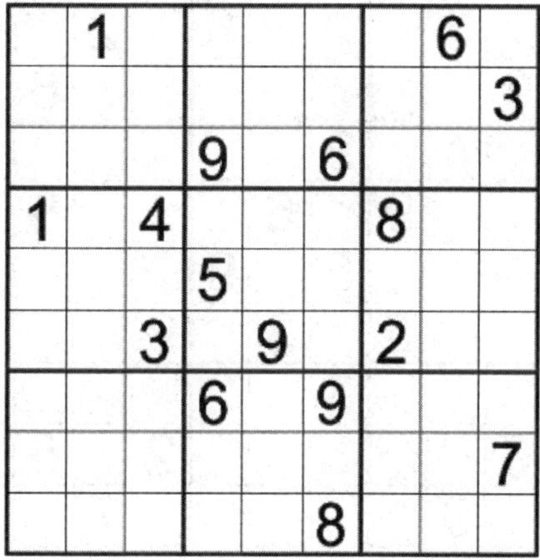

	1						6	
								3
			9		6			
1		4				8		
			5					
		3		9		2		
			6		9			
								7
					8			

H063

	8						6	
6						8		2
			7		8		1	
		1				2		
		3				7		
	9		4		1			
5		4						8
	1						4	

H064

	3				2		4	6
4		1						3
	9							
				4				2
			3		7			
2				9				
							3	
1						4		8
3	4		2				5	

H065

	3		8		9			
4						2		
							8	
7								8
					1			
8				5			9	
	4						2	
		2			8	3		
			1					4

H066

	7		2					
9								
			8					
8				3		5		
			6		2			
		3		5				1
					7			
								6
					6		1	

H067

	8				6		2	
9								6
	4		9					
		9		6				8
			5		9			
		5		3		9		
			3		2			
3						2		5
	9						7	

H068

			4		1		9	
		9		7				
	1						7	2
1								7
	8				3			
9				6				3
							3	
6		2				7		
		1	5		7			

H069

					1		6	
		4						8
	5				8			
				8		2		6
			9		2			
2		5		3				
			5				7	
7						3		
	2		7					

H070

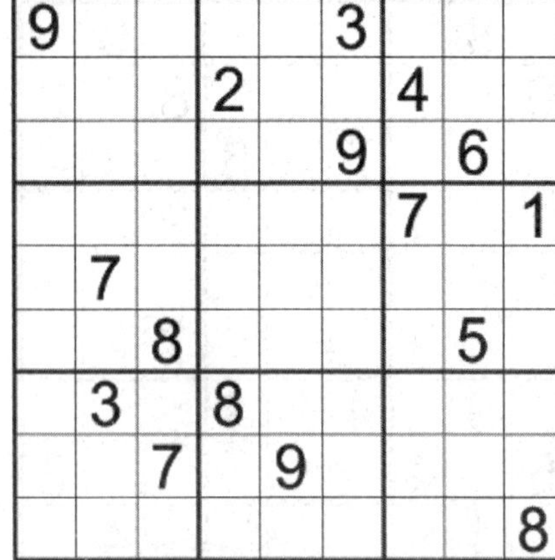

9					3			
			2			4		
					9		6	
						7		1
	7							
		8					5	
	3		8					
		7		9				
								8

第十一章　同位数独训练题

I001

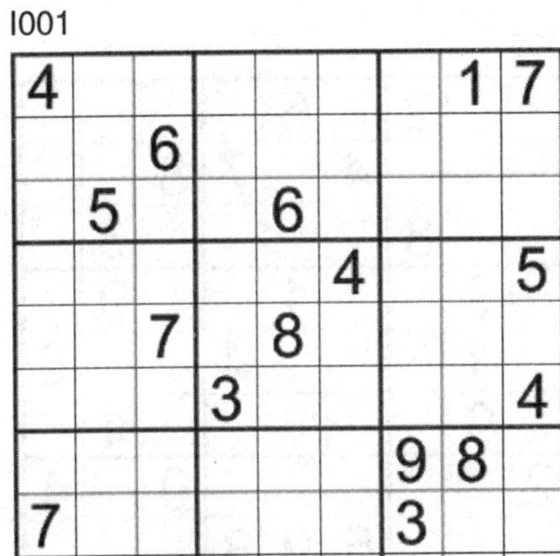

4							1	7
		6						
	5			6				
					4			5
		7		8				
			3					4
						9	8	
7						3		
9			5		2			

I002

4		2						
			2	1		4		
1						5		
	7			9			4	
	9		7				6	5
							9	
	3	9						
			1	7	4			
				5				2

I003

	9					2		1
				2				
		5			6			4
				5		9		
		6			9		4	
8	2							
				7		1		
1			9					2
	5		4					

I004

	7	5				8		
6					9		5	
8								2
				1			3	
			4		7			
	5			8				
9								8
	4		2					3
		7				5	1	

I005

7					8			9
	2	5					1	
9			5		7			
	6					1		5
		8	4					
				8		4		
				9			3	
5					6		9	
	3					8		6

I006

	2					9		
8				5	2			3
		4					5	
			1		9			8
	8						7	
9			2		8			
	6					8		
1			6	2				7
		9					2	

I007

2						1		7
			8	1	2			
3			4					
	5			3		4	6	
	3		5		8		7	
	9	7		4			3	
					6			4
			1	5	7			
1		3						2

I008

		2		6				
			4		7	8		
		8					6	
	2			1			9	
	1				4			2
	9						1	
2						9		4
			5	9	3			
		5						

I009

	1					6		
5				1		4		
			6		4			
	4			7			9	
	2			5			7	
			9		7			
		4		2				3
		9					8	

I010

4	5				9			
				8		4		
					6		7	
5						3		6
				4			5	
	9		2					
2								
			8					4
		8			5			7

I011

					4			9
		4				2		3
	1		3					
		6	1			9		
				3		1	2	
4					6			
	5		6	2				
				7				2
1	2						8	

I012

			9		3			
		7		4		8		
	9			7	5		3	
7						3		6
	6	4				7	8	
5		9						4
	7		4	3			2	
		8		5		9		
			7		8			

I013

						4	2	
					2			8
		3	6					9
		7		4			3	
			2		1			
	3			6		9		
3					9	2		
6			8					
	5	2						

I014

					1	8		6
			5	3				
		2						1
	3			6				
	1		4		5		6	
7				1			9	
6						1		
				5	7			9
1		9					8	

I015

								5
					5			4
	2	5		9				
4								2
	1		6		3		5	
3								8
				8		1	7	
5			3					
9								

I016

			8	3				
		7			6			
	5		2			4		
2		6					1	
7				6				8
	9					7		2
		8			1		4	
			6			3		
				2	9			

I017

					8	2		
		8	4			3		
2	6			3			9	
3							2	
		1				8		
	5							3
	3			8			7	2
		4			6	1		
		6	3					

I018

7		6						
			9	1	7			8
8						7		
	8						6	
	6						8	
	3					2		
		8			4			1
			1	2				
	5					9		2

I019

						3	1	
6	2						5	
9		8	3			4		
				8		5		
			7		2			
		7		3				
		2			4	7		3
	9						6	8
	6	1						

I020

					2	8		
		9	8	4				
	2							5
	1			3				7
	6		5		4		1	
4				6			3	
9							4	
				9	8	2		
		6	7					

I021

6	9		5		7			
5			2	8		6		
							4	
9	8							6
	4						9	
1							8	7
	5							
		6		2	3			8
			6		8		7	4

I022

7		4						
							5	3
9				2				
					5		4	
		7		8		3		
			1					6
				9			2	
	7		6			4		8
	9				7		3	

I023

		6			9		3	
		9	5					
	8	7						
			9				7	1
				5				
6	7				3			
						6	4	
					7	8		
	6		2			5		

I024

	8	4				1		
2						9		
1				2			7	8
					5			
		6				3		
			6					
8	5			1				3
		9						2
		7				8	9	

I025

9		3	4					
				6	7	4		
7			2				8	
2		7					3	
	8						5	
	3					8		7
	4				9			1
		6	5	7				
					8	6		3

I026

		6	3	8			4	
							8	9
3			1					
7		9		2				
5			7		1			4
				3		9		7
					2			3
9	6							
	7			1	8	2		

I027

8	9				6			5
		3			8			4
					2		1	
9	1	2						
						1	6	9
	2		6					
6			1			7		
7			4				9	1

I028

		2			5		7	
4				6		9		
	7				8			2
3		4						
	8						5	
						1		9
5			4				3	
		7		2				1
	4		6			5		

1029

8								
2	6					1		
			6		1		7	
				6		7		
	1	4			3			
		9				2		
			1	7				
				4			9	
							8	7

1030

	7		9					
				6				5
			8		4			
		3				7		2
	4			1			9	
5		2				4		
			2		8			
7				3				
					9		4	

1031

							8	
6	8				1		9	
		5			8	6		
	4	1		7				
			1		2			
				8		5	3	
		7	6			2		
	1		3				7	6
	5							

1032

		7						1
	9			5				
5				9				
						2	6	8
	7	8			5			
				4				
			8				5	
			5			7		
1			6					2

1033

				5	4			
2		6					1	
	8	1			2			
7						5		6
		2						1
			7					
				7		4	2	
3						1		
	2				9		7	

1034

		8				3	2	
	1				8			
4			1			5		
		7		1			4	
			9					7
	4							
2		4						
3			6					
				9				5

I035

6	9						5	
8								9
					9			
2						1		
4		8	6					
	8		4					
		2						4
			5		7		1	3

I036

6		7	9					
					7			
8						5		
4				5			7	
			7		9		5	
	5			2			8	
		4						1
			3	7	4			
						6		

I037

	4				2			
5		8						
	9			3				
					8			6
		6		2		8		
4			6					
				7			8	
						2		9
			2				5	

I038

						9	8	
					9			
	2			4				
			4					7
6	5						1	3
7					2			
				3			9	
			5					
	8	3						

I039

		4	3					
				8				3
		5			2			
	3	9						
4				7				5
						8	4	
			6			5		
9				5				
					8	6		

I040

	6		1			8		
8			6			1		
		7	2					
6	8	5						
					1			
				3	5			
9	5							1
								6
						5	8	

I041

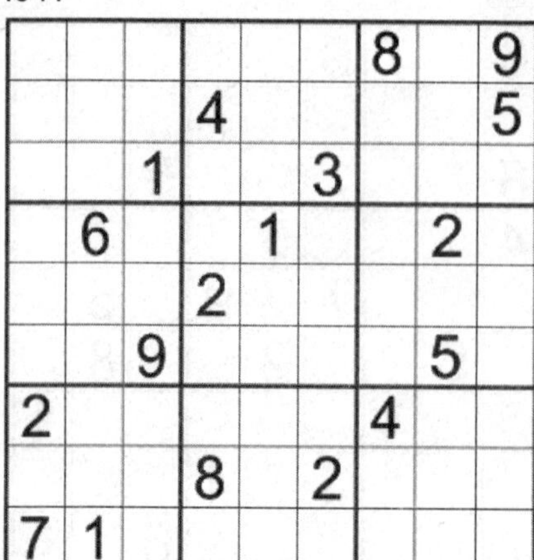

						8		9
			4					5
		1			3			
	6			1			2	
			2					
		9					5	
2						4		
			8		2			
7	1							

I042

		3						
1		9	8					
			2		6			
				5		8		
		2			8			
						1	6	
				7			8	6
2	3							
	8						5	

I043

			2		9			
		5		8		2		
	9		3				8	
4		3						2
	6						3	
2						6		9
	3				7		6	
		9		4		1		
			9		6			

I044

						3	5	
			7	8				4
					5			9
	4					5		
	3						2	
		6					4	
9			6					
2				7	1			
	6	8						

I045

			3		6			
		9				4		
	4			8			1	
4			6		3			9
		3				6		
6			4		7			8
	3			6			2	
		8				9		
			2		9			

I046

	2							
1			7		4			
						8		
	3			6			4	
			8		7		3	
	9			5			6	
		2				1		
			3	9	1			

I047

	3			5	9			
2						1		
					2		5	
					8	2		6
3				9				5
1		9	2					
	4		6					
		8						1
			5	2			4	

I048

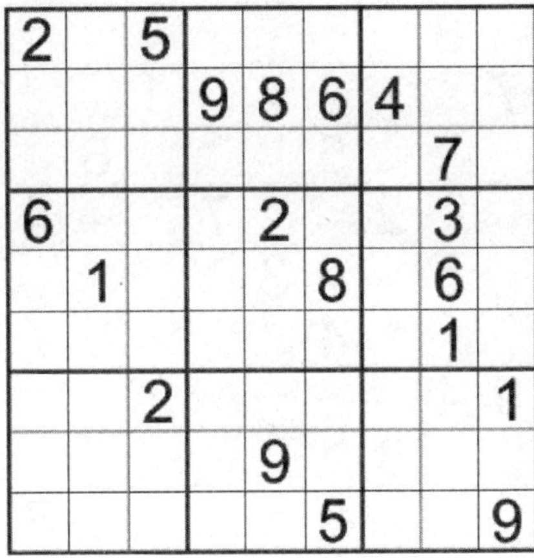

2		5						
			9	8	6	4		
							7	
6				2			3	
	1				8		6	
							1	
		2						1
				9				
					5			9

I049

6	3							
					8	1		
				5			7	
7			5				9	
				2		4		
1					6			
	7	6						
		5						1
			9		5			2

I050

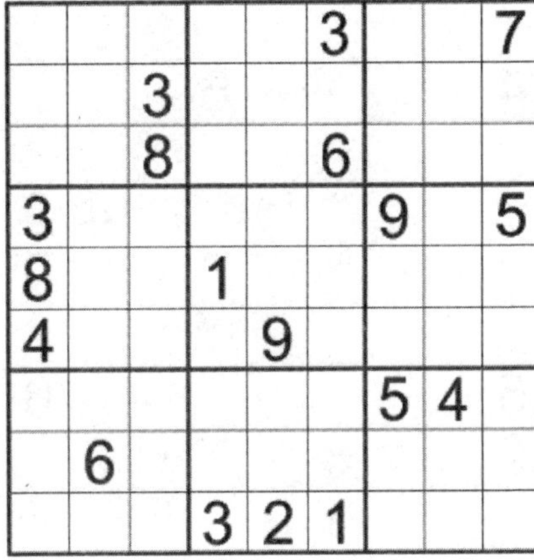

					3			7
		3						
		8			6			
3						9		5
8			1					
4				9				
						5	4	
	6							
			3	2	1			

I051

8		3				1		
						9		
6								
					6			
				3		4		
			9				7	
3	2			7				
					4			3
							4	5

I052

	1		7	2				
				6		8		1
		9	4					
	6						5	
1								2
	4						3	
					1	3		
3		5		4				
				7	5		2	

I053

	8					4		
7				4		1		
			5				6	
		2			7			4
	5			3				
			4					7
9	4							
		8						
			6		2			8

I054

8						7		
	1		5					
			7	1				3
	3	8			5			
		9				8		
			9			3	2	
9				4	3			
					1		7	
		5						4

I055

	2					9	5	
4					6			
							4	2
					7			9
	4			2				
5								6
9			8				2	
			1	9		5		

I056

	9			3		2	6	
7				5				
				1		5		
4	7	6		8				
								4
1		7						
6								
					7			6

I057

					5			
		4		7		8		
1		3						5
	6				7		4	
	9						6	
	8		6				5	
7						1		6
		5		3		7		
			7					

I058

		4			9			5
		5			2			
					6		8	9
						5		2
	2						6	
3		8						
9	5		7					
			2			9		
7			6			8		

I059

		2						6
	9		3					
		8			6			
	5			1		6		
		1			3			
	4						7	
				2		9		3
4			9		8		5	
	2							

I060

5	7	1						
						9		
				1			4	
6		9						
			8			6		
8				5				
	8				7			6
		2						9
			4		3			5

I061

		2						
			5		2			
1		7				5		
	1			9			2	
			8		4			
	9			1			4	
		9				1		8
			1		3			
						3		

I062

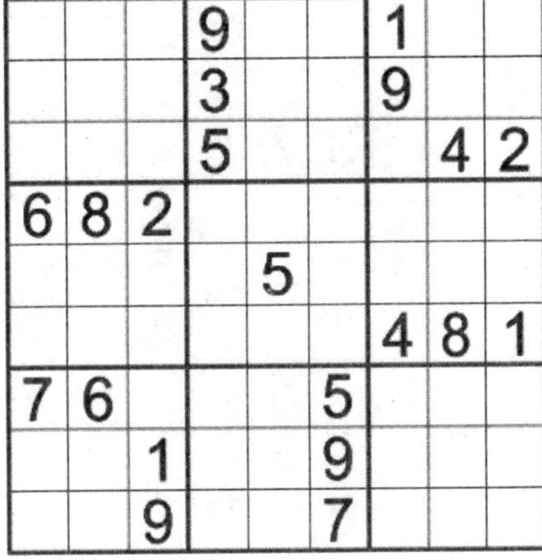

			9			1		
			3			9		
			5				4	2
6	8	2						
				5				
						4	8	1
7	6				5			
		1			9			
		9			7			

I063

		7	2					4
				7				5
2			4					8
5		6						
	4				1			
				4			1	
							8	
					7	9		
3	8	1						

I064

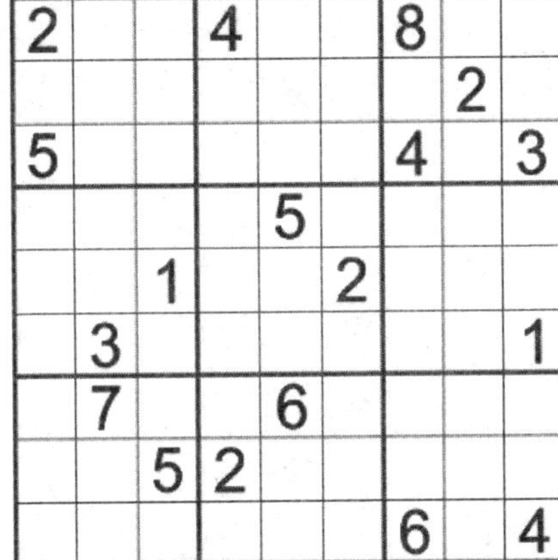

2			4			8		
							2	
5						4		3
				5				
		1			2			
	3							1
	7			6				
		5	2					
						6		4

I065

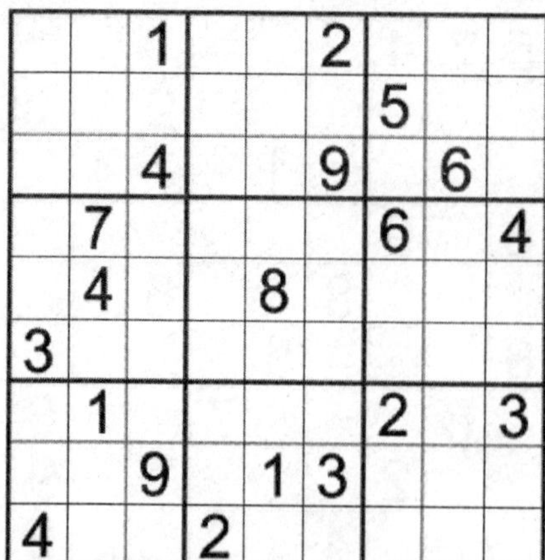

		1			2			
						5		
		4			9		6	
	7					6		4
	4			8				
3								
	1					2		3
		9		1	3			
4			2					

I066

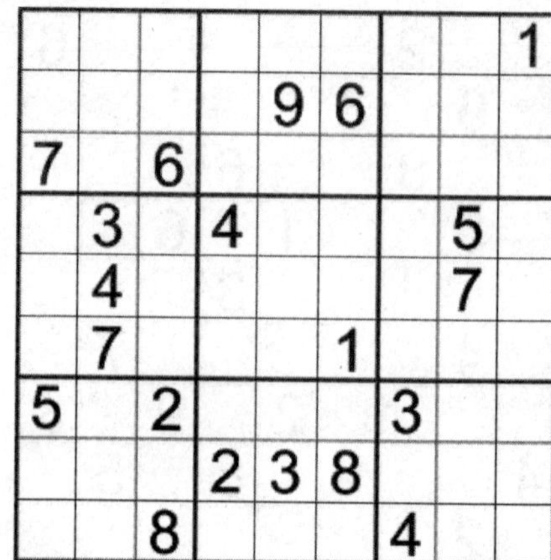

								1
				9	6			
7		6						
	3		4				5	
	4						7	
	7				1			
5		2				3		
			2	3	8			
		8				4		

I067

6		9						
			3	7	5			
1						7		
	8	4				5		
5			1			4		
				5			6	
	6			3				
			9		8		5	

I068

		1		9			6	
				4		5		8
	4			6			7	
5	2		3					
						2	8	5
					6			
		2						6
					1	3		
					2			

I069

	4						9	
8				2				1
					8			
			5		9	6		
	8						1	
		5	7		2			
			4					
1				5				8
	2						3	

I070

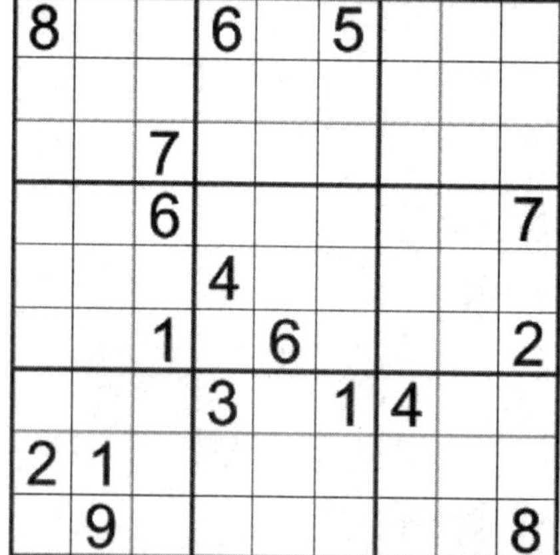

8			6		5			
		7						
		6						7
			4					
		1		6				2
			3		1	4		
2	1							
	9							8

第十二章　对角线数独训练题

J001

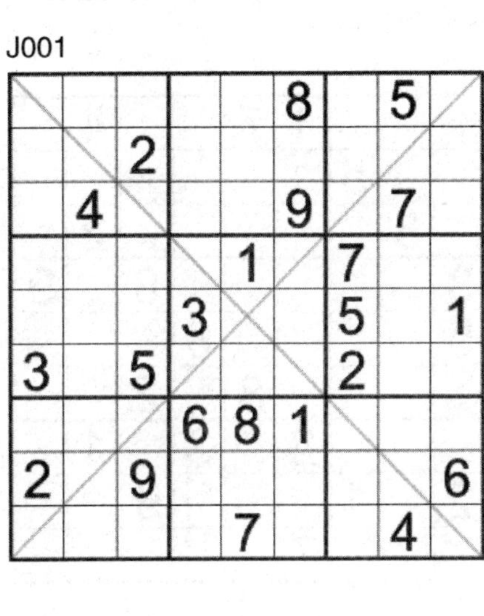

J002

	4	6				7		
			4		2			6
2								4
	9			7			1	
			3		9			
	7			5			4	
3								8
9			2		3			
		1				2	9	

J003

	3	4				6		
			2	9	6			3
2								8
	4			8			1	
	6		1		5		3	
	2			6			8	
1								7
4			6	7	9			
		7				9	4	

J004

		4				9	3	
			2	7	8			
8							6	
	7			8				
	3		5					
	6						9	
2								9
3		7			4			
						6		

J005

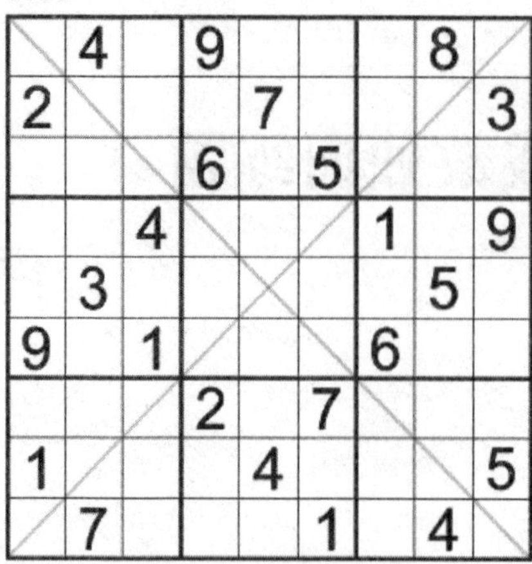

	4		9				8	
2				7				3
			6		5			
		4				1		9
	3						5	
9		1				6		
			2		7			
1				4				5
	7				1		4	

J006

	7				9		5	
3						8		2
	8		2					
				9		1		
			6		5			
		6		8				
					1		3	
1		3						9
	6		4				2	

J007

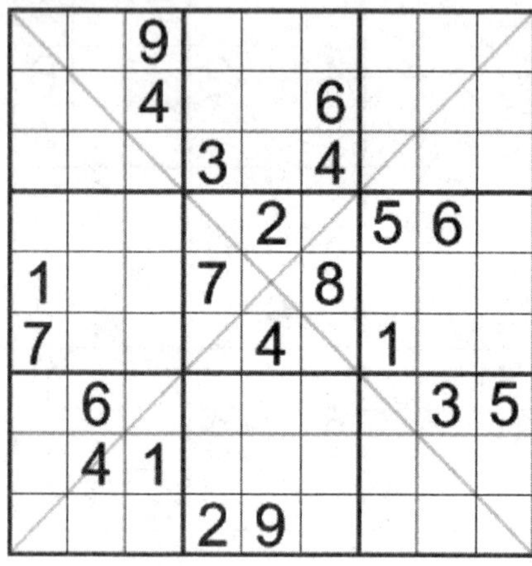

		9						
		4			6			
			3		4			
				2		5	6	
1			7		8			
7				4		1		
	6						3	5
	4	1						
			2	9				

J008

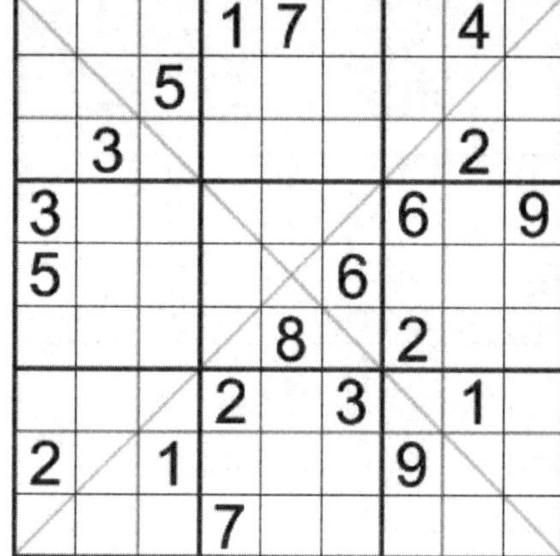

			1	7			4	
		5						
	3						2	
3						6		9
5					6			
				8		2		
			2		3		1	
2		1				9		
			7					

J009

	8		4		9		5	
6		9						7
	2		5		8			
8		2				5		4
9		1				8		2
			6		5		7	
7						6		5
	9		3		7		2	

J010

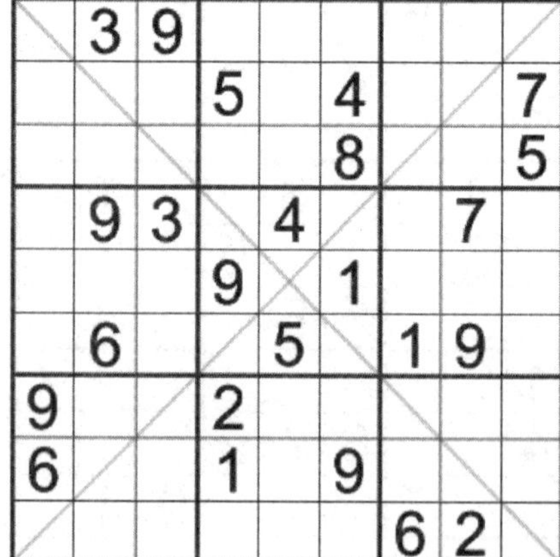

	3	9						
			5		4			7
					8			5
	9	3		4			7	
			9		1			
	6			5		1	9	
9			2					
6			1		9			
						6	2	

J011

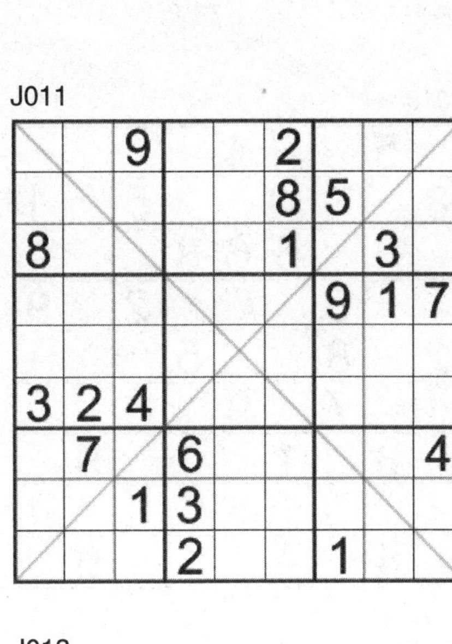

		9			2			
					8	5		
8					1		3	
						9	1	7
3	2	4						
	7		6					4
		1	3					
			2			1		

J012

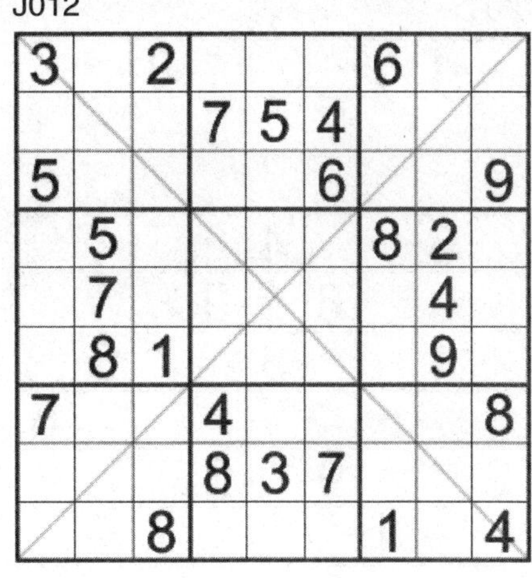

3		2				6		
			7	5	4			
5					6			9
	5					8	2	
	7						4	
	8	1					9	
7			4					8
			8	3	7			
		8				1		4

J013

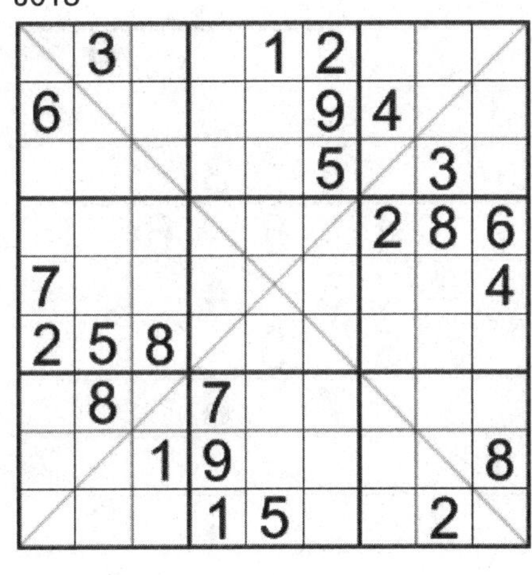

	3			1	2			
6					9	4		
					5		3	
						2	8	6
7								4
2	5	8						
	8		7					
		1	9					8
			1	5			2	

J014

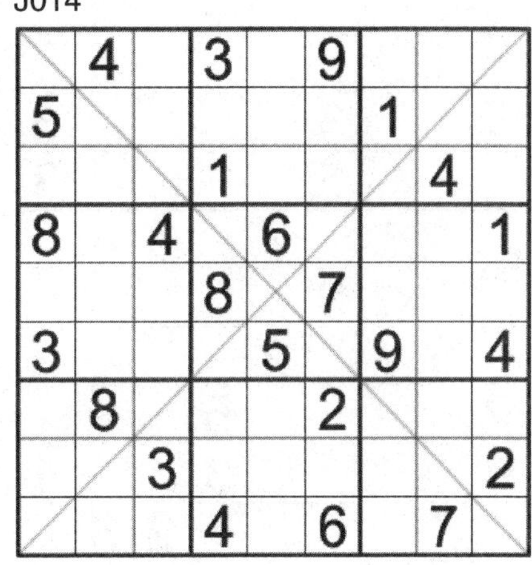

	4		3		9			
5						1		
			1				4	
8		4		6				1
			8		7			
3				5		9		4
	8				2			
		3						2
			4		6		7	

J015

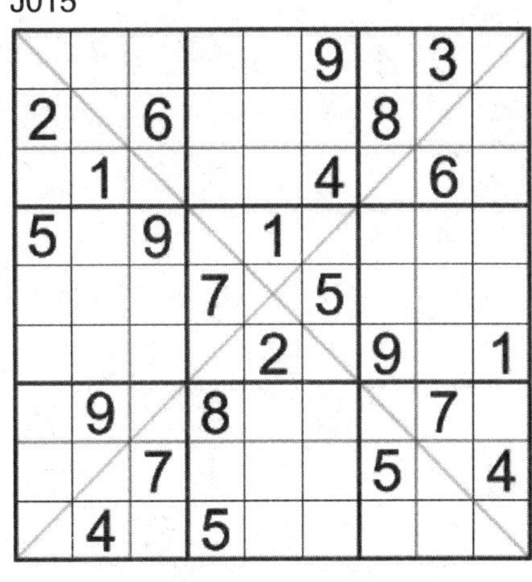

					9		3	
2		6				8		
	1				4		6	
5		9		1				
			7		5			
				2		9		1
	9		8				7	
		7				5		4
	4		5					

J016

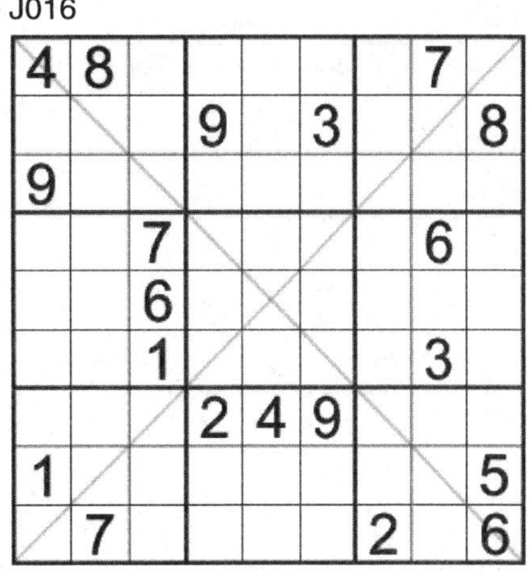

4	8						7	
			9		3			8
9								
		7					6	
		6						
		1					3	
			2	4	9			
1								5
	7					2		6

J017

	1	5				8		
			7		5			1
4								5
	8			4			1	
			6		9			
	4			3			6	
3								6
6			9		3			
		1				7	9	

J018

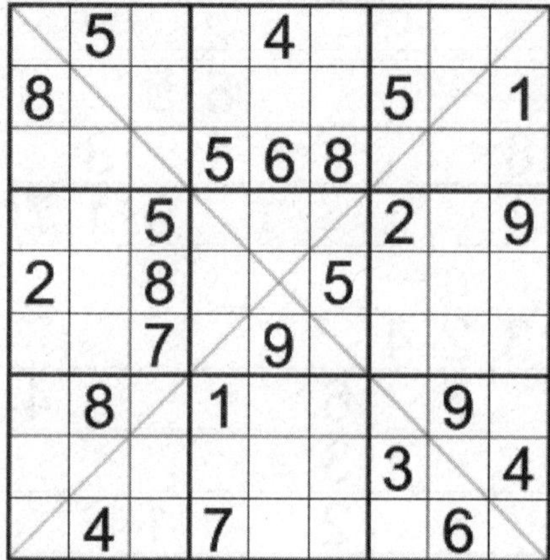

	5			4				
8						5		1
			5	6	8			
		5				2		9
2		8			5			
		7		9				
	8		1				9	
						3		4
	4		7				6	

J019

	1	3					5	
4			3					6
			5					3
				7		3	4	
			9		5			
	5	7		2				
2					6			
9					3			1
	7					2	3	

J020

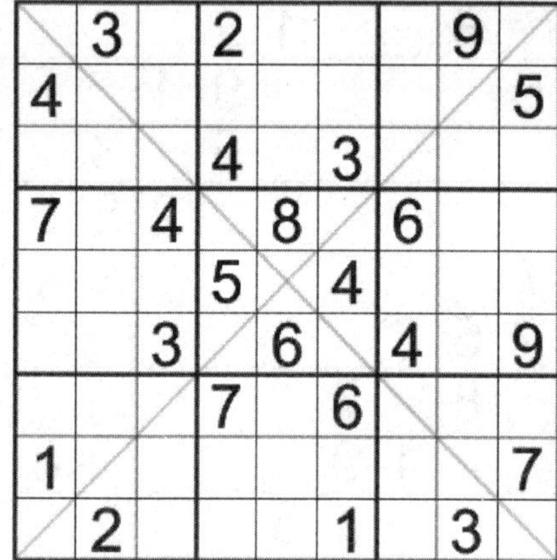

	3		2				9	
4								5
			4		3			
7		4		8		6		
			5		4			
		3		6		4		9
			7		6			
1								7
	2				1		3	

J021

		7				5	9	
5					6			
9			4					6
	9			4		8		
			2		3			
		5		7			4	
4					9			5
			8					3
	1	3				4		

J022

	2	4					1	
5			1					7
1			4		2			
	4	2		1		5		
			2		9			
		7		6		1	3	
			5		8			3
2					1			5
	8					6	9	

J023

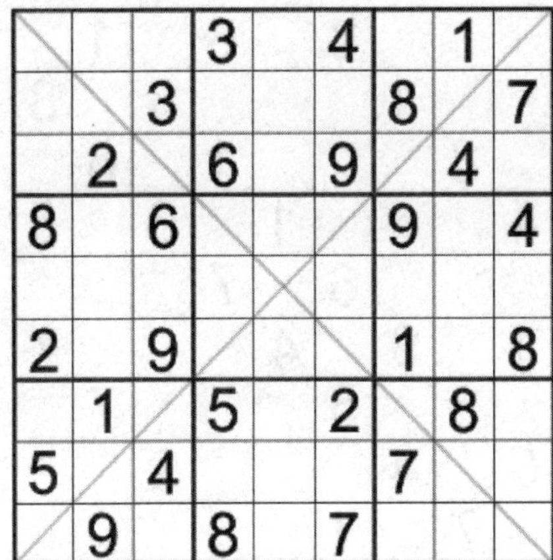

J024

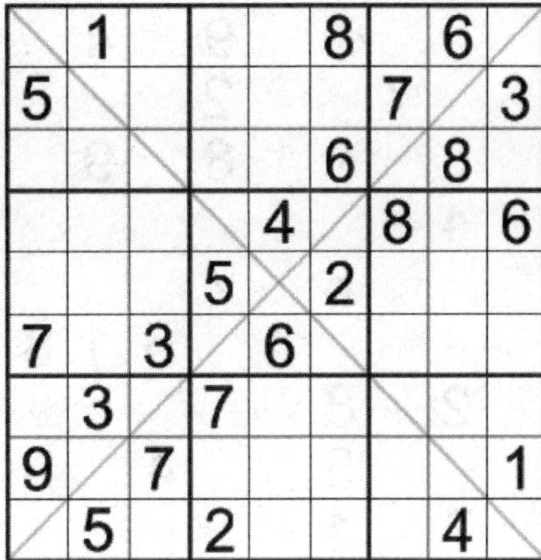

J025

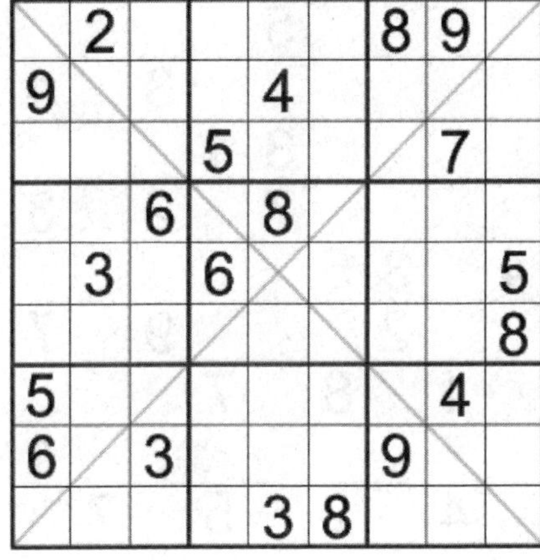

J026

J027

	2	6				8		
			1	4	8			2
8					2			9
	4	8					3	
	6						5	
	3					1	8	
4			2					1
6			5	1	7			
		7				6	9	

J028

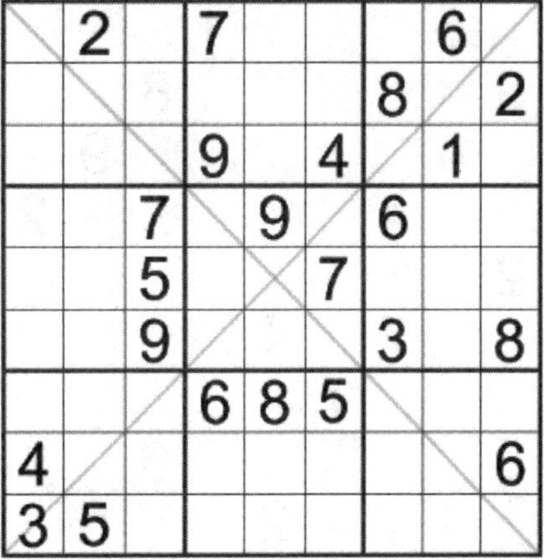

J029

					9		4	
6		7			2			
					8		9	
8	4	9		5				
			6		7			
				4		5	1	8
	2		8					
			3			4		9
	7		1					

J030

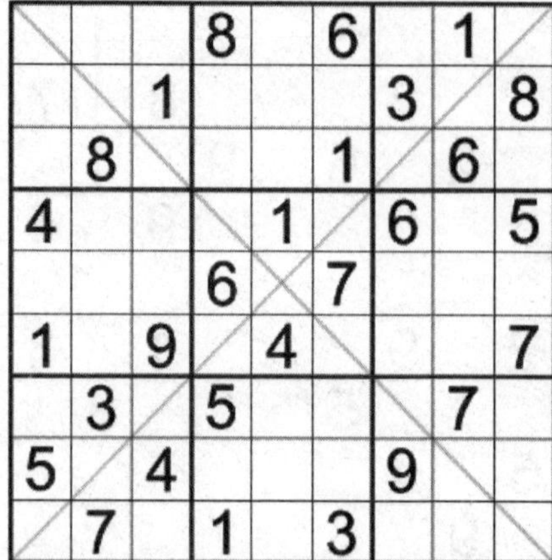

			8		6		1	
		1				3		8
	8				1		6	
4				1		6		5
			6		7			
1		9		4				7
	3		5				7	
5		4				9		
	7		1		3			

J031

	5		2					
8		6				5		
	7		9		5		2	
		7		2		6		
					7			
		3				9		2
			8		4		9	
7						4		1
	9						3	

J032

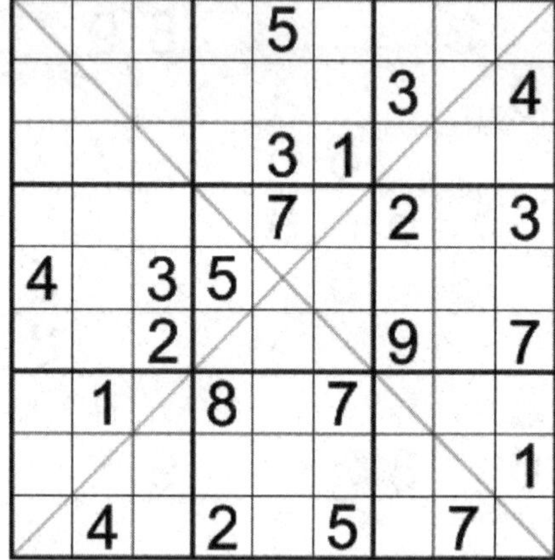

				5				
						3		4
				3	1			
				7		2		3
4		3	5					
		2				9		7
	1		8		7			
								1
	4		2		5		7	

J033

	5				1			
9						8		
	4						9	
		4						2
2			1					
		7		4				
			7		3			
5						6		7
	1			2			5	

J034

	8						7	
1						2		8
			8	7	6			
		9				8		3
		8						
		6						9
	7		5				1	
9						3		
	5		1		4			

J035

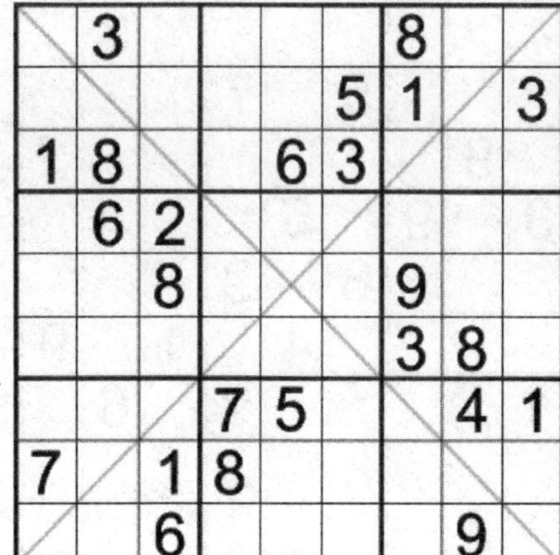

J036

J037

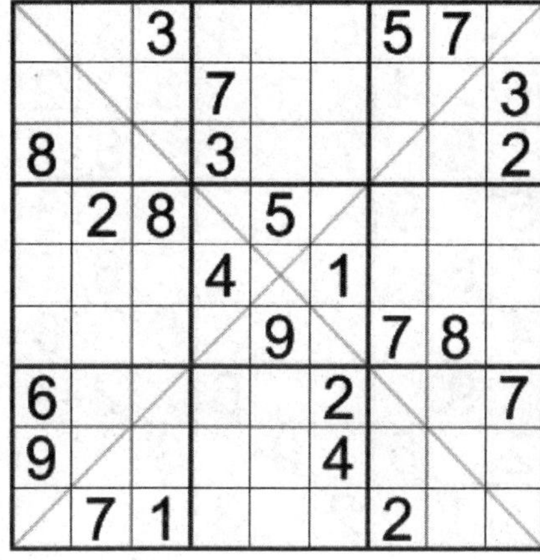

J038

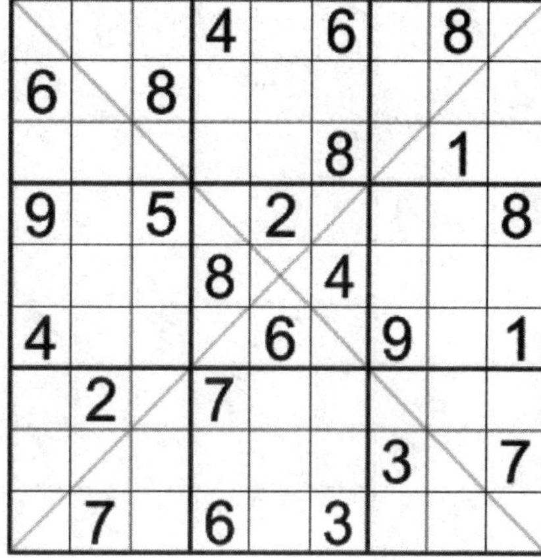

J039

	2		8				6	
9		8						5
			2				9	
		2		4				3
			9		2			
7				3		9		
	3				7			
8						4		6
	6				4		7	

J040

J041

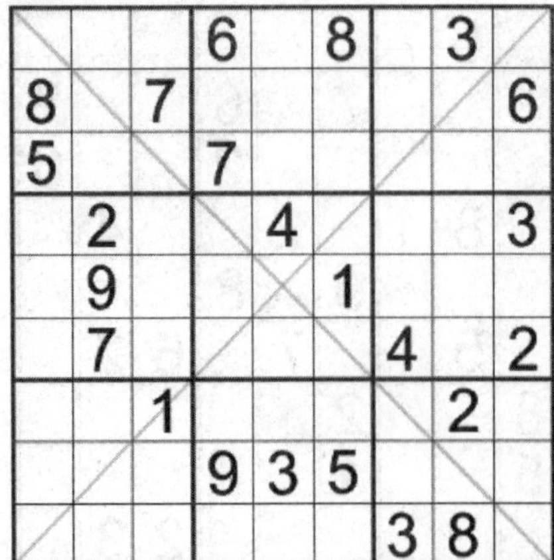

J042

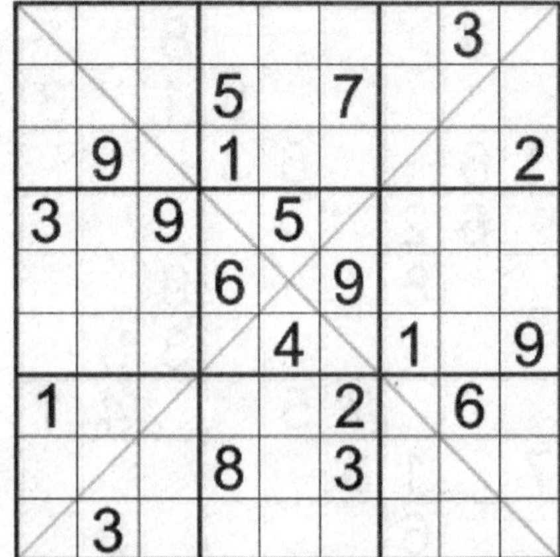

J043

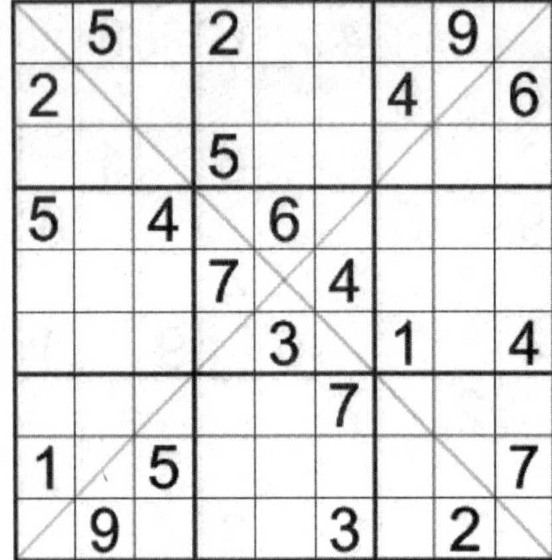

J044

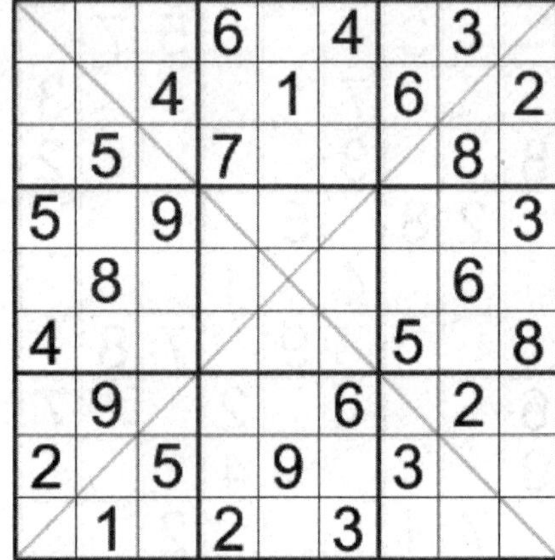

J045

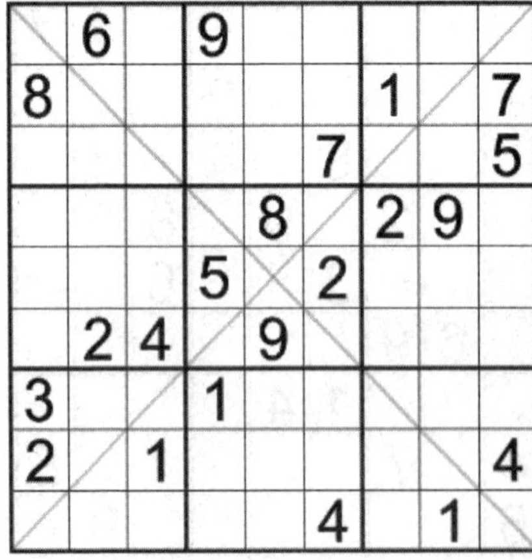

J046

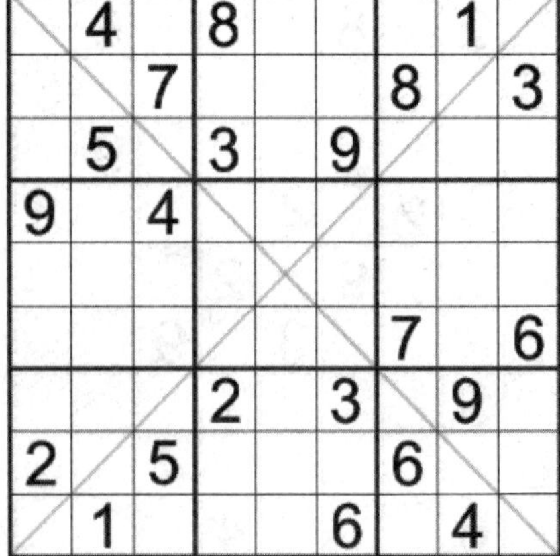

J047

	6					9		1
			1	4	8			
								7
3				2			8	
1					6		9	
							6	
	3							
		8						3
				3	2			

J048

	5		8			2		
3					1			
	6				2			1
				4		3	8	
	8	7			9			
		3						6
5			6	2				
				1		4		9
1		6					2	

J049

9			6				8	
6								
8			4				6	
	5	9						
			1		2			
						6	5	
	4				3			5
								3
	1				9			6

J050

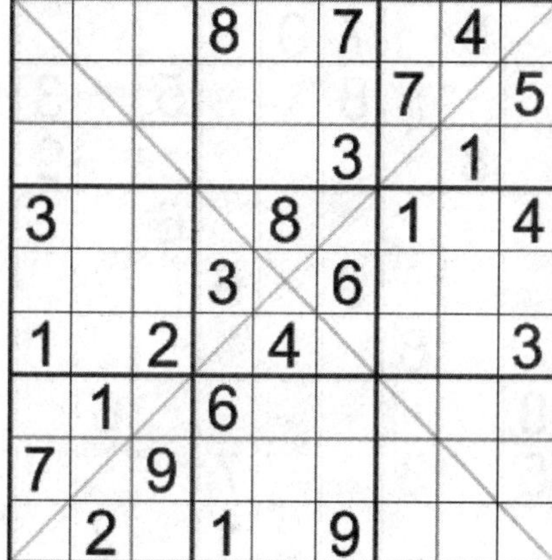

			8		7		4	
						7		5
					3		1	
3				8		1		4
			3		6			
1		2		4				3
	1		6					
7		9						
	2		1		9			

J051

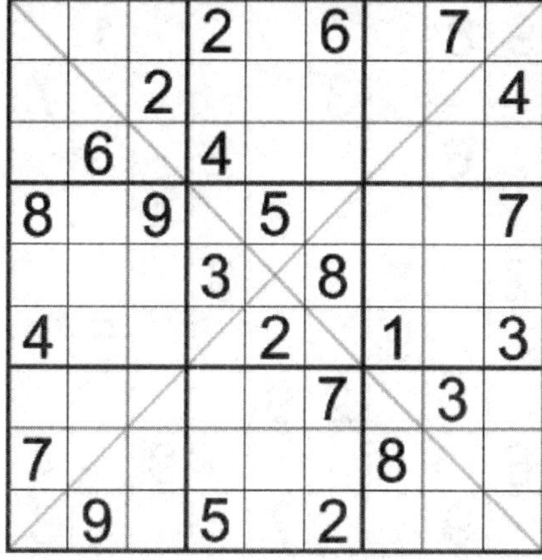

			2		6		7	
		2						4
	6		4					
8		9		5				7
			3		8			
4				2		1		3
					7		3	
7						8		
	9		5		2			

J052

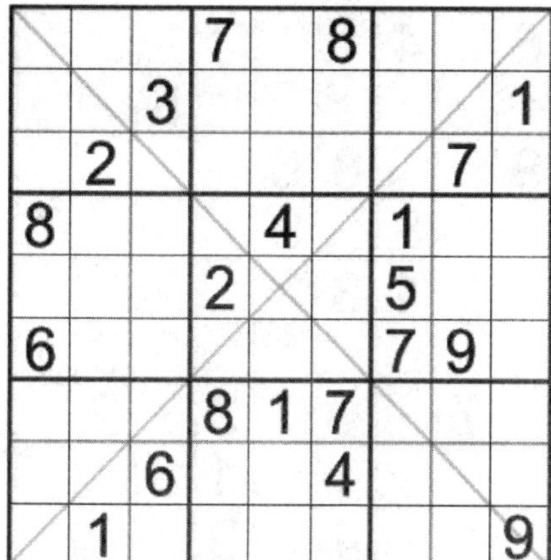

			7		8			
		3						1
	2						7	
8				4		1		
			2			5		
6						7	9	
			8	1	7			
		6			4			
	1							9

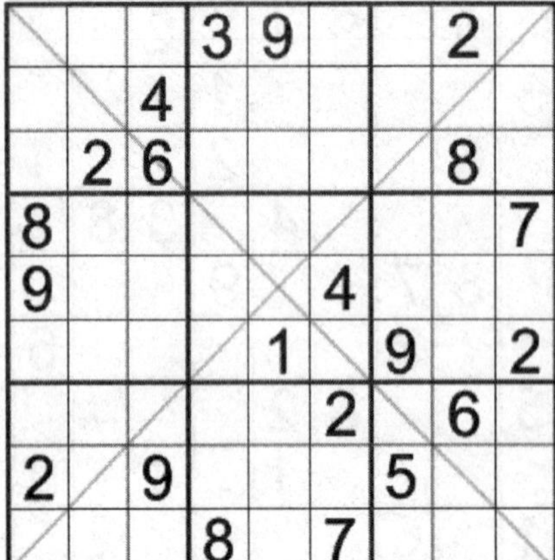

J054

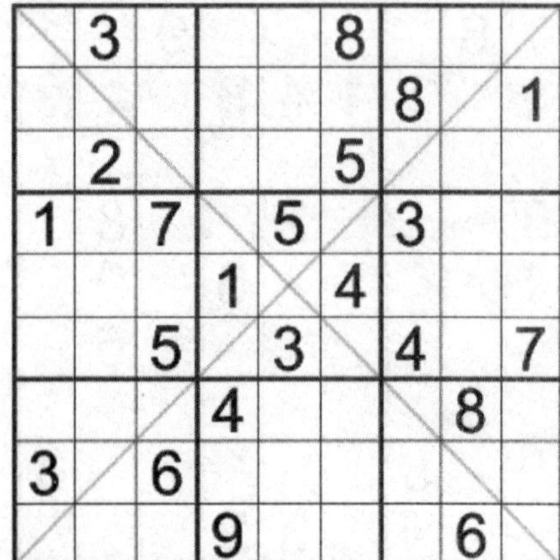

J055

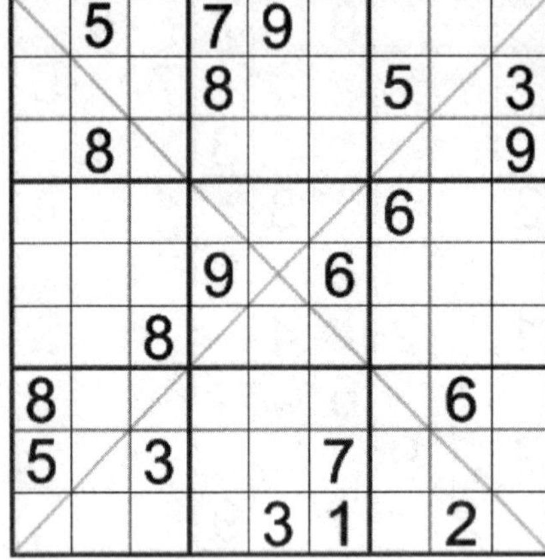

J056

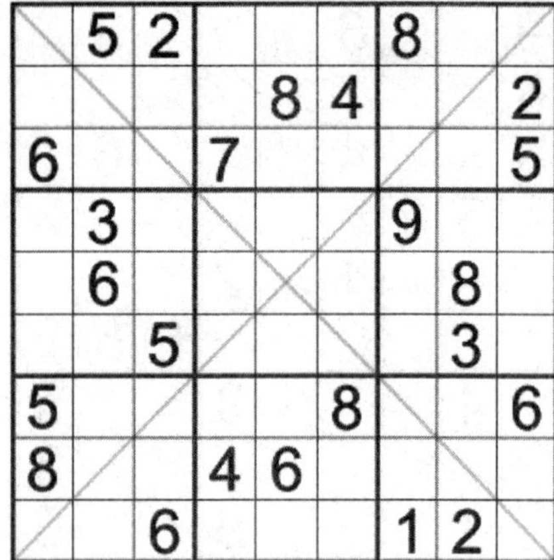

J057

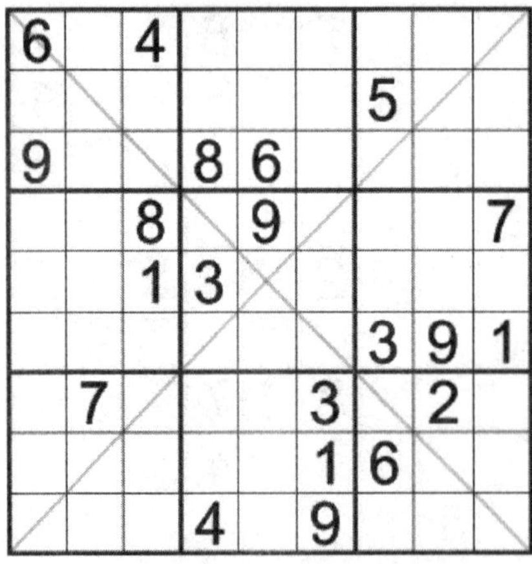

J058

J059

J060

J061

J062

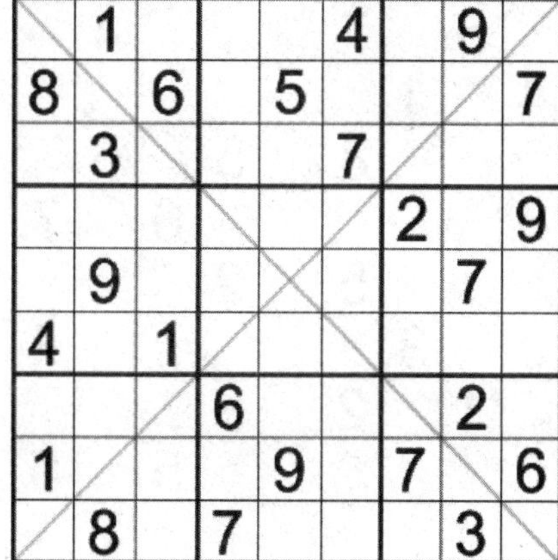

J063

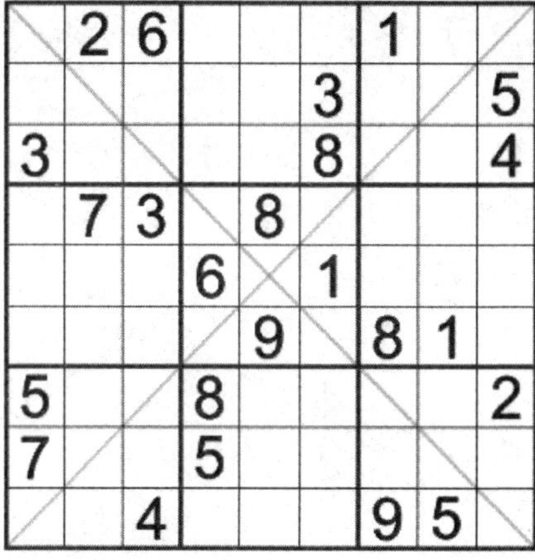

J064

J065

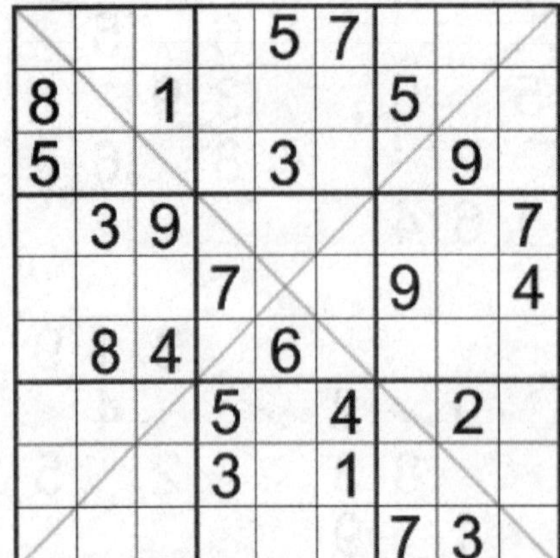

J066

J067

J068

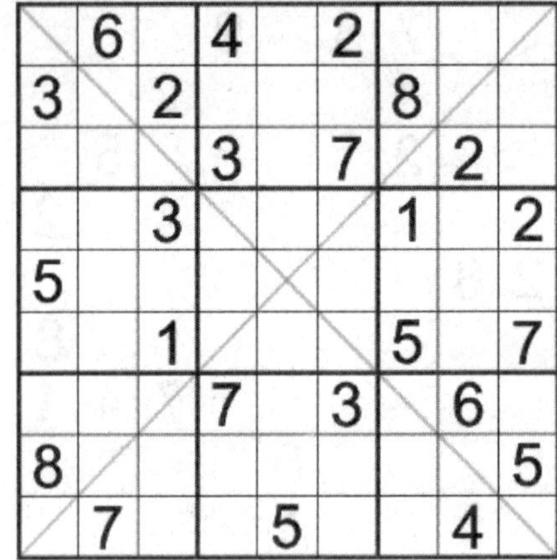

J069

	5					3	8	
6			1					
			8		7		9	
	8	2				4		
					1			9
		7		5				
5			9					
8		1						2
				1			6	

J070

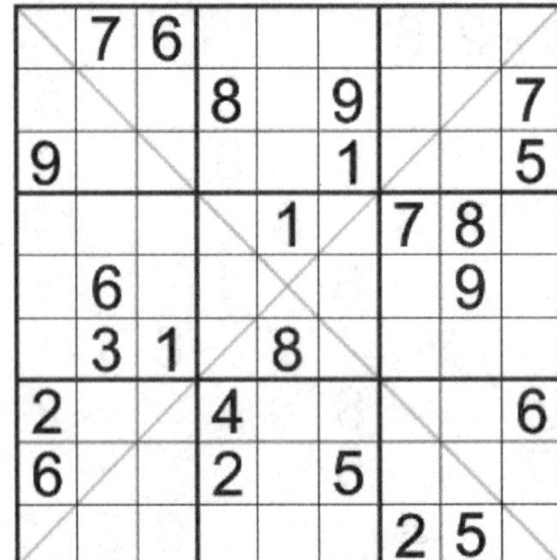

第十三章　额外区域数独训练题

K001

		4					3	
1		9			7			
			6				7	9
	5			2		4		
			9		1			
		8		5			6	
4	9				8			
			7			6		8
	2					7		

K002

	4				1		2	
5						9		6
	2		8		9			
2		4		1		3		
			3		2			
		6		9		5		2
			9		3		4	
4		5						3
	9		7				5	

K003

1						9	8	2
7			4					
6			2	9				
				4		5	2	
		1	8		7	6		
	6	7		3				
				7	4			6
					9			3
9	1	5						4

K004

	6			5		4		
					3	1		7
3	2				7			
	4	8		3				
1			9		6			4
				8		5	1	
			4				9	8
6		2	7					
		4		9			2	

K005

	5				8			
		4				5		2
	7		9		5		4	
8		5		1		3		
			3		6			
		6		5		4		1
	6		5		4		7	
4		7				8		
			7				6	

K006

	2				1		8	
9						3		6
	8		6		7			
3		6				4		
				4				
		8				1		5
			4		2		5	
2		9						7
	3		9				4	

K007

	6		1	7				
		4				7		8
	5		6				1	
						5		2
5								3
4		3						
	8				3		5	
2		9				6		
				1	6		9	

K008

			6			4	3	
6	3						1	
4			9					
				8		5		1
			5	7	6			
8		2		4				
					7			2
	1						8	9
	8	6			1			

K009

	6						9	
3					6	4		2
	4		7		9			
	8	3		9		5		
			4		7			
		4		3		1	2	
			9		3		1	
9		7	1					8
	1						6	

K010

	7		4		8			
		3				9		8
	8		1		2		3	
4		2				8		7
7		6				3		4
	6		2		7		9	
2		5				6		
			5		3		8	

K011

			5	6	7		9	
5		3				2		
	4		3				8	
3						7		2
4								3
6		7						8
	2				6		3	
		9				8		5
	3		2	5	9			

K012

	6				3	1		
					4	5		8
3	5							
6	1			5				
			9		2			
				3			7	5
							6	4
9		6	1					
		3	8				1	

K013

	1		5		3		8	
2						6		4
	4							
1				9				6
			8		2			
6				1				2
							4	
3		7						5
	6		1		8		2	

K014

	7				5		4	
5		4			8	1		3
	2				3		7	
9	8	7						
						3	8	1
	6		5				3	
8		2	1			5		9
	4		3				1	

K015

	9		7		8			
		4				2		8
	8		5				3	
3				1		6		2
			6		3			
1		5		2				9
	1				6		8	
7		2				1		
			4		1		2	

K016

	8		5		9		7	
7		1						9
			7		1		3	
1		8		5		6		4
			1		2			
3		2		7		8		5
	6		8		5			
8						9		7
	1		4		7		8	

K017

	5				2	3	7	
9					8	6		1
1	8							
3	6			9				
			1		4			
				7			3	2
							2	4
2		1	6					3
	3	9	4				6	

K018

			3				9	
7		5			9	3		
	8				5		2	
	1	4						5
				2				
2						4	8	
	9		1				3	
		2	4			8		7
	3				6			

K019

	4		7					
5						2		6
				9				7
7							4	
		9			2			
				1		9	6	
	6				1		8	
			3		4	5		
	2	3						

K020

6	5		1		8			
1							3	8
			7		9		1	
5		6				9		
					1	4		
8		3		6		1		
			2	9	3			
	8	1						2
	2						4	

K021

	4				3		9	
9						7		2
				5	9		8	
						2		8
		4		3				
1		6					5	
	5		1			3		
8		7			4			
	2		9					4

K022

							8	5
			6	5	4			
							4	
	3			7				4
	8		2		5			
	6			3		2		1
					2		6	
6		7				4		
8			1		3			

K023

		4		2	8			
						1		5
9		5				4		
					9		6	7
8							5	
4			8		3			
	8	9				2		1
			7	8				
	1		3			6		

K024

		9			2		5	
			8		4			
4		1			3		8	
	5					6		7
				8		3		
6	1	4						
			9	5				
5		7						2
			4				3	

K025

			2		5			
		3				5	9	7
	4		9					
4		1						3
				7	9			8
9				1				4
	3						1	
	2					7	6	
	1		5	6	4			

K026

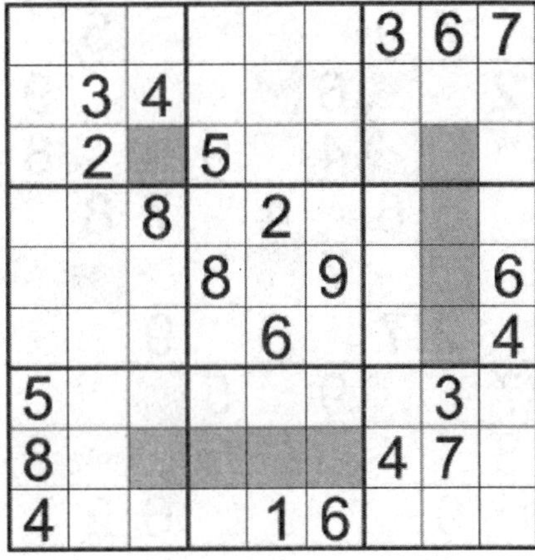

						3	6	7
	3	4						
	2		5					
		8		2				
			8		9			6
				6				4
5							3	
8						4	7	
4				1	6			

K027

	2		1				8	
3		1						5
			7		9		2	
		9		8		6		2
			3		7			
1		7		9		4		
	9		2		4			
6						2		9
	8				6		4	

K028

	7		6				5	
1			8			7		4
	6		7		1			
		2				1	7	6
7	1	9				3		
			1		8		2	
4		1			3			9
	8				2		1	

K029

			9		7		1	
4		9				2		
	7				2		6	
6		7		1				5
			8		5			
5				6		1		3
	1		3				9	
		4				8		2
	8		6		9			

K030

		9			8		7	
8		4			5			
					3		8	6
9	6	5		3				
			4		9			
				8		9	1	2
4	5		6					
			8			5		4
	9		3			7		

K031

	7	9					5	
2			6					9
			4		9			8
		6		4		7	8	
			7		3			
	2	7		6		9		
7			9		5			
8					6			3
	9					6	2	

K032

	2						7	
8		4						2
			8		4		1	
		8		4		3		
			6		3			
		9		1		7		
	4		2		6			
9						2		7
	6						3	

K033

	9		7				6	
4		5						2
			5		9		7	
		8		2		6		5
			4		6			
5		6		8		3		
	8		6		4			
3						1		6
	6				5		8	

K034

	7		8		6			
						2		6
	6		4		1			
7		8		5		6		1
			3		2			
4		9		1		8		3
			2		9		7	
3		2						
			5		3		8	

K035

	7				1			
		2				6		9
	9		4				3	
1				3		8		
			6		5			
		6		2				5
	1				3		9	
2		7				4		
			5				2	

K036

					7		9	
8		7				3		
	6				1		4	
6		9		5				
			3		6			
				8		7		9
	9		4				7	
		5				4		8
	4		2					

K037

			8		5		6	
9		8				5		
	2				6		8	
6		5		4				1
			3		7			
3				1		9		6
	5		2				9	
		6				2		5
	9		6		4			

K038

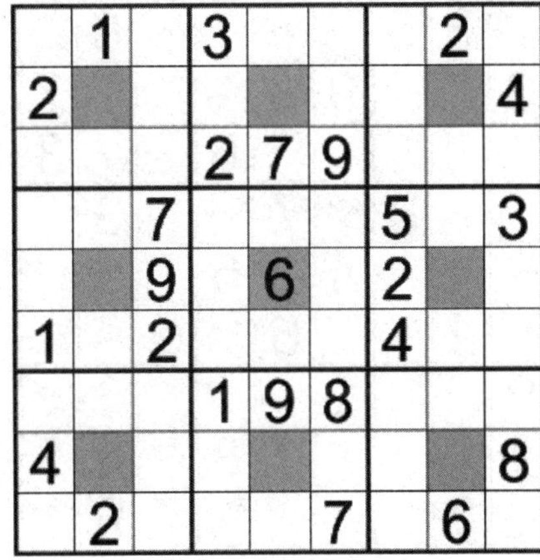

	1		3				2	
2								4
			2	7	9			
		7				5		3
		9		6		2		
1		2				4		
			1	9	8			
4								8
	2				7		6	

K039

	6		8		5			
		1			4	5		9
	4				9		2	
5	9	3						8
4						9	1	3
	7		5				8	
6		8	2			4		
			4		6		5	

K040

	5			8				
		4				2		6
	2		4		6		9	
		8		4		7		
3			6		1			8
		2		9		6		
	4		8		9		6	
2		3				8		
				3			7	

K041

		4		3	8		1	
9					4	8		
	1				5			6
2	8	5						
3								8
						6	2	3
4			5				6	
		2	1					4
	6		4	8		9		

K042

7		8					4	5
9								
			2		1			9
		6		9		5		
			8	1	6			
		3		7		9		
1			9		7			
								1
3	4					8		2

K043

	6	5					8	
3			9					7
					6			3
		8		7			3	
			4		5			
	1			6		5		
9			2					
1					8			5
	2					7	9	

K044

	6			8			2	
9					6			7
			9		4			
	4	9				5		
8				5				6
		2				1	8	
			8		2			
3			5					9
	5			9			6	

K045

		5					8	
2			5		1			
				8				4
	7			5			9	
		9	8		6	7		
	2			4			3	
6				9				
			6		7			1
	5					2		

K046

						4	5	
4			2	9				
7			3		4			
		3				8	6	
	1						2	
	7	9				5		
			7		6			9
				2	9			5
	8	6						

K047

	4		3		7			
2								7
				8		6		
7						2		8
		6			8			
1				9			6	5
		4	9				7	
					6	5		
	7		5		3			

K048

			4	9	7		3	
		4					7	
	8				2		4	
8				4				2
4			9			3		
3		2						1
				8		6		
5	3	9						
			2		5			

K049

	9				8		3	
4						6	7	
				5	2			
			5		6			
		3						4
1		7	2					
	3					8		
5	6							
				6				9

K050

9								
			7				5	3
		2		4			8	
	6		9		3			
		7				1		9
			2					4
				6		8	4	
	5	8				7		
	7			2	1			

K051

9				5				
						9	5	4
				1				
						8		7
2		1			7			
				3				1
	2		7				8	
	3					6		9
	6		9		8		1	

K052

			3	5	7			
		4				6		9
	1				4		7	
7						3		4
1								
3		2						6
	2		5				8	
		5				9		
	6		1		9			

K053

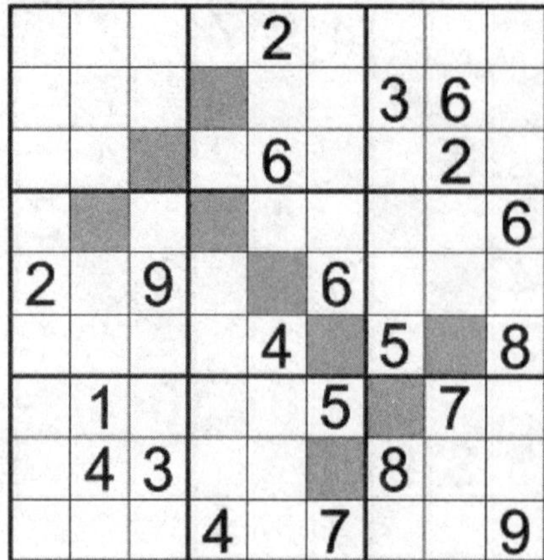

				2				
						3	6	
				6			2	
								6
2		9			6			
				4		5		8
	1				5		7	
	4	3				8		
			4		7			9

K054

			7	6	8			
	2	8						1
	3						9	
3						1		5
9					7			4
7				8		9		
			6		4		1	
		5				3		
	4		8	9				

K055

						8	9	3
			5					
			2	6				
	5	3			4			
		4				3		
			1			2		4
5				7	1			
9								2
1					2		3	

K056

5	4							
8						9	5	1
				7	9			
						3		7
		6			3			
		3		5		1		4
	8		9		7			
	3							
	1		8		2			

K057

			8		2			
	9	7				4		3
	4							
4						9		1
					4			
9				8		6		5
	6		4		7		3	
						1	5	
	2		5		1			

K058

			2		7			
						5	7	3
			5		6			
1		9		5				
			6					5
6		4				9		
	8				2		5	
	7					3		8
	1			9			4	

K059

			1	6	7			
						1		8
			9					
3		6		1				
2			4					
7						9		1
	7				5			
							5	7
	6				8		9	

K060

			2		6		4	
		6				7		
	4				1		2	
9						3		1
					9			5
7		1		3				
	7		4				1	
6		4				5		
			1	8				

K061

			7	5			2	
	3	9						8
	6						7	
1						3		2
8					2			
				3		1		7
			4		5			
6		7						
	1		6		7			

K062

	6		9		2			
		9				8		2
	1		8		7		9	
6		7				1		4
				8				
1		5				9		8
	3		7		9		4	
9		4				2		
			4		3		8	

K063

	2				1		5	
9		7						2
			2				7	
8				9		4		
			6		3			
		2		1				8
	9				5			
6						5		4
	7		1				8	

K064

			1	6	8			
	4	6					2	
					4		8	
6		1		3				4
7			4		6			3
4				9		1		8
	8		6					
	6					9	1	
			5	4	1			

K065

			5		9		1	
		1				7		5
	7				1		8	
2						4		
							3	
6		4				9		
	1		3		8			
7		3		4				
	2							8

K066

			3	7	4			
		3				9		
	2							4
1				5		7	3	
8			6					
6								
	1		4					
			8					1
		5					7	9

K067

	1		4				6	
8						7	1	
					2		4	
1						9		6
					5			
		2		9		4		5
	9		1		8			
2	8	7						
			2		3			8

K068

			1	4				3
	5	8						
	7		9				2	
8		7				5		9
2				1	9			
				6		3		
			3		4		7	
		1				4		
3			6					

K069

	1		5	9		2		
4		9						
	8					5		9
1								
3				6	2			
				7		3	1	
5		1			6			
					1		2	5
		4					9	

K070

4							2	
				7				9
			9		1		7	
		7		9				1
	3		1					
		8				4		5
					9		5	
5		3				8		
	8		7		5			

第十四章　不连续数独训练题

L001

			6		2			
	2						4	
						9	2	
8								
								4
1					9			
		7						
	6	9						
				7				

L002

	5						3	
4								9
			9		1			
		6				7		
		1				5		
			6		5			
3								1
	1						8	

L003

	3							
					1			7
			9		7			
	5	1				6		
		4				3	7	
			6		5			
7			8					
							4	

L004

	5							
						8		9
	9							
						2		1
				2				
2		8						
							5	
9		6						
							3	

L005

				5				
						3		
				1		8		
							8	
5		4						
					4		6	
	7	5						
			9		8			
								6

L006

					1		3	9
								4
				7	9			
						8		2
		7				4		
5		2						
			1	4				
3								
1	4		9					

L007

		8				7		
				3				
5		2						
					5			
	7						9	
			1				6	
6								
				6	8			
								6

L008

	1		8					
						3		6
	2		1	6				
						2		4
		7				6		
4		2						
				7	1		9	
5		1						
					8		6	

L009

			4					
						9	1	
			8					
3		9					4	
				6				
							6	
	5							1
	9		3		8			
						8		3

L010

		9				1		
			1	3	7			
7								3
	1						8	
	5						4	
	9						1	
9								1
			3	7	1			
		3				5		

L011

			3				2	
		1						9
	2		6					
5		2						
						5		2
					3		5	
9						4		
	5				8			

L012

4							7	
			1	5				
2								
			7					
		3				4		
					1			
								7
				8	5			
	6							1

L013

	9						6	
5								4
			4	6				
		3						
		7				9		
						4		
				7	2			
4								3
	3						7	

L014

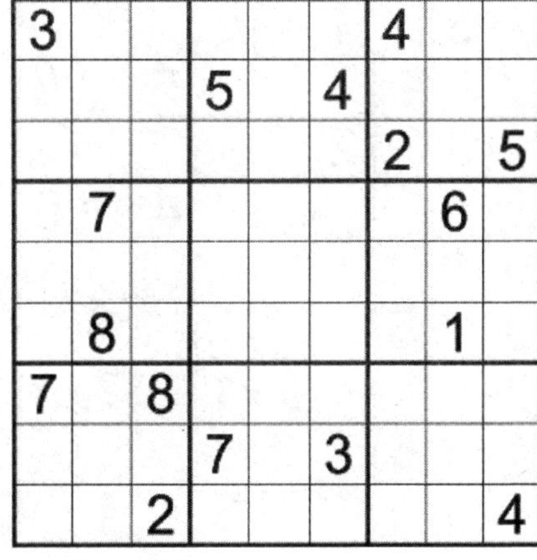

3						4		
			5		4			
						2		5
	7						6	
	8						1	
7		8						
			7		3			
		2						4

L015

		9						
			4	9	6			
								8
	4						2	
	9						6	
	1						4	
1								
			5	8	4			
						6		

L016

		7		3				
			1				6	
2		1						
	2							
3								6
							7	
						3		7
	3				4			
				5		6		

L017

				9	4			
7		6						
4					7			
						5		4
								7
	7	5						
			4				2	
	6		2					
						6	4	

L018

	7				6			
							7	
	5				4			
						6		2
		2						
1		7						
			8	3				
						4		5
2			4					

L019

	5		4					
						5		2
	3		2					
						4		6
8		5						
					1		7	
1		6						
					8		4	

L020

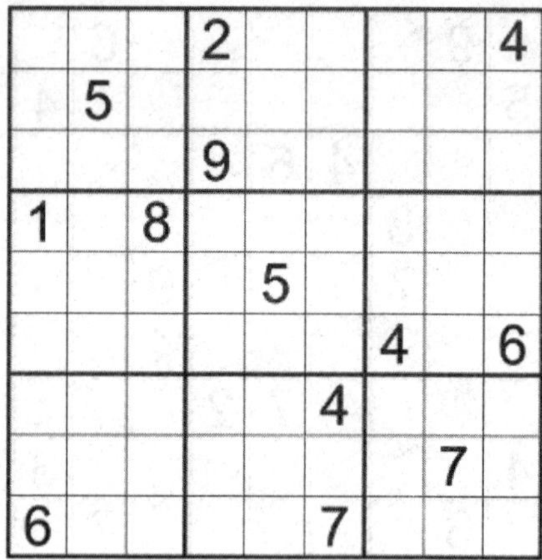

			2					4
	5							
			9					
1		8						
				5				
						4		6
					4			
							7	
6					7			

L021

	6		2					
						2		3
	7		5					
						4		2
2		9						
					1		6	
4		1						
					2		9	

L022

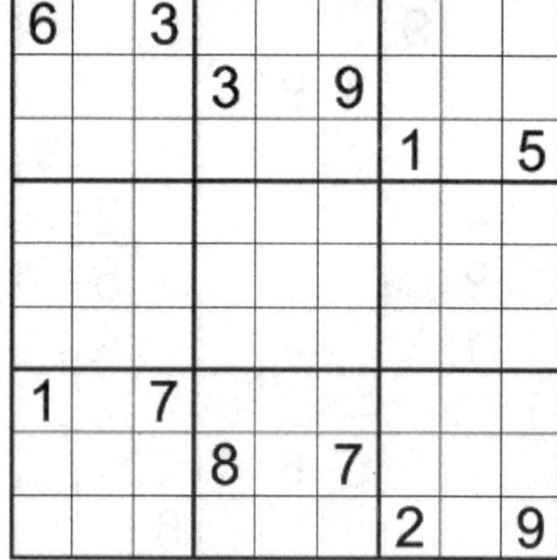

6		3						
			3		9			
						1		5
1		7						
			8		7			
						2		9

L023

		7					6	
			4		1			
		9					7	
9								8
	2					6		
			8		7			
	7					4		

L024

						9	6	
			9		1			
							7	
	8							1
				3				
	7							6
3								
7		8						
			5		8			

L025

			1					
		2				5		
	7						3	
2								
								5
	2						8	
		3				1		
					4			

L026

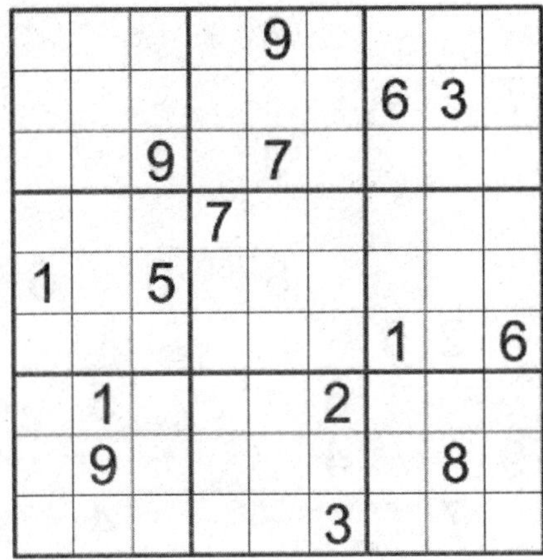

				9				
						6	3	
		9		7				
			7					
1		5						
						1		6
	1				2			
	9						8	
					3			

L027

	8		9					
						5		2
	5							
								9
				9				
7								
							5	
6		2						
					9		6	

L028

				7				
5		2						
	9				5			
				9				8
	8							
		5					4	
			1		4			
							3	

L029

			6	2				
							2	6
9		6						
					3			
	7			4			9	
			2					
						2		9
2	4							
				6	2			

L030

						4		
				6				
6						1		
	6						7	
			7		3			
	5						8	
		3						2
				7				
		6						

L031

				3				
7		4						
				9		1		
				8		6		5
	2	5						
			6				5	
9			4					
	7						4	

L032

		7				3		
			1		3			
1						2		
	6							
				5		4		
	5				4			
9		2		6		5		
							9	

L033

			3	1				
						1		2
		9		4				
							8	
			8		3			
	8							
				3		5		
7		5						
				2	9			

L034

	9					8		
5				6				
						5		
					9		1	
	2							
			8				5	
9		8						
			6		2			
								8

L035

				5	9			
							5	
5	2							
					1			
		6				8		
			9					
							3	7
	9							
			8	6				

L036

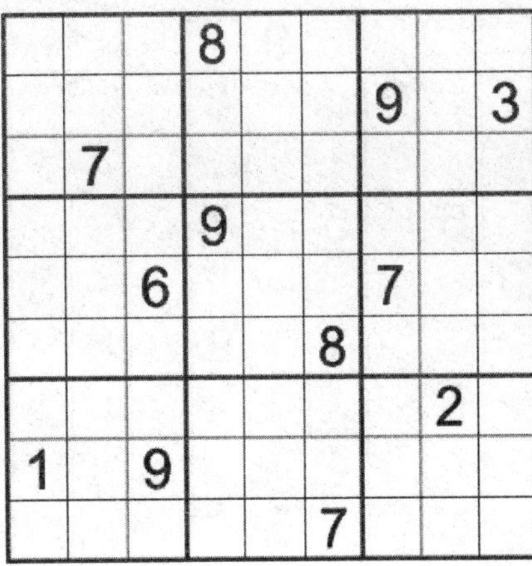

			8					
						9		3
	7							
			9					
		6				7		
					8			
							2	
1		9						
					7			

L037

	3					5		
				3	5			
	8							3
5							4	
				7			8	
7		1						
			1					
						7		4
			2		7			

L038

			3		8			
7	9							
							7	
		5						
		1					6	
			8	3				
						3		
						5		

L039

	2							
	9							
			8		9			
		8				7		
				8				
			9			5		
7					4			
							1	5
5		4						

L040

		3						1
		1			5			
		6						9
							5	
				2				
	1							
6						4		
			2			9		
3						6		

L041

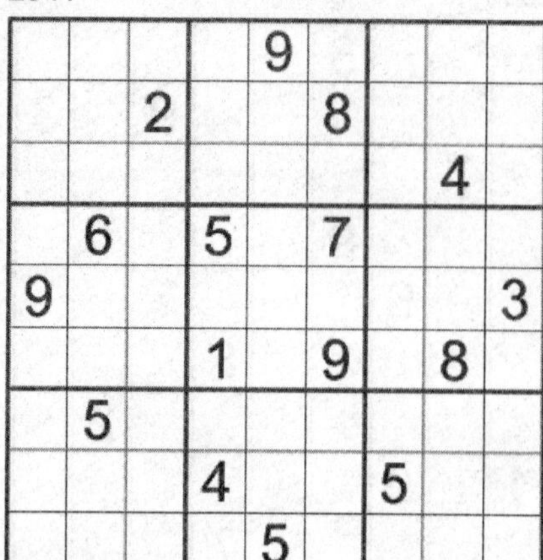

				9				
		2			8			
							4	
	6		5		7			
9								3
			1		9		8	
	5							
			4			5		
				5				

L042

						3		
				6	9			
								4
			3				9	
	3						5	
	6				8			
9								
			9	4				
		6						

L043

		1						6
			6		7			
8								7
	7							
							7	
	4				3			
						4		
				6				
1		7						

L044

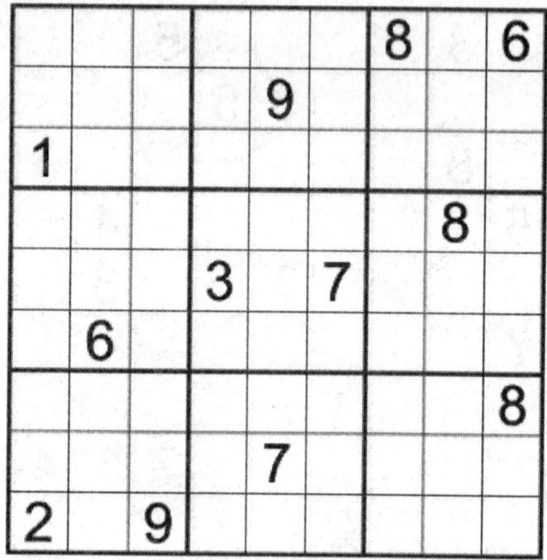

						8		6
				9				
1								
							8	
			3		7			
	6							
								8
				7				
2		9						

L045

	7	5						
				9			4	
				7				
3								
						8	6	
5			3					
								4
	2							8
			9		7			

L046

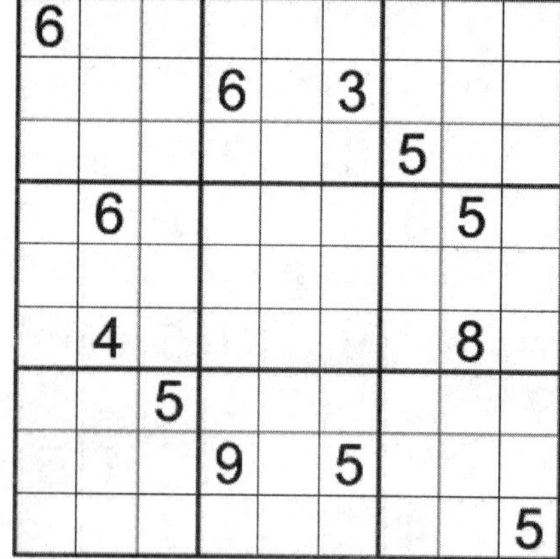

6								
			6		3			
						5		
	6						5	
	4						8	
		5						
			9		5			
								5

L047

			5			8		
2								
8								
	5						3	
			8		9			
	3						4	
								7
								1
		1			7			

L048

5							7	
			8					
3							4	
		4				2		
	2							3
					5			
	6							4

L049

				6				
	8							
				9				
		5						
						5		7
4		8						
			2		7			
							8	
			6					

L050

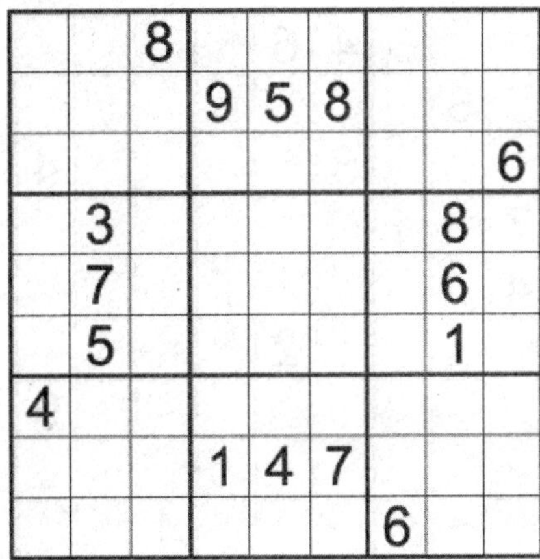

		8						
			9	5	8			
								6
	3						8	
	7						6	
	5						1	
4								
			1	4	7			
						6		

L051

				2			3	
7		6						
							6	
			3		6			
4								6
			4		9			
	2							
						6		9
	4			6				

L052

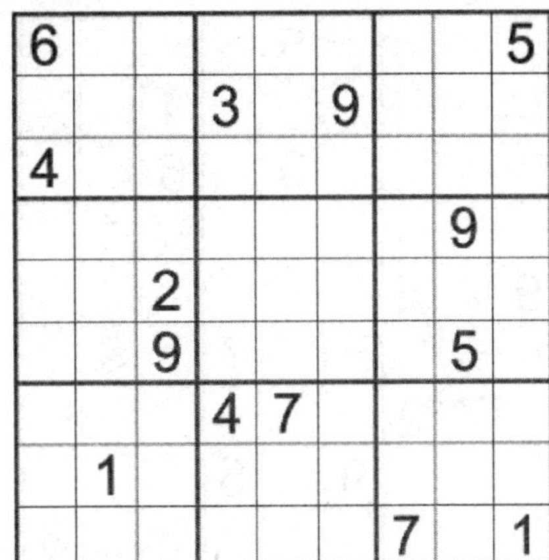

6								5
			3		9			
4								
							9	
		2						
		9					5	
			4	7				
	1							
						7		1

L053

	9					6		
			5					3
4				3				
							1	
		8				3		
	1							
				7				5
5					1			
		9					6	

L054

	6							
				9			6	
		9			2			
3						9		
							3	
7								
						6		
								2
			2		9			

L055

			4	6				
	6							
			3					4
7		1						
4					7			
				2			1	
								9
					1			
		9				4		

L056

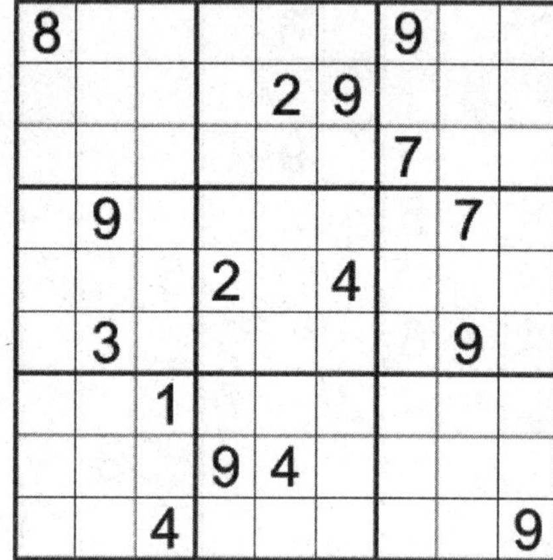

L057

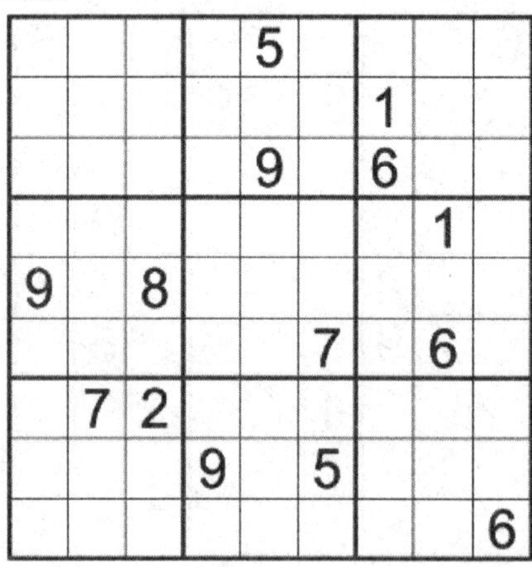

L058

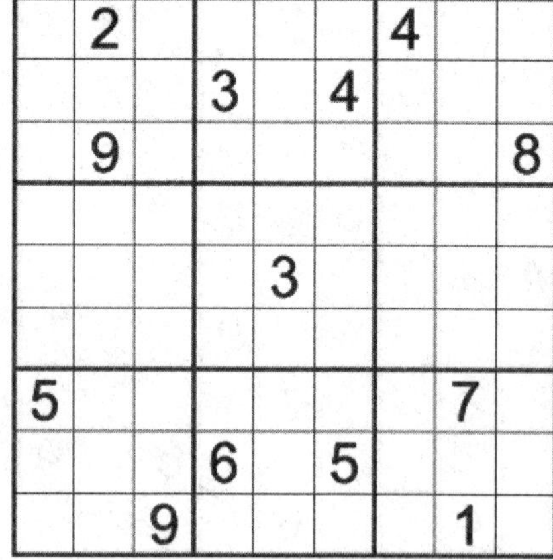

L059

			3		7			
		6				5		
	9						3	
9								1
6								8
	6						8	
		7				6		
			9		4			

L060

3		4						
		8					9	
				9				
4								5
			2		4			
6								2
				8				
	8					2		
						5		8

L061

			9					7
5		3						
			3		5			
4		2				5		
				9				
						4		3
					9		4	
	8							
					6		3	

L062

			4					
			2					
4								
					9			
6		5						
							4	6
		7		3				
				4		6		

L063

			8					
8		1						
			1		6			
	5					4		
	1			4				
						1		6
		6					3	
				6	8			
							6	

L064

		5						
				7	2			
		4						
			5				2	
5							9	
			2		3			
						5		1
	9							
				4				

L065

		9						7
			7		2			
8								
	7						5	
	9						3	
								6
			1		7			
9						7		

L066

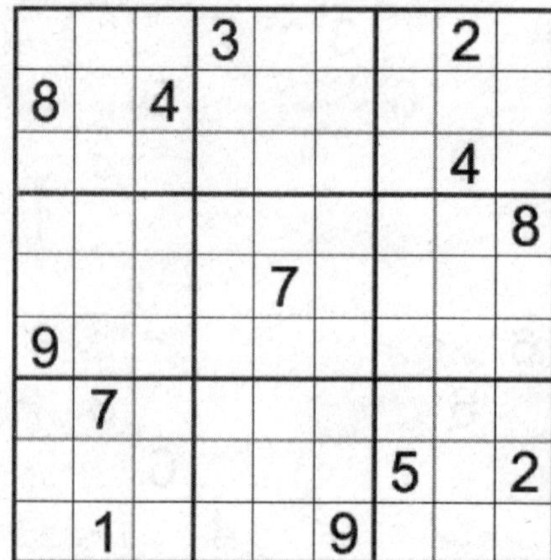

L067

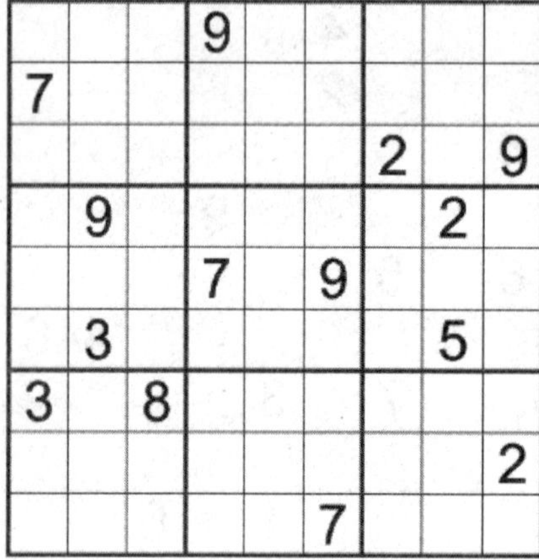

L068

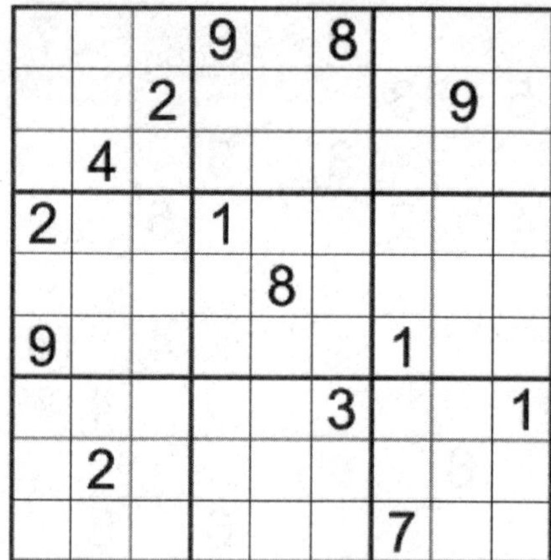

L069

		1				2		
				8	1			
6								8
	9							
	3						5	
							1	
2								1
			7	2				
		7				8		

L070

4		5						
				2		8		
				4			7	
					1			
						9	1	
	1	4	7					
			9					8
			6					
								5

第十五章　连体数独训练题

M001

	9		8	5							
						2	1	9			
	6							7			
4						7			4	5	
					9					3	
				6		9		8		7	
					3		7				
1						4					1
6	7										4
			7						6		5
			1	5				4			

M002

			6	7	3						
		7					6	9			
	6			4							
6			7		2					6	
8		3				9				3	
9			1							2	
				6							2
	8								7		9
	3							4			
							4				8
			2	7	5						
						7	3		1		

M003

			1		9						
		7				8	4	1			
	1			3	4						
5						3		4		5	
		3			5					8	
4		2		8				7		2	
	4		2				1		3		4
	7					2			8		
	5		7		8						5
						9	3			1	
			5	3	2				9		
						8		2			

M004

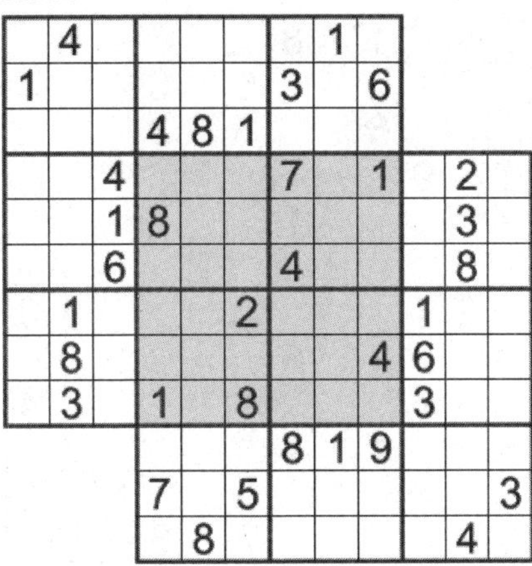

M005

	2			8			9				
9						3	2				
			7								
		1				4					8
			8		1						
	5							7	5		3
2		7	9							3	
						6		9			
8					7				9		
								5			
				9	3						7
				6			1			2	

M006

				4	1						
						5	4	3			
	8		5		6						
		1		8						1	
5		9							5		4
		8				4					
					3				9		
6		3							2		6
	1						5		1		
						9		7		2	
			8	3	2						
						6	2				

M007

		4									
8						1	6	3			
			2	8	6						
	6									1	3
			7	6	4						
	7							6			8
9			3							2	
						7	1	8			
5	8									8	
						9	4	3			
			2	9	5						4
									8		

M008

9	3					2					
7			3					8			
					2	7					
	4						9			4	
				2	3			7			
		9		1					6		3
5		1					7		1		
			7			3	1				
	7			8						3	
					9	6					
			8					1			6
					2					1	8

M009

			1	7	8						
						5		6			
			5					3			
3		9					7		4		
1					7						
7				3			2		5		
	2									9	3
			2		5						
	5	7									4
			1		4					7	
						9			8		5
						7		3		6	

M010

8	4			5							
2			6					4			
					2	6		3			
	6								9	4	
7					5						
		5		6		8			3		
		1			3		5		4		
						9					2
	5	9								3	
			8		9	6					
			6					4			3
							8			6	5

M011

						2		1			
9		8		1							
	5					9		6			
5					9				5		4
6			7								
1					6				3		9
				4		7		8			
		3			5					4	
	1						9				
				1						9	
			5						4		
						9	8	4		2	

M012

				5			8	9			
		8					4	6			
	7		9		3						
		9				6				3	9
5					9					7	1
		6		7				4			
			7				6		8		
7	9					4					7
3	6				8				1		
						7		6		4	
			9	1					7		
			6	8			4				

M013

	9		7	1							
1		4					2				
	6		4								
9	3								3		
						2	5				
2			8		4				7		
		9				5		2			4
				7	5						
		6								2	5
								8		9	
				9					1		7
							9	3		8	

M014

	1					9		7			
2		4			5						
			2					6			
		6							2		5
				2	6						
		8		1		6					4
	3						5			3	
			3			1	8				
9	8			5					8		
						5		7		9	
			7		1						8
			4							2	

M015

			8	9	4						
		6					4	1			
	2				1			9			
2						8	1		2		
9					7						9
6		5		8		4			5		7
			2		8						
	8		4							8	
	4	9								4	
			6		3						
							8	2			
				5	1						

M016

			6	4	1						
		5					1	2			
	9			2							
5		4									6
					9		8	7			
					6					7	
	8					2					
			1	9		5					
3									9		3
							7			3	
			5	3					7		
						4	1	3			

M017

						9	8	6			
			9	6							
			3		8						
	2	8							1	8	
	9			7							
		7				8		4			5
2					1			5		2	
4									8	4	
9					6	1					
			9				4				
			4			3	8				9
					7					6	

M018

		5					6	3			
			3	4	1			5			
8				5			2				
	5					3				4	7
	2	9							1		2
	6					7		2			
			4		7					2	
5		6							7	6	
9	4				5					3	
				8			2				9
			3			4	6	9			
			9	4					6		

M019

1			5					2			
						1		5			
3		6	4								
	2									1	6
5	8					6					
	7				6		1			9	
				4		7					
		5		9	2						
4		2							1		4
			5	8					9		
						8	3	9			
			4				7		3		8

M020

	3		5		8						
							6	3			
	9				2		4				
4				2		6				3	
2		5							8	2	
				4		8		2			
		9							9		3
						3		9			
5		7									7
			5		2		9				
									2		9
			7				4	1			

M021

8	9			5							
			6								
							1	6			
7						5			1	8	
			9		3						
		9				1				4	
	5				6				4		
						3		7			
	8	3			9						2
			6	4							
								5			
							4			2	3

M022

	9		5		4						
2		6						9			
	3		9								
1		3					4			7	
					3			8			
4				7		6					
					1		9				2
			6			2					
	4			3					6		9
								2		9	
			3						5		8
						8		1		3	

M023

1		8									
				3	8			6			
						8	9				
4		6								8	
			8		4				2		
9						7			1		
	3		4				5			9	
	2									4	
	1				3		2				
								6			8
			1	5	6						
						1		3			5

M024

			3	5	8						
		1				5	7				
	4		1								
6		7		2							
4			9	3						8	
9						2				5	
	3				5						3
	8						2	6			5
							8		9		7
								8		7	
				6	8				5		
						5	3	1			

M025

			2				6				
			7	6	1						
						3	2	1			
5	9				6				2		
	6					1			7		6
	1		3		2		7		1		
		5		2		6		7		1	
6		3			7					2	
		8				2				7	8
			7	8	1						
						5	2	1			
				4				8			

M026

3		1						6			
9			5								
				1				7			
		4							1		4
			1		9						
5				3							
	7		6				3				
	9					7			8		
		2			5		1			6	
			5					7			9
				6	8						
						4				2	3

M027

	4		1		6						
		9				4		8			
	2		5					3			
4							5			1	
					4		7				
7		2								9	
	3								2		4
				5		6					
	8			3							6
			3					5		2	
			5		8				1		
						4		8		6	

M028

	6		3		4		2				
		2					3				
	5		7				6				
2					6					4	5
		7				4	9				
		9			7						
						7			5		
				3	5				7		
3	9					6					1
				6				1		5	
				1					6		
				5		8		4		1	

M029

						9		3			
9			2	3							
						7		2			
1								7	3		8
2				5							
7		6							7		5
			1		2						
		8					4			8	
	6				4					2	
				6		4					
			2								
						7	5	1		9	

M030

						5		3			
8						6					
	4		5		2						
1		2					4			5	
		4				2					
		9	1							8	
	6							9	1		
					5				8		
	3			4					5		7
						6		8		9	
					1						4
			9		3						

M031

	9			4			3				
2						4		5			
			1		5						
		3				5					8
7					4				2		
		1		7				9			
	7		9							3	
1										1	
	8				2						
				3					7		1
						7	2				
			1						6		

M032

3			4	6	7						
7						9					
								3			
1		2							5	2	
				1	9						
		8				1		6		8	
	6		5		8				3		
						3	7				
	8	7							7		8
			9								
					2						7
						2	6	1			4

M033

				3		7		1			
6		7			4						
				5							
4		5									2
			4		5						
3		9									9
	9		5				1			9	
	6								7		3
	1		9		7		6				
						4		3		2	
			7	2	9						
						7		1		5	

M034

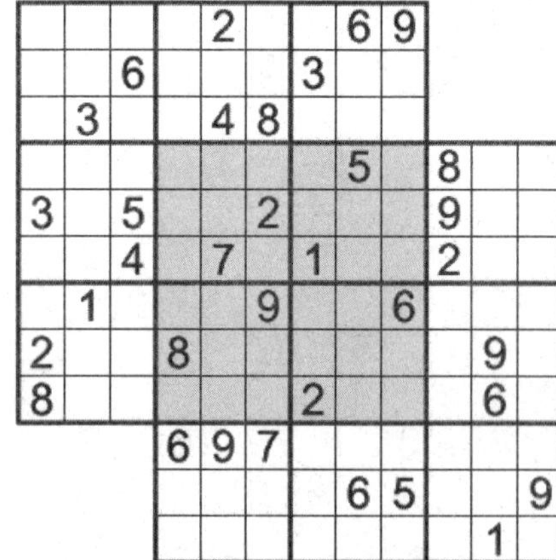

				2			6	9			
		6				3					
	3			4	8						
							5		8		
3		5			2				9		
		4		7		1			2		
	1				9			6			
2			8							9	
8						2				6	
			6	9	7						
							6	5			9
										1	

M035

		1		6							
						9	5	8			
3				7							
							9				
5		4									6
						5	1	6			9
	3				7				5		
	8		4		1						
	4				8				2		
						9		7		2	
									1		3
				4	2					6	

M036

	1		2	5							
						5	9	1			
			6								
2						9				1	
5		3			9					4	
		9			2			7		6	
				3		2	1				
	2	7			5						2
									9		4
				4		5	9				
				5							6
							4	8			

M037

		6		4				5			
			2			8	9	3			
5		8									
	8									9	2
1						5	4			7	
							7			6	
	3			2							
	4			6	9						1
2	6									5	
									7		5
			3	5	1			4			
			8				2		3		

M038

1						8		5			
7		8			2						
					4	6					
	3			6							
		2							9		6
				9		3		2			
			8		5		7				
6		4							8		
							8			7	
					4	6					
						8			1		7
			5		2						3

M039

	2						9				
						1	3	8			
	8		9		5						
		7		6						5	
		9								9	6
						8				2	
1	7		5						1		
		2						9			
6					2				9		
				7			4	8			
					6				5		8
			2		5						

M040

			2	7	5						
5						1		4			
				3			6				
		2						8		6	
					3				1		
8				5						9	
	1						2				5
		8				9			3		7
	6		5								6
				3				9			
			2		1						
						5				7	

M041

	9						7				
2			3		4						
	5			7			6				
						6		9			
5		1							1		2
	8		2		7			1			
				4		8				9	
		5			2				5		
		4				7				3	
			3	7			6				
						1			3		8
							7			6	

M042

8		3				2					
			6	2							
7					8		1				
	8			4					8		
	1		9		7				2		
		5		3		7					
1					6			4			
		4								3	2
						1		2		7	
			6	9							
							8	3			9
							1			8	

M043

7		9						2			
			9	5	2						
6			4				5				
	8	5							1		
	9			4					3		
	7					5	6		7		
					8			6			
		8			4					3	
5						9					6
			4	5	1						
							5				2
								3		4	

M044

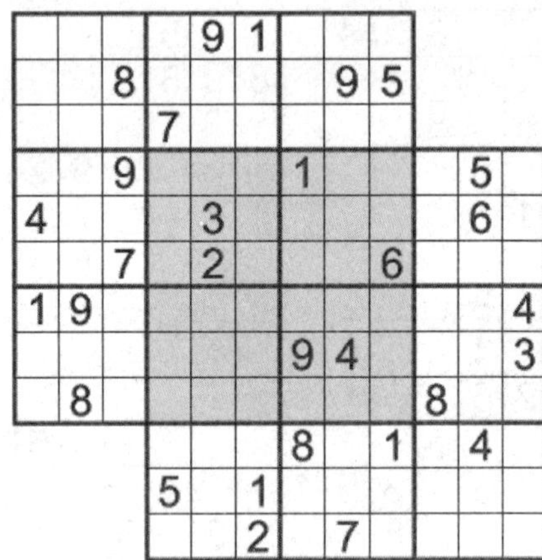

				9	1						
		8					9	5			
			7								
		9				1				5	
4				3						6	
		7		2				6			
1	9										4
						9	4				3
	8								8		
						8		1		4	
			5		1						
					2		7				

M045

	7		2	9							
						1		3			
	6				1		4				
3				4						5	
		1			9				6		
		4		1						9	
8							7		9		
						3		5			4
7											2
						8	5				
									5		9
			2		6			7			

M046

7							5	1			
			3	9	7						
							8	9			
	5		7		9	8					
	3								8		
	2		4			6					
			6		4						3
6		5						3	6		
9		1					6		4		9
				4			5	6			
											8
						3		9		4	

M047

	5							2			
			2				8				
	9		8		5	3					
1				4				9			3
		5		2						5	
		2		8					2		
	2	7							7		
						2	9	7			
8									8	4	
					9	7	6				
					4				9		1
			6					2			

M048

	3					9		4			
6			1								
	2		8					5			
3											5
						5	2				
		8			2		4				6
2				7		4			9		
				8	4						
1											1
			6					4		1	
								7			9
			8		3					2	

M049

3					6						
				4		9	5	1			
			9		2						
		4		8						4	
	8		6							7	
9		3			1					6	
	2					7			2		6
	4							9		1	
	3						1		9		
						6		1			
			3	5	6		8				
						4					7

M050

			2			8		7			
3		1									
			8		1			9			
	5			8							6
						5		8		2	
	7			2					4		
		9					5			9	
	1		3		6						
6							8			4	
			6			4		7			
									2		9
			2		1			9			

M051

							9				
5		2						1			
			6	8	2						
	7					6				1	
					1						6
	8		7		3			9			
						7	4		8		
9		3							5		
		4				9			1		
			6	3						4	
						2		6			
				1						8	

M052

9	2						8				
				5			4	2			
	3		1					5			
				6		4			3	8	
										6	5
						2		1			
	6		7								
								4		5	
	8	2			9				8		
			4								
			1		3				7		2
											6

M053

	5					3					
						7	1				
	1			2	5						
3			2						4		
			9				5				
7		2							7	9	
	7	1							9		1
				1				8			
		3						6			4
						7	4			8	
				2	4						
					8					4	

M054

			4	9	2		7				
		2					6				
	7							2			
7						6				7	2
5					9					3	
4				3		1					
			9		1						
2	9								9		5
		6						7			3
							1			5	
			3	8					7		
			1				7	8			

M055

	8				2						
7								6			
			4	3	6						
		8		2		1				4	
		1	5							2	7
5		3				7				5	
			1		8						5
									3		
	4								6		
							1	7			
			4	5	2						
				3		5					

M056

	6		8		7						
						6	3	8			
	4				2						
9		1		3					9	1	
			9	4							
6						2				5	
	2				4						6
							7	6			
	3	5					4		7		5
						6				7	
			3	1	7						
						7		1		9	

M057

			2	4	1						
6											
				9			8				
		3				6		7			
		5							4		
		1			6			9			
			1			4					7
3	5								3		5
			7		3						8
						1	5	3			
				8							
				4						6	

M058

				3		9					
		3				1					
	4		5		8						
		1					9			1	7
6					5					6	
		4		1			7	6			
8	5								5		
			6		1						
					3				1		
						9		3		7	
			7	2					6		3
			5							8	

M059

	5		6	7							
9								7			
							6	8			
8				6						1	
4			2						9		
						9	7			3	
					4						3
		5			2						6
	1	2									
				2					1		
			9		3						
						4	2				

M060

2								8			
							4	5			
			8	4	6						
		4				6			1		2
		8			7						3
		5		2		8					
			6		8						
	6						1		9		
4	5								5	7	
			9				4	5			
								8			7
			8	4						2	

M061

1						8					
			7	2	9						
								4			
	4					7				8	
	3								2	3	
	5							3		5	
9			3				4				
						5					8
		3			5				3		4
				4				6			
			1	6	3						
							7	9			1

M062

								2			
		5					4	9			
	9		7	4							
		9									
		8				6					7
						2	3				5
				1	5						
	8				2					7	
9	5								5	2	
								8		4	
							7	2	6		
				3	8						

M063

			5		2						
		9				7		8			
	3		8								
6		3		8					6		
			4	6						8	
7							2		7		
	7							5			8
					1				2		
	5					6		3			1
			1		9		3				
				3							
						9		2			

M064

4			7		2						
7					9			5			
5								9			
	2		3						8	6	
		3				7					
			2				9				
										1	8
	4		6								
				8		9		2			7
							4				
				3				5			
									2	7	4

M065

			2		9						
3		7						4			
	9						1	3			
7		6							6	4	
1						2			8		
					5		4				
			7			1					4
	1	9									
	7		8		2						6
				8				4		3	
			5	4					9		
							1	8		5	

M066

	1						2				
		8		7							
			1			5		6			
2	8					3					9
			2				6				
	6				4						1
8						4				1	
				3				5			
7					1					7	3
			1		5			7			
							9		4		
				7						3	

M067

5	6										
			7		4						
	2					5		4			
				7						3	
2		8							9		
				6		4		2		5	
	3		5		9		4				
		1							8		7
	5						6				
			1		4					9	
						6		4			
										8	3

M068

	7		8	1							
1						9					
			5		7			1			
7		8					6		7		
2					5			4			
		4		8						4	
	1						3		1		
			2			6					8
		3		4					3		6
			3			2		6			
					4						5
							4	8		1	

M069

	9			3							
1		7						2			
			2	8				4			
									9	5	
				7	2						
	7			5		1					
					6		5				
7		2				4	1		6		7
5		3							3		
			7	3						6	
						5					4
			5	6						9	

M070

5	9			4							
			3			4		9			
	4							3			
	7	2							7	2	
			6								
	6					3				4	
			4		1						
6		7									3
4					5		3			8	
				8			3				
						7		1	9		8
			1	5							4

第十六章　答案部分

A001

3	4	7	5	6	8	9	1	2
2	5	8	9	7	1	3	6	4
9	1	6	2	4	3	5	8	7
1	7	3	6	2	9	8	4	5
6	9	5	8	3	4	7	2	1
8	2	4	7	1	5	6	9	3
7	3	2	1	8	6	4	5	9
5	8	1	4	9	7	2	3	6
4	6	9	3	5	2	1	7	8

A002

7	1	6	5	4	9	8	2	3
2	3	4	8	1	6	9	7	5
5	8	9	2	3	7	1	4	6
8	6	7	4	5	1	2	3	9
9	4	3	6	7	2	5	8	1
1	2	5	9	8	3	4	6	7
6	7	8	1	9	4	3	5	2
3	5	1	7	2	8	6	9	4
4	9	2	3	6	5	7	1	8

A003

8	6	5	9	2	1	3	4	7
4	9	2	7	3	6	5	1	8
7	1	3	8	4	5	6	9	2
6	3	4	1	7	2	9	8	5
9	7	1	3	5	8	4	2	6
5	2	8	4	6	9	7	3	1
2	4	7	6	8	3	1	5	9
1	8	6	5	9	4	2	7	3
3	5	9	2	1	7	8	6	4

A004

5	8	2	9	6	7	3	1	4
6	7	4	1	3	5	8	2	9
3	9	1	2	4	8	5	6	7
2	5	6	8	7	3	9	4	1
8	1	7	4	5	9	2	3	6
4	3	9	6	1	2	7	5	8
1	2	3	7	8	4	6	9	5
7	6	5	3	9	1	4	8	2
9	4	8	5	2	6	1	7	3

A005

4	7	2	6	1	5	3	8	9
5	3	8	9	2	7	6	4	1
9	6	1	3	8	4	7	2	5
8	4	3	7	6	9	5	1	2
7	1	5	8	3	2	9	6	4
2	9	6	5	4	1	8	7	3
3	5	4	1	7	6	2	9	8
6	2	9	4	5	8	1	3	7
1	8	7	2	9	3	4	5	6

A006

9	6	4	5	7	2	8	1	3
8	2	3	9	1	4	5	6	7
1	5	7	6	8	3	9	4	2
7	8	9	4	3	5	6	2	1
6	4	2	1	9	8	7	3	5
5	3	1	7	2	6	4	8	9
3	7	6	8	5	1	2	9	4
4	1	5	2	6	9	3	7	8
2	9	8	3	4	7	1	5	6

A007

4	1	6	5	8	9	3	2	7
2	7	8	1	3	4	5	6	9
3	5	9	2	6	7	8	1	4
9	3	7	6	1	5	2	4	8
6	4	2	3	7	8	9	5	1
5	8	1	4	9	2	6	7	3
7	6	4	8	2	3	1	9	5
1	9	3	7	5	6	4	8	2
8	2	5	9	4	1	7	3	6

A008

5	1	2	6	9	3	8	7	4
8	3	9	4	7	1	5	6	2
4	6	7	2	8	5	9	3	1
6	5	1	9	2	7	4	8	3
2	7	3	5	4	8	6	1	9
9	8	4	3	1	6	7	2	5
7	2	5	8	3	9	1	4	6
1	4	6	7	5	2	3	9	8
3	9	8	1	6	4	2	5	7

A009

1	6	8	4	5	9	7	2	3
7	2	4	1	6	3	5	8	9
3	5	9	7	8	2	1	4	6
9	3	7	6	4	8	2	5	1
5	8	2	9	3	1	4	6	7
6	4	1	5	2	7	9	3	8
2	7	5	8	9	6	3	1	4
8	9	3	2	1	4	6	7	5
4	1	6	3	7	5	8	9	2

A0010

9	6	2	3	7	4	8	5	1
4	5	7	8	1	6	3	2	9
1	3	8	5	2	9	6	4	7
3	4	6	9	5	2	1	7	8
2	8	5	1	3	7	4	9	6
7	1	9	4	6	8	2	3	5
5	9	3	2	8	1	7	6	4
8	7	4	6	9	3	5	1	2
6	2	1	7	4	5	9	8	3

A0011

6	1	5	9	3	4	2	7	8
2	8	7	1	5	6	9	3	4
3	9	4	7	8	2	1	5	6
7	2	8	3	9	5	6	4	1
1	3	9	6	4	7	5	8	2
4	5	6	8	2	1	3	9	7
5	6	3	4	1	8	7	2	9
8	7	2	5	6	9	4	1	3
9	4	1	2	7	3	8	6	5

A0012

8	3	7	1	4	9	6	2	5
1	4	9	5	6	2	3	7	8
2	5	6	3	8	7	4	9	1
3	6	8	2	1	4	9	5	7
5	9	1	7	3	8	2	4	6
4	7	2	6	9	5	8	1	3
9	1	4	8	5	3	7	6	2
6	2	3	9	7	1	5	8	4
7	8	5	4	2	6	1	3	9

A013

8	6	3	5	9	7	1	2	4
4	2	1	6	3	8	7	5	9
9	7	5	1	2	4	6	8	3
3	5	7	9	4	1	2	6	8
1	4	6	7	8	2	3	9	5
2	8	9	3	5	6	4	7	1
5	1	2	4	6	9	8	3	7
7	9	8	2	1	3	5	4	6
6	3	4	8	7	5	9	1	2

A014

1	6	9	4	8	2	5	3	7
4	3	5	7	6	9	8	1	2
8	7	2	5	3	1	6	4	9
3	4	8	6	1	7	2	9	5
5	9	7	3	2	4	1	8	6
6	2	1	8	9	5	3	7	4
9	5	3	1	7	6	4	2	8
7	8	4	2	5	3	9	6	1
2	1	6	9	4	8	7	5	3

A015

8	5	7	3	9	4	1	2	6
1	9	2	6	8	5	4	7	3
4	6	3	7	1	2	5	8	9
6	3	9	5	7	1	2	4	8
5	1	8	2	4	3	9	6	7
7	2	4	8	6	9	3	5	1
2	8	5	1	3	6	7	9	4
3	4	6	9	2	7	8	1	5
9	7	1	4	5	8	6	3	2

A016

2	7	9	6	1	5	8	4	3
3	5	8	9	2	4	7	6	1
4	1	6	3	7	8	9	5	2
8	4	5	7	6	1	3	2	9
9	6	7	8	3	2	4	1	5
1	3	2	4	5	9	6	8	7
6	9	1	2	4	7	5	3	8
7	2	4	5	8	3	1	9	6
5	8	3	1	9	6	2	7	4

A017

3	1	4	5	8	9	6	7	2
5	6	7	2	4	1	8	9	3
8	2	9	3	6	7	1	4	5
6	7	3	9	1	8	2	5	4
9	8	1	4	5	2	3	6	7
2	4	5	6	7	3	9	8	1
1	3	6	7	9	4	5	2	8
4	9	2	8	3	5	7	1	6
7	5	8	1	2	6	4	3	9

A018

6	4	3	9	2	7	1	5	8
2	1	9	6	8	5	4	7	3
5	8	7	4	1	3	9	2	6
8	2	4	5	9	1	6	3	7
9	3	5	7	6	8	2	1	4
1	7	6	3	4	2	5	8	9
3	6	2	8	5	4	7	9	1
4	5	8	1	7	9	3	6	2
7	9	1	2	3	6	8	4	5

A019

6	2	5	7	4	8	9	3	1
3	8	1	6	9	2	5	7	4
9	4	7	3	5	1	6	8	2
7	5	8	2	6	3	1	4	9
2	6	3	4	1	9	7	5	8
4	1	9	5	8	7	2	6	3
1	9	6	8	7	4	3	2	5
8	7	2	9	3	5	4	1	6
5	3	4	1	2	6	8	9	7

A020

8	6	5	7	2	9	4	3	1
3	9	7	1	4	5	2	6	8
4	1	2	3	6	8	9	7	5
5	8	1	6	7	2	3	9	4
7	2	9	4	8	3	5	1	6
6	4	3	9	5	1	8	2	7
2	3	8	5	1	6	7	4	9
1	5	4	2	9	7	6	8	3
9	7	6	8	3	4	1	5	2

A021

2	5	4	7	9	6	3	8	1
6	7	8	1	3	5	2	9	4
3	9	1	2	8	4	6	5	7
9	6	7	3	5	1	8	4	2
1	3	2	8	4	9	7	6	5
4	8	5	6	2	7	9	1	3
5	4	3	9	7	8	1	2	6
8	2	6	4	1	3	5	7	9
7	1	9	5	6	2	4	3	8

A022

2	1	5	6	8	7	4	3	9
8	4	6	3	9	2	5	1	7
3	9	7	5	4	1	2	8	6
5	3	2	4	6	8	9	7	1
1	8	4	7	3	9	6	5	2
7	6	9	2	1	5	8	4	3
4	5	1	9	7	6	3	2	8
6	2	8	1	5	3	7	9	4
9	7	3	8	2	4	1	6	5

A023

6	5	9	4	7	8	3	1	2
1	7	2	3	9	5	4	6	8
8	3	4	6	1	2	7	9	5
9	4	3	5	8	6	2	7	1
2	1	8	7	3	4	9	5	6
5	6	7	9	2	1	8	3	4
3	2	6	8	5	7	1	4	9
4	9	1	2	6	3	5	8	7
7	8	5	1	4	9	6	2	3

A024

5	3	4	9	2	1	6	7	8
8	7	9	3	4	6	1	2	5
1	6	2	7	5	8	3	9	4
4	5	6	2	9	7	8	1	3
3	9	7	1	8	4	2	5	6
2	8	1	5	6	3	7	4	9
7	4	8	6	1	5	9	3	2
6	2	3	4	7	9	5	8	1
9	1	5	8	3	2	4	6	7

A025

3	4	8	2	5	9	1	6	7
5	7	9	3	1	6	2	4	8
2	1	6	4	7	8	3	9	5
9	3	7	1	8	2	6	5	4
4	6	2	5	3	7	9	8	1
8	5	1	6	9	4	7	2	3
6	8	3	7	2	5	4	1	9
7	2	5	9	4	1	8	3	9
1	9	4	8	6	3	5	7	2

A026

1	8	5	7	9	6	2	3	4
2	3	9	8	4	1	5	6	7
4	6	7	2	3	5	9	8	1
6	1	4	9	7	2	3	5	8
7	9	8	5	6	3	4	1	2
3	5	2	1	8	4	6	7	9
8	4	6	3	2	7	1	9	5
5	7	3	4	1	9	8	2	6
9	2	1	6	5	8	7	4	3

A027

2	1	3	5	6	7	8	4	9
4	5	8	3	9	1	2	6	7
6	7	9	2	4	8	1	3	5
7	4	5	6	1	2	3	9	8
8	3	6	9	5	4	7	1	2
9	2	1	7	8	3	4	5	6
1	9	4	8	2	5	6	7	3
5	8	7	4	3	6	9	2	1
3	6	2	1	7	9	5	8	4

A028

7	3	1	2	5	4	8	6	9
8	2	5	6	9	1	3	7	4
4	6	9	8	3	7	1	2	5
2	8	7	3	4	6	5	9	1
9	1	3	7	8	5	6	4	2
6	5	4	1	2	9	7	8	3
1	7	2	4	6	3	9	5	8
3	9	8	5	7	2	4	1	6
5	4	6	9	1	8	2	3	7

A029

5	2	7	6	3	8	4	9	1
3	5	8	7	1	9	2	5	6
9	1	6	5	2	4	7	8	3
8	3	1	9	4	5	6	7	2
7	9	4	8	6	2	3	1	5
6	5	2	1	7	3	9	4	8
2	7	9	3	8	1	5	6	4
1	6	3	5	5	7	8	2	9
4	8	5	2	9	6	1	3	7

A030

4	2	1	3	5	7	6	8	9
7	6	8	9	1	2	5	3	4
9	3	5	6	4	8	2	7	1
1	4	7	8	2	6	9	5	3
6	9	2	5	3	4	7	1	8
8	5	3	7	9	1	4	2	6
2	1	6	4	7	3	8	9	5
5	7	4	1	8	9	3	6	2
3	8	9	2	6	5	1	4	7

A031

7	9	8	3	1	2	4	5	6
5	4	2	6	9	7	8	3	1
3	1	6	4	5	8	7	2	9
8	5	4	7	2	6	9	1	3
9	6	1	5	4	3	2	8	7
2	7	3	9	8	1	5	6	4
1	3	9	8	7	5	6	4	2
4	2	5	1	6	9	3	7	8
6	8	7	2	3	4	1	9	5

A032

3	8	1	6	5	9	4	2	7
2	4	5	7	8	1	9	3	6
9	6	7	2	3	4	5	8	1
1	2	8	9	4	7	6	5	3
4	3	9	5	6	8	1	7	2
5	7	6	3	1	2	8	9	4
6	5	2	1	9	3	7	4	8
7	9	4	8	2	6	3	1	5
8	1	3	4	7	5	2	6	9

A033

5	2	6	4	7	1	9	3	8
9	1	3	5	8	6	7	2	4
7	4	8	9	2	3	5	6	4
1	5	2	7	9	4	3	8	6
8	6	7	1	3	5	2	4	9
3	9	4	2	6	8	1	5	7
2	3	9	6	4	7	8	1	5
4	7	1	8	5	2	6	9	3
6	8	5	3	1	9	4	7	2

A034

5	6	4	3	7	9	8	1	2
7	8	9	6	1	2	5	3	4
1	2	3	8	4	5	7	6	9
4	9	5	1	2	3	6	7	8
6	3	8	4	9	7	2	5	1
2	7	1	5	6	8	4	9	3
8	5	6	2	3	1	9	4	7
9	1	2	7	5	4	3	8	6
3	4	7	9	8	6	1	2	5

A035

5	6	2	7	4	8	9	1	3
3	8	7	6	1	9	5	2	4
1	4	9	5	2	3	6	8	7
6	3	1	2	9	5	4	7	8
8	7	4	1	3	6	2	9	5
9	2	5	4	8	7	1	3	6
7	1	3	9	6	4	8	5	2
2	5	6	8	7	1	3	4	9
4	9	8	3	5	2	7	6	1

A036

3	1	4	7	8	6	9	2	5
6	2	5	1	9	3	4	7	8
7	8	9	2	5	4	1	6	3
2	3	6	5	7	9	8	4	1
9	4	1	6	2	8	3	5	7
8	5	7	3	4	1	2	9	6
1	6	2	4	3	5	7	8	9
4	9	3	8	6	7	5	1	2
5	7	8	9	1	2	6	3	4

A037

8	2	3	4	5	9	1	6	7
4	7	5	3	1	6	8	9	2
9	6	1	7	8	2	3	4	5
7	4	2	8	6	5	9	3	1
1	3	6	9	2	4	5	7	8
5	9	8	1	3	7	6	2	4
2	8	9	5	4	3	7	1	6
3	1	4	6	7	8	2	5	9
6	5	7	2	9	1	4	8	3

A038

5	2	7	4	6	8	9	3	1
8	9	6	7	1	3	2	4	5
1	3	4	5	9	2	6	7	8
2	4	3	1	7	6	5	8	9
6	5	8	9	2	4	3	1	7
7	1	9	8	3	5	4	2	6
9	6	1	2	4	7	8	5	3
3	8	2	6	5	1	7	9	4
4	7	5	3	8	9	1	6	2

A039

2	6	4	7	1	9	8	3	5
9	5	7	3	6	8	4	1	2
8	1	3	2	4	5	6	7	9
6	2	8	9	3	7	5	4	1
7	3	9	4	5	1	2	6	8
1	4	5	6	8	2	3	9	7
3	7	1	8	2	6	9	5	4
4	9	2	5	7	3	1	8	6
5	8	6	1	9	4	7	2	3

A040

5	1	3	7	2	8	4	6	9
9	2	7	5	4	6	1	8	3
4	8	6	9	1	3	5	7	2
1	9	4	6	8	7	2	3	5
3	6	2	4	5	9	7	1	8
7	5	8	2	3	1	6	9	4
6	3	5	8	7	2	9	4	1
8	4	9	1	6	5	3	2	7
2	7	1	3	9	4	8	5	6

A041

8	7	9	1	2	3	4	5	6
5	1	2	6	9	4	7	3	8
3	4	6	5	7	8	9	1	2
7	2	3	8	4	5	1	6	9
9	5	1	2	6	7	8	4	3
4	6	8	3	1	9	2	7	5
2	3	4	7	8	6	5	9	1
1	9	5	4	3	2	6	8	7
6	8	7	9	5	1	3	2	4

A042

2	5	9	6	1	7	3	8	4
8	1	3	9	4	2	5	6	7
7	6	4	8	3	5	9	2	1
4	7	1	2	9	3	8	5	6
3	8	2	1	5	6	7	4	9
5	9	6	4	7	8	1	3	2
9	2	8	3	6	1	4	7	5
1	3	7	5	2	4	6	9	8
6	4	5	7	8	9	2	1	3

A043

7	3	1	2	4	8	6	5	9
4	9	8	3	5	6	7	1	2
5	2	6	7	9	1	3	4	8
3	5	4	1	8	2	9	6	7
8	1	9	4	6	7	2	3	5
2	6	7	9	3	5	4	8	1
6	4	2	8	1	9	5	7	3
9	8	3	5	7	4	1	2	6
1	7	5	6	2	3	8	9	4

A044

6	7	4	9	2	8	1	5	3
3	5	8	7	1	4	9	2	6
9	1	2	3	5	6	4	7	8
1	9	6	8	4	5	2	3	7
7	4	3	2	6	9	5	8	1
2	8	5	1	7	3	6	4	9
4	6	9	5	3	7	8	1	2
8	3	1	4	9	2	7	6	5
5	2	7	6	8	1	3	9	4

A045

1	2	3	9	4	5	6	7	8
9	5	4	6	7	8	1	2	3
8	6	7	1	2	3	5	9	4
2	7	9	8	6	4	3	5	1
3	8	5	2	9	1	7	4	6
4	1	6	3	5	7	2	8	9
5	3	8	7	1	9	4	6	2
6	4	1	5	8	2	9	3	7
7	9	2	4	3	6	8	1	5

A046

2	3	7	8	6	9	1	5	4
8	9	1	5	7	4	2	6	3
6	5	4	1	2	3	7	8	9
7	6	2	9	1	8	3	4	5
5	1	8	4	3	7	6	9	2
3	4	9	2	5	6	8	7	1
9	2	6	7	4	1	5	3	8
1	8	3	6	9	5	4	2	7
4	7	5	3	8	2	9	1	6

A047

6	7	9	2	8	1	3	4	5
2	5	4	9	6	3	1	7	8
3	8	1	7	4	5	9	2	6
7	4	8	1	5	6	2	9	3
5	1	2	3	9	8	4	6	7
9	6	3	4	2	7	5	8	1
4	3	5	6	7	9	8	1	2
8	2	6	5	1	4	7	3	9
1	9	7	8	3	2	6	5	4

A048

2	3	1	4	5	7	6	8	9
4	9	5	8	3	6	1	7	2
6	7	8	9	1	2	3	4	5
3	2	7	1	9	5	8	6	4
9	1	4	6	2	8	5	3	7
8	5	6	3	7	4	2	9	1
5	6	2	7	4	3	9	1	8
7	8	9	5	6	1	4	2	3
1	4	3	2	8	9	7	5	6

A049

6	5	7	8	2	1	3	4	9
9	1	3	4	5	6	7	8	2
2	4	8	7	9	3	1	5	6
5	8	6	1	3	4	9	2	7
7	9	1	2	6	8	4	3	5
4	3	2	5	7	9	6	1	8
3	7	4	9	8	5	2	6	1
8	6	9	3	1	2	5	7	4
1	2	5	6	4	7	8	9	3

A050

5	9	1	2	3	4	6	7	8
4	6	7	9	1	8	2	3	5
2	3	8	5	6	7	9	1	4
6	4	5	1	7	9	3	8	2
8	7	9	6	2	3	4	5	1
3	1	2	8	4	5	7	9	6
7	2	4	3	5	1	8	6	9
9	5	6	7	8	2	1	4	3
1	8	3	4	9	6	5	2	7

A051

7	8	2	3	1	5	4	6	9
1	9	6	2	4	7	8	3	5
3	4	5	6	8	9	7	1	2
8	1	7	9	2	3	5	4	6
4	2	9	8	5	6	1	7	3
5	6	3	1	7	4	9	2	8
6	3	1	4	9	8	2	5	7
9	7	4	5	6	2	3	8	1
2	5	8	7	3	1	6	9	4

A052

7	6	2	8	9	5	3	1	4
9	8	1	3	4	6	2	7	5
3	4	5	1	7	2	6	8	9
2	3	7	4	5	1	8	9	6
1	5	8	6	3	9	4	2	7
6	9	4	7	2	8	5	3	1
8	7	9	5	6	3	1	4	2
4	1	6	2	8	7	9	5	3
5	2	3	9	1	4	7	6	8

A053

3	8	9	4	7	2	6	1	5
1	2	4	5	6	3	7	8	9
5	6	7	8	9	1	3	2	4
6	3	8	9	1	4	2	5	7
4	5	1	6	2	7	8	9	3
7	9	2	3	5	8	4	6	1
8	4	5	1	3	6	9	7	2
9	7	3	2	8	5	1	4	6
2	1	6	7	4	9	5	3	8

A054

8	1	2	3	4	9	5	6	7
5	6	9	7	8	1	2	3	4
3	4	7	2	5	6	8	9	1
6	8	3	1	9	2	7	4	5
2	9	4	8	7	5	3	1	6
7	5	1	4	6	3	9	8	2
4	2	8	6	3	7	1	5	9
9	7	6	5	1	8	4	2	3
1	3	5	9	2	4	6	7	8

A055

1	9	4	2	6	8	5	7	3
3	2	5	4	9	7	1	6	8
6	7	8	5	3	1	9	2	4
2	8	3	7	1	4	6	5	9
5	4	7	9	2	6	8	3	1
9	1	6	8	5	3	7	4	2
4	3	9	1	7	5	2	8	6
7	6	1	3	8	2	4	9	5
8	5	2	6	4	9	3	1	7

A056

1	7	4	2	8	5	3	6	9
3	8	2	6	9	1	4	7	5
9	5	6	4	7	3	1	8	2
6	1	9	5	3	2	8	4	7
4	2	7	8	1	6	5	9	3
5	3	8	7	4	9	2	1	6
7	9	3	1	5	8	6	2	4
8	6	5	9	2	4	7	3	1
2	4	1	3	6	7	9	5	8

A057

6	7	5	1	8	9	2	3	4
4	1	8	7	2	3	5	9	6
9	2	3	4	5	6	7	8	1
7	8	1	5	6	4	3	2	9
2	4	6	9	3	7	8	1	5
3	5	9	2	1	8	4	6	7
5	3	4	8	9	1	6	7	2
8	9	7	6	4	2	1	5	3
1	6	2	3	7	5	9	4	8

A058

4	2	7	6	5	8	9	3	1
3	5	6	9	7	1	2	4	8
1	8	9	4	3	2	5	6	7
5	3	2	7	4	6	1	8	9
6	7	8	1	9	5	3	2	4
9	1	4	8	2	3	7	5	6
7	6	3	2	1	4	8	9	5
8	9	5	3	6	7	4	1	2
2	4	1	5	8	9	6	7	3

A059

8	4	7	6	5	9	3	1	2
1	5	6	2	3	7	4	8	9
9	2	3	4	8	1	7	5	6
2	3	9	5	6	8	1	4	7
5	7	1	9	2	4	6	3	8
6	8	4	7	1	3	9	2	5
7	9	5	1	4	2	8	6	3
3	1	2	8	7	6	5	9	4
4	6	8	3	9	5	2	7	1

A060

7	8	9	4	1	6	2	3	5
6	1	2	9	5	3	8	7	4
3	4	5	2	7	8	9	1	6
9	2	6	3	4	1	7	5	8
1	5	3	8	6	7	4	2	9
8	7	4	5	9	2	1	6	3
4	9	7	1	3	9	5	8	2
2	9	1	6	8	5	3	4	7
5	3	8	7	2	4	6	9	1

A061

8	2	7	4	3	6	1	9	5
1	3	4	8	5	9	2	6	7
5	6	9	1	7	2	3	8	4
2	9	8	3	4	7	5	1	6
3	4	6	5	9	1	7	2	8
7	5	1	6	2	8	4	3	9
4	7	2	9	6	3	8	5	1
9	8	3	7	1	5	6	4	2
6	1	5	2	8	4	9	7	3

A062

2	8	1	4	3	5	9	6	7
9	3	6	7	8	2	1	4	5
4	5	7	6	9	1	3	8	2
1	4	8	9	5	6	2	7	3
3	6	9	1	2	7	8	5	4
5	7	2	8	4	3	6	9	1
6	9	3	5	1	4	7	2	8
7	1	4	2	6	8	5	3	9
8	2	5	3	7	9	4	1	6

A063

9	1	2	3	7	5	6	8	4
3	7	4	2	6	8	9	5	1
5	6	8	1	9	4	2	7	3
4	2	9	5	8	3	1	6	7
6	8	5	7	2	1	3	4	9
1	3	7	6	4	9	8	2	5
2	5	1	4	3	6	7	9	8
7	9	3	8	5	2	4	1	6
8	4	6	9	1	7	5	3	2

A064

7	5	8	9	2	3	1	4	6
6	9	1	5	4	7	8	2	3
4	2	3	6	8	1	9	5	7
8	1	7	4	9	6	2	3	5
5	3	4	8	7	2	6	9	1
9	6	2	1	3	5	4	7	8
3	4	9	7	6	8	5	1	2
1	7	6	2	5	9	3	8	4
2	8	5	3	1	4	7	6	9

A065

3	4	7	8	1	2	5	9	6
8	5	6	3	4	9	2	7	1
9	1	2	5	6	7	4	8	3
7	2	8	4	3	1	9	6	5
4	6	5	9	2	8	3	1	7
1	9	3	6	7	5	8	2	4
2	3	9	1	5	6	7	4	8
5	7	1	2	8	4	6	3	9
6	8	4	7	9	3	1	5	2

A066

5	3	4	6	7	8	9	1	2
9	6	1	3	4	2	5	7	8
7	8	2	5	9	1	3	6	4
8	1	9	7	5	4	2	3	6
6	2	7	8	1	3	4	9	5
4	5	3	2	6	9	7	8	1
1	7	5	4	3	6	8	2	9
2	4	6	9	8	7	1	5	3
3	9	8	1	2	5	6	4	7

A067

3	6	4	5	2	7	8	9	1
2	7	9	8	1	4	3	6	5
8	1	5	6	3	9	2	4	7
9	8	6	3	4	5	7	1	2
5	2	7	1	6	8	4	3	9
4	3	1	7	9	2	6	5	8
6	5	2	9	8	3	1	7	4
7	4	3	2	5	1	9	8	6
1	9	8	4	7	6	5	2	3

A068

6	1	7	8	9	2	3	4	5
8	4	5	6	7	3	9	1	2
2	3	9	5	4	1	6	7	8
3	6	1	9	5	7	8	2	4
7	9	8	1	2	4	5	3	6
4	5	2	3	6	8	1	9	7
5	7	6	2	1	9	4	8	3
9	2	3	4	8	5	7	6	1
1	8	4	7	3	6	2	5	9

A069

2	3	9	1	7	4	5	6	8
1	8	6	9	2	5	3	4	7
7	4	5	8	3	6	9	2	1
8	7	1	3	6	9	2	5	4
4	6	2	5	8	1	7	9	3
9	5	3	7	4	2	8	1	6
3	2	4	6	9	7	1	8	5
5	9	8	4	1	3	6	7	2
6	1	7	2	5	8	4	3	9

A070

1	8	2	3	4	6	5	9	7
3	4	6	7	9	5	1	8	2
9	5	7	8	1	2	3	4	6
2	3	8	9	5	7	6	1	4
4	1	5	2	6	3	8	7	9
6	7	9	4	8	1	2	3	5
8	6	4	1	2	9	7	5	3
7	2	1	5	3	4	9	6	8
5	9	3	6	7	8	4	2	1

A071

6	9	8	3	1	4	7	2	5
5	7	3	9	6	2	4	8	1
1	4	2	5	7	8	6	3	9
9	2	1	6	4	3	8	5	7
3	5	4	1	8	7	9	6	2
8	6	7	2	9	5	3	1	4
2	8	5	4	3	9	1	7	6
7	1	9	8	2	6	5	4	3
4	3	6	7	5	1	2	9	8

A072

1	9	5	6	7	8	2	4	3
2	7	8	3	1	4	9	5	6
3	6	4	9	2	5	1	8	7
9	2	3	1	8	6	4	7	5
4	5	6	2	3	7	8	9	1
8	1	7	4	5	9	6	3	2
5	8	9	7	6	1	3	2	4
6	4	2	5	9	3	7	1	8
7	3	1	8	4	2	5	6	9

A073

2	1	9	4	6	5	7	3	8
6	5	8	1	7	3	2	9	4
7	3	4	8	9	2	5	1	6
5	6	1	3	8	4	9	2	7
4	8	7	5	2	9	1	6	3
3	9	2	6	1	7	4	8	5
9	2	3	7	4	6	8	5	1
8	7	5	9	3	1	6	4	2
1	4	6	2	5	8	3	7	9

A074

3	4	5	7	9	1	8	6	2
7	6	9	3	8	2	4	5	1
8	2	1	5	4	6	9	3	7
2	3	6	1	5	4	7	8	9
5	9	4	2	7	8	6	1	3
1	7	8	6	3	9	5	2	4
9	1	2	4	6	5	3	7	8
4	5	3	8	1	7	2	9	6
6	8	7	9	2	3	1	4	5

A075

2	4	3	5	6	7	8	9	1
5	6	1	8	9	4	2	3	7
8	7	9	3	2	1	5	6	4
3	8	2	9	4	5	1	7	6
7	9	4	2	1	6	3	5	8
1	5	6	7	3	8	4	2	9
4	2	5	1	7	9	6	8	3
6	3	7	4	8	2	9	1	5
9	1	8	6	5	3	7	4	2

A076

3	4	6	7	8	9	1	2	5
7	8	9	5	1	2	6	3	4
5	1	2	4	3	6	8	7	9
8	5	1	9	7	3	2	4	6
2	9	7	6	4	8	5	1	3
4	6	3	1	2	5	7	9	8
9	2	4	8	6	7	3	5	1
6	3	5	2	9	1	4	8	7
1	7	8	3	5	4	9	6	2

A077

5	6	9	1	2	4	7	3	8
7	3	1	5	6	8	4	9	2
2	4	8	9	3	7	6	5	1
6	5	7	8	9	3	2	1	4
1	8	2	7	4	5	9	6	3
4	9	3	6	1	2	8	7	5
8	1	6	4	5	9	3	2	7
9	2	4	3	7	1	5	8	6
3	7	5	2	8	6	1	4	9

A078

6	5	9	7	3	1	2	4	8
4	7	8	6	2	5	9	1	3
1	2	3	8	4	9	5	6	7
5	3	4	9	1	2	7	8	6
7	9	1	3	8	6	4	5	2
8	6	2	4	5	7	1	3	9
3	1	7	5	9	8	6	2	4
2	8	6	1	7	4	3	9	5
9	4	5	2	6	3	8	7	1

A079

2	9	5	6	1	7	3	4	8
1	3	4	2	8	5	6	7	9
6	7	8	9	3	4	1	5	2
7	8	3	5	4	1	9	2	6
4	1	2	7	9	6	8	3	5
9	5	6	3	2	8	4	1	7
3	2	7	4	6	9	5	8	1
5	6	1	8	7	3	2	9	4
8	4	9	1	5	2	7	6	3

A080

7	5	9	8	4	1	6	2	3
1	2	3	5	9	6	7	4	8
6	8	4	7	3	2	5	9	1
8	3	6	9	7	4	2	1	5
2	4	5	1	6	3	8	7	9
9	1	7	2	8	5	3	6	4
3	6	8	4	1	7	9	5	2
4	9	2	6	5	8	1	3	7
5	7	1	3	2	9	4	8	6

A081

3	1	9	4	8	6	5	7	2
6	4	5	2	7	3	8	9	1
7	8	2	9	1	5	3	4	6
8	2	3	7	5	1	4	6	9
1	7	6	8	4	9	2	3	5
9	5	4	3	6	2	7	1	8
2	3	7	1	9	8	6	5	4
4	6	1	5	2	7	9	8	3
5	9	8	6	3	4	1	2	7

A082

5	9	6	4	8	1	2	7	3
7	1	8	2	3	5	6	9	4
2	4	3	6	9	7	5	1	8
6	2	1	9	4	8	7	3	5
8	5	4	7	6	3	9	2	1
9	3	7	1	5	2	4	8	6
3	8	9	5	2	6	1	4	7
1	6	2	3	7	4	8	5	9
4	7	5	8	1	9	3	6	2

A083

2	9	5	1	3	4	6	8	7
6	7	8	9	2	5	4	1	3
1	3	4	6	8	7	9	5	2
8	2	6	3	5	9	7	4	1
7	4	9	2	1	6	5	3	8
3	5	1	4	7	8	2	6	9
4	1	7	8	6	2	3	9	5
5	6	3	7	9	1	8	2	4
9	8	2	5	4	3	1	7	6

A084

7	9	4	5	6	8	1	2	3
8	1	5	2	9	3	6	4	7
3	6	2	1	7	4	8	5	9
9	3	6	8	4	7	5	1	2
4	2	1	3	5	6	7	9	8
5	8	7	9	1	2	3	6	4
6	5	8	4	3	9	2	7	1
1	4	3	7	2	5	9	8	6
2	7	9	6	8	1	4	3	5

A085

6	2	5	7	3	1	4	8	9
3	4	7	6	8	9	1	2	5
9	8	1	2	4	5	3	6	7
7	5	2	1	9	6	8	3	4
8	3	6	4	5	2	9	7	1
1	9	4	8	7	3	2	5	6
5	6	8	9	2	4	7	1	3
2	1	9	3	6	7	5	4	8
4	7	3	5	1	8	6	9	2

A086

7	3	1	6	8	2	5	9	4
2	4	8	5	9	1	6	3	7
9	6	5	3	4	7	8	1	2
3	8	6	2	5	4	9	7	1
1	2	9	7	3	6	4	5	8
4	5	7	8	1	9	2	6	3
5	7	2	4	6	3	1	8	9
6	9	3	1	2	8	7	4	5
8	1	4	9	7	5	3	2	6

A087

8	5	6	9	3	2	7	4	1
7	9	1	5	8	4	6	2	3
2	3	4	1	6	7	8	5	9
5	8	3	6	7	9	4	1	2
1	2	7	8	4	5	3	9	6
4	6	9	2	1	3	5	7	8
6	4	5	3	2	1	9	8	7
9	1	8	7	5	6	2	3	4
3	7	2	4	9	8	1	6	5

A088

9	7	4	8	1	6	2	3	5
2	3	1	9	4	5	6	7	8
5	8	6	2	7	3	1	9	4
4	9	3	1	5	2	7	8	6
8	5	7	6	3	9	4	2	1
6	1	2	7	8	4	9	5	3
7	2	5	4	6	8	3	1	9
1	4	8	3	9	7	5	6	2
3	6	9	5	2	1	8	4	7

A089

7	2	3	4	8	9	6	5	1
6	4	5	1	3	7	8	9	2
8	9	1	2	5	6	3	4	7
9	6	2	7	1	8	4	3	5
1	5	4	3	6	2	7	8	9
3	8	7	5	9	4	1	2	6
2	7	6	8	4	5	9	1	3
4	3	9	6	2	1	5	7	8
5	1	8	9	7	3	2	6	4

A090

7	5	1	6	8	9	2	3	4
4	6	8	1	2	3	7	5	9
9	3	2	4	5	7	6	8	1
1	4	9	3	6	5	8	7	2
8	7	3	2	4	1	5	9	6
5	2	6	7	9	8	1	4	3
2	8	4	5	3	6	9	1	7
3	9	7	8	1	2	4	6	5
6	1	5	9	7	4	3	2	8

A091

7	9	6	5	8	3	1	2	4
8	1	2	9	4	6	3	5	7
3	4	5	1	7	2	8	6	9
9	2	3	4	1	8	5	7	6
1	5	4	2	6	7	9	3	8
6	7	8	3	5	9	4	1	2
2	3	7	8	9	1	6	4	5
4	6	9	7	3	5	2	8	1
5	8	1	6	2	4	7	9	3

A092

3	2	9	8	1	6	4	5	7
4	5	7	2	9	3	6	1	8
6	1	8	4	5	7	3	9	2
9	6	5	3	7	1	2	8	4
7	8	1	9	4	2	5	3	6
2	3	4	5	6	8	9	7	1
8	9	6	7	2	5	1	4	3
1	4	3	6	8	9	7	2	5
5	7	2	1	3	4	8	6	9

A093

1	2	8	5	3	9	4	6	7
9	3	4	2	6	7	5	1	8
5	9	7	4	8	1	9	2	3
2	9	6	1	4	8	7	3	5
7	5	1	3	9	6	8	4	2
4	8	3	7	2	5	6	9	1
8	7	9	6	1	2	3	5	4
3	1	5	9	7	4	2	8	6
6	4	2	8	5	3	1	7	9

A094

4	8	3	2	5	9	7	6	1
5	9	6	4	7	1	8	2	3
1	2	7	3	6	8	9	4	5
2	3	8	5	9	6	1	7	4
7	1	9	8	2	4	5	3	6
6	4	5	7	1	3	2	8	9
3	6	2	9	8	5	4	1	7
8	5	1	6	4	7	3	9	2
9	7	4	1	3	2	6	5	8

A095

6	1	7	8	9	2	3	4	5
2	8	4	1	3	5	6	7	9
5	3	9	4	6	7	2	8	1
9	5	8	3	2	4	7	1	6
1	7	6	9	5	8	4	2	3
4	2	3	6	7	1	5	9	8
3	4	2	5	8	9	1	6	7
8	6	1	7	4	3	9	5	2
7	9	5	2	1	6	8	3	4

A096

4	7	1	6	8	2	9	5	3
8	5	2	9	1	3	4	6	7
6	9	3	4	5	7	2	8	1
2	8	7	3	6	1	5	4	9
1	4	6	5	7	9	8	3	2
9	3	5	8	2	4	1	7	6
5	1	4	7	9	6	3	2	8
3	6	9	2	4	8	7	1	5
7	2	8	1	3	5	6	9	4

A097

3	5	6	7	8	2	4	9	1
7	8	9	4	1	6	2	3	5
1	4	2	5	9	3	6	7	8
9	6	7	2	4	8	1	5	3
4	2	5	9	3	1	8	6	7
8	1	3	6	7	5	9	2	4
2	9	1	3	5	4	7	8	6
5	7	4	8	6	9	3	1	2
6	3	8	1	2	7	5	4	9

A098

8	1	3	9	4	6	2	5	7
2	7	4	5	1	8	3	6	9
9	5	6	7	2	3	4	8	1
1	6	2	3	9	4	8	4	5
5	3	9	2	8	4	7	1	6
4	8	7	6	5	1	9	2	3
3	9	5	4	6	2	1	7	8
6	2	8	1	7	9	5	3	4
7	4	1	8	3	5	6	9	2

A099

1	7	4	2	3	5	6	8	9
6	2	8	7	4	9	1	3	5
9	5	3	6	8	1	7	4	2
2	8	1	9	5	3	4	6	7
5	6	7	4	1	2	3	9	8
3	4	9	8	6	7	2	5	1
8	1	5	3	7	4	9	2	6
4	9	6	1	2	8	5	7	3
7	3	2	5	9	6	8	1	4

A100

5	6	2	9	1	4	7	8	3
8	1	4	3	6	7	9	5	2
3	7	9	8	2	5	1	4	6
4	9	3	1	5	2	8	6	7
6	2	7	4	9	8	3	1	5
1	8	5	6	7	3	2	9	4
7	3	6	5	8	9	4	2	1
9	4	1	2	3	6	5	7	8
2	5	8	7	4	1	6	3	9

B001

4	6	9	3	5	8	1	7	2
1	3	7	4	6	2	5	8	9
8	5	2	9	1	7	6	3	4
9	7	4	1	3	6	8	2	5
6	8	3	5	2	9	4	1	7
2	1	5	7	8	4	9	6	3
7	2	1	6	9	5	3	4	8
3	9	8	2	4	1	7	5	6
5	4	6	8	7	3	2	9	1

B002

1	5	2	4	3	6	7	8	9
6	7	4	9	5	8	2	1	3
3	8	9	1	2	7	5	6	4
4	1	3	7	6	5	8	9	2
7	6	8	2	9	3	4	5	1
9	2	5	8	4	1	3	7	6
2	3	6	5	7	9	1	4	8
5	9	1	3	8	4	6	2	7
8	4	7	6	1	2	9	3	5

B003

1	8	9	3	4	2	5	6	7
7	2	5	6	8	1	3	4	9
6	4	3	5	7	9	2	8	1
3	9	4	8	1	5	6	7	2
8	5	1	7	2	6	4	9	3
2	6	7	4	9	3	8	1	5
4	3	2	9	6	7	1	5	8
5	7	6	1	3	8	9	2	4
9	1	8	2	5	4	7	3	6

B004

9	5	1	6	2	7	8	3	4
8	2	6	1	3	4	7	5	9
7	4	3	8	5	9	1	2	6
3	6	7	5	9	2	4	1	8
4	8	2	3	7	1	9	6	5
1	9	5	4	6	8	2	7	3
2	3	4	9	1	5	6	8	7
5	7	8	2	4	6	3	9	1
6	1	9	7	8	3	5	4	2

B005

9	7	6	1	2	3	4	8	5
8	1	2	4	5	6	3	7	9
3	4	5	7	8	9	1	6	2
1	6	7	8	9	4	5	2	3
2	9	3	6	7	5	8	1	4
4	5	8	2	3	1	6	9	7
5	2	4	9	6	8	7	3	1
6	3	9	5	1	7	2	4	8
7	8	1	3	4	2	9	5	6

B006

9	5	7	6	1	3	8	2	4
6	8	3	4	7	2	5	9	1
1	2	4	5	8	9	6	3	7
2	6	1	3	5	7	4	8	9
7	3	5	9	4	8	2	1	6
4	9	8	2	6	1	3	7	5
8	1	6	7	2	5	9	4	3
3	4	2	1	9	6	7	5	8
5	7	9	8	3	4	1	6	2

B007

1	7	8	2	9	6	3	4	5
3	9	6	5	4	1	7	8	2
2	5	4	3	7	8	9	6	1
4	2	7	6	8	3	1	5	9
6	3	5	7	1	9	4	2	8
8	1	9	4	5	2	6	7	3
5	8	3	1	6	7	2	9	4
7	4	1	9	2	5	8	3	6
9	6	2	8	3	4	5	1	7

B008

7	1	4	3	6	8	9	2	5
5	8	6	4	9	2	7	1	3
9	2	3	1	5	7	6	8	4
8	3	5	9	7	6	1	4	2
6	4	7	2	3	1	5	9	8
1	9	2	5	8	4	3	6	7
3	6	1	8	4	5	2	7	9
2	5	8	7	1	9	4	3	6
4	7	9	6	2	3	8	5	1

B009

9	5	2	1	3	6	7	4	8
7	6	1	5	4	8	9	2	3
3	4	8	2	7	9	5	6	4
8	9	3	4	1	7	6	5	2
1	7	5	3	6	2	8	9	4
4	2	6	9	8	5	3	1	7
2	3	7	6	5	4	1	8	9
5	8	4	7	9	1	2	3	6
6	1	9	8	2	3	4	7	5

B010

6	9	3	4	5	1	8	7	2
1	4	2	7	8	9	3	5	6
5	7	8	2	3	6	4	9	1
7	1	4	5	6	2	9	8	3
9	8	5	1	4	3	6	2	7
3	2	6	8	9	7	5	1	4
4	3	7	9	2	5	1	6	8
2	6	9	3	1	8	7	4	5
8	5	1	6	7	4	2	3	9

B011

8	7	9	4	1	6	2	3	5
1	2	3	5	7	8	9	4	6
4	5	6	3	9	2	7	8	1
6	8	1	7	2	5	4	9	3
2	9	4	8	3	1	5	6	7
5	3	7	9	6	4	8	1	2
9	4	2	6	5	3	1	7	8
7	6	5	1	8	9	3	2	4
3	1	8	2	4	7	6	5	9

B012

6	2	3	5	1	7	4	8	9
8	9	1	2	3	4	5	7	6
4	5	7	6	9	8	1	3	2
9	8	6	3	7	5	2	4	1
1	7	2	8	4	9	3	6	5
5	3	4	1	6	2	8	9	7
7	6	8	4	2	1	9	5	3
2	4	9	7	5	3	6	1	8
3	1	5	9	8	6	7	2	4

B013

7	6	3	2	5	8	9	4	1
4	5	8	1	3	9	6	7	2
2	9	1	4	6	7	3	5	8
5	4	9	3	7	1	2	8	6
8	3	2	5	9	6	7	1	4
1	7	6	8	2	4	5	9	3
6	2	4	7	8	5	1	3	9
9	1	7	6	4	3	8	2	5
3	8	5	9	1	2	4	6	7

B014

2	3	1	6	5	7	8	4	9
4	5	6	8	3	9	7	2	1
9	7	8	1	2	4	3	5	6
5	8	9	4	6	2	1	7	3
3	4	2	7	8	1	9	6	5
6	1	7	3	9	5	2	8	4
8	2	4	5	1	3	6	9	7
7	9	3	2	4	6	5	1	8
1	6	5	9	7	8	4	3	2

B015

9	2	3	1	4	5	6	7	8
6	8	7	3	2	9	1	4	5
1	4	5	8	7	6	9	2	3
2	1	8	9	3	4	7	5	6
5	7	4	6	8	2	3	9	1
3	9	6	7	5	1	2	8	4
7	5	1	4	9	3	8	6	2
4	3	9	2	6	8	5	1	7
8	6	2	5	1	7	4	3	9

B016

7	6	8	1	9	2	3	4	5
9	1	5	8	3	4	2	6	7
2	3	4	5	6	7	8	9	1
3	7	6	2	1	5	9	8	4
5	8	1	3	4	9	6	7	2
4	2	9	7	8	6	5	1	3
1	9	7	6	2	3	4	5	8
6	5	2	4	7	8	1	3	9
8	4	3	9	5	1	7	2	6

B017

1	4	5	6	7	8	9	2	3
6	7	8	9	2	3	1	4	5
3	9	2	1	4	5	8	6	7
7	1	6	8	5	9	4	3	2
4	2	9	3	6	7	5	8	1
5	8	3	4	1	2	6	7	9
8	5	1	2	3	4	7	9	6
9	3	7	5	8	6	2	1	4
2	6	4	7	9	1	3	5	8

B018

5	1	3	4	6	8	7	2	9
7	8	2	9	1	5	3	6	4
4	9	6	7	2	3	5	8	1
8	4	7	3	9	1	2	5	6
2	5	9	8	4	6	1	7	3
3	6	1	5	7	2	4	9	8
9	2	4	1	8	7	6	3	5
6	3	8	2	5	4	9	1	7
1	7	5	6	3	9	8	4	2

B019

4	3	5	2	6	7	8	1	9
7	9	2	8	5	1	3	4	6
1	6	8	9	3	4	2	7	5
9	8	1	3	7	5	4	6	2
6	7	4	1	2	8	9	5	3
5	2	3	6	4	9	7	8	1
3	1	7	4	9	6	5	2	8
2	4	6	5	8	3	1	9	7
8	5	9	7	1	2	6	3	4

B020

6	5	2	9	1	4	3	7	8
8	9	7	2	5	3	1	4	6
1	3	4	6	7	8	9	2	5
2	4	8	5	6	9	7	3	1
3	6	5	7	4	1	2	8	9
9	7	1	8	3	2	6	5	4
4	8	3	1	9	7	5	6	2
7	1	6	4	2	5	8	9	3
5	2	9	3	8	6	4	1	7

B021

3	9	6	1	2	4	5	8	7
1	4	5	7	3	8	6	9	2
2	7	8	9	5	6	1	3	5
4	8	2	6	7	5	9	1	3
6	3	9	2	8	1	4	7	5
5	1	7	3	4	9	8	2	6
7	5	1	8	6	2	3	4	9
8	2	4	5	9	3	7	6	1
9	6	3	4	1	7	2	5	8

B022

4	1	3	6	5	7	8	9	2
5	6	7	2	8	9	1	3	4
8	2	9	1	3	4	5	6	7
9	5	8	3	7	2	4	1	6
7	4	1	8	6	5	9	2	3
2	3	6	4	9	1	7	5	8
6	7	2	5	1	8	3	4	9
1	8	4	9	2	3	6	7	5
3	9	5	7	4	6	2	8	1

B023

8	1	4	9	7	2	6	3	5
7	9	2	3	5	6	8	4	1
6	3	5	4	1	8	9	2	7
2	5	7	1	6	4	3	9	8
9	4	3	2	8	5	7	1	6
1	6	8	7	9	3	4	5	2
3	2	6	5	4	7	1	8	9
4	7	9	8	2	1	5	6	3
5	8	1	6	3	9	2	7	4

B024

5	9	6	3	7	1	2	8	4
7	1	3	4	8	2	9	5	6
2	8	4	5	6	9	3	7	1
1	3	5	6	9	7	4	2	8
9	6	7	8	2	4	5	1	3
4	2	8	1	3	5	6	9	7
8	7	9	2	4	3	1	6	5
3	5	2	7	1	6	8	4	9
6	4	1	9	5	8	7	3	2

B025

8	4	1	9	7	2	5	3	6
3	2	7	5	6	8	1	4	9
5	6	9	1	3	4	7	2	8
9	7	5	8	1	3	2	6	4
4	8	3	6	2	5	9	7	1
2	1	6	7	4	9	8	5	3
1	3	8	2	5	6	4	9	7
6	9	2	4	8	7	3	1	5
7	5	4	3	9	1	6	8	2

B026

1	4	9	7	5	6	2	8	3
2	3	6	8	4	9	5	7	1
5	7	8	2	1	6	9	4	6
3	8	1	9	7	2	4	6	5
7	9	4	5	6	1	8	3	2
6	2	5	3	8	4	7	1	9
8	6	7	1	9	5	3	2	4
4	5	3	6	2	7	1	9	8
9	1	2	4	3	8	6	5	7

B027

1	9	4	5	2	6	3	7	8
8	2	3	9	1	7	4	5	6
6	5	7	3	8	4	9	1	2
5	8	6	4	7	2	1	3	9
7	3	1	8	5	9	6	2	4
2	4	9	1	6	3	5	8	7
3	6	5	2	4	8	7	9	1
4	1	8	7	9	5	2	6	3
9	7	2	6	3	1	8	4	5

B028

5	6	9	1	2	3	7	8	4
7	1	8	4	5	6	9	2	3
3	2	4	7	8	9	1	5	6
8	3	6	5	4	1	2	9	7
9	5	7	3	6	2	4	1	8
1	4	2	8	9	7	6	3	5
2	7	3	6	1	8	5	4	9
6	9	5	2	3	4	8	7	1
4	8	1	9	7	5	3	6	2

B029

7	2	6	1	8	3	9	4	5
8	3	5	2	9	4	6	1	7
4	9	1	6	5	7	8	2	3
2	5	3	8	7	6	1	9	4
9	1	8	3	4	5	7	6	2
6	4	7	9	1	2	3	5	8
1	6	2	4	3	8	5	7	9
5	8	4	7	6	9	2	3	1
3	7	9	5	2	1	4	8	6

B030

7	6	3	8	2	9	1	5	4
2	4	5	1	6	3	7	8	9
8	1	9	4	5	7	6	2	3
1	8	4	9	7	2	3	6	5
9	2	6	3	8	5	4	1	7
3	5	7	6	1	4	8	9	2
4	9	8	2	3	6	5	7	1
5	3	1	7	9	8	2	4	6
6	7	2	5	4	1	9	3	8

B031

5	4	1	2	6	3	8	7	9
9	7	8	1	4	5	6	3	2
2	3	6	7	9	8	5	1	4
6	5	9	8	7	1	4	2	3
3	1	2	9	5	4	7	8	6
4	8	7	6	3	2	9	5	1
7	9	3	5	1	6	2	4	8
8	6	4	3	2	7	1	9	5
1	2	5	4	8	9	3	6	7

B032

5	6	2	7	4	8	9	1	3
9	7	8	1	3	6	2	4	5
1	3	4	9	2	5	6	7	8
7	2	3	4	8	9	1	5	6
4	8	5	6	1	2	7	3	9
6	9	1	3	5	7	8	2	4
8	4	9	2	7	3	5	6	1
2	1	6	5	9	4	3	8	7
3	5	7	8	6	1	4	9	2

B033

9	6	7	4	1	5	2	3	8
5	8	1	2	3	9	6	4	7
3	4	2	7	8	6	9	5	1
2	1	4	6	9	7	5	8	3
6	9	8	5	4	3	1	7	2
7	5	3	8	2	1	4	6	9
1	7	5	9	6	8	3	2	4
4	3	6	1	7	2	8	9	5
8	2	9	3	5	4	7	1	6

B034

3	8	4	2	7	1	9	5	6
1	5	7	6	9	3	2	8	4
6	9	2	5	8	4	1	7	3
2	7	1	9	3	5	4	6	8
4	6	5	7	1	8	3	9	2
9	3	8	4	2	6	7	1	5
7	4	9	8	6	2	5	3	1
5	1	6	3	4	7	8	2	9
8	2	3	1	5	9	6	4	7

B035

1	8	9	6	4	7	3	5	2
3	4	5	1	8	2	6	9	7
2	7	6	9	5	3	8	1	4
4	6	8	7	2	5	9	3	1
7	3	2	8	9	1	4	6	5
9	5	1	4	3	6	7	2	8
5	2	7	3	6	4	1	8	9
8	1	3	5	7	9	2	4	6
6	9	4	2	1	8	5	7	3

B036

8	2	6	5	4	1	3	7	9
4	1	9	2	7	3	5	6	8
7	3	5	9	6	8	4	1	2
9	6	8	1	3	4	2	5	7
3	7	1	6	5	2	8	9	4
2	5	4	8	9	7	1	3	6
6	9	3	4	8	5	7	2	1
1	8	7	3	2	6	9	4	5
5	4	2	7	1	9	6	8	3

B037

2	9	5	4	8	7	6	1	3
3	1	6	5	9	2	4	7	8
7	4	8	1	3	6	9	5	2
9	2	1	7	6	8	5	3	4
6	7	3	9	4	5	2	8	1
5	8	4	2	1	3	7	6	9
4	3	7	8	5	9	1	2	6
1	6	2	3	7	4	8	9	5
8	5	9	6	2	1	3	4	7

B038

2	9	8	3	4	1	5	6	7
1	3	4	5	6	7	2	8	9
5	6	7	9	8	2	3	4	1
6	1	5	7	9	8	4	3	2
7	4	2	6	1	3	8	9	5
9	8	3	4	2	5	1	7	6
3	2	9	8	5	6	7	1	4
8	5	6	1	7	4	9	2	3
4	7	1	2	3	9	6	5	8

B039

6	5	9	2	8	1	7	3	4
3	1	8	6	7	4	9	2	5
7	2	4	9	3	5	6	8	1
5	3	7	8	1	9	4	6	2
9	4	1	3	2	6	5	7	8
8	6	2	4	5	7	1	9	3
4	7	3	1	9	8	2	5	6
2	9	6	5	4	3	8	1	7
1	8	5	7	6	2	3	4	9

B040

6	2	3	9	1	8	4	5	7
5	8	7	2	4	6	9	1	3
4	9	1	5	7	3	8	6	2
7	4	9	3	2	1	5	8	6
8	1	2	6	5	4	7	3	9
3	5	6	8	9	7	1	2	4
1	3	8	7	6	9	2	4	5
9	6	5	4	8	2	3	7	1
2	7	4	1	3	5	6	9	8

B041

7	2	6	1	4	5	3	8	9
3	4	9	2	8	6	5	7	1
5	8	1	7	3	9	2	4	6
4	9	2	8	5	1	7	6	3
8	7	3	9	6	2	4	1	5
6	1	5	3	7	5	8	9	2
9	3	4	5	1	7	6	2	8
1	5	7	6	2	8	9	3	4
2	6	8	4	9	3	1	5	7

B042

9	5	6	8	2	1	7	3	4
7	8	2	3	6	4	5	9	1
1	3	4	5	9	7	6	2	8
4	7	3	6	5	8	2	1	9
2	6	5	1	4	9	8	7	3
8	9	1	7	3	2	4	5	6
5	1	7	4	8	3	9	6	2
6	2	8	9	1	5	3	4	7
3	4	9	2	7	6	1	8	5

B043

9	1	7	5	4	6	8	2	3
3	2	4	7	8	9	1	5	6
8	5	6	1	2	3	4	7	9
1	3	2	6	9	7	5	8	4
4	6	8	2	3	5	9	1	7
7	9	5	8	1	4	3	6	2
6	8	9	3	7	1	2	4	5
5	4	1	9	6	2	7	3	8
2	7	3	4	5	8	6	9	1

B044

8	9	3	4	5	6	7	1	2
4	5	6	1	7	2	8	9	3
1	2	7	8	9	3	4	5	6
5	3	1	9	6	4	2	8	7
6	4	2	5	8	7	1	3	9
7	8	9	2	3	1	6	4	5
2	6	8	3	1	9	5	7	4
9	7	5	6	4	8	3	2	1
3	1	4	7	2	5	9	6	8

B045

7	9	1	5	4	8	3	6	2
5	8	2	1	6	3	7	9	4
3	6	4	2	7	9	8	5	1
9	4	8	7	5	6	1	2	3
2	5	6	8	3	1	4	7	9
1	3	7	4	9	2	5	8	6
4	2	9	3	8	5	6	1	7
6	7	5	9	1	4	2	3	8
8	1	3	6	2	7	9	4	5

B046

7	1	4	2	5	6	8	9	3
9	6	5	3	4	8	1	2	7
8	3	2	7	9	1	6	4	5
3	2	7	8	6	4	9	5	1
6	4	1	9	7	5	2	3	8
5	9	8	1	3	2	7	6	4
1	5	6	4	8	9	3	7	2
2	7	9	5	1	3	4	8	6
4	8	3	6	2	7	5	1	9

B047

6	7	4	8	5	9	3	1	2
8	5	1	6	2	3	4	7	9
9	2	3	4	1	7	6	5	8
5	9	6	2	8	4	1	3	7
1	3	7	5	9	6	8	2	4
2	4	8	3	7	1	9	6	5
3	1	9	7	4	2	5	8	6
4	8	2	1	6	5	7	9	3
7	6	5	9	3	8	2	4	1

B048

6	3	2	4	5	7	8	9	1
1	7	4	6	8	9	2	3	5
9	5	8	1	2	3	6	4	7
2	4	3	5	7	1	9	6	8
5	6	9	8	3	2	1	7	4
7	8	1	9	4	6	5	2	3
3	9	5	7	6	8	4	1	2
4	1	7	2	9	5	3	8	6
8	2	6	3	1	4	7	5	9

B049

8	5	3	4	6	7	9	1	2
4	2	1	3	8	9	5	6	7
9	6	7	1	2	5	8	3	4
1	3	9	7	5	8	2	4	6
6	4	8	9	1	2	7	5	3
2	7	5	6	3	4	1	9	8
7	8	4	5	9	3	6	2	1
3	9	6	2	7	1	4	8	5
5	1	2	8	4	6	3	7	9

B050

9	4	8	5	7	3	1	6	2
3	2	7	1	6	9	4	8	5
5	6	1	2	4	8	3	9	7
8	1	3	9	5	6	2	7	4
6	9	2	7	1	4	8	5	3
4	7	5	8	3	2	6	1	9
7	3	6	4	8	5	9	2	1
1	8	9	3	2	7	5	4	6
2	5	4	6	9	1	7	3	8

B051

3	9	2	6	4	7	1	5	8
5	7	4	8	3	1	9	6	2
6	1	8	5	9	2	3	4	7
9	8	5	3	7	4	6	2	1
2	3	1	9	8	6	5	7	4
4	6	7	2	1	5	8	9	3
1	4	3	7	6	9	2	8	5
7	5	6	1	2	8	4	3	9
8	2	9	4	5	3	7	1	6

B052

8	1	2	6	9	4	5	7	3
7	9	3	8	5	2	6	4	1
4	5	6	7	1	3	2	9	8
5	6	7	2	8	9	1	3	4
3	8	9	1	4	5	7	6	2
1	2	4	3	6	7	8	5	9
2	7	5	4	3	1	9	8	6
9	3	8	5	2	6	4	1	7
6	4	1	9	7	8	3	2	5

B053

7	5	8	9	6	2	1	3	4
9	1	2	4	8	3	6	7	5
3	6	4	1	5	7	9	8	2
4	7	3	5	9	8	2	1	6
1	2	5	6	3	4	7	9	8
8	9	6	7	2	1	5	4	3
5	3	9	8	7	6	4	2	1
2	4	7	3	1	5	8	6	9
6	8	1	2	4	9	3	5	7

B054

6	5	3	8	9	4	7	2	1
9	1	7	2	3	5	4	6	8
8	4	2	6	7	1	9	3	5
2	6	5	4	8	9	1	7	3
3	9	4	7	1	2	8	5	6
7	8	1	3	5	6	2	9	4
4	7	6	5	2	8	3	1	9
1	2	8	9	6	3	5	4	7
5	3	9	1	4	7	6	8	2

B055

4	6	5	7	8	9	1	2	3
8	1	2	6	3	4	5	9	7
7	9	3	1	5	2	4	6	8
9	4	6	8	1	7	3	5	2
1	2	7	5	9	3	6	8	4
5	3	8	2	4	6	7	1	9
6	8	4	9	7	5	2	3	1
2	7	1	3	6	8	9	4	5
3	5	9	4	2	1	8	7	6

B056

2	3	9	8	5	4	6	7	1
4	5	6	7	1	3	8	9	2
7	8	1	9	2	6	3	5	4
3	4	5	1	9	8	2	6	7
1	2	8	6	7	5	4	3	9
9	6	7	3	4	2	1	8	5
5	7	3	2	8	1	9	4	6
6	9	2	4	3	7	5	1	8
8	1	4	5	6	9	7	2	3

B057

5	9	4	6	1	7	3	8	2
3	8	1	4	5	2	9	6	7
2	6	7	8	9	3	5	1	4
6	1	3	9	2	4	7	5	8
4	7	9	1	8	5	6	2	3
8	5	2	3	7	6	1	4	9
7	3	5	2	4	1	8	9	6
1	2	8	7	6	9	4	3	5
9	4	6	5	3	8	2	7	1

B058

3	1	5	6	4	9	7	8	2
4	6	7	5	2	8	3	1	9
8	9	2	1	7	3	4	5	6
9	7	3	2	6	5	1	4	8
6	8	4	9	3	1	5	2	7
5	2	1	4	8	7	6	9	3
7	5	8	3	9	4	2	6	1
1	3	6	8	5	2	9	7	4
2	4	9	7	1	6	8	3	5

B059

7	5	2	3	1	4	6	8	9
6	8	1	5	2	9	3	4	7
9	3	4	6	8	7	1	5	2
1	2	5	7	6	3	4	9	8
3	4	9	8	5	2	7	1	6
8	6	7	9	4	1	2	3	5
2	9	3	4	7	8	5	6	1
4	7	6	1	9	5	8	2	3
5	1	8	2	3	6	9	7	4

B060

4	7	2	3	1	5	6	8	9
6	3	5	8	9	2	7	4	1
8	1	9	4	6	7	2	3	5
7	6	8	9	2	1	4	5	3
2	9	3	6	5	4	8	1	7
1	5	4	7	8	3	9	6	2
3	2	6	5	7	8	1	9	4
5	8	7	1	4	9	3	2	6
9	4	1	2	3	6	5	7	8

B061

4	7	8	5	1	3	2	6	9
9	1	5	2	4	6	7	8	3
3	6	2	7	8	9	1	4	5
7	8	4	6	9	5	3	1	2
5	9	1	3	2	4	6	7	8
6	2	3	1	7	8	5	9	4
8	3	6	9	5	1	4	2	7
1	4	7	8	3	2	9	5	6
2	5	9	4	6	7	8	3	1

B062

1	3	6	4	5	9	8	2	7
8	7	4	3	6	2	9	1	5
2	5	9	1	7	8	3	4	6
9	8	1	5	2	6	7	3	4
7	4	3	8	9	1	6	5	2
5	6	2	7	3	4	1	8	9
3	1	7	6	4	5	2	9	8
4	9	8	2	1	7	5	6	3
6	2	5	9	8	3	4	7	1

B063

9	7	6	1	2	8	3	5	4
8	1	2	3	4	5	6	7	9
3	4	5	6	9	7	8	1	2
1	3	8	9	5	4	2	6	7
2	9	7	8	1	6	4	3	5
5	6	4	7	3	2	9	8	1
4	5	3	2	6	1	7	9	8
6	8	1	4	7	9	5	2	3
7	2	9	5	8	3	1	4	6

B064

6	5	2	8	1	4	7	9	3
7	8	9	2	3	5	6	1	4
1	3	4	6	9	7	8	2	5
8	2	7	9	4	3	1	5	6
5	4	1	7	2	6	9	3	8
3	9	6	5	8	1	2	4	7
4	6	5	1	7	9	3	8	2
2	1	3	4	6	8	5	7	9
9	7	8	3	5	2	4	6	1

B065

6	7	9	8	5	3	1	2	4
8	1	2	4	6	9	3	5	7
3	4	5	1	7	2	6	8	9
7	2	8	6	3	4	5	9	1
4	5	1	7	9	8	2	3	6
9	6	3	2	1	5	7	4	8
5	3	6	9	4	7	8	1	2
1	8	4	3	2	6	9	7	5
2	9	7	5	8	1	4	6	3

B066

9	6	5	3	8	4	1	7	2
7	3	8	2	1	6	4	9	5
4	1	2	7	9	5	6	8	3
5	7	6	1	2	8	9	3	4
1	8	9	4	3	7	5	2	6
2	4	3	5	6	9	7	1	8
3	9	4	8	5	1	2	6	7
8	5	1	6	7	2	3	4	9
6	2	7	9	4	3	8	5	1

B067

8	1	5	6	7	4	3	9	2
2	6	3	9	8	1	4	5	7
9	7	4	2	3	5	6	8	1
1	9	8	7	6	2	5	3	4
4	3	2	1	5	8	9	7	6
6	5	7	3	4	9	1	2	8
3	2	1	4	9	7	8	6	5
5	4	6	8	2	3	7	1	9
7	8	9	5	1	6	2	4	3

B068

7	5	6	2	4	8	9	1	3
8	2	1	9	7	3	4	6	5
9	3	4	5	1	6	7	2	8
4	7	5	6	8	2	3	9	1
6	8	3	7	9	1	2	5	4
2	1	9	4	3	5	8	7	6
1	9	7	3	6	4	5	8	2
3	6	2	8	5	7	1	4	9
5	4	8	1	2	9	6	3	7

B069

5	3	8	6	4	1	7	9	2
9	7	1	8	5	2	6	3	4
4	2	6	3	7	9	5	8	1
1	9	2	7	6	8	3	4	5
6	8	4	5	9	3	2	1	7
3	5	7	1	2	4	8	6	9
7	6	9	4	8	5	1	2	3
8	4	3	2	1	7	9	5	6
2	1	5	9	3	6	4	7	8

B070

6	5	1	7	3	8	2	9	4
3	2	7	4	9	6	5	1	8
8	9	4	5	1	2	6	7	3
2	1	3	8	5	9	7	4	6
7	4	8	2	6	3	9	5	1
5	6	9	1	4	7	3	8	2
9	7	2	3	8	1	4	6	5
1	3	5	6	7	4	8	2	9
4	8	6	9	2	5	1	3	7

B071

9	1	5	8	6	7	2	3	4
2	4	3	9	5	1	6	8	7
6	7	8	2	3	4	1	9	5
3	2	9	4	1	5	7	6	8
8	5	7	3	2	6	9	4	1
1	6	4	7	9	8	3	5	2
7	9	6	5	8	2	4	1	3
4	8	1	6	7	3	5	2	9
5	3	2	1	4	9	8	7	6

B072

4	9	7	3	1	8	2	5	6
5	3	6	7	9	2	4	8	1
8	2	1	6	4	5	7	3	9
9	7	4	5	3	1	6	2	8
1	5	2	8	6	4	9	7	3
3	6	8	9	2	7	5	1	4
6	8	5	1	7	9	3	4	2
7	4	3	2	8	6	1	9	5
2	1	9	4	5	3	8	6	7

B073

7	8	9	1	2	5	4	6	3
5	1	2	3	4	6	7	8	9
4	6	3	7	8	9	1	2	5
3	7	4	8	9	2	5	1	6
1	5	8	6	3	4	9	7	2
2	9	6	5	7	1	3	4	8
6	2	7	9	1	3	8	5	4
8	3	5	4	6	7	2	9	1
9	4	1	2	5	8	6	3	7

B074

7	8	4	6	5	9	1	2	3
5	3	9	8	1	2	6	4	7
1	6	2	3	4	7	5	8	9
8	5	1	9	3	4	7	6	2
3	2	6	1	7	5	4	9	8
4	9	7	2	6	8	3	1	5
2	4	3	7	8	6	9	5	1
9	7	5	4	2	1	8	3	6
6	1	8	5	9	3	2	7	4

B075

4	8	3	5	9	6	7	1	2
9	1	7	4	8	2	3	5	6
2	5	6	1	3	7	8	4	9
5	6	8	9	7	4	1	2	3
7	9	4	3	2	1	6	8	5
1	3	2	6	5	8	9	7	4
3	4	5	7	1	9	2	6	8
6	2	1	8	4	3	5	9	7
8	7	9	2	6	5	4	3	1

B076

3	5	4	7	6	8	9	1	2
2	6	7	5	9	1	3	4	8
1	8	9	2	3	4	6	7	5
5	4	2	8	1	3	7	9	6
6	7	1	9	2	5	4	8	3
8	9	3	4	7	6	5	2	1
7	2	6	1	5	9	8	3	4
9	3	8	6	4	2	1	5	7
4	1	5	3	8	7	2	6	9

B077

1	5	7	6	8	9	2	3	4
6	9	8	2	3	4	7	1	5
2	3	4	5	7	1	6	8	9
9	6	3	4	1	5	8	7	2
8	7	2	9	6	3	5	4	1
4	1	5	7	2	8	3	9	6
3	4	6	8	9	2	1	5	7
5	2	1	3	4	7	9	6	8
7	8	9	1	5	6	4	2	3

B078

4	5	6	7	8	9	1	2	3
8	7	9	1	3	2	4	5	6
1	2	3	4	5	6	8	7	9
3	6	1	2	9	4	7	8	5
7	4	5	8	6	3	2	9	1
9	8	2	5	1	7	3	6	4
6	1	4	9	7	8	5	3	2
5	9	7	3	2	1	6	4	8
2	3	8	6	4	5	9	1	7

B079

9	5	6	7	8	2	1	3	4
2	1	8	9	3	4	5	6	7
3	4	7	1	5	6	8	9	2
1	3	9	4	2	5	6	7	8
5	7	4	6	9	8	2	1	3
8	6	2	3	7	1	4	5	9
4	8	3	5	1	7	9	2	6
6	9	1	2	4	3	7	8	5
7	2	5	8	6	9	3	4	1

B080

4	6	3	9	8	5	7	1	2
8	2	9	4	7	1	3	5	6
1	7	5	2	3	6	4	8	9
5	8	6	7	4	3	2	9	1
2	3	1	6	9	8	5	4	7
7	9	4	1	5	2	6	3	8
3	1	7	8	2	4	9	6	5
6	4	2	5	1	9	8	7	3
9	5	8	3	6	7	1	2	4

B081

1	5	3	2	4	6	8	7	9
7	9	8	1	3	5	4	6	2
4	6	2	8	7	9	1	3	5
8	4	5	9	1	7	3	2	6
9	3	7	4	6	2	5	8	1
6	2	1	3	5	8	9	4	7
5	8	6	7	9	3	2	1	4
2	7	4	5	8	1	6	9	3
3	1	9	6	2	4	7	5	8

B082

2	7	5	4	3	8	6	9	1
9	3	1	7	5	6	4	8	2
6	4	8	9	1	2	7	3	5
5	9	3	6	8	1	2	4	7
8	1	4	2	7	9	3	5	6
7	2	6	3	4	5	8	1	9
3	5	7	1	2	4	9	6	8
4	8	9	5	6	7	1	2	3
1	6	2	8	9	3	5	7	4

B083

6	9	3	4	5	7	8	1	2
1	2	8	9	3	6	5	7	4
4	5	7	2	8	1	3	6	9
3	7	4	5	9	8	1	2	6
8	6	9	1	7	2	4	5	3
2	1	5	3	6	4	7	9	8
9	3	6	7	4	5	2	8	1
5	8	1	6	2	3	9	4	7
7	4	2	8	1	9	6	3	5

B084

2	7	6	8	9	1	3	4	5
5	1	3	2	6	4	7	9	8
4	8	9	3	5	7	2	1	6
8	6	1	4	3	5	9	2	7
3	5	7	9	1	2	6	8	4
9	2	4	6	7	8	1	5	3
1	3	8	5	2	6	4	7	9
6	4	2	7	8	9	5	3	1
7	9	5	1	4	3	8	6	2

B085

7	8	9	1	4	2	5	3	6
5	6	1	7	8	3	2	9	4
2	3	4	5	6	9	7	8	1
3	7	6	2	5	8	1	4	9
8	4	2	6	9	1	3	5	7
9	1	5	3	7	4	8	6	2
6	9	7	8	2	5	4	1	3
4	5	3	9	1	7	6	2	8
1	2	8	4	3	6	9	7	5

B086

7	1	6	8	5	3	9	2	4
2	8	3	4	9	6	5	1	7
9	5	4	2	7	1	8	6	3
6	2	9	5	3	7	4	8	1
4	3	8	1	6	2	7	5	9
5	7	1	9	4	8	6	3	2
3	4	7	6	1	5	2	9	8
8	9	5	3	2	4	1	7	6
1	6	2	7	8	9	3	4	5

B087

5	9	6	7	4	8	3	1	2
8	1	2	5	9	3	6	7	4
7	3	4	1	2	6	8	9	5
4	2	8	3	1	7	9	5	6
9	5	1	4	6	2	7	8	3
3	6	7	8	5	9	2	4	1
1	7	9	6	3	4	5	2	8
2	4	3	9	8	5	1	6	7
6	8	5	2	7	1	4	3	9

B088

8	7	5	9	1	6	2	3	4
2	9	6	3	8	4	5	7	1
1	3	4	2	7	5	6	8	9
6	5	3	1	2	7	4	9	8
4	1	9	5	6	8	3	2	7
7	8	2	4	9	3	1	5	6
3	6	7	8	4	2	9	1	5
5	4	1	7	3	9	8	6	2
9	2	8	6	5	1	7	4	3

B089

3	1	9	4	5	6	7	8	2
7	5	4	2	8	1	6	3	9
2	6	8	3	9	7	4	1	5
4	7	2	1	6	8	5	9	3
9	8	5	7	2	3	1	6	4
6	3	1	5	4	9	8	2	7
8	9	7	6	3	4	2	5	1
1	2	3	8	7	5	9	4	6
5	4	6	9	1	2	3	7	8

B090

4	3	5	6	7	8	2	9	1
7	6	8	9	1	2	3	4	5
9	2	1	5	4	3	8	6	7
8	1	3	4	2	5	9	7	6
5	7	9	1	8	6	4	2	3
6	4	2	3	9	7	5	1	8
1	5	4	8	6	9	7	3	2
2	8	6	7	3	4	1	5	9
3	9	4	2	5	1	6	8	4

B091

4	6	5	7	2	1	3	8	9
7	3	8	4	5	9	2	1	6
9	1	2	6	8	3	4	5	7
8	4	7	3	1	6	9	2	5
2	5	1	9	7	8	6	3	4
3	9	6	2	4	5	8	7	1
5	7	9	8	3	4	1	6	2
1	8	4	5	6	2	7	9	3
6	2	3	1	9	7	5	4	8

B092

4	3	6	5	7	9	1	8	2
9	1	2	3	4	8	5	6	7
5	7	8	2	6	1	9	3	4
1	2	5	4	8	3	7	9	6
6	4	7	9	1	2	3	5	8
8	9	3	6	5	7	2	4	1
7	8	4	1	9	5	6	2	3
3	5	1	8	2	6	4	7	9
2	6	9	7	3	4	8	1	5

B093

1	5	6	4	7	3	8	9	2
7	4	8	9	6	2	1	5	3
9	2	3	5	8	1	4	9	7
6	7	1	8	4	9	2	3	5
2	8	5	3	1	6	9	7	4
3	9	4	7	2	5	6	8	1
4	3	7	2	9	8	5	1	6
5	1	9	6	3	4	7	2	8
8	6	2	1	5	7	3	4	9

B094

4	9	8	5	6	1	2	3	7
5	6	1	7	2	3	4	8	9
2	3	7	9	4	8	5	1	6
3	4	5	1	7	9	8	6	2
8	7	2	4	3	6	9	5	1
9	1	6	8	5	2	3	7	4
6	5	3	2	1	4	7	9	8
7	2	9	6	8	5	1	4	3
1	8	4	3	9	7	6	2	5

B095

4	2	8	7	1	3	5	9	6
5	9	1	8	6	2	3	7	4
6	7	3	4	9	5	8	1	2
2	8	4	1	7	9	6	3	5
7	5	6	3	8	4	9	2	1
3	1	9	5	2	6	4	8	7
8	4	2	6	3	7	1	5	9
9	3	5	2	4	1	7	6	8
1	6	7	9	5	8	2	4	3

B096

1	9	2	3	8	4	7	5	6
3	4	8	5	6	7	9	1	2
5	7	6	9	1	2	8	3	4
8	2	5	6	7	3	1	4	9
9	3	4	1	5	8	2	6	7
6	1	7	2	4	9	3	8	5
4	6	9	7	3	1	5	2	8
7	5	3	8	2	6	4	9	1
2	8	1	4	9	5	6	7	3

B097

9	6	7	8	1	5	4	2	3
3	8	5	9	4	2	6	7	1
4	1	2	6	7	3	8	5	9
2	4	3	7	8	1	9	6	5
6	5	8	3	2	9	7	1	4
1	7	9	4	5	6	2	3	8
5	2	6	1	9	4	3	8	7
7	3	4	5	6	8	1	9	2
8	9	1	2	3	7	5	4	6

B098

7	4	9	1	6	8	5	2	3
5	3	1	4	9	2	6	7	8
6	8	2	5	7	3	4	9	1
8	9	3	6	2	4	7	1	5
1	5	4	8	3	7	9	6	2
2	6	7	9	5	1	3	8	4
3	1	5	7	8	6	2	4	9
9	7	8	2	4	5	1	3	6
4	2	6	3	1	9	8	5	7

B099

1	5	2	9	3	4	6	7	8
7	6	9	1	8	2	3	4	5
3	8	4	7	5	6	9	1	2
8	2	1	4	6	9	5	3	7
9	3	7	5	1	8	2	6	4
5	4	6	2	7	3	8	9	1
6	7	5	3	2	1	4	8	9
4	1	8	6	9	5	7	5	3
2	9	3	8	4	7	1	5	6

B100

8	1	3	4	9	5	7	2	6
5	7	6	8	1	2	3	4	9
2	4	9	6	7	3	5	8	1
6	9	8	3	4	1	2	5	7
1	2	4	5	6	7	8	9	3
3	5	7	9	2	8	1	6	4
4	3	1	2	5	6	9	7	8
7	6	2	1	8	9	4	3	5
9	8	5	7	3	4	6	1	2

C001

8	3	6	1	4	7	5	2	9
2	1	5	3	6	9	7	4	8
4	7	9	8	2	5	1	6	3
5	8	2	4	3	6	9	1	7
3	6	1	7	9	8	4	5	2
7	9	4	5	1	2	3	8	6
9	4	8	2	7	1	6	3	5
1	5	7	6	8	3	2	9	4
6	2	3	9	5	4	8	7	1

C002

8	1	4	9	7	2	3	5	6
2	3	9	5	6	1	4	7	8
5	6	7	8	3	4	9	1	2
7	5	8	2	1	3	6	4	9
3	2	6	4	9	5	7	8	1
9	4	1	6	8	7	5	2	3
1	8	3	7	5	9	2	6	4
4	9	5	1	2	6	8	3	7
6	7	2	3	4	8	1	9	5

C003

6	4	7	8	2	3	5	9	1
8	9	1	4	5	6	7	3	2
2	3	5	7	1	9	4	6	8
3	6	8	9	4	1	2	5	7
4	7	9	2	6	5	8	1	3
5	1	2	3	7	8	6	4	9
7	5	3	6	9	2	1	8	4
9	2	6	1	8	4	3	7	5
1	8	4	5	3	7	9	2	6

C004

9	2	1	6	7	3	4	5	8
7	3	4	5	8	2	6	9	1
5	6	8	9	1	4	7	2	3
2	8	9	1	4	6	3	7	5
6	7	3	8	9	5	1	4	2
4	1	5	2	3	7	8	6	9
1	9	6	4	2	8	5	3	7
8	4	7	3	5	9	2	1	6
3	5	2	7	6	1	9	8	4

C005

9	3	4	1	5	7	2	8	6
2	5	1	8	4	6	7	9	3
8	6	7	3	9	2	4	1	5
5	8	9	2	7	1	6	3	4
3	1	2	6	8	4	5	7	9
7	4	6	5	3	9	8	2	1
6	7	3	4	1	8	9	5	2
4	9	5	7	2	3	1	6	8
1	2	8	9	6	5	3	4	7

C006

5	2	9	7	8	3	4	6	1
1	3	4	6	5	9	2	8	7
6	7	8	1	2	4	9	5	3
2	9	6	8	1	5	3	7	4
3	8	1	4	7	6	5	9	2
4	5	7	3	9	2	6	1	8
8	6	5	2	4	7	1	3	9
9	1	2	5	3	8	7	4	6
7	4	3	9	6	1	8	2	5

C007

1	5	8	2	3	9	4	6	7
6	2	7	1	8	4	3	5	9
3	9	4	5	6	7	8	1	2
9	7	3	6	1	2	5	8	4
4	1	5	8	9	3	7	2	6
8	6	2	4	7	5	9	3	1
2	3	6	9	4	8	1	7	5
5	8	9	7	2	1	6	4	3
7	4	1	3	5	6	2	9	8

C008

5	6	7	4	8	9	1	2	3
4	8	2	7	3	1	5	6	9
3	9	1	2	5	6	4	8	7
7	3	5	8	1	4	6	9	2
2	4	6	3	9	5	7	1	8
9	1	8	6	2	7	3	4	5
6	5	4	9	7	8	2	3	1
8	7	3	1	4	2	9	5	6
1	2	9	5	6	3	8	7	4

C009

4	7	6	3	5	8	9	1	2
2	8	9	6	4	1	3	5	7
1	3	5	7	9	2	8	6	4
6	4	8	9	1	5	7	2	3
9	5	7	2	3	6	1	4	8
3	1	2	8	7	4	5	9	6
5	2	3	1	6	7	4	8	9
7	6	4	5	8	9	2	3	1
8	9	1	4	2	3	6	7	5

C010

7	3	2	4	6	5	8	9	1
8	6	9	1	7	2	3	4	5
1	4	5	3	9	2	2	6	7
3	7	8	9	1	4	6	5	2
5	2	6	7	8	3	4	1	9
9	1	4	5	2	6	7	3	8
2	8	1	6	3	9	5	7	4
4	9	3	8	5	7	1	2	6
6	5	7	2	4	1	9	8	3

C011

2	6	9	7	1	3	4	5	8
1	8	3	4	9	5	6	7	2
7	4	5	2	8	6	3	9	1
5	9	7	3	6	1	2	8	4
8	1	2	9	7	4	5	6	3
5	3	6	5	2	8	7	1	9
3	5	8	6	4	9	1	2	7
6	7	1	8	3	2	9	4	5
9	2	4	1	5	7	8	3	6

C012

2	6	3	8	4	7	5	9	1
7	8	1	5	6	9	2	3	4
9	4	5	1	2	3	6	7	8
1	9	8	6	3	2	7	4	5
6	3	7	4	1	5	8	2	9
4	5	2	9	7	8	1	6	3
3	7	9	2	8	1	4	5	6
8	2	4	3	5	6	9	1	7
5	1	6	7	9	4	3	8	2

C013

6	1	7	8	5	4	9	2	3
5	8	9	6	2	3	1	7	4
3	4	2	7	9	1	5	6	8
4	7	3	9	8	2	6	5	1
1	2	5	3	6	7	4	8	9
9	6	8	1	4	5	7	3	2
7	9	6	2	1	8	3	4	5
2	3	4	5	7	9	8	1	6
8	5	1	4	3	6	2	9	7

C014

1	2	3	4	5	9	6	8	7
8	7	4	1	6	2	9	3	5
9	5	6	7	3	8	4	1	2
3	1	2	5	8	6	7	9	4
6	8	9	2	4	7	1	5	3
5	4	7	9	1	3	8	2	6
7	6	5	3	9	1	2	4	8
2	3	1	8	7	4	5	6	9
4	9	8	6	2	5	3	7	1

C015

1	5	2	6	3	8	4	7	9
9	3	6	4	7	2	5	8	1
7	8	4	5	9	1	2	3	6
2	4	1	3	5	7	6	9	8
3	9	8	2	6	4	7	1	5
5	6	7	8	1	9	3	4	2
4	2	3	1	8	6	9	5	7
6	1	9	7	4	5	8	2	3
8	7	5	9	2	3	1	6	4

C016

7	2	4	3	5	6	8	9	1
8	3	1	9	2	7	4	5	6
9	5	6	8	1	4	3	2	7
5	4	7	1	8	2	9	6	3
1	6	3	5	4	9	7	8	2
2	8	9	6	7	3	5	1	4
3	7	8	2	6	5	1	4	9
4	1	2	7	9	8	6	3	5
6	9	5	4	3	1	2	7	8

C017

2	3	4	6	5	8	9	7	1
5	6	8	7	9	1	2	4	3
7	9	1	2	3	4	5	8	6
1	2	7	3	4	9	6	5	8
8	4	6	1	2	5	7	3	9
3	5	9	8	6	7	4	1	2
4	8	2	5	1	6	3	9	7
6	1	5	9	7	3	8	2	4
9	7	3	4	8	2	1	6	5

C018

4	2	3	6	7	9	8	5	1
8	5	6	1	2	3	4	9	7
7	9	1	4	8	5	6	2	3
5	1	8	7	3	2	9	6	4
9	3	4	8	1	6	5	7	2
2	6	7	5	9	4	1	3	8
1	4	2	9	5	7	3	8	6
3	8	9	2	6	1	7	4	5
6	7	5	3	4	8	2	1	9

C019

5	4	1	2	6	3	8	7	9
2	7	6	5	9	8	1	3	4
8	9	3	1	4	7	2	5	6
3	1	8	4	5	2	9	6	7
6	2	7	8	3	9	4	1	5
9	5	4	6	7	1	3	8	2
1	6	9	7	8	4	5	2	3
4	8	5	3	2	6	7	9	1
7	3	2	9	1	5	6	4	8

C020

6	7	8	9	1	3	4	2	5
1	5	9	8	2	4	3	6	7
4	2	3	5	6	7	8	9	1
5	3	4	6	7	1	2	8	9
8	9	7	2	4	5	1	3	6
2	1	6	3	9	8	5	7	4
9	8	2	1	5	6	7	4	3
7	6	1	4	3	2	9	5	8
3	4	5	7	8	9	6	1	2

C021

7	6	9	8	5	3	1	2	4
1	3	4	2	6	7	5	8	9
5	8	2	9	4	1	6	3	7
3	5	8	6	7	2	9	4	1
9	2	1	5	3	4	7	6	8
6	4	7	1	8	9	2	5	3
4	9	3	7	2	5	8	1	6
8	1	5	3	9	6	4	7	2
2	7	6	4	1	8	3	9	5

C022

4	1	6	7	8	3	2	9	5
5	3	7	9	2	4	1	6	8
2	8	9	5	6	1	3	4	7
6	2	5	3	7	8	9	1	4
8	7	1	4	9	6	5	2	3
3	9	4	2	1	5	7	8	6
7	4	2	6	5	9	8	3	1
9	6	8	1	3	7	4	5	2
1	5	3	8	4	2	6	7	9

C023

4	8	9	2	5	7	6	3	1
1	6	3	4	8	9	2	5	7
2	5	7	1	3	6	4	8	9
3	7	2	8	6	1	5	9	4
5	1	4	9	7	2	8	6	3
8	9	6	3	4	5	1	7	2
6	2	1	5	9	3	7	4	8
7	3	8	6	1	4	9	2	5
9	4	5	7	2	8	3	1	6

C024

2	6	3	8	4	7	5	9	1
5	7	4	9	1	3	8	2	6
1	9	8	6	2	5	7	3	4
3	5	9	2	6	4	1	8	7
4	8	2	7	9	1	6	5	3
6	1	7	3	5	8	9	4	2
9	4	6	5	7	2	3	1	8
7	3	1	4	8	9	2	6	5
8	2	5	1	3	6	4	7	9

C025

3	5	4	6	1	7	8	9	2
8	6	7	2	5	9	1	3	4
9	1	2	8	4	3	5	6	7
2	4	3	9	6	5	7	1	8
5	7	1	3	8	4	9	2	6
6	8	9	7	2	1	3	4	5
4	9	6	5	3	8	2	7	1
1	3	5	4	7	2	6	8	9
7	2	8	1	9	6	4	5	3

C026

8	9	4	2	5	7	1	3	6
5	1	6	4	8	3	7	2	9
3	2	7	1	9	6	8	4	5
7	6	3	5	4	8	2	9	1
9	4	1	6	3	2	5	7	8
2	5	8	9	7	1	3	6	4
1	8	9	3	2	4	6	5	7
4	7	2	8	6	5	9	1	3
6	3	5	7	1	9	4	8	2

C027

7	5	2	6	3	8	1	4	9
9	3	6	1	4	5	7	8	2
8	1	4	7	9	2	3	5	6
1	8	7	3	6	9	4	2	5
6	9	5	2	7	4	8	1	3
2	4	3	8	5	1	6	9	7
5	6	9	4	8	7	2	3	1
3	2	8	5	1	6	9	7	4
4	7	1	9	2	3	5	6	8

C028

7	9	6	2	3	4	5	1	8
5	1	3	9	6	8	2	4	7
8	2	4	5	7	1	6	3	9
9	4	1	8	2	3	7	5	6
3	8	7	6	4	5	1	9	2
6	5	2	7	1	9	3	8	4
1	6	8	3	9	7	4	2	5
2	3	9	4	5	6	8	7	1
4	7	5	1	8	2	9	6	3

C029

5	1	2	9	6	7	4	3	8
3	8	7	1	2	4	9	5	6
6	4	9	3	5	8	1	7	2
2	3	8	5	4	9	7	6	1
7	6	4	8	1	2	5	9	3
9	5	1	7	3	6	8	2	4
1	7	5	2	8	3	6	4	9
8	2	6	4	9	5	3	1	7
4	9	3	5	7	1	2	8	5

C030

4	6	9	1	5	2	7	8	3
7	8	1	3	9	6	5	2	4
5	2	3	8	4	7	6	9	1
6	3	8	7	1	9	4	5	2
9	4	2	5	3	8	1	6	7
1	7	5	6	2	4	8	3	9
3	1	6	9	7	5	2	4	8
2	5	7	4	8	3	9	1	6
8	9	4	2	6	1	3	7	5

C031

1	2	7	6	4	9	5	8	3
6	9	8	2	5	3	4	7	1
3	4	5	7	1	8	9	2	6
7	5	2	3	6	4	1	9	8
4	1	6	8	9	7	3	5	2
8	3	9	5	2	1	6	4	7
5	6	3	9	7	2	8	1	4
9	7	1	4	8	6	2	3	5
2	8	4	1	3	5	7	6	9

C032

4	8	9	5	6	7	1	2	3
5	6	7	1	2	3	4	8	9
1	2	3	4	8	9	5	6	7
7	9	4	2	3	1	8	5	6
3	1	8	6	5	4	7	9	2
2	5	6	7	9	8	3	1	4
6	3	1	8	7	2	9	4	5
8	7	5	9	4	6	2	3	1
9	4	2	3	1	5	6	7	8

C033

6	7	2	8	9	1	3	4	5
8	1	3	4	5	7	9	6	2
4	5	9	2	3	6	1	7	8
7	9	4	3	8	2	6	5	1
2	3	5	1	6	9	4	8	7
1	6	8	5	7	4	2	9	3
3	2	6	7	4	8	5	1	9
9	8	1	6	2	5	7	3	4
5	4	7	9	1	3	8	2	6

C034

1	7	8	9	2	5	3	6	4
4	3	2	6	7	1	8	9	5
9	5	6	8	3	4	7	1	2
2	8	9	4	1	7	5	3	6
5	1	3	2	8	6	9	4	7
6	4	7	5	9	3	1	2	8
8	6	5	1	4	9	2	7	3
3	9	4	7	5	2	6	8	1
7	2	1	3	6	8	4	5	9

C035

7	4	8	3	2	9	5	6	1
9	3	5	6	8	1	2	4	7
6	1	2	7	4	5	3	8	9
8	7	3	1	9	4	6	2	5
2	9	1	8	5	6	4	7	3
4	5	6	2	7	3	9	1	8
1	8	9	5	6	2	7	3	4
3	6	4	9	1	7	8	5	2
5	2	7	4	3	8	1	9	6

C036

7	8	3	9	5	6	1	4	2
5	9	4	8	1	2	3	7	6
2	6	1	3	4	7	5	8	9
6	4	5	1	8	3	2	9	7
9	1	7	6	2	5	4	3	8
8	3	2	7	9	4	6	5	1
1	5	6	4	7	8	9	2	3
3	2	8	5	6	9	7	1	4
4	7	9	2	3	1	8	6	5

C037

8	4	9	7	2	6	1	5	3
5	6	3	9	1	4	2	7	8
7	1	2	5	8	3	6	4	9
1	3	4	6	9	2	5	8	7
2	9	7	8	3	5	4	6	1
6	5	8	4	7	1	3	9	2
9	2	5	1	4	7	8	3	6
3	8	6	2	5	9	7	1	4
4	7	1	3	6	8	9	2	5

C038

9	7	1	6	2	3	8	4	5
8	4	6	5	9	7	1	2	3
2	3	5	4	8	1	6	7	9
1	6	8	9	7	2	5	3	4
4	2	3	8	6	5	7	9	1
5	9	7	1	3	4	2	6	8
6	5	9	2	4	8	3	1	7
7	8	2	3	1	9	4	5	6
3	1	4	7	5	6	9	8	2

C039

9	6	5	1	3	2	4	7	8
8	7	1	9	4	5	3	6	2
2	3	4	6	7	8	9	1	5
7	5	6	2	8	9	1	3	4
3	2	9	5	1	4	7	8	6
4	1	8	7	6	3	5	2	9
1	9	2	3	5	6	8	4	7
5	8	3	4	2	7	6	9	1
6	4	7	8	9	1	2	5	3

C040

4	3	9	5	8	2	6	1	7
5	6	8	1	4	7	3	9	2
1	2	7	9	6	3	4	8	5
2	9	6	8	1	5	7	4	3
3	5	4	7	9	6	1	2	8
7	8	1	2	3	4	5	6	9
6	4	2	3	7	8	9	5	1
8	1	3	4	5	9	2	7	6
9	7	5	6	2	1	8	3	4

C041

9	4	6	3	5	7	8	1	2
7	2	1	8	9	4	3	5	6
3	5	8	1	2	6	4	7	9
8	3	2	4	7	9	5	6	1
1	9	5	2	6	8	7	3	4
4	6	7	5	1	3	9	2	8
2	7	3	9	4	1	6	8	5
5	8	9	6	3	2	1	4	7
6	1	4	7	8	5	2	9	3

C042

5	6	3	7	8	4	2	9	1
2	7	9	6	1	3	8	4	5
4	8	1	9	5	2	3	6	7
8	1	7	3	2	9	4	5	6
6	2	5	1	4	7	9	3	8
9	3	4	5	6	8	7	1	2
3	4	6	2	7	1	5	8	9
7	5	8	4	9	6	1	2	3
1	9	2	8	3	5	6	7	4

C043

2	6	5	3	4	7	8	9	1
3	4	7	8	9	1	2	6	5
8	9	1	2	5	6	3	7	4
4	2	9	1	7	3	5	8	6
5	7	6	4	2	8	9	1	3
1	8	3	5	6	9	4	2	7
9	1	4	6	8	5	7	3	2
6	5	8	7	3	2	1	4	9
7	3	2	9	1	4	6	5	8

C044

1	4	9	2	3	5	6	7	8
8	2	5	6	4	7	9	1	3
7	3	6	9	8	1	2	4	5
5	9	7	4	6	3	8	2	1
3	6	1	8	7	2	4	5	9
2	8	4	1	5	9	7	3	6
9	1	8	3	2	4	5	6	7
6	5	2	7	1	8	3	9	4
4	7	3	5	9	6	1	8	2

C045

5	1	4	9	6	2	3	7	8
8	9	2	4	3	7	5	1	6
7	3	6	8	5	1	9	2	4
6	5	1	7	4	3	2	8	9
9	2	7	1	8	5	6	4	3
3	4	8	2	9	6	7	5	1
4	7	9	3	2	8	1	6	5
1	6	3	5	7	4	8	9	2
2	8	5	6	1	9	4	3	7

C046

8	6	7	4	5	3	9	1	2
2	1	9	6	7	8	3	4	5
5	3	4	1	9	2	8	6	7
9	2	8	3	1	6	5	7	4
7	4	6	5	2	9	1	8	3
1	5	3	7	8	4	6	2	9
6	9	1	2	3	7	4	5	8
3	7	5	8	4	1	2	9	6
4	8	2	9	6	5	7	3	1

C047

7	4	9	8	1	2	3	5	6
1	5	6	7	9	3	4	8	2
3	8	2	4	5	6	7	9	1
4	7	8	1	6	5	9	2	3
5	6	3	2	4	9	8	1	7
9	2	1	3	7	8	5	6	4
2	9	5	6	3	7	1	4	8
6	1	7	9	8	4	2	3	5
8	3	4	5	2	1	6	7	9

C048

1	2	4	3	5	6	9	7	8
5	3	6	7	8	9	1	2	4
9	7	8	1	4	2	3	5	6
2	1	9	8	3	4	5	6	7
6	8	5	2	9	7	4	1	3
7	4	3	5	6	1	2	8	9
8	5	7	9	2	3	6	4	1
3	6	1	4	7	5	8	9	2
4	9	2	6	1	8	7	3	5

C049

8	1	9	2	3	4	7	5	6
2	6	3	1	7	5	4	8	9
4	7	5	9	6	8	1	2	3
7	2	6	8	1	9	5	3	4
3	5	8	4	2	7	6	9	1
1	9	4	3	5	6	8	7	2
9	8	2	5	4	1	3	6	7
5	4	7	6	9	3	2	1	8
6	3	1	7	8	2	9	4	5

C050

1	2	3	4	8	5	7	6	9
4	5	6	3	7	9	8	1	2
7	8	9	2	6	1	3	4	5
5	3	7	6	9	2	4	8	1
8	9	1	5	3	4	2	7	6
6	4	2	7	1	8	5	9	3
3	7	4	1	2	6	9	5	8
9	1	5	8	4	3	6	2	7
2	6	8	9	5	7	1	3	4

C051

1	4	5	7	6	8	9	2	3
9	6	2	4	1	3	5	7	8
7	3	8	2	9	5	6	1	4
2	5	9	6	3	1	4	8	7
4	8	6	9	7	2	1	3	5
3	1	7	5	8	4	2	6	9
8	2	3	1	4	9	7	5	6
5	7	4	8	2	6	3	9	1
6	9	1	3	5	7	8	4	2

C052

6	7	3	1	2	5	4	8	9
9	8	2	3	4	6	7	1	5
1	5	4	7	8	9	6	2	3
2	6	9	8	1	7	3	5	4
4	1	7	5	3	2	8	9	6
5	3	8	6	9	4	1	7	2
3	2	5	4	7	8	9	6	1
8	4	6	9	5	1	2	3	7
7	9	1	2	6	3	5	4	8

C053

5	4	6	7	8	9	1	2	3
9	7	1	6	2	3	4	5	8
8	2	3	5	4	1	6	7	9
7	5	8	4	9	6	2	3	1
2	1	4	3	5	7	8	9	6
3	6	9	8	1	2	5	4	7
1	8	2	9	7	4	3	6	5
4	3	7	1	6	5	9	8	2
6	9	5	2	3	8	7	1	4

C054

8	9	2	4	5	1	3	7	6
1	3	4	2	7	6	8	9	5
5	6	7	3	8	9	1	2	4
9	4	8	6	1	5	7	3	2
2	7	5	9	3	8	6	4	1
3	1	6	7	2	4	9	5	8
4	8	1	5	9	7	2	6	3
6	2	9	8	4	3	5	1	7
7	5	3	1	6	2	4	8	9

C055

7	5	4	3	8	6	9	1	2
9	1	8	2	5	7	3	6	4
2	3	6	9	4	1	5	7	8
3	6	7	8	9	2	1	4	5
8	4	9	6	1	5	7	2	3
1	2	5	4	7	3	6	8	9
4	7	1	5	3	8	2	9	6
5	8	2	7	6	9	4	3	1
6	9	3	1	2	4	8	5	7

C056

6	3	8	4	9	1	5	2	7
2	4	5	8	3	7	9	6	1
1	7	9	2	5	6	8	3	4
3	2	4	6	7	5	1	8	9
9	5	6	3	1	8	4	7	2
7	8	1	9	2	4	3	5	6
4	9	3	5	6	2	7	1	8
8	6	7	1	4	3	2	9	5
5	1	2	7	8	9	6	4	3

C057

8	2	3	9	1	5	4	6	7
4	9	1	3	6	7	8	2	5
5	6	7	2	8	4	9	3	1
3	8	4	6	5	9	1	7	2
1	5	2	7	4	8	3	9	6
9	7	6	1	2	3	5	8	4
2	3	5	4	9	6	7	1	8
5	4	9	8	7	1	2	5	3
7	1	8	5	3	2	6	4	9

C058

5	7	9	8	1	6	3	2	4
6	8	4	2	3	7	5	9	1
1	2	3	9	4	5	8	6	7
7	3	6	1	8	9	4	5	2
9	4	1	7	5	2	6	3	8
8	5	2	4	6	3	7	1	9
2	1	5	6	7	4	9	8	3
3	9	7	5	2	8	1	4	6
4	6	8	3	9	1	2	7	5

C059

2	7	4	6	5	3	8	9	1
6	5	9	1	8	4	2	7	3
8	1	3	9	7	2	5	4	6
7	9	2	5	3	6	4	1	8
1	3	8	2	4	7	6	5	9
4	6	5	8	9	1	7	3	2
9	2	7	4	1	8	3	6	5
5	4	6	3	2	9	1	8	7
3	8	1	7	6	8	9	2	4

C060

8	6	4	5	7	9	1	2	3
2	9	5	8	1	3	6	4	7
1	7	3	6	4	2	5	8	9
5	1	9	2	3	7	4	6	8
3	2	6	4	5	8	7	9	1
7	4	8	9	6	1	2	3	5
4	3	2	1	8	5	9	7	6
6	8	1	7	9	4	3	5	2
9	5	7	3	2	6	8	1	4

C061

2	9	5	4	1	3	6	7	8
4	3	1	6	7	8	5	9	2
8	6	7	9	2	5	1	3	4
5	4	9	1	6	7	2	8	3
3	1	6	8	4	2	7	5	9
7	2	8	3	5	9	4	6	1
9	5	2	7	8	1	3	4	6
6	7	3	2	9	4	8	1	5
1	8	4	5	3	6	9	2	7

C062

2	3	4	7	8	6	1	5	9
7	6	1	9	4	5	2	3	8
8	5	9	1	2	3	4	6	7
3	9	5	8	1	2	7	4	6
6	1	8	5	7	4	3	9	2
4	7	2	3	6	9	5	8	1
5	2	3	6	9	7	8	1	4
1	4	6	2	3	8	9	7	5
9	8	7	4	5	1	6	2	3

C063

9	3	2	6	4	7	8	5	1
8	4	7	5	9	1	3	6	2
1	6	5	8	2	3	9	7	4
4	9	6	1	7	5	2	3	8
2	5	3	4	8	6	7	1	9
7	8	1	2	3	9	6	4	5
6	2	9	3	1	4	5	8	7
3	1	8	7	5	2	4	9	6
5	7	4	9	6	8	1	2	3

C064

9	4	2	7	5	8	1	3	6
6	3	1	9	2	4	5	7	8
7	8	5	1	6	3	9	4	2
8	7	6	2	9	5	3	1	4
3	1	9	4	7	6	8	2	5
2	5	4	3	8	1	6	9	7
5	2	7	6	3	9	4	8	1
1	6	3	8	4	2	7	5	9
4	9	8	5	1	7	2	6	3

C065

3	7	9	2	6	4	8	5	1
6	2	8	3	1	5	4	9	7
1	5	4	8	7	9	3	2	6
4	8	6	9	3	1	5	7	2
5	1	3	7	2	8	9	6	4
2	9	7	4	5	6	1	3	8
7	4	2	1	9	3	6	8	5
8	3	5	6	4	2	7	1	9
9	6	1	5	8	7	2	4	3

C066

1	7	6	9	8	5	2	4	3
4	3	5	7	6	2	1	9	8
2	9	8	3	4	1	6	5	7
3	6	7	8	1	9	4	2	5
8	1	2	4	5	6	7	3	9
9	5	4	2	7	3	8	1	6
7	2	1	5	9	8	3	6	4
5	8	3	6	2	4	9	7	1
6	4	9	1	3	7	5	8	2

C067

4	5	6	9	7	3	1	2	8
9	3	2	8	1	4	7	5	6
1	7	8	5	2	6	4	9	3
3	2	1	6	9	8	5	7	4
8	4	7	1	3	5	2	6	9
5	6	9	7	4	2	3	8	1
2	8	3	4	5	9	6	1	7
7	9	5	3	6	1	8	4	2
6	1	4	2	8	7	9	3	5

C068

7	1	5	8	2	4	9	3	6
8	9	6	3	7	1	4	2	5
2	3	4	6	5	9	7	8	1
3	5	7	1	4	6	8	9	2
6	4	9	5	8	2	3	1	7
1	8	2	9	3	7	5	6	4
4	2	3	7	1	8	6	5	9
5	6	1	4	9	3	2	7	8
9	7	8	2	6	5	1	4	3

C069

9	4	8	2	1	3	7	6	5
1	7	6	5	4	8	2	3	9
3	2	5	9	6	7	1	8	4
5	3	9	7	8	4	6	1	2
6	8	2	1	5	9	3	4	7
4	1	7	6	3	2	9	5	8
2	5	4	3	9	1	8	7	6
7	6	3	8	2	5	4	9	1
8	9	1	4	7	6	5	2	3

C070

6	4	8	7	3	9	1	5	2
3	9	1	2	4	5	6	8	7
5	2	7	6	8	1	9	3	4
8	1	6	9	2	3	4	7	5
2	7	4	1	5	6	8	9	3
9	5	3	4	7	8	2	1	6
1	3	9	5	6	4	7	2	8
7	6	5	8	9	2	3	4	1
4	8	2	3	1	7	5	6	9

C071

6	7	8	1	9	5	4	2	3
3	5	9	8	4	2	7	6	1
4	1	2	3	6	7	8	9	5
7	6	3	4	5	8	9	1	2
2	8	5	9	3	1	6	4	7
9	4	1	7	2	6	3	5	8
1	9	4	2	8	3	5	7	6
8	2	6	5	7	9	1	3	4
5	3	7	6	1	4	2	8	9

C072

2	7	8	4	3	1	6	9	5
9	4	6	2	5	7	1	8	3
5	1	3	8	6	9	7	2	4
6	2	1	9	4	3	8	5	7
3	8	5	1	7	2	9	4	6
4	9	7	5	8	6	2	3	1
1	6	4	3	2	8	5	7	9
7	5	2	6	9	4	3	1	8
8	3	9	7	1	5	4	6	2

C073

9	2	6	3	4	1	5	7	8
5	8	4	9	2	7	1	3	6
1	3	7	5	6	8	2	4	9
2	4	8	1	7	6	9	5	3
3	6	9	8	5	2	7	1	4
7	1	5	4	9	3	6	8	2
6	9	3	7	1	4	8	2	5
4	7	2	6	8	5	3	9	1
8	5	1	2	3	9	4	6	7

C074

3	1	6	4	2	9	7	5	8
8	9	7	5	3	1	6	2	4
4	2	5	7	8	6	1	9	3
1	6	4	8	5	2	9	3	7
9	3	2	1	4	7	8	6	5
5	7	8	6	9	3	4	1	2
2	8	9	3	1	4	5	7	6
7	5	3	9	6	8	2	4	1
6	4	1	2	7	5	3	8	9

C075

7	5	2	3	8	1	9	6	4
8	4	6	9	5	7	3	2	1
3	1	9	6	2	4	5	8	7
5	6	1	7	3	8	4	9	2
4	9	3	2	6	5	1	7	8
2	8	7	4	1	9	6	3	5
1	3	4	8	9	2	7	5	6
9	2	5	1	7	6	8	4	3
6	7	8	5	4	3	2	1	9

C076

3	7	4	1	2	6	9	5	8
5	9	1	8	4	3	6	2	7
2	8	6	9	7	5	3	4	1
4	5	8	7	3	2	1	9	6
6	3	7	5	9	1	2	8	4
1	2	9	6	8	4	5	7	3
7	1	3	4	5	9	8	6	2
9	4	2	3	6	8	7	1	5
8	6	5	2	1	7	4	3	9

C077

8	9	6	7	3	4	2	5	1
1	2	5	9	8	6	3	7	4
4	3	7	2	1	5	8	9	6
9	6	3	5	4	7	1	8	2
2	5	1	8	6	3	7	4	9
7	4	8	1	9	2	6	3	5
6	8	9	3	5	1	4	2	7
3	1	2	4	7	9	5	6	8
5	7	4	6	2	8	9	1	3

C078

4	8	9	2	3	5	1	6	7
7	3	6	4	8	1	2	5	9
2	1	5	9	6	7	4	8	3
3	4	2	8	7	9	6	1	5
9	6	1	3	5	4	7	2	8
5	7	8	6	1	2	3	9	4
6	5	4	1	9	3	8	7	2
1	2	7	5	4	8	9	3	6
8	9	3	7	2	6	5	4	1

C079

5	9	8	7	1	2	3	4	6
1	7	2	6	3	4	5	8	9
3	4	6	5	8	9	2	7	1
6	1	5	8	9	3	7	2	4
4	3	9	2	7	6	8	1	5
8	2	7	1	4	5	6	9	3
9	6	4	3	2	7	1	5	8
2	5	1	9	6	8	4	3	7
7	8	3	4	5	1	9	6	2

C080

8	6	9	5	4	1	7	2	3
7	3	5	2	9	6	1	4	8
2	4	1	8	3	7	9	5	6
1	5	4	6	7	8	2	3	9
3	8	2	9	1	4	6	7	5
9	7	6	3	2	5	8	1	4
6	1	7	4	8	3	5	9	2
4	2	8	1	5	9	3	6	7
5	9	3	7	6	2	4	8	1

C081

4	5	3	7	2	6	9	8	1
9	1	6	5	3	8	2	7	4
7	2	8	1	4	9	6	3	5
8	6	4	2	9	3	1	5	7
3	7	2	6	1	5	4	9	8
1	9	5	4	8	7	3	2	6
5	8	1	3	6	2	7	4	9
6	3	9	8	7	4	5	1	2
2	4	7	9	5	1	8	6	3

C082

1	2	3	7	8	9	4	5	6
9	8	5	2	4	6	1	7	3
6	4	7	3	1	5	8	9	2
8	1	9	6	5	2	3	4	7
5	7	2	4	9	3	6	8	1
4	3	6	1	7	8	9	2	5
3	6	4	8	2	7	5	1	9
2	5	8	9	3	1	7	6	4
7	9	1	5	6	4	2	3	8

C083

1	4	5	8	7	6	9	3	2
8	3	6	2	4	9	5	7	1
9	7	2	3	5	1	4	8	6
2	9	8	1	6	3	7	5	4
5	6	3	7	2	4	1	9	8
4	1	7	5	9	8	2	6	3
7	8	9	4	3	2	6	1	5
6	2	1	9	8	5	3	4	7
3	5	4	6	1	7	8	2	9

C084

8	9	7	2	1	6	3	4	5
1	4	5	7	8	3	9	2	6
6	2	3	5	9	4	7	8	1
2	5	4	1	3	8	6	9	7
9	7	1	6	2	5	8	3	4
3	6	8	4	7	9	5	1	2
7	3	6	8	4	1	2	5	9
4	8	2	9	5	7	1	6	3
5	1	9	3	6	2	4	7	8

C085

9	5	8	7	4	3	6	1	2
2	6	4	9	1	5	3	7	8
3	7	1	8	6	2	4	9	5
6	4	2	1	3	7	5	8	9
1	3	5	2	8	9	7	6	4
7	8	9	6	5	4	1	2	3
4	9	7	5	2	1	8	3	6
8	1	3	4	9	6	2	5	7
5	2	6	3	7	8	9	4	1

C086

2	9	4	1	5	6	7	8	3
6	7	1	8	3	4	2	9	5
5	3	8	7	9	2	6	4	1
3	4	5	2	1	7	8	6	9
9	2	6	3	4	8	1	5	7
1	8	7	9	6	5	4	3	2
4	1	2	5	8	9	3	7	6
8	5	3	6	7	1	9	2	4
7	6	9	4	2	3	5	1	8

C087

5	8	3	6	9	1	7	2	4
2	4	6	3	5	7	8	9	1
7	9	1	2	4	8	5	6	3
8	3	2	4	1	9	6	7	5
6	7	9	5	2	3	1	4	8
1	5	4	8	7	6	2	3	9
3	1	5	9	6	2	4	8	7
9	2	7	1	8	4	3	5	6
4	6	8	7	3	5	9	1	2

C088

2	3	7	1	9	6	8	5	4
8	1	9	7	4	5	6	3	2
4	6	5	8	3	2	7	1	9
5	7	1	9	2	8	4	6	3
9	2	4	6	5	3	1	7	8
3	8	6	4	7	1	9	2	5
6	9	2	3	8	7	5	4	1
1	4	3	5	6	9	2	8	7
7	5	8	2	1	4	3	9	6

C089

4	5	3	6	7	2	8	9	1
9	8	2	1	3	4	6	5	7
1	6	7	9	5	8	2	3	4
2	1	8	3	6	5	4	7	9
3	4	9	8	1	7	5	2	6
5	7	6	4	2	9	3	1	8
6	2	4	5	9	1	7	8	3
7	3	1	2	8	6	9	4	5
8	9	5	7	4	3	1	6	2

C090

3	5	6	7	8	9	4	1	2
7	8	9	1	2	4	5	3	6
1	2	4	3	5	6	7	8	9
2	1	5	6	3	8	9	7	4
9	4	3	2	1	7	8	6	5
8	6	7	4	9	5	1	2	3
4	9	1	8	6	2	3	5	7
5	3	2	9	7	1	6	4	8
6	7	8	5	4	3	2	9	1

C091

2	3	4	1	5	8	9	6	7
9	1	7	2	3	6	8	4	5
5	6	8	9	4	7	1	2	3
4	7	5	3	6	9	2	1	8
1	8	2	4	7	5	3	9	6
3	9	6	8	1	2	7	5	4
6	2	9	5	8	3	4	7	1
7	4	3	6	9	1	5	8	2
8	5	1	7	2	4	6	3	9

C092

1	3	6	8	4	9	5	2	7
2	4	5	3	7	6	9	8	1
9	7	8	5	1	2	3	4	6
3	2	9	6	5	7	8	1	4
6	5	1	4	8	3	7	9	2
4	8	7	9	2	1	6	3	5
5	9	2	7	3	4	1	6	8
8	6	4	1	9	5	2	7	3
7	1	3	2	6	8	4	5	9

C093

6	7	3	1	5	2	8	9	4
8	4	1	9	6	3	5	2	7
9	2	5	7	4	8	6	1	3
5	3	7	4	2	1	9	6	8
1	6	9	8	3	5	4	7	2
2	8	4	6	7	9	3	5	1
3	5	6	2	8	7	1	4	9
4	9	2	3	1	6	7	8	5
7	1	8	5	9	4	2	3	6

C094

7	8	3	9	5	1	6	4	2
2	5	4	7	8	6	9	1	3
6	9	1	4	2	3	5	7	8
9	4	5	6	7	2	3	8	1
1	3	7	8	9	4	2	5	6
8	6	2	1	3	5	4	9	7
3	1	8	2	4	9	7	6	5
4	2	6	5	1	7	8	3	9
5	7	9	3	6	8	1	2	4

C095

1	7	2	4	5	6	3	8	9
4	3	9	1	7	8	2	5	6
5	6	8	3	9	2	1	4	7
7	4	6	8	1	9	5	2	3
9	8	5	2	3	7	4	6	1
3	2	1	5	6	4	9	7	8
8	9	3	7	4	5	6	1	2
2	1	4	6	8	3	7	9	5
6	5	7	9	2	1	8	3	4

C096

9	3	8	2	1	5	6	4	7
7	5	6	4	8	3	9	2	1
4	2	1	7	9	6	8	5	3
5	4	9	6	3	1	7	8	2
1	8	7	9	2	4	3	6	5
2	6	3	5	7	8	4	1	9
6	9	4	3	5	2	1	7	8
3	1	2	8	6	7	5	9	4
8	7	5	1	4	9	2	3	6

C097

4	9	1	5	2	6	7	8	3
2	8	7	9	1	3	4	5	6
5	3	6	8	4	7	9	1	2
3	5	4	6	9	1	2	7	8
9	6	2	4	7	8	5	3	1
1	7	8	2	3	5	6	4	9
6	1	9	3	5	4	8	2	7
8	4	3	7	6	2	1	9	5
7	2	5	1	8	9	3	6	4

C098

5	1	6	9	8	2	4	7	3
9	3	7	4	5	6	2	1	8
8	4	2	1	7	3	6	5	9
4	7	8	6	9	5	3	2	1
6	5	3	2	1	4	8	9	7
1	2	9	8	3	7	5	6	4
3	9	5	7	6	8	1	4	2
2	8	1	5	4	9	7	3	6
7	6	4	3	2	1	9	8	5

C099

5	2	4	9	6	3	1	7	8
9	8	7	1	2	5	4	3	6
1	6	3	7	8	4	5	2	9
4	1	9	6	3	8	2	5	7
6	3	5	2	4	7	9	8	1
2	7	8	5	1	9	6	4	3
3	9	2	8	5	1	7	6	4
7	4	6	3	9	2	8	1	5
8	5	1	4	7	6	3	9	2

C100

8	9	1	2	3	7	5	4	6
2	4	3	1	5	6	7	8	9
6	5	7	4	8	9	1	3	2
7	2	5	6	4	3	9	1	8
1	6	4	9	7	8	2	5	3
3	8	9	5	1	2	4	6	7
5	3	8	7	2	1	6	9	4
9	1	2	3	6	4	8	7	5
4	7	6	8	9	5	3	2	1

D001

3	1	4	5	2	8	7	9	6
9	6	8	3	7	4	2	5	1
5	2	7	6	9	1	8	4	3
8	3	9	4	6	2	1	7	5
6	4	1	7	8	5	9	3	2
7	5	2	9	1	3	6	8	4
1	7	5	8	3	6	4	2	9
4	8	6	2	5	9	3	1	7
2	9	3	1	4	7	5	6	8

D002

1	5	2	4	6	7	3	8	9
6	8	3	1	2	9	7	5	4
7	9	4	3	8	5	2	1	6
9	7	8	5	4	1	6	3	2
4	3	1	2	9	6	8	7	5
5	2	6	7	3	8	9	4	1
2	4	7	6	1	3	5	9	8
8	1	5	9	7	2	4	6	3
3	6	9	8	5	4	1	2	7

D003

8	9	1	7	6	4	3	2	5
3	2	5	8	9	1	7	6	4
7	6	4	5	3	2	9	8	1
6	1	2	3	7	9	4	5	8
9	3	8	6	4	5	1	7	2
4	5	7	2	1	8	6	3	9
2	7	9	1	5	3	8	4	6
5	4	6	9	8	7	2	1	3
1	8	3	4	2	6	5	9	7

D004

9	5	4	7	1	8	2	3	6
8	6	3	9	5	2	7	1	4
7	1	2	6	4	3	5	8	9
5	7	8	3	2	4	6	9	1
6	4	1	5	8	9	3	2	7
2	3	9	1	7	6	4	5	8
1	9	7	4	3	5	8	6	2
4	2	5	8	6	1	9	7	3
3	8	6	2	9	7	1	4	5

D005

9	6	5	3	4	2	8	7	1
1	7	2	9	8	5	3	4	6
3	4	8	7	6	1	2	9	5
5	3	7	6	1	4	9	8	2
8	9	4	5	2	3	1	6	7
2	1	6	8	7	9	4	5	3
4	8	1	2	5	7	6	3	9
7	2	3	4	9	6	5	1	8
6	5	9	1	3	8	7	2	4

D006

4	9	1	5	2	6	7	3	8
5	6	3	7	9	8	4	1	2
8	7	2	1	4	3	9	5	6
3	4	9	6	7	1	2	8	5
7	2	5	3	8	9	1	6	4
1	8	6	4	5	2	3	7	9
6	3	4	9	1	5	8	2	7
9	1	8	2	6	7	5	4	3
2	5	7	8	3	4	6	9	1

D007

2	5	7	9	4	8	1	3	6
4	6	3	7	5	1	8	2	9
1	9	8	2	6	3	5	4	7
9	4	2	1	8	6	7	5	3
5	3	6	4	7	9	2	8	1
7	8	1	3	2	5	6	9	4
3	1	5	8	9	7	4	6	2
6	7	4	5	3	2	9	1	8
8	2	9	6	1	4	3	7	5

D008

8	6	3	9	4	1	7	2	5
4	7	1	2	5	8	9	3	6
2	9	5	3	7	6	4	8	1
7	8	6	4	2	3	5	1	9
5	1	2	6	8	9	3	7	4
3	4	9	7	1	5	8	6	2
1	3	4	5	6	7	2	9	8
9	2	8	1	3	4	6	5	7
6	5	7	8	9	2	1	4	3

D009

7	9	6	5	4	3	1	2	8
4	2	1	8	6	9	5	7	3
3	8	5	7	1	2	6	4	9
2	6	3	9	8	1	4	5	7
9	1	4	3	5	7	8	6	2
8	5	7	4	2	6	9	3	1
6	7	8	1	3	4	2	9	5
1	3	2	6	9	5	7	8	4
5	4	9	2	7	8	3	1	6

D010

8	1	3	6	7	9	5	2	4
2	6	7	4	5	1	9	3	8
4	5	9	3	2	8	6	1	7
9	3	4	5	1	6	7	8	2
6	2	1	7	8	3	4	5	9
7	8	5	2	9	4	3	6	1
3	7	8	9	6	2	1	4	5
1	9	6	8	4	5	2	7	3
5	4	2	1	3	7	8	9	6

D011

7	6	2	4	8	9	1	5	3
9	8	5	1	3	6	7	4	2
1	3	4	5	7	2	9	8	6
3	7	8	2	9	1	4	6	5
6	4	9	7	5	3	2	1	8
5	2	1	8	6	4	3	7	9
2	9	7	6	4	5	8	3	1
4	1	6	3	2	8	5	9	7
8	5	3	9	1	7	6	2	4

D012

3	6	1	2	5	8	4	9	7
9	8	2	7	4	3	1	6	5
4	7	5	9	1	6	2	8	3
1	9	8	4	6	7	3	5	2
5	4	6	3	8	2	9	7	1
2	3	7	1	9	5	6	4	8
7	1	4	8	2	9	5	3	6
8	5	9	6	3	1	7	2	4
6	2	3	5	7	4	8	1	9

D013

2	9	3	4	5	7	6	8	1
6	1	4	9	8	3	2	7	5
7	5	8	1	2	6	3	4	9
8	6	7	5	3	9	4	1	2
5	2	9	6	1	4	7	3	8
3	4	1	8	7	2	5	9	6
9	8	2	3	4	5	1	6	7
1	3	5	7	6	8	9	2	4
4	7	6	2	9	1	8	5	3

D014

1	5	9	7	8	2	4	3	6
3	7	6	1	9	4	8	5	2
2	4	8	5	3	6	7	9	1
4	9	1	6	2	7	3	8	5
6	3	7	8	1	5	2	4	9
8	2	5	3	4	9	1	6	7
7	8	3	9	6	1	5	2	4
9	1	4	2	5	8	6	7	3
5	6	2	4	7	3	9	1	8

D015

7	1	5	9	6	8	3	4	2
6	8	3	7	4	2	1	9	5
9	4	2	1	3	5	6	8	7
2	6	8	3	7	4	5	1	9
4	5	1	6	2	9	8	7	3
3	9	7	5	8	1	4	2	6
8	7	4	2	5	6	9	3	1
1	2	6	8	9	3	7	5	4
5	3	9	4	1	7	2	6	8

D016

8	4	9	1	5	6	3	2	7
1	6	3	7	2	8	9	4	5
2	7	5	9	4	3	1	6	8
4	5	1	6	7	2	8	9	3
7	3	6	8	9	1	4	5	2
9	8	2	5	3	4	6	7	1
6	2	4	3	1	7	5	8	9
5	1	8	2	6	9	7	3	4
3	9	7	4	8	5	2	1	6

D017

3	8	6	5	7	4	1	2	9
9	7	2	8	6	1	3	5	4
1	4	5	9	2	3	7	6	8
2	3	4	1	5	9	6	8	7
6	5	9	3	8	7	2	4	1
8	1	7	6	4	2	5	9	3
7	2	3	4	9	5	8	1	6
4	6	1	2	3	8	9	7	5
5	9	8	7	1	6	4	3	2

D018

4	9	1	5	2	6	8	3	7
3	6	7	4	1	8	5	9	2
8	5	2	9	7	3	1	6	4
5	3	4	1	6	7	9	2	8
9	1	8	2	3	4	6	7	5
7	2	6	8	5	9	3	4	1
2	4	5	3	9	1	7	8	6
6	8	3	7	4	5	2	1	9
1	7	9	6	8	2	4	5	3

D019

6	5	4	9	8	7	2	3	1
3	9	7	2	4	1	8	6	5
2	8	1	5	3	6	4	9	7
4	1	6	7	2	9	5	8	3
9	3	5	4	6	8	7	1	2
8	7	2	1	5	3	6	4	9
7	2	3	6	9	4	1	5	8
1	6	8	3	7	5	9	2	4
5	4	9	8	1	2	3	7	6

D020

7	5	4	2	1	8	3	6	9
1	9	3	7	5	6	8	2	4
8	6	2	9	4	3	5	7	1
2	3	8	6	9	5	1	4	7
9	4	7	3	2	1	6	8	5
5	1	6	8	7	4	9	3	2
4	8	9	5	3	2	7	1	6
3	2	5	1	6	7	4	9	8
6	7	1	4	8	9	2	5	3

D021

7	8	2	6	9	5	4	1	3
5	9	6	4	1	3	7	8	2
1	4	3	2	8	7	5	9	6
9	7	1	3	5	4	2	6	8
8	6	5	1	2	9	3	7	4
3	2	4	8	7	6	9	5	1
2	1	9	5	3	8	6	4	7
4	5	8	7	6	2	1	3	9
6	3	7	9	4	1	8	2	5

D022

4	7	2	5	1	8	6	9	3
6	1	8	3	9	7	2	5	4
5	3	9	2	6	4	1	8	7
2	5	4	7	3	1	8	6	9
8	6	1	4	2	9	7	3	5
7	9	3	8	5	6	4	2	1
1	2	5	6	7	3	9	4	8
9	8	6	1	4	5	3	7	2
3	4	7	9	8	2	5	1	6

D023

9	4	3	1	5	8	6	7	2
1	2	7	4	6	9	3	8	5
6	8	5	7	2	3	9	1	4
5	9	1	3	4	2	7	6	8
2	3	4	8	7	6	1	5	9
7	6	8	5	9	1	4	2	3
4	7	6	9	8	5	2	3	1
3	5	9	2	1	7	8	4	6
8	1	2	6	3	4	5	9	7

D024

5	7	3	8	6	9	1	2	4
8	6	2	4	5	1	7	9	3
9	1	4	3	7	2	6	5	8
4	2	5	6	1	7	8	3	9
6	8	7	9	2	3	5	4	1
3	9	1	5	4	8	2	7	6
1	5	8	2	9	4	3	6	7
2	3	9	7	8	6	4	1	5
7	4	6	1	3	5	9	8	2

D025

6	5	2	1	3	8	4	9	7
3	1	4	7	9	6	5	8	2
7	9	8	5	2	4	1	3	6
4	2	1	9	8	7	3	6	5
5	6	9	2	4	3	8	7	1
8	3	7	6	5	1	2	4	9
2	8	5	4	6	9	7	1	3
9	7	3	8	1	2	6	5	4
1	4	6	3	7	5	9	2	8

D026

1	8	4	6	2	9	3	5	7
2	9	3	5	7	8	1	4	6
5	6	7	3	1	4	2	9	8
4	1	8	7	9	3	6	2	5
9	3	6	1	5	2	7	8	4
7	5	2	4	8	6	9	1	3
6	4	1	2	3	5	8	7	9
3	7	9	8	4	1	5	6	2
8	2	5	9	6	7	4	3	1

D027

1	7	2	8	6	4	5	3	9
3	8	5	9	2	7	6	1	4
9	4	6	3	5	1	2	8	7
7	6	8	1	9	2	4	5	3
4	2	9	5	7	3	8	6	1
5	3	1	6	4	8	9	7	2
8	9	4	7	1	5	3	2	6
6	1	3	2	8	9	7	4	5
2	5	7	4	3	6	1	9	8

D028

5	1	7	2	6	4	9	8	3
4	2	3	8	9	1	5	7	6
9	6	8	5	3	7	2	4	1
3	7	1	9	4	5	8	6	2
2	8	5	6	7	3	4	1	9
6	4	9	1	8	2	7	3	5
7	9	6	3	5	8	1	2	4
1	3	4	7	2	9	6	5	8
8	5	2	4	1	6	3	9	7

D029

1	9	5	7	8	4	2	3	6
6	8	4	2	3	5	9	1	7
2	7	3	1	9	6	8	4	5
8	1	7	6	4	3	5	2	9
9	4	6	8	5	2	1	7	3
3	5	2	9	1	7	4	6	8
4	6	1	5	7	8	3	9	2
5	2	9	3	6	1	7	8	4
7	3	8	4	2	9	6	5	1

D030

1	8	3	2	7	9	5	6	4
2	6	7	5	4	1	8	3	9
4	9	5	3	6	8	7	2	1
7	4	9	6	3	5	1	8	2
3	5	6	1	8	2	4	9	7
8	1	2	4	9	7	3	5	6
5	2	8	9	1	4	6	7	3
9	3	1	7	5	6	2	4	8
6	7	4	8	2	3	9	1	5

D031

8	9	2	7	5	3	6	4	1
6	7	1	9	8	4	3	5	2
3	4	5	2	1	6	8	7	9
4	2	6	1	3	7	9	8	5
5	8	7	6	9	2	1	3	4
1	3	9	5	4	8	2	6	7
7	1	8	4	6	9	5	2	3
2	5	3	8	7	1	4	9	6
9	6	4	3	2	5	7	1	8

D032

1	4	3	7	5	6	8	9	2
6	9	5	2	8	3	4	7	1
7	2	8	9	4	1	5	3	6
5	1	7	3	6	9	2	8	4
3	8	4	1	2	5	7	6	9
9	6	2	8	7	4	1	5	3
4	7	6	5	3	2	9	1	8
8	3	9	4	1	7	6	2	5
2	5	1	6	9	8	3	4	7

D033

2	8	6	5	4	3	1	9	7
4	5	1	9	7	2	8	6	3
9	7	3	6	1	8	2	4	5
8	4	9	3	2	5	7	1	6
3	1	7	4	9	6	5	8	2
5	6	2	1	8	7	9	3	4
1	3	8	7	5	4	6	2	9
6	9	5	2	3	1	4	7	8
7	2	4	8	6	9	3	5	1

D034

7	2	9	8	1	6	4	3	5
8	6	5	4	3	7	2	1	9
4	3	1	5	9	2	7	6	8
6	1	4	2	5	9	3	8	7
9	8	7	3	4	1	5	2	6
3	5	2	7	6	8	9	4	1
2	9	8	6	7	3	1	5	4
5	7	6	1	2	4	8	9	3
1	4	3	9	8	5	6	7	2

D035

6	3	4	1	7	9	8	5	2
2	1	7	5	8	4	6	3	9
9	8	5	6	2	3	4	1	7
1	6	9	8	3	5	2	7	4
7	4	3	2	6	1	5	9	8
5	2	8	4	9	7	1	6	3
4	7	6	3	5	2	9	8	1
8	9	2	7	1	6	3	4	5
3	5	1	9	4	8	7	2	6

D036

5	4	6	2	3	9	8	7	1
7	3	2	4	8	1	5	9	6
1	9	8	6	5	7	2	4	3
4	6	7	1	2	8	9	3	5
2	8	3	9	4	5	6	1	7
9	1	5	7	6	3	4	2	8
6	5	9	3	1	4	7	8	2
3	2	4	8	7	6	1	5	9
8	7	1	5	9	2	3	6	4

D037

7	4	6	3	5	8	9	2	1
3	8	1	2	9	4	6	5	7
5	2	9	7	1	6	4	8	3
2	9	8	4	6	7	1	3	5
6	3	4	1	2	5	7	9	8
1	7	5	9	8	3	2	6	4
9	1	3	5	7	2	8	4	6
8	5	2	6	4	1	3	7	9
4	6	7	8	3	9	5	1	2

D038

4	2	3	9	5	8	7	1	6
7	5	1	6	4	3	9	2	8
8	9	6	2	7	1	4	3	5
3	7	9	5	8	2	1	6	4
5	4	2	1	3	6	8	7	9
1	6	8	4	9	7	3	5	2
2	8	5	3	1	4	6	9	7
6	3	7	8	2	9	5	4	1
9	1	4	7	6	5	2	8	3

D039

1	8	3	7	9	2	4	6	5
6	9	2	4	5	8	3	7	1
4	7	5	6	1	3	2	8	9
2	4	7	5	8	9	6	1	3
3	6	9	1	2	7	8	5	4
8	5	1	3	6	4	7	9	2
5	1	8	2	3	6	9	4	7
9	2	4	8	7	1	5	3	6
7	3	6	9	4	5	1	2	8

D040

8	9	2	1	3	5	6	7	4
3	7	5	6	9	4	8	1	2
1	4	6	2	8	7	5	9	3
6	2	3	7	5	8	9	4	1
9	8	7	4	1	6	2	3	5
5	1	4	3	2	9	7	6	8
2	6	8	9	4	1	3	5	7
4	5	9	8	7	3	1	2	6
7	3	1	5	6	2	4	8	9

D041

8	2	9	7	1	3	6	5	4
3	7	1	6	5	4	2	9	8
5	6	4	9	8	2	7	3	1
6	9	3	1	7	8	5	4	2
4	5	8	2	9	6	3	1	7
7	1	2	3	4	5	9	8	6
2	8	5	4	3	7	1	6	9
9	4	7	5	6	1	8	2	3
1	3	6	8	2	9	4	7	5

D042

9	5	2	1	7	8	4	3	6
8	6	3	9	4	2	5	7	1
7	4	1	3	6	5	9	2	8
5	8	7	6	1	3	2	9	4
1	2	4	8	9	7	3	6	5
6	3	9	5	2	4	8	1	7
3	9	8	7	5	1	6	4	2
4	7	6	2	8	9	1	5	3
2	1	5	4	3	6	7	8	9

D043

9	4	2	7	8	1	6	3	5
7	8	3	4	5	6	9	2	1
5	6	1	2	9	3	4	7	8
8	9	6	1	3	5	2	4	7
4	1	7	8	6	2	3	5	9
3	2	5	9	4	7	8	1	6
6	3	4	5	7	8	1	9	2
2	7	9	6	1	4	5	8	3
1	5	8	3	2	9	7	6	4

D044

4	6	5	8	7	2	1	3	9
1	8	7	9	4	3	6	5	2
2	9	3	5	1	6	8	7	4
7	4	2	6	3	5	9	1	8
8	5	9	7	2	1	3	4	6
3	1	6	4	9	8	5	2	7
9	2	8	1	5	4	7	6	3
6	3	1	2	8	7	4	9	5
5	7	4	3	6	9	2	8	1

D045

4	7	5	1	9	8	2	6	3
6	3	8	7	5	2	4	1	9
1	2	9	3	4	6	7	8	5
3	8	2	5	6	4	1	9	7
5	6	7	9	3	1	8	4	2
9	4	1	2	8	7	5	3	6
7	1	4	6	2	3	9	5	8
8	9	3	4	7	5	6	2	1
2	5	6	8	1	9	3	7	4

D046

8	6	9	4	2	3	7	1	5
2	3	5	6	7	1	4	9	8
4	7	1	8	9	5	2	6	3
6	1	7	3	5	2	8	4	9
5	9	4	1	8	7	6	3	2
3	2	8	9	4	6	1	5	7
7	4	2	5	1	9	3	8	6
1	5	6	2	3	8	9	7	4
9	8	3	7	6	4	5	2	1

D047

1	6	3	8	7	9	2	5	4
2	7	9	4	5	1	6	3	8
5	4	8	2	6	3	7	1	9
9	5	7	6	1	4	3	8	2
3	8	4	9	2	5	1	6	7
6	1	2	3	8	7	9	4	5
4	3	5	1	9	2	8	7	6
7	2	6	5	3	8	4	9	1
8	9	1	7	4	6	5	2	3

D048

9	4	6	1	7	3	2	8	5
3	1	8	2	4	5	7	6	9
7	2	5	9	8	6	1	3	4
5	6	1	3	2	7	9	4	8
4	9	2	5	6	8	3	1	7
8	7	3	4	9	1	5	2	6
2	5	4	6	1	9	8	7	3
6	3	7	8	5	2	4	9	1
1	8	9	7	3	4	6	5	2

D049

2	9	8	6	7	5	4	1	3
5	7	4	3	8	1	6	2	9
1	3	6	2	4	9	8	5	7
4	1	5	7	9	2	3	6	8
6	8	7	4	1	3	5	9	2
9	2	3	8	5	6	1	7	4
7	6	1	9	3	8	2	4	5
8	5	9	1	2	4	7	3	6
3	4	2	5	6	7	9	8	1

D050

4	5	1	9	3	7	6	8	2
2	7	8	5	6	1	9	3	4
6	3	9	8	2	4	7	1	5
8	2	7	3	5	6	4	9	1
1	9	6	2	4	8	5	7	3
5	4	3	7	1	9	8	2	6
3	8	4	1	7	5	2	6	9
9	1	5	6	8	2	3	4	7
7	6	2	4	9	3	1	5	8

D051

7	1	3	9	4	6	8	2	5
4	2	8	5	3	1	6	9	7
9	5	6	2	8	7	1	4	3
6	8	2	3	9	4	7	5	1
5	3	7	6	1	2	4	8	9
1	9	4	8	7	5	3	6	2
8	6	5	1	2	3	9	7	4
3	4	9	7	5	8	2	1	6
2	7	1	4	6	9	5	3	8

D052

5	3	9	6	1	4	7	2	8
7	6	8	5	2	3	9	1	4
4	2	1	7	9	8	5	3	6
6	7	2	1	5	9	8	4	3
1	8	3	4	6	7	2	5	9
9	4	5	3	8	2	6	7	1
2	5	6	9	3	1	4	8	7
8	1	4	2	7	6	3	9	5
3	9	7	8	4	5	1	6	2

D053

6	4	1	9	5	2	8	7	3
5	7	2	3	8	4	9	6	1
8	9	3	7	1	6	5	2	4
7	2	8	1	4	5	6	3	9
9	6	4	2	7	3	1	5	8
1	3	5	6	9	8	7	4	2
3	5	6	8	2	9	4	1	7
2	8	7	4	6	1	3	9	5
4	1	9	5	3	7	2	8	6

D054

7	6	5	4	9	1	2	3	8
9	3	4	6	2	8	5	7	1
8	2	1	5	7	3	9	6	4
2	5	9	7	3	4	8	1	6
1	8	7	2	6	5	3	4	9
6	4	3	1	8	9	7	2	5
5	7	6	8	4	2	1	9	3
4	9	8	3	1	7	6	5	2
3	1	2	9	5	6	4	8	7

D055

7	8	1	3	9	6	5	4	2
5	3	4	8	1	2	9	6	7
9	6	2	5	7	4	1	8	3
2	4	5	9	6	7	3	1	8
8	9	6	2	3	1	4	7	5
3	1	7	4	5	8	6	2	9
6	2	3	1	8	5	7	9	4
1	5	8	7	4	9	2	3	6
4	7	9	6	2	3	8	5	1

D056

1	5	2	6	9	3	4	8	7
8	4	6	7	2	5	3	9	1
9	3	7	4	1	8	6	5	2
5	6	8	2	4	9	7	1	3
2	7	1	3	5	6	9	4	8
4	9	3	1	8	7	5	2	6
7	2	4	9	3	1	8	6	5
6	1	5	8	7	4	2	3	9
3	8	9	5	6	2	1	7	4

D057

3	2	4	6	7	9	1	8	5
5	1	6	2	8	4	9	3	7
8	9	7	1	5	3	4	6	2
7	4	8	5	9	6	2	1	3
9	5	2	4	3	1	8	7	6
1	6	3	8	2	7	5	4	9
2	7	1	9	6	8	3	5	4
4	3	5	7	1	2	6	9	8
6	8	9	3	4	5	7	2	1

D058

2	5	9	1	3	4	7	6	8
7	8	6	2	9	5	3	4	1
4	1	3	8	7	6	9	5	2
8	6	2	4	5	7	1	9	3
3	4	5	9	1	2	8	7	6
1	9	7	6	8	3	4	2	5
6	3	1	5	4	9	2	8	7
9	2	8	7	6	1	5	3	4
5	7	4	3	2	8	6	1	9

D059

4	7	8	3	5	9	1	2	6
1	2	9	7	6	4	3	5	8
6	5	3	1	2	8	4	9	7
8	6	5	4	1	3	2	7	9
9	3	1	6	7	2	5	8	4
2	4	7	9	8	5	6	1	3
5	8	6	2	3	7	9	4	1
3	9	2	8	4	1	7	6	5
7	1	4	5	9	6	8	3	2

D060

1	3	8	6	5	2	4	7	9
5	6	2	9	7	4	1	3	8
4	7	9	3	1	8	6	2	5
9	2	4	1	8	7	5	6	3
7	5	3	2	4	6	8	9	1
8	1	6	5	3	9	2	4	7
2	9	1	7	6	5	3	8	4
6	8	5	4	9	3	7	1	2
3	4	7	8	2	1	9	5	6

D061

4	5	7	2	6	1	3	8	9
3	9	6	4	8	5	2	1	7
2	8	1	3	9	7	5	4	6
9	6	4	1	3	2	7	5	8
1	3	2	5	7	8	9	6	4
5	7	8	6	4	9	1	2	3
7	2	9	8	1	6	4	3	5
6	1	3	7	5	4	8	9	2
8	4	5	9	2	3	6	7	1

D062

1	6	2	7	8	4	9	3	5
7	3	5	2	1	9	8	6	4
8	9	4	3	5	6	7	2	1
6	4	1	9	7	8	3	5	2
5	2	8	4	3	1	6	7	9
9	7	3	5	6	2	1	4	8
4	5	6	8	9	7	2	1	3
3	1	9	6	2	5	4	8	7
2	8	7	1	4	3	5	9	6

D063

1	9	8	2	5	4	6	3	7
7	5	2	9	6	3	4	1	8
3	4	6	7	1	8	2	9	5
6	1	3	8	4	7	9	5	2
4	7	5	1	9	2	3	8	6
8	2	9	5	3	6	7	4	1
5	8	4	6	7	9	1	2	3
2	3	7	4	8	1	5	6	9
9	6	1	3	2	5	8	7	4

D064

8	7	3	6	2	5	1	4	9
6	1	4	9	7	3	5	2	8
5	2	9	8	1	4	3	7	6
1	5	2	3	6	9	7	8	4
3	4	6	5	8	7	9	1	2
9	8	7	1	4	2	6	5	3
7	3	8	2	9	1	4	6	5
2	9	1	4	5	6	8	3	7
4	6	5	7	3	8	2	9	1

D065

5	8	4	9	2	1	6	3	7
9	1	6	8	3	7	4	2	5
7	3	2	6	4	5	9	1	8
2	9	5	7	8	3	1	4	6
6	4	8	5	1	2	7	9	3
3	7	1	4	6	9	5	8	2
1	5	9	2	7	8	3	6	4
8	6	3	1	5	4	2	7	9
4	2	7	3	9	6	8	5	1

D066

4	7	8	2	3	9	1	5	6
2	3	5	7	1	6	8	9	4
9	6	1	8	5	4	2	7	3
7	4	9	6	8	1	3	2	5
1	8	3	4	2	5	7	6	9
5	2	6	9	7	3	4	1	8
8	9	7	5	4	2	6	3	1
6	1	2	3	9	8	5	4	7
3	5	4	1	6	7	9	8	2

D067

8	5	1	3	6	2	9	4	7
3	4	7	8	9	5	1	2	6
6	9	2	1	4	7	5	3	8
9	7	4	6	5	3	2	8	1
2	3	5	9	8	1	6	7	4
1	6	8	2	7	4	3	9	5
4	2	9	5	1	8	7	6	3
5	8	6	7	3	9	4	1	2
7	1	3	4	2	6	8	5	9

D068

5	6	2	3	4	1	9	7	8
9	1	4	7	2	8	5	6	3
3	8	7	9	5	6	1	2	4
7	9	3	1	8	2	4	5	6
4	2	1	5	6	3	7	8	9
6	5	8	4	7	9	2	3	1
1	7	5	6	3	4	8	9	2
2	3	9	8	1	5	6	4	7
8	4	6	2	9	7	3	1	5

D069

6	5	7	1	2	9	3	8	4
3	2	4	8	6	7	5	9	1
9	8	1	5	4	3	6	7	2
1	4	2	7	3	5	8	6	9
8	3	5	9	1	6	2	4	7
7	6	9	4	8	2	1	3	5
4	9	3	2	5	8	7	1	6
2	7	8	6	9	1	4	5	3
5	1	6	3	7	4	9	2	8

D070

8	2	5	3	6	7	4	1	9
1	9	7	5	4	2	6	3	8
3	4	6	9	1	8	7	2	5
2	8	3	6	5	9	1	4	7
9	7	4	1	8	3	5	6	2
5	6	1	7	2	4	9	8	3
6	1	2	8	7	5	3	9	4
7	3	8	4	9	6	2	5	1
4	5	9	2	3	1	8	7	6

E001

3	2	6	4	8	1	5	7	9
8	7	1	9	5	4	6	2	3
9	3	2	6	1	7	4	8	5
7	4	8	5	3	6	2	9	1
1	6	5	7	4	8	9	3	2
6	5	9	2	7	3	8	1	4
5	8	3	1	9	2	7	4	6
4	9	7	3	2	5	1	6	8
2	1	4	8	6	9	3	5	7

E002

1	7	8	3	6	5	4	2	9
3	1	5	6	8	2	9	4	7
8	6	3	2	9	4	7	5	1
2	9	4	7	5	6	8	1	3
4	2	7	5	1	9	3	6	8
7	5	2	9	4	8	1	3	6
6	8	9	4	3	1	2	7	5
9	3	6	1	2	7	5	8	4
5	4	1	8	7	3	6	9	2

E003

9	7	4	6	3	8	5	1	2
8	1	6	5	2	4	9	7	3
2	4	5	7	8	3	1	6	9
1	3	2	9	6	5	7	8	4
4	9	3	1	7	2	8	5	6
7	6	8	4	9	1	2	3	5
3	2	9	8	5	7	6	4	1
5	8	1	2	4	6	3	9	7
6	5	7	3	1	9	4	2	8

E004

1	6	8	9	5	4	2	7	3
5	7	9	2	3	1	8	4	6
3	2	4	7	6	8	1	5	9
2	5	7	8	4	6	3	9	1
8	3	6	1	7	9	5	2	4
9	4	1	5	2	3	7	6	8
7	9	3	6	1	2	4	8	5
6	1	2	4	8	5	9	3	7
4	8	5	3	9	7	6	1	2

E005

1	6	8	3	2	7	5	9	4
5	7	2	8	3	4	6	1	9
9	4	3	7	6	1	8	2	5
4	2	9	5	7	6	1	8	3
2	8	4	6	1	9	3	5	7
3	1	5	9	8	2	4	7	6
7	5	1	4	9	3	2	6	8
6	3	7	2	5	8	9	4	1
8	9	6	1	4	5	7	3	2

E006

9	1	6	2	7	5	8	4	3
5	3	4	8	1	6	7	2	9
6	2	5	9	3	1	4	7	8
8	4	3	7	6	9	2	1	5
7	9	1	4	8	3	5	6	2
1	6	8	5	4	2	9	3	7
3	8	2	1	9	7	6	5	4
4	5	7	3	2	8	1	9	6
2	7	9	6	5	4	3	8	1

E007

9	6	5	2	4	7	3	8	1
2	4	7	3	1	6	8	5	9
5	7	9	8	6	2	1	4	3
8	3	1	4	2	9	5	7	6
1	5	6	9	3	4	7	2	8
6	1	2	7	5	8	9	3	4
4	9	3	1	8	5	2	6	7
3	2	8	6	7	1	4	9	5
7	8	4	5	9	3	6	1	2

E008

7	4	2	1	5	9	6	3	8
6	2	8	9	3	4	5	1	7
4	7	5	3	8	1	9	2	6
2	5	7	6	1	8	4	9	3
8	3	9	4	6	7	1	5	2
9	1	6	2	7	5	3	8	4
3	8	1	5	4	6	2	7	9
1	9	4	7	2	3	8	6	5
5	6	3	8	9	2	7	4	1

E009

3	7	8	4	1	9	2	6	5
9	5	4	8	2	7	6	1	3
1	8	6	5	9	2	3	7	4
5	4	2	7	3	6	1	8	9
2	1	7	9	5	3	8	4	6
6	9	5	1	4	8	7	3	2
7	3	9	6	8	5	4	2	1
4	6	3	2	7	1	5	9	8
8	2	1	3	6	4	9	5	7

E010

2	4	6	7	1	9	5	3	8
9	3	5	8	6	7	4	2	1
5	6	8	9	7	3	1	4	2
3	2	4	5	8	1	6	7	9
1	8	7	6	3	5	2	9	4
8	1	2	4	9	6	3	5	7
7	5	9	3	2	4	8	1	6
4	7	1	2	5	8	9	6	3
6	9	3	1	4	2	7	8	5

E011

9	8	5	2	6	1	4	7	3
1	4	3	7	9	6	5	8	2
4	6	8	3	2	5	7	1	9
3	2	7	5	1	4	9	6	8
6	5	9	1	8	7	3	2	4
8	9	2	6	7	3	1	4	5
7	3	1	4	5	2	8	9	6
2	7	4	8	3	9	6	5	1
5	1	6	9	4	8	2	3	7

E012

4	5	3	2	8	9	6	7	1
7	1	5	6	4	2	8	9	3
6	7	2	9	1	3	5	8	4
9	8	1	4	3	5	7	2	6
2	3	7	8	5	4	1	6	9
1	6	9	5	2	8	4	3	7
3	4	8	1	6	7	9	5	2
5	9	6	3	7	1	2	4	8
8	2	4	7	9	6	3	1	5

E013

6	7	5	1	8	2	9	3	4
2	8	4	5	3	9	7	6	1
4	2	8	6	7	3	5	1	9
9	6	3	2	1	4	8	7	5
7	1	9	8	5	6	2	4	3
5	4	1	9	2	7	3	8	6
3	5	6	7	9	1	4	2	8
1	9	2	3	4	8	6	5	7
8	3	7	4	6	5	1	9	2

E014

1	2	9	5	6	8	3	4	7
4	7	5	3	2	9	1	6	8
3	8	7	1	9	4	6	2	5
6	5	3	4	7	1	2	8	9
7	9	8	2	5	6	4	3	1
8	1	4	9	3	2	5	7	6
2	4	6	7	8	5	9	1	3
5	6	2	8	1	3	7	9	4
9	3	1	6	4	7	8	5	2

E015

2	5	6	4	9	3	7	8	1
1	9	3	8	2	7	5	4	6
3	1	5	7	6	4	8	9	2
9	6	8	3	4	2	1	7	5
4	8	7	2	5	9	6	1	3
7	2	4	9	1	6	3	5	8
6	3	1	5	7	8	4	2	9
5	7	2	6	8	1	9	3	4
8	4	9	1	3	5	2	6	7

E016

5	6	8	2	3	4	1	9	7
1	7	5	4	9	3	8	2	6
8	4	1	7	5	2	6	3	9
3	9	7	6	1	8	5	4	2
6	5	9	3	8	7	2	1	4
2	3	6	8	4	5	9	7	1
9	2	4	5	7	1	3	6	8
4	1	3	9	2	6	7	8	5
7	8	2	1	6	9	4	5	3

E017

3	2	8	4	1	9	7	6	5
7	4	3	5	6	1	2	8	9
6	7	2	8	9	5	1	3	4
1	8	6	9	5	3	4	7	2
5	9	4	1	7	6	3	2	8
9	5	1	3	8	2	6	4	7
2	6	5	7	4	8	9	1	3
8	3	7	6	2	4	5	9	1
4	1	9	2	3	7	8	5	6

E018

7	6	3	1	2	8	4	9	5
9	1	2	4	7	6	3	5	8
4	8	5	6	9	1	7	3	2
8	3	1	7	5	2	9	6	4
2	5	4	9	6	3	1	8	7
1	4	7	3	8	9	5	2	6
6	7	9	8	4	5	2	1	3
5	9	6	2	3	4	8	7	1
3	2	8	5	1	7	6	4	9

E019

6	8	5	2	9	4	1	3	7
7	1	2	4	3	9	6	8	5
9	4	3	7	8	6	5	1	2
1	5	6	9	4	7	3	2	8
8	7	1	5	2	3	4	9	6
2	3	9	6	1	8	7	5	4
5	9	4	8	7	1	2	6	3
4	2	8	3	6	5	9	7	1
3	6	7	1	5	2	8	4	9

E020

2	4	1	5	8	6	3	7	9
9	3	5	6	7	2	1	8	4
8	1	2	3	5	7	9	4	6
4	7	8	2	1	5	6	9	3
3	8	9	7	6	1	4	2	5
7	6	3	4	2	9	8	5	1
1	5	6	9	4	8	2	3	7
5	2	4	1	9	3	7	6	8
6	9	7	8	3	4	5	1	2

E021

1	7	6	2	9	5	4	8	3
3	8	7	4	1	2	5	6	9
5	2	9	6	4	3	8	1	7
8	3	4	1	5	6	9	7	2
6	5	2	9	8	7	1	3	4
2	4	1	7	3	8	6	9	5
7	9	3	5	6	1	2	4	8
4	1	8	3	2	9	7	5	6
9	6	5	8	7	4	3	2	1

E022

8	2	9	7	6	1	3	5	4
1	3	5	4	9	2	7	8	6
4	8	1	3	5	7	6	2	9
2	1	4	5	3	9	8	6	7
5	6	8	9	4	3	2	7	1
3	7	2	6	8	4	1	9	5
7	9	6	1	2	5	4	3	8
6	5	7	2	1	8	9	4	3
9	4	3	8	7	6	5	1	2

E023

2	4	7	3	6	9	8	1	5
1	9	5	6	8	3	7	4	2
5	1	6	2	9	7	4	3	8
8	6	3	9	4	2	5	7	1
9	5	8	7	1	4	3	2	6
3	7	1	8	2	5	6	9	4
7	2	4	5	3	6	1	8	9
6	8	2	4	7	1	9	5	3
4	3	9	1	5	8	2	6	7

E024

8	2	1	9	6	3	4	7	5
1	5	3	7	2	6	8	9	4
4	8	5	6	7	9	1	2	3
9	7	4	2	3	8	5	1	6
6	3	9	4	8	7	2	5	1
7	1	2	8	5	4	6	3	9
3	4	6	5	9	1	7	8	2
5	6	8	3	1	2	9	4	7
2	9	7	1	4	5	3	6	8

E025

5	8	9	6	7	2	3	1	4
3	2	7	1	4	5	8	6	9
7	9	3	8	1	4	6	5	2
2	5	1	4	3	6	9	7	8
1	6	8	5	2	3	4	9	7
6	4	5	9	8	7	2	3	1
4	7	2	3	9	1	5	8	6
8	3	4	7	6	9	1	2	5
9	1	6	2	5	8	7	4	3

E026

8	7	6	4	9	2	1	5	3
3	1	4	8	6	5	2	9	7
2	9	3	7	5	1	6	4	8
5	8	9	1	2	3	7	6	4
7	6	5	9	4	8	3	2	1
4	2	1	5	3	9	8	7	6
9	4	7	3	1	6	5	8	2
6	3	8	2	7	4	9	1	5
1	5	2	6	8	7	4	3	9

E027

1	9	6	8	4	2	5	7	3
3	7	4	5	1	8	2	6	9
5	8	2	3	7	9	1	4	6
2	4	8	6	3	7	9	1	5
9	6	5	4	2	1	3	8	7
6	1	3	9	8	5	7	2	4
7	2	9	1	5	6	4	3	8
8	3	7	2	9	4	6	5	1
4	5	1	7	6	3	8	9	2

E028

2	4	8	3	5	1	7	6	9
6	9	4	7	1	5	3	2	8
5	7	3	2	6	4	8	9	1
9	8	1	5	7	3	6	4	2
8	2	6	1	3	9	4	7	5
7	5	9	6	4	2	1	8	3
1	3	2	4	8	7	9	5	6
4	1	5	8	9	6	2	3	7
3	6	7	9	2	8	5	1	4

E029

7	8	1	6	2	9	3	5	4
6	5	4	2	1	7	8	3	9
2	9	3	4	6	5	1	7	8
8	3	7	1	5	4	9	2	6
1	4	9	5	7	8	2	6	3
9	1	2	3	8	6	5	4	7
5	6	8	7	3	2	4	9	1
3	2	6	9	4	1	7	8	5
4	7	5	8	9	3	6	1	2

E030

5	6	2	1	4	7	3	9	8
8	7	6	5	9	4	2	1	3
9	2	3	4	8	5	7	6	1
3	8	5	9	1	6	4	7	2
4	1	8	7	5	3	9	2	6
1	3	9	8	6	2	5	4	7
7	4	1	3	2	8	6	5	9
2	9	4	6	7	1	8	3	5
6	5	7	2	3	9	1	8	4

E031

3	2	1	5	9	6	7	8	4
6	5	8	7	4	9	3	2	1
8	6	7	9	5	2	1	4	3
1	4	2	3	6	5	9	7	8
2	3	9	4	1	7	8	5	6
5	8	6	1	2	3	4	9	7
4	7	5	6	3	8	2	1	9
9	1	3	8	7	4	5	6	2
7	9	4	2	8	1	6	3	5

E032

2	3	9	5	6	4	1	8	7
3	9	8	4	5	7	2	1	6
9	1	5	2	7	6	8	3	4
4	7	1	6	8	9	3	5	2
8	6	2	7	9	3	5	4	1
6	8	3	9	4	1	7	2	5
7	5	4	1	2	8	6	9	3
1	2	7	8	3	5	4	6	9
5	4	6	3	1	2	9	7	8

E033

1	3	7	4	2	8	5	9	6
5	7	6	9	1	2	3	8	4
6	8	3	1	5	4	9	7	2
4	2	5	8	9	7	6	3	1
9	1	4	2	7	6	8	5	3
8	6	9	5	3	1	4	2	7
3	4	2	7	8	5	1	6	9
7	5	1	3	6	9	2	4	8
2	9	8	6	4	3	7	1	5

E034

1	9	7	8	2	4	5	6	3
3	4	6	2	8	7	1	9	5
2	5	9	1	4	3	6	7	8
4	2	5	6	1	8	7	3	9
7	6	8	4	3	5	9	1	2
6	8	3	9	7	2	4	5	1
9	7	1	3	5	6	8	2	4
5	3	4	7	9	1	2	8	6
8	1	2	5	6	9	3	4	7

E035

7	2	1	6	9	4	5	8	3
5	3	9	1	8	2	4	7	6
6	1	4	8	3	7	2	9	5
2	4	6	7	5	8	9	3	1
3	8	5	4	2	6	7	1	9
4	9	7	3	1	5	8	6	2
1	7	2	9	4	3	6	5	8
8	6	3	5	7	9	1	2	4
9	5	8	2	6	1	3	4	7

E036

8	5	3	9	6	2	7	1	4
4	8	6	3	7	9	5	2	1
6	2	4	1	5	7	3	8	9
9	1	7	2	3	4	8	5	6
2	7	5	8	4	1	6	9	3
1	6	8	4	9	5	2	3	7
3	4	2	7	1	8	9	6	5
5	9	1	6	2	3	4	7	8
7	3	9	5	8	6	1	4	2

E037

7	9	4	6	2	3	5	8	1
3	8	1	2	6	5	7	9	4
1	6	5	8	3	7	9	4	2
9	4	2	5	8	6	1	7	3
8	2	9	4	7	1	3	6	5
6	5	7	3	9	2	4	1	8
4	3	6	1	5	9	8	2	7
2	1	3	7	4	8	6	5	9
5	7	8	9	1	4	2	3	6

E038

6	1	7	4	8	5	2	3	9
2	4	9	1	3	7	5	6	8
5	8	3	9	7	4	1	2	6
7	3	4	2	6	1	9	8	5
8	5	6	7	2	3	4	9	1
1	6	5	8	9	2	7	4	3
4	2	8	6	1	9	3	5	7
3	9	1	5	4	8	6	7	2
9	7	2	3	5	6	8	1	4

E039

4	1	7	8	5	3	6	2	9
6	3	9	4	2	5	7	1	8
8	2	5	7	3	6	1	9	4
3	6	1	9	8	4	2	7	5
9	7	2	5	6	1	8	4	3
1	9	4	2	7	8	3	5	6
7	5	8	6	9	2	4	3	1
5	4	6	3	1	7	9	8	2
2	8	3	1	4	9	5	6	7

E040

6	9	4	8	5	7	2	1	3
1	6	3	2	8	5	7	4	9
3	8	9	1	2	6	4	7	5
5	4	1	3	7	2	9	6	8
2	7	8	6	3	9	1	5	4
9	1	7	5	4	3	8	2	6
7	3	2	4	6	8	5	9	1
8	2	5	9	1	4	6	3	7
4	5	6	7	9	1	3	8	2

E041

9	6	1	2	7	3	4	8	5
7	3	4	9	1	8	5	6	2
8	5	2	6	3	4	1	7	9
3	2	8	7	6	5	9	1	4
1	7	5	8	4	9	6	2	3
5	9	6	4	2	1	7	3	8
2	8	9	1	5	6	3	4	7
6	4	7	3	9	2	8	5	1
4	1	3	5	8	7	2	9	6

E042

8	1	4	7	9	3	5	2	6
6	5	2	4	7	8	1	3	9
7	9	3	8	5	6	2	4	1
4	3	6	1	2	9	8	5	7
3	2	5	9	1	4	6	7	8
2	8	9	6	3	5	7	1	4
5	6	1	3	4	7	9	8	2
9	4	7	2	8	1	3	6	5
1	7	8	5	6	2	4	9	3

E043

3	7	2	1	8	4	6	5	9
6	1	8	9	5	2	7	4	3
1	2	5	4	3	7	8	9	6
2	5	9	7	4	6	1	3	8
4	6	3	8	1	9	5	2	7
9	8	7	5	6	3	2	1	4
8	4	6	2	9	5	3	7	1
7	9	1	3	2	8	4	6	5
5	3	4	6	7	1	9	8	2

E044

8	4	2	1	3	7	5	6	9
5	1	6	4	9	8	2	7	3
3	8	9	6	5	2	1	4	7
7	9	4	2	6	3	8	1	5
2	5	3	7	8	1	4	9	6
1	7	5	9	4	6	3	8	2
6	3	7	5	1	4	9	2	8
9	6	1	8	2	5	7	3	4
4	2	8	3	7	9	6	5	1

E045

3	1	5	8	7	9	6	4	2
7	4	1	2	5	6	9	8	3
4	9	6	3	8	2	7	5	1
6	2	7	1	3	8	4	9	5
9	3	2	5	6	7	8	1	4
8	5	9	4	1	3	2	7	6
2	8	3	9	4	1	5	6	7
1	6	4	7	9	5	3	2	8
5	7	8	6	2	4	1	3	9

E046

5	1	6	8	9	2	7	3	4
8	2	3	9	5	6	1	4	7
6	7	1	3	4	8	2	9	5
3	4	7	5	2	1	9	6	8
9	6	2	4	7	5	8	1	3
2	9	8	6	3	4	5	7	1
7	5	4	2	1	9	3	8	6
1	8	9	7	6	3	4	5	2
4	3	5	1	8	7	6	2	9

E047

5	9	3	1	6	7	2	4	8
2	8	6	4	1	9	5	7	3
1	6	7	3	2	5	8	9	4
3	4	2	7	5	8	9	6	1
8	7	5	9	4	1	6	3	2
6	2	9	8	7	3	4	1	5
9	3	4	5	8	6	1	2	7
4	5	1	6	3	2	7	8	9
7	1	8	2	9	4	3	5	6

E048

9	6	1	3	4	2	8	5	7
8	2	6	7	5	4	3	1	9
7	4	5	8	3	9	1	6	2
5	9	7	4	1	6	2	8	3
6	1	8	2	9	3	5	7	4
3	7	4	1	2	5	6	9	8
1	3	2	5	8	7	9	4	6
2	8	9	6	7	1	4	3	5
4	5	3	9	6	8	7	2	1

E049

5	4	1	3	8	6	9	2	7
8	7	3	1	9	2	5	4	6
9	2	6	4	7	8	1	3	5
4	1	2	9	6	5	3	7	8
6	9	8	7	5	3	4	1	2
2	3	7	5	1	4	8	6	9
1	5	9	6	4	7	2	8	3
7	8	5	2	3	1	6	9	4
3	6	4	8	2	9	7	5	1

E050

6	4	7	2	1	3	8	5	9
9	5	2	8	3	6	4	7	1
8	9	6	4	7	5	2	1	3
1	3	8	7	4	2	6	9	5
4	7	3	1	2	9	5	6	8
5	1	9	3	6	8	7	2	4
2	6	1	5	8	4	9	3	7
3	2	4	9	5	7	1	8	6
7	8	5	6	9	1	3	4	2

E051

3	4	6	8	1	5	7	9	2
7	2	8	4	6	3	5	1	9
8	5	1	9	2	7	6	3	4
1	7	3	2	5	4	9	8	6
9	6	4	1	7	8	3	2	5
5	1	2	3	9	6	4	7	8
2	3	5	7	4	9	8	6	1
6	8	9	5	3	2	1	4	7
4	9	7	6	8	1	2	5	3

E052

5	1	3	9	4	7	8	2	6
7	8	4	1	2	6	5	9	3
2	3	6	7	8	4	1	5	9
1	7	2	8	5	9	3	6	4
3	9	5	4	1	2	6	7	8
9	5	8	6	7	3	4	1	2
6	4	7	5	9	8	2	3	1
4	6	1	2	3	5	9	8	7
8	2	9	3	6	1	7	4	5

E053

1	3	5	7	9	4	6	2	8
4	8	6	1	5	9	3	7	2
7	6	2	3	8	1	9	4	5
9	4	8	5	7	2	1	3	6
8	1	3	6	4	5	2	9	7
5	2	1	9	3	6	7	8	4
2	9	7	8	6	3	4	5	1
3	7	4	2	1	8	5	6	9
6	5	9	4	2	7	8	1	3

E054

8	4	5	2	6	1	3	7	9
5	9	6	1	7	3	2	8	4
1	2	7	6	3	8	9	4	5
4	7	9	3	8	6	5	2	1
2	3	8	9	1	4	7	5	6
6	1	4	5	2	7	8	9	3
9	5	3	8	4	2	6	1	7
3	8	1	7	9	5	4	6	2
7	6	2	4	5	9	1	3	8

E055

5	1	8	3	6	2	9	7	4
7	4	2	9	3	6	1	5	8
9	3	1	7	5	4	6	8	2
2	8	4	6	1	9	7	3	5
6	9	5	8	2	3	4	1	7
3	5	6	2	4	7	8	9	1
8	6	7	4	9	1	5	2	3
1	2	9	5	7	8	3	4	6
4	7	3	1	8	5	2	6	9

E056

6	7	4	8	3	2	5	9	1
7	9	2	5	1	8	6	4	3
4	3	1	2	8	7	9	6	5
8	1	6	9	5	4	2	3	7
9	4	5	7	6	3	1	2	8
1	2	3	6	4	5	7	8	9
2	5	8	3	9	1	4	7	6
3	6	7	1	2	9	8	5	4
5	8	9	4	7	6	3	1	2

E057

2	7	3	4	6	1	5	9	8
6	2	5	9	3	8	1	7	4
7	1	4	8	2	9	6	3	5
3	6	8	1	9	7	4	5	2
5	4	1	3	7	6	2	8	9
1	8	9	7	5	4	3	2	6
4	3	6	5	8	2	9	1	7
8	9	2	6	1	5	7	4	3
9	5	7	2	4	3	8	6	1

E058

4	5	8	2	9	3	1	7	6
6	2	9	3	1	7	4	5	8
1	4	5	8	3	6	7	2	9
3	9	1	7	2	8	6	4	5
7	8	3	4	6	2	5	9	1
5	6	2	1	4	9	8	3	7
2	3	7	6	5	1	9	8	4
8	1	4	9	7	5	2	6	3
9	7	6	5	8	4	3	1	2

E059

3	2	4	8	5	6	1	9	7
7	3	1	9	6	8	5	4	2
8	9	7	3	2	5	4	6	1
4	5	9	6	7	3	2	1	8
6	4	2	5	1	7	9	8	3
5	1	6	4	3	2	8	7	9
1	7	8	2	4	9	6	3	5
2	8	3	1	9	4	7	5	6
9	6	5	7	8	1	3	2	4

E060

3	7	4	5	8	9	1	2	6
8	1	6	9	2	4	3	7	5
2	9	7	6	1	5	8	4	3
7	4	5	8	6	1	2	3	9
6	2	9	3	4	8	7	5	1
1	5	8	2	3	7	9	6	4
5	3	1	4	9	2	6	8	7
4	8	3	1	7	6	5	9	2
9	6	2	7	5	3	4	1	8

E061

9	8	3	7	2	5	6	4	1
1	4	7	9	6	8	2	3	5
2	5	6	3	1	4	7	9	8
4	6	8	5	7	1	3	2	9
5	9	2	1	8	3	4	7	6
7	3	1	4	9	6	5	8	2
8	7	5	6	4	2	9	1	3
3	1	9	2	5	7	8	6	4
6	2	4	8	3	9	1	5	7

E062

8	2	4	9	6	7	5	1	3
7	1	8	3	9	2	6	5	4
6	3	5	7	1	4	8	9	2
4	5	1	8	3	9	2	6	7
9	6	3	4	2	5	7	8	1
5	7	2	6	8	1	3	4	9
2	8	6	1	4	3	9	7	5
1	9	7	2	5	8	4	3	6
3	4	9	5	7	6	1	2	8

E063

5	8	3	1	2	7	4	9	6
6	9	5	3	8	1	2	7	4
4	6	9	8	5	3	7	1	2
7	2	6	4	9	8	5	3	1
1	4	8	7	3	2	9	6	5
2	7	4	6	1	9	8	5	3
9	1	2	5	4	6	3	8	7
3	5	7	9	6	4	1	2	8
8	3	1	2	7	5	6	4	9

E064

3	5	6	9	4	2	1	7	8
4	8	9	7	6	5	3	1	2
5	7	1	4	2	8	6	9	3
9	6	2	8	1	3	7	4	5
8	1	4	3	5	6	9	2	7
7	9	3	2	8	1	4	5	6
6	3	5	1	7	9	2	8	4
2	4	8	6	9	7	5	3	1
1	2	7	5	3	4	8	6	9

E065

7	9	8	5	2	4	6	1	3
6	8	3	1	5	2	4	9	7
3	6	7	9	8	1	2	4	5
5	1	4	2	7	8	9	3	6
4	2	5	3	9	7	8	6	1
8	3	2	6	4	5	1	7	9
1	4	6	7	3	9	5	8	2
9	5	1	8	6	3	7	2	4
2	7	9	4	1	6	3	5	8

E066

4	9	6	1	8	2	3	5	7
5	8	1	7	4	3	9	2	6
2	7	4	5	1	9	6	3	8
9	6	7	3	2	1	5	8	4
8	3	2	9	6	5	7	4	1
6	1	3	2	5	8	4	7	9
1	5	8	4	9	7	2	6	3
3	2	9	6	7	4	8	1	5
7	4	5	8	3	6	1	9	2

E067

7	8	9	1	2	3	5	6	4
3	5	6	4	8	9	7	2	1
2	1	8	7	5	4	6	9	3
6	7	2	9	1	8	3	4	5
1	6	4	5	9	7	8	3	2
8	9	5	6	3	2	4	1	7
9	4	3	2	7	6	1	5	8
4	3	1	8	6	5	2	7	9
5	2	7	3	4	1	9	8	6

E068

6	3	7	5	1	2	8	4	9
2	1	4	6	8	9	7	3	5
1	8	5	7	9	3	2	6	4
9	2	8	3	4	5	6	7	1
4	5	1	9	7	8	3	2	6
3	7	9	2	6	4	5	1	8
8	9	6	4	3	7	1	5	2
5	4	3	1	2	6	9	8	7
7	6	2	8	5	1	4	9	3

E069

9	5	7	3	2	1	6	8	4
4	1	2	9	7	6	8	3	5
2	6	8	5	4	9	3	1	7
8	4	1	7	3	5	9	2	6
6	3	9	2	1	7	5	4	8
5	2	4	8	6	3	7	9	1
7	8	5	4	9	2	1	6	3
1	7	3	6	8	4	2	5	9
3	9	6	1	5	8	4	7	2

E070

7	3	5	4	2	6	1	8	9
8	2	1	3	7	9	5	6	4
4	1	6	7	9	3	8	5	2
2	8	4	9	6	1	7	3	5
9	5	7	8	4	2	3	1	6
6	9	8	2	1	5	4	7	3
1	6	2	5	3	8	9	4	7
3	4	9	1	5	7	6	2	8
5	7	3	6	8	4	2	9	1

F001

5	9	7	8	2	4	6	1	3
2	4	8	1	3	6	5	9	7
1	6	3	5	9	7	8	2	4
6	2	9	7	5	1	4	3	8
8	3	4	2	6	9	7	5	1
7	1	5	4	8	3	9	6	2
3	8	2	9	4	5	1	7	6
9	7	6	3	1	8	2	4	5
4	5	1	6	7	2	3	8	9

F002

5	6	7	3	8	2	4	1	9
8	3	4	7	1	9	2	6	5
2	9	1	6	4	5	7	8	3
9	8	5	2	7	4	1	3	6
1	4	2	8	3	6	5	9	7
6	7	3	9	5	1	8	2	4
7	1	6	5	2	3	9	4	8
3	2	8	4	9	7	6	5	1
4	5	9	1	6	8	3	7	2

F003

5	3	8	9	7	6	4	2	1
7	1	6	4	2	8	3	5	9
4	9	2	5	3	1	7	6	8
1	8	7	3	6	4	2	9	5
6	2	4	1	9	5	8	7	3
9	5	3	2	8	7	1	4	6
3	7	9	6	1	2	5	8	4
2	4	1	8	5	9	6	3	7
8	6	5	7	4	3	9	1	2

F004

7	3	8	2	9	1	4	5	6
9	4	1	6	7	5	2	3	8
6	2	5	3	4	8	9	7	1
2	8	7	9	3	4	1	6	5
4	6	9	5	1	7	8	2	3
1	5	3	8	6	2	7	4	9
8	9	2	4	5	3	6	1	7
3	7	6	1	2	9	5	8	4
5	1	4	7	8	6	3	9	2

F005

2	5	6	4	9	1	7	3	8
3	1	7	2	8	6	4	9	5
4	8	9	5	7	3	1	2	6
1	6	4	3	2	5	8	7	9
5	7	3	9	6	8	2	4	1
8	9	2	7	1	4	5	6	3
9	4	1	6	5	7	3	8	2
6	3	5	8	4	2	9	1	7
7	2	8	1	3	9	6	5	4

F006

2	9	4	3	6	5	7	1	8
7	6	8	2	9	1	5	3	4
1	3	5	4	8	7	6	9	2
6	7	9	1	3	4	2	8	5
4	2	1	7	5	8	3	6	9
5	8	3	9	2	6	1	4	7
9	1	7	6	4	2	8	5	3
8	4	2	5	1	3	9	7	6
3	5	6	8	7	9	4	2	1

F007

4	6	1	7	3	9	5	8	2
2	5	7	1	4	8	9	6	3
9	8	3	2	6	5	4	1	7
1	9	6	4	5	2	3	7	8
7	2	8	3	9	6	1	4	5
5	3	4	8	7	1	6	2	9
3	7	9	6	2	4	8	5	1
6	1	2	5	8	3	7	9	4
8	4	5	9	1	7	2	3	6

F008

7	3	6	1	4	5	8	9	2
4	9	1	3	2	8	5	6	7
8	2	5	7	6	9	4	3	1
5	6	8	4	3	2	7	1	9
1	7	9	8	5	6	2	4	3
3	4	2	9	1	7	6	8	5
6	8	7	5	9	1	3	2	4
2	1	3	6	7	4	9	5	8
9	5	4	2	8	3	1	7	6

F009

1	6	4	2	5	7	8	3	9
9	3	5	6	1	8	7	2	4
7	8	2	4	3	9	1	5	6
5	7	9	1	8	3	6	4	2
4	1	3	7	2	6	5	9	8
8	2	6	9	4	5	3	7	1
6	4	1	3	7	2	9	8	5
2	5	7	8	9	1	4	6	3
3	9	8	5	6	4	2	1	7

F010

7	2	5	8	9	4	6	1	3
6	9	4	3	2	1	7	8	5
3	8	1	6	7	5	4	2	9
8	7	2	5	1	3	9	6	4
5	1	9	4	6	7	2	3	8
4	3	6	2	8	9	1	5	7
9	5	7	1	3	6	8	4	2
1	4	8	9	5	2	3	7	6
2	6	3	7	4	8	5	9	1

F011

5	1	6	8	9	7	3	2	4
9	8	2	1	3	4	7	5	6
4	7	3	6	5	2	9	1	8
1	4	9	5	2	6	8	3	7
3	2	5	7	8	9	4	6	1
8	6	7	3	4	1	2	9	5
2	5	8	4	1	3	6	7	9
6	9	1	2	7	8	5	4	3
7	3	4	9	6	5	1	8	2

F012

3	2	1	9	4	6	5	8	7
5	7	4	8	1	2	6	3	9
8	6	9	5	3	7	4	1	2
4	3	2	1	7	9	8	5	6
6	5	7	4	8	3	2	9	1
1	9	8	2	6	5	3	7	4
7	1	6	3	5	4	9	2	8
2	4	5	7	9	8	1	6	3
9	8	3	6	2	1	7	4	5

F013

1	6	3	4	5	9	2	8	7
4	7	8	3	2	6	5	9	1
5	2	9	1	7	8	4	3	6
8	4	6	5	3	1	7	2	9
9	5	2	8	6	7	3	1	4
7	3	1	2	9	4	8	6	5
6	8	4	7	1	3	9	5	2
3	9	5	6	4	2	1	7	8
2	1	7	9	8	5	6	4	3

F014

7	9	6	5	3	1	8	2	4
8	4	5	6	7	2	3	1	9
3	2	1	9	4	8	6	7	5
6	3	8	7	1	5	9	4	2
9	1	2	4	6	3	7	5	8
5	7	4	8	2	9	1	6	3
1	6	3	2	9	4	5	8	7
4	5	9	1	8	7	2	3	6
2	8	7	3	5	6	4	9	1

F015

3	9	4	1	7	2	8	5	6
2	5	8	3	6	9	7	1	4
7	6	1	4	8	5	3	2	9
1	2	7	9	3	8	6	4	5
9	8	3	5	4	6	1	7	2
6	4	5	7	2	1	9	8	3
4	3	9	8	5	7	2	6	1
8	1	2	6	9	4	5	3	7
5	7	6	2	1	3	4	9	8

F016

4	2	7	5	8	6	1	3	9
8	1	6	4	9	3	5	7	2
5	9	3	7	1	2	4	8	6
7	5	2	8	3	1	6	9	4
3	8	1	9	6	4	7	2	5
6	4	9	2	7	5	3	1	8
9	7	5	1	4	8	2	6	3
2	6	8	3	5	7	9	4	1
1	3	4	6	2	9	8	5	7

F017

8	4	3	7	1	6	9	2	5
5	1	6	8	9	2	7	3	4
2	7	9	5	3	4	1	8	6
1	2	4	3	7	5	6	9	8
3	9	8	2	6	1	5	4	7
6	5	7	4	8	9	2	1	3
4	3	2	9	5	7	8	6	1
7	8	1	6	2	3	4	5	9
9	6	5	1	4	8	3	7	2

F018

8	1	5	7	9	4	6	3	2
2	4	3	8	5	6	1	7	9
7	6	9	2	1	3	4	5	8
4	5	7	1	3	2	8	9	6
3	9	8	4	6	5	2	1	7
1	2	6	9	8	7	5	4	3
9	7	1	5	2	8	3	6	4
6	8	4	3	7	1	9	2	5
5	3	2	6	4	9	7	8	1

F019

1	4	2	3	8	6	5	9	7
9	6	3	2	7	5	1	8	4
8	5	7	4	1	9	2	6	3
2	9	8	1	5	3	7	4	6
5	7	6	8	4	2	3	1	9
4	3	1	6	9	7	8	2	5
3	2	4	7	6	1	9	5	8
7	8	9	5	2	4	6	3	1
6	1	5	9	3	8	4	7	2

F020

3	9	6	5	7	8	2	4	1
8	1	2	3	6	4	7	9	5
4	7	5	9	2	1	8	6	3
1	6	8	4	9	5	3	2	7
9	3	7	2	8	6	1	5	4
5	2	4	7	1	3	6	8	9
7	8	3	6	4	9	5	1	2
6	5	9	1	3	2	4	7	8
2	4	1	8	5	7	9	3	6

F021

6	2	4	1	8	5	9	3	7
7	9	8	2	4	3	6	5	1
5	1	3	7	6	9	4	8	2
9	4	6	5	3	2	1	7	8
3	7	5	8	1	6	2	4	9
1	8	2	4	9	7	3	6	5
8	6	1	9	7	4	5	2	3
4	5	7	3	2	1	8	9	6
2	3	9	6	5	8	7	1	4

F022

2	8	5	7	4	3	6	9	1
3	6	4	9	1	2	8	5	7
9	1	7	5	8	6	3	4	2
4	2	3	8	6	9	1	7	5
6	9	1	3	5	7	4	2	8
5	7	8	1	2	4	9	6	3
8	3	2	4	9	5	7	1	6
1	5	9	6	7	8	2	3	4
7	4	6	2	3	1	5	8	9

F023

4	6	9	1	7	3	5	2	8
2	3	1	5	6	8	7	4	9
5	7	8	2	4	9	1	6	3
1	9	4	6	8	5	2	3	7
6	8	2	3	1	7	4	9	5
3	5	7	9	2	4	6	8	1
8	2	3	4	5	1	9	7	6
7	1	6	8	9	2	3	5	4
9	4	5	7	3	6	8	1	2

F024

9	7	8	3	2	5	4	1	6
2	4	1	7	6	9	5	3	8
5	6	3	8	4	1	2	7	9
1	2	9	5	3	4	6	8	7
8	5	4	6	1	7	9	2	3
7	3	6	2	9	8	1	5	4
6	8	7	4	5	2	3	9	1
3	9	5	1	8	6	7	4	2
4	1	2	9	7	3	8	6	5

F025

1	2	9	7	5	4	3	8	6
5	3	7	1	8	6	9	4	2
4	6	8	2	9	3	1	5	7
6	9	4	5	3	2	8	7	1
3	1	5	8	4	7	2	6	9
8	7	2	9	6	1	4	3	5
9	8	6	3	1	5	7	2	4
7	5	1	4	2	8	6	9	3
2	4	3	6	7	9	5	1	8

F026

1	3	5	7	9	4	6	8	2
9	7	8	5	2	6	4	1	3
6	2	4	1	8	3	9	7	5
4	6	3	9	7	2	8	5	1
7	8	9	4	5	1	2	3	6
2	5	1	3	6	8	7	4	9
5	4	2	8	3	9	1	6	7
8	9	7	6	1	5	3	2	4
3	1	6	2	4	7	5	9	8

F027

3	6	4	1	2	8	7	9	5
2	1	9	4	7	5	8	6	3
5	7	8	3	6	9	1	2	4
1	5	2	6	8	3	4	7	9
4	8	7	2	9	1	5	3	6
6	9	3	5	4	7	2	8	1
9	2	6	8	5	4	3	1	7
8	4	1	7	3	6	9	5	2
7	3	5	9	1	2	6	4	8

F028

2	6	4	9	3	8	7	1	5
8	1	7	4	5	6	2	9	3
9	5	3	2	1	7	4	8	6
4	9	6	8	2	5	1	3	7
1	8	2	7	6	3	5	4	9
3	7	5	1	9	4	8	6	2
6	2	8	3	7	1	9	5	4
5	4	9	6	8	2	3	7	1
7	3	1	5	4	9	6	2	8

F029

3	6	9	4	8	7	1	5	2
7	8	1	2	5	6	9	4	3
2	4	5	9	1	3	8	7	6
4	3	6	7	9	1	5	2	8
5	1	7	8	6	2	4	3	9
9	2	8	5	3	4	7	6	1
6	7	4	1	2	9	3	8	5
8	9	3	6	4	5	2	1	7
1	5	2	3	7	8	6	9	4

F030

7	9	4	2	3	6	5	8	1
3	6	2	8	1	5	9	4	7
8	1	5	4	9	7	3	6	2
5	3	9	7	4	2	8	1	6
2	8	6	3	5	1	7	9	4
4	7	1	6	8	9	2	5	3
6	4	3	9	2	8	1	7	5
1	2	8	5	7	4	6	3	9
9	5	7	1	6	3	4	2	8

F031

6	5	1	9	7	4	2	3	8
2	7	3	1	5	8	6	4	9
8	4	9	6	3	2	1	5	7
1	2	8	5	4	7	3	9	6
3	6	4	8	2	9	5	7	1
5	9	7	3	6	1	4	8	2
9	1	6	4	8	5	7	2	3
7	8	5	2	1	3	9	6	4
4	3	2	7	9	6	8	1	5

F032

9	1	4	2	8	6	7	3	5
2	5	7	4	3	1	8	9	6
8	3	6	9	7	5	4	2	1
4	8	2	1	5	3	6	7	9
3	7	5	8	6	9	1	4	2
6	9	1	7	2	4	3	5	8
5	4	8	6	9	7	2	1	3
1	2	3	5	4	8	9	6	7
7	6	9	3	1	2	5	8	4

F033

7	4	2	9	1	8	3	6	5
3	8	1	4	5	6	2	9	7
9	6	5	7	2	3	8	4	1
8	2	9	3	6	1	7	5	4
6	1	3	5	4	7	9	2	8
4	5	7	8	9	2	1	3	6
1	9	4	2	8	5	6	7	3
5	3	6	1	7	9	4	8	2
2	7	8	6	3	4	5	1	9

F034

3	8	6	1	4	2	5	7	9
1	4	5	3	7	9	6	2	8
2	7	9	6	5	8	4	1	3
6	1	8	2	9	5	7	3	4
5	2	7	4	1	3	9	8	6
9	3	4	8	6	7	2	5	1
4	6	2	7	3	1	8	9	5
7	5	1	9	8	4	3	6	2
8	9	3	5	2	6	1	4	7

F035

7	3	8	2	6	1	5	4	9
9	4	2	3	8	5	7	6	1
5	1	6	9	7	4	8	2	3
6	8	5	7	4	3	9	1	2
1	7	9	5	2	6	3	8	4
4	2	3	8	1	9	6	5	7
2	9	7	4	5	8	1	3	6
3	5	1	6	9	2	4	7	8
8	6	4	1	3	7	2	9	5

F036

9	1	6	7	4	2	5	8	3
3	5	8	9	1	6	4	7	2
4	2	7	3	8	5	9	1	6
5	6	1	4	7	8	2	3	9
8	9	2	5	6	3	7	4	1
7	4	3	1	2	9	8	6	5
6	7	9	2	3	4	1	5	8
1	8	5	6	9	7	3	2	4
2	3	4	8	5	1	6	9	7

F037

3	5	4	7	1	6	2	8	9
9	8	7	2	3	4	5	6	1
2	1	6	9	5	8	7	3	4
6	3	5	4	7	1	9	2	8
4	2	9	8	6	5	3	1	7
8	7	1	3	9	2	6	4	5
7	4	8	5	2	3	1	9	6
1	9	2	6	4	7	8	5	3
5	6	3	1	8	9	4	7	2

F038

9	2	8	1	5	4	3	6	7
6	5	7	2	8	3	9	4	1
4	3	1	6	9	7	8	5	2
7	4	9	8	3	2	6	1	5
2	6	3	5	4	1	7	9	8
8	1	5	9	7	6	4	2	3
5	8	6	3	2	9	1	7	4
1	7	2	4	6	8	5	3	9
3	9	4	7	1	5	2	8	6

F039

1	8	3	2	5	9	4	6	7
6	4	2	3	8	7	9	5	1
5	9	7	1	4	6	2	8	3
7	6	8	5	9	1	3	4	2
3	5	9	4	6	2	7	1	8
2	1	4	7	3	8	5	9	6
8	3	6	9	7	4	1	2	5
9	2	5	8	1	3	6	7	4
4	7	1	6	2	5	8	3	9

F040

6	3	5	7	4	8	2	9	1
2	9	7	6	3	1	8	4	5
4	1	8	2	9	5	3	6	7
1	5	4	3	8	2	9	7	6
3	6	2	9	5	7	4	1	8
8	7	9	4	1	6	5	2	3
5	2	3	1	6	4	7	8	9
7	8	6	5	2	9	1	3	4
9	4	1	8	7	3	6	5	2

F041

7	1	2	8	9	6	5	4	3
6	8	3	1	4	5	9	2	7
9	5	4	7	2	3	6	8	1
5	2	6	9	3	7	4	1	8
8	9	7	4	6	1	2	3	5
4	3	1	2	5	8	7	9	6
3	7	9	6	8	4	1	5	2
1	4	8	5	7	2	3	6	9
2	6	5	3	1	9	8	7	4

F042

8	9	2	5	6	3	7	1	4
4	6	1	9	2	7	8	3	5
3	5	7	8	1	4	6	2	9
6	2	3	4	7	5	1	9	8
1	4	8	3	9	6	2	5	7
9	7	5	1	8	2	3	4	6
2	8	4	6	5	1	9	7	3
7	3	9	2	4	8	5	6	1
5	1	6	7	3	9	4	8	2

F043

3	1	6	4	2	8	7	9	5
5	9	2	7	3	6	8	1	4
7	4	8	5	1	9	2	3	6
2	3	1	6	9	7	5	4	8
8	5	9	3	4	2	1	6	7
6	7	4	1	8	5	9	2	3
4	8	3	9	5	1	6	7	2
1	6	5	2	7	3	4	8	9
9	2	7	8	6	4	3	5	1

F044

1	6	8	5	3	2	9	7	4
2	7	3	6	4	9	1	8	5
9	5	4	8	1	7	3	2	6
3	9	2	1	7	6	4	5	8
7	4	1	9	8	5	6	3	2
6	8	5	3	2	4	7	9	1
4	2	6	7	9	8	5	1	3
8	1	9	4	5	3	2	6	7
5	3	7	2	6	1	8	4	9

F045

2	3	9	8	4	1	5	7	6
1	6	8	9	7	5	2	3	4
5	4	7	3	2	6	1	8	9
3	2	5	1	6	9	7	4	8
8	7	6	5	3	4	9	2	1
4	9	1	2	8	7	6	5	3
7	8	3	6	1	2	4	9	5
6	5	4	7	9	8	3	1	2
9	1	2	4	5	3	8	6	7

F046

6	7	3	8	4	1	9	2	5
4	9	1	2	6	5	3	7	8
2	8	5	3	7	9	6	4	1
9	4	7	6	5	8	2	1	3
1	5	2	4	3	7	8	6	9
3	6	8	1	9	2	4	5	7
5	3	9	7	2	6	1	8	4
8	2	4	5	1	3	7	9	6
7	1	6	9	8	4	5	3	2

F047

7	5	3	2	9	4	8	1	6
8	1	2	6	5	7	3	9	4
6	9	4	8	3	1	5	2	7
9	7	5	3	2	6	4	8	1
3	6	1	4	8	9	7	5	2
2	4	8	1	7	5	6	3	9
1	3	6	5	4	2	9	7	8
5	2	7	9	6	8	1	4	3
4	8	9	7	1	3	2	6	5

F048

4	7	8	9	1	5	6	3	2
1	3	9	7	2	6	4	5	8
5	6	2	8	4	3	1	9	7
3	1	4	5	9	8	7	2	6
9	2	5	6	7	1	8	4	3
7	8	6	2	3	4	5	1	9
2	5	3	4	8	7	9	6	1
6	9	7	1	5	2	3	8	4
8	4	1	3	6	9	2	7	5

F049

5	2	3	6	7	4	8	1	9
1	9	7	3	2	8	4	5	6
4	6	8	5	9	1	2	3	7
8	4	1	2	5	7	9	6	3
6	5	9	1	4	3	7	2	8
7	3	2	9	8	6	5	4	1
2	7	6	4	3	9	1	8	5
9	1	5	8	6	2	3	7	4
3	8	4	7	1	5	6	9	2

F050

4	9	3	8	6	2	7	1	5
8	6	1	5	4	7	9	2	3
5	7	2	9	1	3	4	8	6
7	3	8	4	2	1	6	5	9
1	2	5	6	7	9	3	4	8
6	4	9	3	5	8	2	7	1
3	5	7	2	8	6	1	9	4
2	8	6	1	9	4	5	3	7
9	1	4	7	3	5	8	6	2

F051

2	5	7	8	6	4	3	1	9
6	9	4	5	3	1	2	8	7
1	8	3	2	9	7	6	5	4
8	7	1	6	5	9	4	3	2
4	3	6	1	7	2	8	9	5
5	2	9	4	8	3	1	7	6
7	6	5	3	4	8	9	2	1
9	1	8	7	2	6	5	4	3
3	4	2	9	1	5	7	6	8

F052

8	6	9	4	7	5	3	1	2
7	5	2	6	3	1	9	4	8
1	4	3	9	2	8	7	6	5
6	8	7	1	9	2	5	3	4
4	3	1	5	6	7	2	8	9
9	2	5	8	4	3	1	7	6
5	1	6	3	8	9	4	2	7
2	9	4	7	1	6	8	5	3
3	7	8	2	5	4	6	9	1

F053

6	2	8	9	4	3	7	5	1
4	1	7	2	8	5	3	6	9
3	5	9	6	1	7	8	4	2
7	8	4	3	6	9	1	2	5
2	3	6	7	5	1	4	9	8
5	9	1	8	2	4	6	7	3
1	6	2	5	7	8	9	3	4
8	7	3	4	9	2	5	1	6
9	4	5	1	3	6	2	8	7

F054

4	9	2	5	3	1	7	6	8
8	7	6	9	4	2	5	1	3
1	5	3	8	7	6	4	9	2
9	2	1	4	5	3	8	7	6
7	6	8	1	2	9	3	4	5
5	3	4	6	8	7	9	2	1
3	8	9	2	6	4	1	5	7
2	1	5	7	9	8	6	3	4
6	4	7	3	1	5	2	8	9

F055

1	3	2	9	8	5	7	4	6
5	4	9	7	6	2	8	3	1
7	8	6	1	3	4	5	9	2
4	2	5	3	9	7	1	6	8
9	1	7	6	4	8	3	2	5
3	6	8	5	2	1	9	7	4
6	9	1	4	5	3	2	8	7
8	7	3	2	1	6	4	5	9
2	5	4	8	7	9	6	1	3

F056

9	4	1	2	5	3	8	7	6
5	7	2	4	6	8	1	9	3
8	6	3	9	1	7	5	4	2
4	1	5	8	9	2	3	6	7
7	8	6	3	4	5	9	2	1
2	3	9	6	7	1	4	8	5
1	5	4	7	8	6	2	3	9
6	2	8	1	3	9	7	5	4
3	9	7	5	2	4	6	1	8

F057

7	3	4	9	2	8	1	6	5
2	6	8	5	1	3	4	7	9
5	1	9	4	7	6	8	2	3
6	7	3	2	4	5	9	1	8
4	2	1	8	3	9	7	5	6
9	8	5	7	6	1	3	4	2
1	4	6	3	8	2	5	9	7
3	9	2	1	5	7	6	8	4
8	5	7	6	9	4	2	3	1

F058

1	8	3	5	9	2	6	7	4
7	4	5	3	6	8	2	9	1
2	9	6	1	4	7	3	5	8
9	7	2	8	5	1	4	6	3
6	1	4	9	2	3	5	8	7
5	3	8	4	7	6	1	2	9
4	2	9	7	1	5	8	3	6
8	5	1	6	3	9	7	4	2
3	6	7	2	8	4	9	1	5

F059

9	8	2	4	7	1	3	6	5
5	1	7	2	6	3	9	8	4
3	6	4	8	9	5	7	2	1
2	9	3	5	8	6	4	1	7
8	5	1	3	4	7	2	9	6
7	4	6	9	1	2	8	5	3
4	3	5	1	2	9	6	7	8
6	2	8	7	5	4	1	3	9
1	7	9	6	3	8	5	4	2

F060

2	8	9	4	3	1	6	5	7
6	5	7	8	9	2	4	1	3
4	1	3	6	7	5	8	9	2
8	4	2	9	5	3	7	6	1
1	7	5	2	6	8	9	3	4
3	9	6	1	4	7	5	2	8
5	2	4	7	1	6	3	8	9
7	3	8	5	2	9	1	4	6
9	6	1	3	8	4	2	7	5

F061

5	2	1	4	6	8	3	7	9
7	3	4	5	1	9	8	6	2
6	9	8	7	3	2	4	1	5
4	6	2	1	9	3	7	5	8
8	5	9	6	7	4	1	2	3
1	7	3	2	8	5	9	4	6
9	1	6	8	5	7	2	3	4
3	4	5	9	2	1	6	8	7
2	8	7	3	4	6	5	9	1

F062

3	9	2	5	1	6	7	8	4
8	7	6	9	3	4	5	2	1
4	1	5	2	7	8	3	9	6
9	8	3	4	2	7	6	1	5
5	4	7	1	6	9	2	3	8
6	2	1	8	5	3	4	7	9
2	3	9	6	4	1	8	5	7
1	5	4	7	8	2	9	6	3
7	6	8	3	9	5	1	4	2

F063

5	6	4	3	2	7	1	9	8
2	8	3	6	1	9	7	5	4
7	9	1	5	8	4	2	6	3
9	4	7	2	5	8	3	1	6
6	5	2	1	7	3	4	8	9
1	3	8	4	9	6	5	7	2
8	2	6	7	4	1	9	3	5
3	1	5	9	6	2	8	4	7
4	7	9	8	3	5	6	2	1

F064

9	3	1	6	2	5	4	8	7
8	6	4	7	9	3	2	1	5
7	5	2	1	4	8	6	9	3
2	8	3	9	6	7	5	4	1
6	4	7	5	3	1	9	2	8
1	9	5	2	8	4	3	7	6
3	1	6	4	7	9	8	5	2
4	7	8	3	5	2	1	6	9
5	2	9	8	1	6	7	3	4

F065

6	7	5	3	8	9	4	1	2
2	8	1	7	5	4	6	9	3
9	3	4	2	6	1	5	8	7
4	9	6	5	1	3	7	2	8
1	2	8	6	4	7	3	5	9
7	5	3	8	9	2	1	4	6
8	6	2	1	3	5	9	7	4
5	4	7	9	2	6	8	3	1
3	1	9	4	7	8	2	6	5

F066

7	4	1	6	8	5	3	2	9
9	3	2	4	1	7	6	5	8
5	8	6	9	3	2	1	4	7
4	1	5	7	6	3	8	9	2
6	9	3	2	5	8	4	7	1
8	2	7	1	9	4	5	6	3
1	5	4	8	7	9	2	3	6
2	6	9	3	4	1	7	8	5
3	7	8	5	2	6	9	1	4

F067

1	9	3	2	7	8	4	5	6
6	7	4	1	3	5	9	8	2
5	8	2	6	9	4	7	3	1
8	5	9	3	4	1	2	6	7
3	4	6	7	8	2	1	9	5
7	2	1	9	5	6	8	4	3
2	3	7	4	6	9	5	1	8
9	6	5	8	1	7	3	2	4
4	1	8	5	2	3	6	7	9

F068

6	2	1	7	3	5	9	4	8
7	5	3	9	8	4	2	1	6
9	8	4	1	2	6	5	7	3
1	7	2	6	5	8	3	9	4
4	9	6	3	7	2	1	8	5
5	3	8	4	9	1	6	2	7
8	1	9	5	6	7	4	3	2
3	6	7	2	4	9	8	5	1
2	4	5	8	1	3	7	6	9

F069

3	8	6	7	1	9	4	5	2
5	4	1	6	8	2	9	3	7
2	7	9	3	4	5	8	6	1
9	5	8	2	6	4	1	7	3
7	1	4	5	9	3	2	8	6
6	3	2	1	7	8	5	9	4
1	6	5	8	2	7	3	4	9
8	9	7	4	3	1	6	2	5
4	2	3	9	5	6	7	1	8

F070

5	1	2	7	9	6	3	8	4
4	3	8	2	1	5	7	6	9
6	9	7	4	8	3	2	1	5
2	6	1	5	3	9	8	4	7
7	4	9	8	6	2	1	5	3
3	8	5	1	7	4	9	2	6
9	2	4	3	5	8	6	7	1
8	7	6	9	4	1	5	3	2
1	5	3	6	2	7	4	9	8

G001

6	5	2	9	3	4	7	1	8
8	4	3	7	1	2	5	9	6
1	7	9	8	5	6	3	2	4
3	6	4	1	2	8	9	7	5
7	1	8	6	9	5	4	3	2
2	9	5	3	4	7	8	6	1
5	3	6	2	8	9	1	4	7
4	2	1	5	7	3	6	8	9
9	8	7	4	6	1	2	5	3

G002

9	6	7	1	3	5	8	4	2
8	4	2	6	9	7	3	1	5
1	5	3	8	4	2	6	7	9
3	9	6	2	7	8	1	5	4
2	7	8	5	1	4	9	3	6
5	1	4	9	6	3	7	2	8
6	2	5	3	8	1	4	9	7
7	8	1	4	2	9	5	6	3
4	3	9	7	5	6	2	8	1

G003

2	9	4	5	8	7	3	1	6
7	3	1	6	2	4	8	9	5
8	6	5	3	1	9	2	4	7
4	2	9	8	5	6	7	3	1
1	7	6	2	9	3	5	8	4
5	8	3	7	4	1	6	2	9
3	1	2	9	6	5	4	7	8
6	4	8	1	7	2	9	5	3
9	5	7	4	3	8	1	6	2

G004

6	8	2	1	9	4	5	7	3
4	7	5	8	2	3	9	1	6
9	3	1	6	5	7	2	4	8
8	5	4	7	3	1	6	9	2
1	9	3	5	6	2	7	8	4
7	2	6	9	4	8	3	5	1
5	4	8	3	7	6	1	2	9
2	6	7	4	1	9	8	3	5
3	1	9	2	8	5	4	6	7

G005

3	2	9	4	1	7	6	8	5
4	8	7	6	5	9	1	2	3
6	5	1	3	2	8	4	9	7
2	4	8	7	9	1	5	3	6
1	9	5	2	6	3	8	7	4
7	3	6	8	4	5	2	1	9
9	1	2	5	3	6	7	4	8
5	7	3	1	8	4	9	6	2
8	6	4	9	7	2	3	5	1

G006

5	3	4	6	7	1	9	8	2
6	2	8	5	9	4	7	3	1
9	1	7	2	8	3	5	6	4
3	5	6	4	1	7	2	9	8
4	9	2	3	6	8	1	5	7
7	8	1	9	5	2	6	4	3
1	6	3	7	4	9	8	2	5
2	7	5	8	3	6	4	1	9
8	4	9	1	2	5	3	7	6

G007

6	7	9	3	4	5	1	2	8
1	8	5	7	2	9	4	3	6
2	3	4	1	8	6	7	5	9
5	9	6	2	7	3	8	4	1
4	2	8	5	9	1	6	7	3
7	1	3	4	6	8	2	9	5
8	5	7	9	1	4	3	6	2
3	6	2	8	5	7	9	1	4
9	4	1	6	3	2	5	8	7

G008

2	4	3	7	8	5	9	1	6
6	9	5	2	3	1	8	4	7
8	1	7	9	6	4	2	5	3
5	6	4	8	2	9	3	7	1
3	2	1	5	4	7	6	9	8
9	7	8	6	1	3	4	2	5
1	5	2	3	9	8	7	6	4
4	8	6	1	7	2	5	3	9
7	3	9	4	5	6	1	8	2

G009

9	5	6	3	8	7	1	2	4
3	8	4	2	1	5	9	6	7
1	2	7	6	9	4	8	5	3
5	9	1	8	7	3	6	4	2
4	3	2	5	6	9	7	8	1
7	6	8	1	4	2	5	3	9
2	1	3	9	5	6	4	7	8
8	7	5	4	2	1	3	9	6
6	4	9	7	3	8	2	1	5

G010

5	4	9	1	2	3	7	6	8
7	3	2	8	6	5	1	4	9
8	1	6	4	7	9	2	5	3
2	7	3	5	1	6	8	9	4
6	5	8	7	9	4	3	2	1
1	9	4	2	3	8	5	7	6
4	8	1	9	5	7	6	3	2
3	2	7	6	4	1	9	8	5
9	6	5	3	8	2	4	1	7

G011

3	8	9	4	7	6	5	2	1
5	4	6	1	9	2	7	3	8
1	2	7	8	3	5	4	9	6
7	5	1	6	4	9	3	8	2
9	3	2	5	1	8	6	4	7
8	6	4	3	2	7	9	1	5
4	7	8	9	5	1	2	6	3
2	1	3	7	6	4	8	5	9
6	9	5	2	8	3	1	7	4

G012

5	2	9	7	3	6	8	4	1
4	7	6	1	8	9	2	5	3
1	8	3	2	4	5	7	6	9
7	9	5	8	6	2	3	1	4
3	6	1	4	9	7	5	8	2
2	4	8	3	5	1	9	7	6
9	1	7	6	2	8	4	3	5
6	5	4	9	7	3	1	2	8
8	3	2	5	1	4	6	9	7

G013

7	2	9	5	6	1	4	8	3
1	3	8	7	4	2	5	6	9
4	6	5	3	9	8	1	2	7
2	1	4	6	5	3	7	9	8
3	5	7	2	8	9	6	4	1
9	8	6	1	7	4	2	3	5
6	7	2	8	3	5	9	1	4
5	9	3	4	1	6	8	7	2
8	4	1	9	2	7	3	5	6

G014

8	6	2	5	7	9	3	4	1
4	5	1	3	2	6	8	7	9
3	7	9	8	4	1	5	2	6
5	2	4	1	3	8	6	9	7
1	3	7	6	9	2	4	5	8
6	9	8	4	5	7	1	3	2
7	1	5	2	8	3	9	6	4
2	8	3	9	6	4	7	1	5
9	4	6	7	1	5	2	8	3

G015

2	1	4	8	3	6	9	7	5
5	7	6	9	4	2	8	3	1
3	9	8	1	7	5	4	6	2
6	4	5	2	8	1	3	9	7
1	3	7	6	9	4	2	5	8
9	8	2	3	5	7	1	4	6
7	5	1	4	2	3	6	8	9
8	6	3	5	1	9	7	2	4
4	2	9	7	6	8	5	1	3

G016

8	2	5	4	9	1	3	7	6
3	7	1	8	2	6	9	5	4
4	9	6	3	7	5	2	8	1
7	1	8	5	6	9	4	3	2
5	6	4	2	3	8	7	1	9
2	3	9	7	1	4	5	6	8
9	5	2	6	8	3	1	4	7
1	8	3	9	4	7	6	2	5
6	4	7	1	5	2	8	9	3

G017

5	9	6	3	8	2	4	1	7
2	7	8	4	1	6	3	5	9
1	4	3	9	7	5	8	6	2
7	8	1	5	6	3	2	9	4
3	5	4	2	9	7	6	8	1
6	2	9	8	4	1	5	7	3
4	3	7	1	5	8	9	2	6
9	1	5	6	2	4	7	3	8
8	6	2	7	3	9	1	4	5

G018

1	6	2	9	5	3	4	8	7
4	8	7	6	1	2	9	5	3
3	5	9	8	4	7	1	6	2
8	1	6	7	3	5	2	9	4
2	4	3	1	8	9	6	7	5
9	7	5	2	6	4	8	3	1
5	3	8	4	9	1	7	2	6
7	9	1	3	2	6	5	4	8
6	2	4	5	7	8	3	1	9

G019

1	7	4	5	3	8	9	2	6
8	3	2	9	6	1	7	4	5
6	9	5	4	7	2	8	1	3
5	8	6	2	1	4	3	7	9
4	2	3	7	9	6	5	8	1
7	1	9	8	5	3	4	6	2
3	6	7	1	4	9	2	5	8
9	4	8	6	2	5	1	3	7
2	5	1	3	8	7	6	9	4

G020

3	7	9	5	6	2	8	1	4
5	1	2	4	8	9	3	7	6
6	4	8	3	7	1	2	9	5
9	3	7	2	4	5	6	8	1
1	8	5	6	3	7	4	2	9
2	6	4	1	9	8	5	3	7
7	9	3	8	5	6	1	4	2
8	5	1	9	2	4	7	6	3
4	2	6	7	1	3	9	5	8

G021

7	8	1	9	5	2	3	6	4
9	3	4	8	6	7	5	2	1
2	5	6	3	1	4	8	7	9
3	1	2	7	8	5	9	4	6
4	9	5	1	3	6	2	8	7
8	6	7	4	2	9	1	5	3
1	4	3	5	7	8	6	9	2
6	7	8	2	9	1	4	3	5
5	2	9	6	4	3	7	1	8

G022

3	4	6	5	7	2	8	9	1
7	9	8	1	6	4	5	2	3
1	2	5	9	3	8	7	4	6
6	7	4	2	5	9	1	3	8
8	5	9	3	1	6	4	7	2
2	3	1	4	8	7	9	6	5
9	8	7	6	2	5	3	1	4
4	6	3	8	9	1	2	5	7
5	1	2	7	4	3	6	8	9

G023

8	3	1	9	7	6	2	5	4
7	2	6	5	1	4	9	3	8
5	4	9	8	3	2	6	7	1
9	8	2	7	6	1	3	4	5
1	7	3	4	9	5	8	6	2
4	6	5	2	8	3	1	9	7
2	1	4	3	5	9	7	8	6
6	9	7	1	4	8	5	2	3
3	5	8	6	2	7	4	1	9

G024

1	9	2	8	4	6	7	5	3
8	4	7	1	5	3	2	9	6
6	3	5	2	9	7	8	1	4
4	2	9	7	3	1	5	6	8
7	6	1	5	2	8	4	3	9
5	8	3	4	6	9	1	2	7
2	7	6	9	1	4	3	8	5
9	5	8	3	7	2	6	4	1
3	1	4	6	8	5	9	7	2

G025

6	1	4	5	2	9	8	7	3
5	2	8	7	1	3	6	9	4
7	9	3	6	4	8	5	2	1
2	4	7	9	5	1	3	6	8
3	8	6	2	7	4	9	1	5
9	5	1	3	8	6	2	4	7
8	3	2	4	9	7	1	5	6
1	7	9	8	6	5	4	3	2
4	6	5	1	3	2	7	8	9

G026

6	8	2	1	9	7	3	5	4
1	5	4	3	6	8	2	7	9
3	9	7	2	5	4	6	8	1
5	4	6	8	7	2	1	9	3
8	2	3	4	1	9	7	6	5
9	7	1	5	3	6	4	2	8
4	3	9	7	2	5	8	1	6
7	1	5	6	8	3	9	4	2
2	6	8	9	4	1	5	3	7

G027

4	8	1	6	5	3	7	2	9
7	2	9	4	8	1	5	6	3
3	6	5	7	9	2	8	1	4
5	9	4	8	1	6	3	7	2
6	3	2	9	4	7	1	5	8
8	1	7	3	2	5	9	4	6
9	5	8	1	6	4	2	3	7
2	4	3	5	7	9	6	8	1
1	7	6	2	3	8	4	9	5

G028

9	5	4	7	3	6	8	2	1
1	7	6	8	2	9	4	3	5
2	8	3	5	4	1	7	9	6
7	1	2	6	9	3	5	4	8
4	3	9	1	5	8	2	6	7
5	6	8	2	7	4	9	1	3
3	2	7	4	1	5	6	8	9
6	4	1	9	8	7	3	5	2
8	9	5	3	6	2	1	7	4

G029

9	7	3	5	8	6	1	4	2
5	1	8	7	4	2	9	3	6
2	6	4	9	3	1	8	5	7
8	3	2	6	5	4	7	1	9
7	4	9	1	2	8	5	6	3
1	5	6	3	7	9	2	8	4
6	8	7	2	1	3	4	9	5
3	2	1	4	9	5	6	7	8
4	9	5	8	6	7	3	2	1

G030

3	1	5	2	7	6	9	4	8
2	6	4	8	9	1	7	3	5
8	7	9	3	5	4	2	1	6
9	4	2	7	1	8	6	5	3
7	8	3	6	4	5	1	2	9
6	5	1	9	2	3	4	8	7
1	3	8	4	6	7	5	9	2
4	9	6	5	8	2	3	7	1
5	2	7	1	3	9	8	6	4

G031

6	7	1	4	3	5	9	8	2
3	8	5	2	9	6	1	4	7
2	4	9	7	1	8	5	6	3
7	5	3	8	6	4	2	9	1
4	9	2	1	5	7	8	3	6
8	1	6	9	2	3	4	7	5
5	2	8	3	7	9	6	1	4
9	6	7	5	4	1	3	2	8
1	3	4	6	8	2	7	5	9

G032

2	9	3	8	4	5	7	6	1
8	1	4	9	7	6	3	5	2
7	5	6	1	3	2	9	4	8
9	3	2	4	8	1	6	7	5
6	8	5	3	2	7	4	1	9
1	4	7	6	5	9	8	2	3
3	6	8	2	1	4	5	9	7
4	7	1	5	9	8	2	3	6
5	2	9	7	6	3	1	8	4

G033

1	3	9	7	6	8	5	4	2
8	7	5	4	1	2	3	6	9
2	4	6	3	9	5	7	8	1
9	5	2	8	4	1	6	3	7
3	1	4	6	5	7	9	2	8
6	8	7	9	2	3	4	1	5
4	2	1	5	7	6	8	9	3
5	6	3	2	8	9	1	7	4
7	9	8	1	3	4	2	5	6

G034

3	8	5	2	7	4	1	9	6
1	2	9	6	5	8	3	4	7
4	6	7	1	3	9	5	2	8
2	1	4	5	6	7	8	3	9
7	3	6	9	8	2	4	5	1
9	5	8	3	4	1	6	7	2
6	4	1	7	2	3	9	8	5
8	9	2	4	1	5	7	6	3
5	7	3	8	9	6	2	1	4

G035

9	6	2	3	8	7	5	1	4
1	5	4	9	2	6	8	3	7
7	3	8	5	4	1	9	6	2
8	1	6	7	9	2	3	4	5
2	7	3	1	5	4	6	8	9
5	4	9	8	6	3	2	7	1
3	8	7	2	1	9	4	5	6
4	2	5	6	7	8	1	9	3
6	9	1	4	3	5	7	2	8

G036

1	2	8	5	4	6	7	3	9
5	7	6	1	3	9	2	8	4
4	9	3	7	2	8	1	6	5
7	5	2	6	1	3	9	4	8
6	4	1	8	9	7	5	2	3
3	8	9	4	5	2	6	1	7
9	1	7	2	8	4	3	5	6
2	3	4	9	6	5	8	7	1
8	6	5	3	7	1	4	9	2

G037

1	5	9	8	6	2	7	3	4
7	6	2	4	1	3	8	9	5
8	4	3	7	9	5	2	6	1
2	1	6	5	3	7	9	4	8
3	9	8	1	2	4	5	7	6
4	7	5	6	8	9	1	2	3
5	2	1	9	4	6	3	8	7
6	3	7	2	5	8	4	1	9
9	8	4	3	7	1	6	5	2

G038

7	1	8	5	2	6	3	4	9
4	9	2	1	3	8	5	7	6
6	3	5	4	7	9	2	8	1
8	2	1	3	6	4	7	9	5
5	4	6	7	9	2	8	1	3
9	7	3	8	1	5	6	2	4
2	5	9	6	4	7	1	3	8
1	6	4	2	8	3	9	5	7
3	8	7	9	5	1	4	6	2

G039

6	8	9	1	5	7	2	3	4
4	3	5	2	6	8	9	7	1
2	7	1	4	9	3	5	8	6
9	5	8	6	2	1	7	4	3
3	1	2	7	4	5	8	6	9
7	6	4	8	3	9	1	5	2
8	2	3	5	1	6	4	9	7
5	4	6	9	7	2	3	1	8
1	9	7	3	8	4	6	2	5

G040

7	5	3	9	4	6	8	1	2
6	9	2	5	8	1	3	4	7
8	4	1	3	7	2	9	5	6
9	3	7	6	1	5	4	2	8
4	6	5	2	9	8	1	7	3
1	2	8	4	3	7	6	9	5
3	7	6	1	5	9	2	8	4
2	8	9	7	6	4	5	3	1
5	1	4	8	2	3	7	6	9

G041

6	4	8	7	9	5	2	3	1
1	9	3	2	4	8	7	6	5
7	2	5	6	1	3	4	9	8
3	6	9	4	8	7	1	5	2
5	1	7	3	2	6	8	4	9
4	8	2	1	5	9	3	7	6
2	7	6	9	3	1	5	8	4
9	5	1	8	7	4	6	2	3
8	3	4	5	6	2	9	1	7

G042

2	9	7	6	5	8	1	4	3
8	6	1	9	4	3	7	5	2
5	3	4	2	7	1	9	8	6
7	1	6	8	9	4	2	3	5
4	2	9	3	6	5	8	1	7
3	8	5	7	1	2	6	9	4
6	7	3	4	8	9	5	2	1
1	4	8	5	2	7	3	6	9
9	5	2	1	3	6	4	7	8

G043

7	3	6	2	9	4	8	5	1
9	4	5	1	8	6	7	2	3
2	1	8	7	5	3	4	6	9
5	7	9	6	4	8	1	3	2
1	6	2	3	7	9	5	8	4
3	8	4	5	2	1	6	9	7
6	9	1	8	3	7	2	4	5
8	2	3	4	1	5	9	7	6
4	5	7	9	6	2	3	1	8

G044

1	5	3	4	2	8	7	9	6
8	9	6	5	7	3	4	1	2
2	7	4	1	9	6	5	3	8
4	3	9	2	8	7	1	6	5
5	1	7	6	3	4	2	8	9
6	2	8	9	5	1	3	4	7
7	4	5	3	6	9	8	2	1
9	8	1	7	4	2	6	5	3
3	6	2	8	1	5	9	7	4

G045

5	8	3	9	4	1	6	2	7
4	7	1	6	2	3	9	8	5
9	6	2	7	8	5	1	4	3
2	5	9	1	3	4	7	6	8
6	1	4	5	7	8	2	3	9
7	3	8	2	6	9	5	1	4
8	9	5	4	1	2	3	7	6
1	4	6	3	9	7	8	5	2
3	2	7	8	5	6	4	9	1

G046

9	4	3	7	6	1	5	8	2
1	7	2	8	5	3	9	6	4
5	8	6	4	9	2	1	3	7
6	1	9	5	3	4	7	2	8
3	2	4	1	7	8	6	5	9
7	5	8	6	2	9	3	4	1
2	3	1	9	4	6	8	7	5
8	6	5	2	1	7	4	9	3
4	9	7	3	8	5	2	1	6

G047

6	2	1	4	5	3	9	7	8
3	9	8	6	7	2	4	1	5
4	7	5	9	1	8	6	2	3
9	6	4	7	2	5	3	8	1
1	3	2	8	9	4	7	5	6
8	5	7	3	6	1	2	4	9
7	1	6	5	4	9	8	3	2
2	8	9	1	3	7	5	6	4
5	4	3	2	8	6	1	9	7

G048

6	1	7	2	5	8	9	3	4
3	5	8	4	9	7	2	1	6
4	2	9	1	6	3	8	5	7
5	7	6	3	2	9	1	4	8
8	3	2	5	1	4	7	6	9
9	4	1	7	8	6	5	2	3
7	8	5	6	3	2	4	9	1
1	9	3	8	4	5	6	7	2
2	6	4	9	7	1	3	8	5

G049

7	2	8	3	6	9	5	4	1
4	3	6	5	1	2	8	7	9
1	5	9	8	4	7	3	2	6
3	8	7	1	2	6	4	9	5
9	1	2	4	5	3	7	6	8
6	4	5	7	9	8	1	3	2
5	9	1	2	3	4	6	8	7
8	6	4	9	7	5	2	1	3
2	7	3	6	8	1	9	5	4

G050

5	2	8	1	9	6	3	4	7
1	4	3	7	5	2	8	9	6
9	7	6	8	3	4	1	2	5
3	1	2	9	6	5	7	8	4
8	5	4	3	7	1	9	6	2
7	6	9	2	4	8	5	1	3
2	8	5	6	1	3	4	7	9
6	3	7	4	8	9	2	5	1
4	9	1	5	2	7	6	3	8

G051

7	3	2	8	9	1	4	5	6
5	6	1	4	7	3	2	8	9
9	4	8	5	2	6	1	3	7
8	2	3	9	1	7	5	6	4
1	5	7	6	8	4	9	2	3
6	9	4	2	3	5	8	7	1
2	1	5	7	6	9	3	4	8
3	8	6	1	4	2	7	9	5
4	7	9	3	5	8	6	1	2

G052

3	2	5	6	9	8	7	1	4
8	1	9	2	7	4	6	3	5
6	4	7	1	5	3	9	2	8
1	9	3	4	8	2	5	6	7
7	6	8	5	3	9	1	4	2
2	5	4	7	1	6	8	9	3
9	8	1	3	2	5	4	7	6
5	3	6	9	4	7	2	8	1
4	7	2	8	6	1	3	5	9

G053

9	6	8	3	2	1	5	4	7
1	3	5	4	7	6	9	2	8
4	2	7	9	8	5	3	6	1
7	8	3	5	6	2	1	9	4
2	1	9	8	3	4	6	7	5
5	4	6	1	9	7	2	8	3
3	9	2	7	5	8	4	1	6
8	5	4	6	1	9	7	3	2
6	7	1	2	4	3	8	5	9

G054

1	6	9	2	3	7	4	5	8
5	7	4	1	6	8	3	9	2
3	8	2	9	4	5	6	7	1
9	5	6	3	7	1	2	8	4
2	3	7	5	8	4	9	1	6
8	4	1	6	9	2	5	3	7
7	2	8	4	5	3	1	6	9
6	1	5	7	2	9	8	4	3
4	9	3	8	1	6	7	2	5

G055

4	2	8	7	5	9	1	6	3
5	1	6	2	4	3	8	7	9
3	9	7	1	8	6	4	5	2
1	6	3	5	9	7	2	8	4
7	5	2	8	1	4	9	3	6
8	4	9	3	6	2	7	1	5
9	3	1	4	7	5	6	2	8
6	7	5	9	2	8	3	4	1
2	8	4	6	3	1	5	9	7

G056

3	7	4	8	1	5	2	9	6
9	1	5	2	4	6	3	8	7
6	2	8	3	7	9	5	4	1
7	5	9	4	8	3	1	6	2
2	8	3	1	6	7	4	5	9
1	4	6	9	5	2	8	7	3
8	9	1	7	3	4	6	2	5
4	6	2	5	9	1	7	3	8
5	3	7	6	2	8	9	1	4

G057

2	5	3	1	8	4	9	6	7
1	7	6	5	9	3	2	4	8
8	4	9	2	7	6	5	3	1
5	3	8	6	1	2	4	7	9
7	9	4	3	5	8	1	2	6
6	1	2	9	4	7	3	8	5
4	8	5	7	3	1	6	9	2
3	2	1	8	6	9	7	5	4
9	6	7	4	2	5	8	1	3

G058

3	5	1	4	2	6	8	7	9
8	4	6	7	1	9	3	5	2
2	7	9	8	3	5	1	6	4
4	8	3	5	6	7	2	9	1
6	1	7	2	9	4	5	8	3
9	2	5	1	8	3	6	4	7
5	3	4	6	7	1	9	2	8
1	6	2	9	4	8	7	3	5
7	9	8	3	5	2	4	1	6

G059

5	6	1	7	2	8	4	3	9
8	4	3	9	6	1	7	2	5
9	7	2	5	3	4	8	6	1
6	3	4	8	1	5	2	9	7
1	5	9	2	4	7	3	8	6
2	8	7	3	9	6	1	5	4
4	1	5	6	8	2	9	7	3
7	9	8	1	5	3	6	4	2
3	2	6	4	7	9	5	1	8

G060

2	6	9	4	3	5	1	8	7
7	5	3	1	8	2	6	9	4
8	1	4	6	9	7	3	5	2
4	7	2	3	5	6	8	1	9
1	9	5	8	2	4	7	6	3
3	8	6	7	1	9	2	4	5
6	2	1	9	4	3	5	7	8
9	3	7	5	6	8	4	2	1
5	4	8	2	7	1	9	3	6

G061

2	5	7	6	1	3	8	4	9
6	9	8	5	7	4	2	3	1
4	1	3	9	2	8	7	6	5
8	6	5	1	4	9	3	2	7
3	7	4	2	5	6	1	9	8
1	2	9	3	8	7	4	5	6
7	3	1	4	9	5	6	8	2
5	8	6	7	3	2	9	1	4
9	4	2	8	6	1	5	7	3

G062

9	3	1	5	7	2	6	4	8
4	7	2	6	8	1	5	3	9
5	6	8	9	4	3	2	1	7
2	9	3	1	6	7	4	8	5
1	8	4	2	5	9	3	7	6
6	5	7	8	3	4	1	9	2
7	1	9	4	2	5	8	6	3
8	4	5	3	9	6	7	2	1
3	2	6	7	1	8	9	5	4

G063

5	3	9	2	1	8	6	7	4
4	6	1	3	7	5	2	8	9
7	8	2	6	4	9	1	5	3
3	9	5	1	8	6	4	2	7
6	4	8	9	2	7	5	3	1
2	1	7	4	5	3	8	9	6
9	5	3	8	6	4	7	1	2
8	2	6	7	9	1	3	4	5
1	7	4	5	3	2	9	6	8

G064

2	1	9	8	4	3	5	7	6
3	8	4	5	7	6	1	2	9
5	7	6	9	1	2	3	4	8
6	3	5	4	8	7	9	1	2
8	9	7	3	2	1	6	5	4
4	2	1	6	9	5	8	3	7
9	5	8	2	3	4	7	6	1
7	4	3	1	6	9	2	8	5
1	6	2	7	5	8	4	9	3

G065

5	6	1	2	4	8	3	7	9
2	9	7	3	6	5	4	8	1
3	8	4	9	7	1	6	5	2
4	1	5	6	8	2	9	3	7
7	2	8	4	9	3	1	6	5
9	3	6	5	1	7	2	4	8
6	7	9	8	2	4	5	1	3
1	4	3	7	5	9	8	2	6
8	5	2	1	3	6	7	9	4

G066

3	8	5	7	1	2	9	6	4
7	9	2	3	6	4	8	5	1
6	4	1	9	8	5	3	7	2
8	5	6	2	3	7	1	4	9
2	7	4	1	5	9	6	3	8
1	3	9	6	4	8	5	2	7
9	6	7	8	2	3	4	1	5
4	2	3	5	9	1	7	8	6
5	1	8	4	7	6	2	9	3

G067

8	3	7	9	4	6	5	1	2
4	1	6	5	8	2	9	7	3
9	5	2	7	3	1	6	8	4
7	6	1	4	9	8	2	3	5
3	4	8	6	2	5	1	9	7
5	2	9	3	1	7	4	6	8
6	7	4	8	5	9	3	2	1
2	8	3	1	6	4	7	5	9
1	9	5	2	7	3	8	4	6

G068

6	8	7	4	2	9	5	3	1
1	5	3	6	7	8	2	4	9
2	4	9	1	3	5	7	8	6
7	6	5	8	9	4	3	1	2
9	2	4	3	5	1	6	7	8
3	1	8	2	6	7	9	5	4
8	9	6	5	1	3	4	2	7
5	7	1	9	4	2	8	6	3
4	3	2	7	8	6	1	9	5

G069

3	8	5	9	4	2	6	7	1
1	2	4	3	6	7	9	5	8
7	6	9	8	5	1	3	2	4
5	3	2	7	9	4	8	1	6
8	9	1	6	2	3	5	4	7
6	4	7	5	1	8	2	9	3
9	1	3	2	7	6	4	8	5
2	7	8	4	3	5	1	6	9
4	5	6	1	8	9	7	3	2

G070

4	9	2	6	7	3	5	8	1
6	8	7	4	5	1	9	3	2
5	3	1	9	8	2	7	6	4
2	7	8	5	6	9	4	1	3
1	5	3	2	4	7	6	9	8
9	4	6	1	3	8	2	7	5
8	1	9	7	2	5	3	4	6
7	2	4	3	1	6	8	5	9
3	6	5	8	9	4	1	2	7

H001

3	7	2	6	4	9	8	5	1
9	5	1	8	7	2	6	3	4
8	6	4	1	3	5	2	9	7
6	3	7	4	9	8	1	2	5
1	9	8	5	2	7	3	4	6
2	4	5	3	1	6	7	8	9
7	2	3	9	6	4	5	1	8
5	1	9	7	8	3	4	6	2
4	8	6	2	5	1	9	7	3

H002

5	2	6	3	8	4	1	9	7
1	9	4	7	5	2	3	8	6
3	8	7	1	6	9	2	4	5
8	3	5	6	9	7	4	2	1
9	4	2	5	3	1	7	6	8
6	7	1	2	4	8	5	3	9
2	1	3	9	7	6	8	5	4
4	5	9	8	1	3	6	7	2
7	6	8	4	2	5	9	1	3

H003

3	6	8	2	4	7	5	1	9
5	9	1	8	6	3	7	2	4
7	2	4	1	5	9	8	6	3
1	4	2	5	7	8	9	3	6
9	8	5	6	3	1	2	4	7
6	3	7	4	9	2	1	8	5
4	1	3	7	2	5	6	9	8
8	5	9	3	1	6	4	7	2
2	7	6	9	8	4	3	5	1

H004

4	8	5	7	2	1	3	9	6
7	6	1	3	9	4	5	2	8
2	9	3	8	6	5	4	1	7
5	3	8	6	7	2	1	4	9
6	7	4	1	3	9	8	5	2
1	2	9	4	5	8	7	6	3
8	5	6	9	4	7	2	3	1
3	4	7	2	1	6	9	8	5
9	1	2	5	8	3	6	7	4

H005

7	8	2	6	9	1	4	3	5
5	4	1	3	7	2	6	9	8
3	6	9	8	4	5	2	1	7
6	9	7	4	5	3	8	2	1
4	5	3	2	1	8	7	6	9
2	1	8	9	6	7	5	4	3
9	7	4	5	3	6	1	8	2
8	3	5	1	2	4	9	7	6
1	2	6	7	8	9	3	5	4

H006

8	9	2	3	6	4	5	1	7
7	1	3	5	9	2	4	6	8
5	4	6	7	1	8	3	9	2
9	5	4	6	7	3	8	2	1
2	8	1	4	5	9	6	7	3
3	6	7	2	8	1	9	5	4
6	3	9	8	2	7	1	4	5
1	2	8	9	4	5	7	3	6
4	7	5	1	3	6	2	8	9

H007

1	6	5	9	8	7	4	2	3
8	7	9	3	2	4	5	1	6
2	4	3	6	1	5	8	7	9
4	1	6	8	5	3	7	9	2
7	5	8	2	9	6	3	4	1
3	9	2	4	7	1	6	8	5
6	3	1	7	4	2	9	5	8
5	8	7	1	6	9	2	3	4
9	2	4	5	3	8	1	6	7

H008

2	8	1	5	6	9	4	3	7
7	6	9	4	3	2	8	5	1
5	3	4	7	1	8	2	6	9
8	5	3	2	7	1	6	9	4
9	7	2	6	5	4	1	8	3
4	1	6	8	9	3	7	2	5
1	4	5	9	8	6	3	7	2
6	2	7	3	4	5	9	1	8
3	9	8	1	2	7	5	4	6

H009

5	7	2	6	4	1	3	9	8
4	3	8	2	9	7	5	6	1
6	9	1	8	3	5	7	4	2
7	2	5	1	8	6	9	3	4
3	8	6	9	2	4	1	5	7
9	1	4	7	5	3	8	2	6
1	5	7	4	6	9	2	8	3
8	6	9	3	1	2	4	7	5
2	4	3	5	7	8	6	1	9

H010

7	4	1	6	8	9	5	2	3
6	3	5	2	7	1	9	4	8
9	8	2	5	4	3	1	7	6
1	7	8	9	5	4	3	6	2
4	6	9	3	2	7	8	5	1
5	2	3	1	6	8	7	9	4
8	5	7	4	1	6	2	3	9
3	1	4	7	9	2	6	8	5
2	9	6	8	3	5	4	1	7

H011

4	2	9	7	1	3	8	5	6
8	3	7	5	6	4	2	9	1
1	6	5	8	9	2	4	7	3
6	5	2	4	3	9	1	8	7
3	8	4	2	7	1	9	6	5
9	7	1	6	8	5	3	2	4
7	1	6	9	4	8	5	3	2
5	4	8	3	2	7	6	1	9
2	9	3	1	5	6	7	4	8

H012

2	9	3	4	5	6	7	8	1
7	8	1	3	2	9	6	5	4
4	5	6	7	8	1	3	2	9
3	6	5	9	4	8	1	7	2
1	7	9	2	6	5	8	4	3
8	4	2	1	7	3	9	6	5
6	3	4	5	1	7	2	9	8
5	1	8	6	9	2	4	3	7
9	2	7	8	3	4	5	1	6

H013

9	4	8	2	6	7	5	1	3
2	5	1	8	4	3	7	6	9
3	6	7	9	5	1	8	4	2
8	3	6	7	1	5	9	2	4
5	1	4	6	2	9	3	7	8
7	2	9	3	8	4	1	5	6
6	7	2	1	3	8	4	9	5
1	8	5	4	9	6	2	3	7
4	9	3	5	7	2	6	8	1

H014

8	3	7	5	2	6	9	1	4
4	2	5	7	1	9	6	8	3
1	9	6	8	4	3	2	5	7
9	1	3	4	8	7	5	2	6
6	5	2	3	9	1	7	4	8
7	4	8	6	5	2	3	9	1
2	7	4	1	6	5	8	3	9
5	6	1	9	3	8	4	7	2
3	8	9	2	7	4	1	6	5

H015

9	8	6	3	4	1	7	5	2
3	5	2	7	8	9	6	4	1
7	1	4	2	5	6	9	3	8
1	4	8	5	6	7	2	9	3
5	3	9	8	1	2	4	6	7
6	2	7	9	3	4	8	1	5
2	7	5	6	9	3	1	8	4
8	9	1	4	7	5	3	2	6
4	6	3	1	2	8	5	7	9

H016

4	5	9	1	8	6	3	7	2
2	7	3	4	5	9	6	8	1
1	6	8	3	7	2	9	4	5
3	4	6	9	2	8	1	5	7
7	2	5	6	4	1	8	3	9
8	9	1	7	3	5	2	6	4
5	1	4	8	9	3	7	2	6
6	3	2	5	1	7	4	9	8
9	8	7	2	6	4	5	1	3

H017

9	8	7	4	1	2	5	3	6
6	2	4	3	9	5	8	7	1
3	1	5	6	7	8	4	2	9
4	7	9	5	2	1	3	6	8
2	6	8	9	4	3	1	5	7
1	5	3	8	6	7	9	4	2
5	3	2	1	8	6	7	9	4
7	9	1	2	3	4	6	8	5
8	4	6	7	5	9	2	1	3

H018

1	8	4	6	9	2	3	7	5
6	2	3	5	7	4	8	9	1
5	7	9	3	1	8	4	6	2
4	5	7	1	2	9	6	3	8
2	3	8	4	5	6	9	1	7
9	1	6	8	3	7	2	5	4
7	9	1	2	8	3	5	4	6
3	4	2	7	6	5	1	8	9
8	6	5	9	4	1	7	2	3

H019

3	9	5	1	8	6	4	7	2
2	8	1	3	7	4	6	9	5
6	7	4	2	9	5	8	3	1
9	4	7	6	2	1	5	8	3
5	2	6	8	3	7	1	4	9
1	3	8	5	4	9	2	6	7
7	1	3	4	5	8	9	2	6
4	6	2	9	1	3	7	5	8
8	5	9	7	6	2	3	1	4

H020

7	2	5	6	4	1	8	9	3
1	9	8	5	3	2	6	4	7
6	3	4	8	9	7	2	1	5
8	6	7	2	1	4	3	5	9
5	1	9	7	6	3	4	8	2
2	4	3	9	8	5	7	6	1
9	7	6	1	2	8	5	3	4
3	5	1	4	7	6	9	2	8
4	8	2	3	5	9	1	7	6

H021

9	4	5	2	7	6	1	8	3
2	7	1	3	8	9	6	5	4
8	6	3	1	5	4	7	2	9
6	9	4	7	1	5	2	3	8
3	2	7	4	9	8	5	1	6
1	5	8	6	2	3	4	9	7
4	1	6	8	3	2	9	7	5
7	3	9	5	4	1	8	6	2
5	8	2	9	6	7	3	4	1

H022

7	3	2	5	4	9	6	8	1
6	4	8	2	7	1	9	3	5
1	5	9	6	3	8	2	4	7
8	7	5	3	6	2	4	1	9
2	6	1	8	9	4	7	5	3
3	9	4	1	5	7	8	6	2
9	8	7	4	1	5	3	2	6
4	1	6	7	2	3	5	9	8
5	2	3	9	8	6	1	7	4

H023

6	4	5	2	3	8	9	1	7
3	8	1	7	6	9	2	4	5
7	2	9	4	5	1	3	6	8
1	5	4	9	8	3	6	7	2
8	3	6	1	7	2	5	9	4
9	7	2	6	4	5	1	8	3
5	1	7	3	9	4	8	2	6
2	6	3	8	1	7	4	5	9
4	9	8	5	2	6	7	3	1

H024

5	4	1	2	6	3	8	9	7
3	8	7	1	9	4	5	6	2
2	9	6	7	8	5	1	3	4
9	2	4	6	5	8	7	1	3
8	1	3	4	2	7	9	5	6
6	7	5	3	1	9	4	2	8
7	5	9	8	3	6	2	4	1
1	3	8	9	4	2	6	7	5
4	6	2	5	7	1	3	8	9

H025

2	6	9	7	5	8	1	4	3
5	1	3	9	4	6	8	7	2
7	4	8	2	1	3	6	9	5
4	9	5	8	2	7	3	6	1
8	3	1	5	6	9	7	2	4
6	7	2	1	3	4	9	5	8
9	5	7	3	8	2	4	1	6
1	8	6	4	9	5	2	3	7
3	2	4	6	7	1	5	8	9

H026

2	4	6	3	5	1	7	9	8
5	8	9	7	4	6	3	2	1
3	1	7	2	8	9	5	4	6
1	7	4	6	2	5	9	8	3
8	5	3	9	1	4	6	7	2
9	6	2	8	7	3	4	1	5
6	2	1	4	3	7	8	5	9
7	3	5	1	9	8	2	6	4
4	9	8	5	6	2	1	3	7

H027

7	1	9	3	6	2	4	5	8
8	6	3	4	5	1	7	9	2
2	5	4	7	9	8	1	6	3
1	4	5	2	7	9	8	3	6
3	7	6	8	1	5	2	4	9
9	2	8	6	4	3	5	7	1
6	9	1	5	2	4	3	8	7
5	3	7	1	8	6	9	2	4
4	8	2	9	3	7	6	1	5

H028

3	6	1	4	8	2	9	5	7
2	5	7	9	3	1	6	8	4
8	4	9	6	5	7	1	2	3
1	3	4	8	6	5	7	9	2
7	2	5	1	9	4	3	6	8
9	8	6	7	2	3	4	1	5
5	9	3	2	7	6	8	4	1
6	1	2	3	4	8	5	7	9
4	7	8	5	1	9	2	3	6

H029

1	4	7	3	8	9	2	6	5
3	9	6	2	4	5	1	7	8
8	5	2	1	7	6	3	9	4
4	2	5	9	1	7	8	3	6
6	3	9	5	2	8	4	1	7
7	1	8	6	3	4	5	2	9
2	7	4	8	9	1	6	5	3
9	6	3	4	5	2	7	8	1
5	8	1	7	6	3	9	4	2

H030

8	7	3	2	5	9	4	6	1
1	9	2	8	6	4	3	5	7
6	4	5	1	7	3	8	9	2
3	5	1	7	9	2	6	8	4
9	2	6	4	8	5	1	7	3
7	8	4	6	3	1	5	2	9
5	3	8	9	1	7	2	4	6
2	1	9	5	4	6	7	3	8
4	6	7	3	2	8	9	1	5

H031

9	4	6	1	3	5	7	2	8
2	8	1	7	9	6	4	3	5
7	3	5	2	8	4	6	9	1
4	6	3	5	1	7	2	8	9
1	9	8	3	6	2	5	4	7
5	2	7	8	4	9	1	6	3
8	7	2	4	5	3	9	1	6
6	1	4	9	7	8	3	5	2
3	5	9	6	2	1	8	7	4

H032

5	8	3	7	2	6	1	9	4
6	2	4	1	9	8	7	3	5
9	7	1	4	3	5	2	6	8
8	3	7	6	5	2	4	1	9
2	5	6	9	1	4	8	7	3
4	1	9	8	7	3	5	2	6
7	4	8	2	6	9	3	5	1
3	6	2	5	4	1	9	8	7
1	9	5	3	8	7	6	4	2

H033

1	7	9	3	6	2	4	8	5
2	5	3	9	8	4	1	6	7
6	8	4	1	5	7	3	2	9
9	4	7	6	1	5	2	3	8
5	2	6	7	3	8	9	1	4
3	1	8	4	2	9	7	5	6
4	3	1	8	9	6	5	7	2
8	9	2	5	7	1	6	4	3
7	6	5	2	4	3	8	9	1

H034

7	5	8	1	4	6	3	2	9
6	2	3	8	5	9	7	4	1
9	1	4	3	2	7	8	6	5
5	9	1	2	7	4	6	8	3
4	8	6	5	9	3	1	7	2
2	3	7	6	8	1	5	9	4
3	7	9	4	1	8	2	5	6
8	6	5	9	3	2	4	1	7
1	4	2	7	6	5	9	3	8

H035

8	3	2	4	6	9	7	5	1
5	6	7	1	8	2	4	3	9
9	4	1	7	3	5	2	8	6
4	1	8	6	7	3	9	2	5
2	5	6	9	4	8	1	7	3
3	7	9	2	5	1	6	4	8
7	8	4	5	1	6	3	9	2
6	2	5	3	9	4	8	1	7
1	9	3	8	2	7	5	6	4

H036

1	7	2	5	9	8	3	4	6
9	6	4	1	7	3	8	2	5
3	5	8	4	2	6	9	1	7
5	8	7	9	6	2	4	3	1
6	4	9	3	1	7	5	8	2
2	1	3	8	4	5	7	6	9
7	2	5	6	8	4	1	9	3
8	9	6	7	3	1	2	5	4
4	3	1	2	5	9	6	7	8

H037

3	2	6	8	5	4	1	7	9
4	5	9	7	3	1	6	2	8
7	8	1	9	2	6	5	3	4
8	1	3	2	9	5	7	4	6
2	6	4	3	1	7	8	9	5
5	9	7	4	6	8	2	1	3
1	3	2	5	8	9	4	6	7
6	4	5	1	7	3	9	8	2
9	7	8	6	4	2	3	5	1

H038

3	6	1	5	4	7	2	8	9
4	8	9	2	6	3	7	5	1
2	5	7	9	8	1	3	6	4
5	2	6	7	9	4	1	3	8
8	9	3	1	2	6	4	7	5
1	7	4	3	5	8	9	2	6
6	1	2	4	7	5	8	9	3
9	3	8	6	1	2	5	4	7
7	4	5	8	3	9	6	1	2

H039

3	6	9	8	1	7	4	5	2
1	5	2	9	3	4	8	6	7
8	4	7	2	6	5	1	3	9
4	7	1	6	8	9	5	2	3
5	2	6	1	7	3	9	8	4
9	8	3	4	5	2	6	7	1
7	9	8	3	4	6	2	1	5
2	1	5	7	9	8	3	4	6
6	3	4	5	2	1	7	9	8

H040

5	7	4	6	9	3	2	1	8
1	3	2	4	5	8	7	6	9
6	9	8	2	1	7	4	5	3
7	8	5	1	6	4	9	3	2
2	4	1	5	3	9	8	7	6
3	6	9	8	7	2	1	4	5
8	5	6	7	2	1	3	9	4
9	2	7	3	4	6	5	8	1
4	1	3	9	8	5	6	2	7

H041

3	5	2	1	7	9	6	4	8
1	8	6	4	5	2	9	3	7
4	7	9	6	3	8	1	5	2
2	4	7	9	8	3	5	1	6
9	6	5	2	1	7	3	8	4
8	1	3	5	4	6	7	2	9
7	3	1	8	6	4	2	9	5
5	2	8	7	9	1	4	6	3
6	9	4	3	2	5	8	7	1

H042

5	3	9	2	1	8	4	7	6
7	1	8	4	6	9	2	3	5
6	2	4	7	3	5	1	8	9
9	4	7	3	5	1	8	6	2
3	8	1	6	2	7	9	5	4
2	5	6	9	8	4	7	1	3
4	7	5	8	9	3	6	2	1
1	9	2	5	7	6	3	4	8
8	6	3	1	4	2	5	9	7

H043

1	8	4	5	7	3	9	2	6
7	9	2	1	8	6	3	5	4
3	5	6	2	9	4	1	7	8
8	3	5	6	4	9	2	1	7
6	1	7	8	3	2	5	4	9
2	4	9	7	1	5	8	6	3
4	2	3	9	6	1	7	8	5
5	6	8	3	2	7	4	9	1
9	7	1	4	5	8	6	3	2

H044

7	4	6	9	8	3	5	1	2
2	3	9	5	1	4	7	6	8
5	1	8	2	6	7	4	9	3
6	5	4	3	7	8	1	2	9
9	2	3	4	5	1	8	7	6
8	7	1	6	2	9	3	5	4
3	8	7	1	9	2	6	4	5
4	9	5	7	3	6	2	8	1
1	6	2	8	4	5	9	3	7

H045

7	5	3	9	8	1	6	4	2
6	1	9	2	4	3	7	5	8
2	4	8	6	5	7	3	9	1
5	3	7	8	9	2	4	1	6
8	9	1	4	3	6	2	7	5
4	6	2	1	7	5	8	3	9
3	2	6	7	1	9	5	8	4
1	8	5	3	2	4	9	6	7
9	7	4	5	6	8	1	2	3

H046

7	4	2	1	9	3	5	8	6
5	9	6	8	4	2	1	7	3
8	1	3	5	7	6	2	9	4
1	2	5	3	6	7	9	4	8
3	6	4	9	8	5	7	1	2
9	8	7	2	1	4	6	3	5
2	7	8	6	3	1	4	5	9
6	3	1	4	5	9	8	2	7
4	5	9	7	2	8	3	6	1

H047

6	2	1	4	5	7	8	9	3
8	5	4	3	9	2	7	6	1
7	9	3	8	6	1	4	5	2
2	6	8	7	1	4	9	3	5
4	1	7	9	3	5	2	8	6
9	3	5	2	8	6	1	4	7
3	8	2	5	7	9	6	1	4
1	7	9	6	4	3	5	2	8
5	4	6	1	2	8	3	7	9

H048

3	4	2	5	7	8	1	6	9
9	8	5	1	6	3	4	7	2
6	7	1	4	9	2	5	8	3
5	2	7	3	4	1	6	9	8
1	9	8	6	5	7	3	2	4
4	3	6	8	2	9	7	1	5
2	6	3	7	8	4	9	5	1
8	5	4	9	1	6	2	3	7
7	1	9	2	3	5	8	4	6

H049

7	9	2	6	8	4	1	3	5
3	4	6	2	5	1	7	9	8
1	5	8	3	9	7	6	2	4
6	8	3	4	7	9	2	5	1
2	7	4	5	1	3	9	8	6
5	1	9	8	2	6	3	4	7
8	3	1	9	6	5	4	7	2
4	2	7	1	3	8	5	6	9
9	6	5	7	4	2	8	1	3

H050

6	8	7	3	2	9	4	5	1
3	2	1	6	5	4	9	8	7
4	5	9	1	8	7	6	2	3
7	9	3	8	1	6	2	4	5
8	1	2	7	4	5	3	9	6
5	4	6	2	9	3	1	7	8
9	6	4	5	3	8	7	1	2
1	7	5	4	6	2	8	3	9
2	3	8	9	7	1	5	6	4

H051

1	6	3	7	5	8	4	9	2
8	4	7	9	2	3	1	5	6
5	2	9	6	4	1	3	7	8
6	3	8	5	1	9	2	4	7
9	7	4	8	3	2	6	1	5
2	5	1	4	7	6	8	3	9
3	1	6	2	9	7	5	8	4
4	9	2	3	8	5	7	6	1
7	8	5	1	6	4	9	2	3

H052

8	1	4	2	9	3	6	7	5
6	7	3	8	5	1	2	9	4
2	5	9	6	7	4	8	3	1
1	9	6	7	4	8	3	5	2
7	3	8	5	1	2	9	4	6
5	4	2	9	3	6	7	1	8
4	6	7	3	8	5	1	2	9
3	8	1	4	2	9	5	6	7
9	2	5	1	6	7	4	8	3

H053

1	6	7	4	8	5	9	3	2
2	8	5	9	3	7	1	4	6
3	4	9	6	2	1	7	8	5
7	3	6	2	1	4	8	5	9
9	1	8	7	5	3	6	2	4
5	2	4	8	9	6	3	7	1
8	5	2	3	6	9	4	1	7
4	9	3	1	7	2	5	6	8
6	7	1	5	4	8	2	9	3

H054

8	6	4	2	7	1	5	9	3
3	5	2	9	8	6	4	7	1
9	1	7	3	5	4	6	8	2
2	9	8	5	1	7	3	6	4
5	4	6	8	9	3	2	1	7
1	7	3	6	4	2	8	5	9
6	3	9	1	2	8	7	4	5
4	8	1	7	3	5	9	2	6
7	2	5	4	6	9	1	3	8

H055

6	1	2	3	8	9	5	7	4
5	8	4	6	7	2	9	3	1
3	7	9	5	1	4	8	6	2
1	9	7	2	3	8	4	5	6
8	5	6	4	9	7	2	1	3
4	2	3	1	5	6	7	9	8
2	4	1	7	6	5	3	8	9
9	6	5	8	2	3	1	4	7
7	3	8	9	4	1	6	2	5

H056

2	7	6	1	4	3	9	5	8
4	9	8	6	5	2	7	1	3
5	1	3	7	9	8	2	6	4
8	6	4	9	7	1	3	2	5
3	2	9	8	6	5	4	7	1
7	5	1	3	2	4	8	9	6
6	4	5	2	3	7	1	8	9
1	3	2	5	8	9	6	4	7
9	8	7	4	1	6	5	3	2

H057

6	7	8	3	9	5	1	2	4
9	5	2	1	4	6	7	3	8
4	3	1	7	8	2	6	9	5
7	1	9	8	5	3	4	6	2
5	2	4	9	6	1	3	8	7
8	6	3	4	2	7	9	5	1
1	8	6	2	7	9	5	4	3
3	4	5	6	1	8	2	7	9
2	9	7	5	3	4	8	1	6

H058

7	2	3	4	5	9	8	1	6
6	8	9	3	1	2	7	4	5
4	1	5	7	8	6	2	9	3
2	5	1	8	7	4	6	3	9
3	9	6	1	2	5	4	7	8
8	7	4	6	9	3	5	2	1
1	4	7	9	6	8	3	5	2
5	3	8	2	4	1	9	6	7
9	6	2	5	3	7	1	8	4

H059

9	7	6	4	1	8	5	2	3
5	2	4	3	7	9	6	1	8
8	1	3	5	2	6	4	7	9
1	9	5	2	8	4	7	3	6
3	6	7	1	9	5	2	8	4
2	4	8	7	6	3	1	9	5
7	8	9	6	4	1	3	5	2
6	3	2	9	5	7	8	4	1
4	5	1	8	3	2	9	6	7

H060

9	5	7	1	8	6	4	3	2
2	3	1	9	5	4	6	7	8
6	4	8	2	7	3	9	1	5
4	6	5	7	1	8	2	9	3
3	1	9	5	6	2	8	4	7
8	7	2	4	3	9	1	5	6
7	8	6	3	4	1	5	2	9
1	9	3	6	2	5	7	8	4
5	2	4	8	9	7	3	6	1

H061

1	6	9	8	2	4	5	7	3
2	7	8	9	3	5	1	6	4
5	3	4	6	7	1	9	2	8
6	4	1	5	8	7	3	9	2
9	8	2	1	4	3	7	5	6
7	5	3	2	6	9	8	4	1
4	1	5	3	9	6	2	8	7
8	9	7	4	1	2	6	3	5
3	2	6	7	5	8	4	1	9

H062

3	1	2	4	5	7	9	6	8
9	5	6	2	8	1	7	4	3
8	4	7	9	3	6	5	2	1
1	2	4	7	6	3	8	5	9
6	9	8	5	1	2	3	7	4
5	7	3	8	9	4	2	1	6
2	3	1	6	7	9	4	8	5
4	8	9	1	2	5	6	3	7
7	6	5	3	4	8	1	9	2

H063

1	8	9	3	2	5	4	6	7
6	5	7	9	1	4	8	3	2
4	3	2	7	6	8	9	1	5
8	4	1	5	7	3	2	9	6
7	6	5	1	9	2	3	8	4
9	2	3	8	4	6	7	5	1
2	9	8	4	5	1	6	7	3
5	7	4	6	3	9	1	2	8
3	1	6	2	8	7	5	4	9

H064

7	3	5	1	8	2	9	4	6
4	6	1	5	7	9	2	8	3
8	9	2	4	6	3	5	7	1
9	8	3	6	4	5	7	1	2
5	1	6	3	2	7	8	9	4
2	7	4	8	9	1	3	6	5
6	2	8	9	5	4	1	3	7
1	5	9	7	3	6	4	2	8
3	4	7	2	1	8	6	5	9

H065

2	3	6	8	1	9	5	4	7
4	9	8	5	7	6	2	3	1
5	7	1	2	3	4	6	8	9
7	5	4	9	2	3	1	6	8
6	2	9	4	8	1	7	5	3
8	1	3	6	5	7	4	9	2
1	4	7	3	9	5	8	2	6
9	6	2	7	4	8	3	1	5
3	8	5	1	6	2	9	7	4

H066

6	7	4	2	9	3	1	8	5
9	5	8	4	6	1	2	7	3
2	3	1	8	7	5	4	6	9
8	1	6	7	3	4	5	9	2
5	4	9	6	1	2	8	3	7
7	2	3	9	5	8	6	4	1
1	6	2	3	8	7	9	5	4
3	8	5	1	4	9	7	2	6
4	9	7	5	2	6	3	1	8

H067

5	8	3	7	4	6	1	2	9
9	2	7	1	5	3	8	4	6
6	4	1	9	2	8	3	5	7
7	1	9	2	6	4	5	3	8
2	3	8	5	1	9	7	6	4
4	6	5	8	3	7	9	1	2
8	5	6	3	7	2	4	9	1
3	7	4	6	9	1	2	8	5
1	9	2	4	8	5	6	7	3

H068

3	7	8	4	2	1	6	9	5
5	2	9	8	7	6	3	4	1
4	1	6	3	5	9	8	7	2
1	6	3	2	4	5	9	8	7
2	8	7	9	1	3	5	6	4
9	4	5	7	6	8	2	1	3
7	5	4	6	8	2	1	3	9
6	3	2	1	9	4	7	5	8
8	9	1	5	3	7	4	2	6

H069

8	9	2	4	5	1	7	6	3
3	6	4	2	9	7	1	5	8
1	5	7	3	6	8	4	2	9
9	7	3	1	8	5	2	4	6
4	8	6	9	7	2	5	3	1
2	1	5	6	3	4	9	8	7
6	3	1	5	4	9	8	7	2
7	4	9	8	2	6	3	1	5
5	2	8	7	1	3	6	9	4

H070

9	6	2	4	8	3	1	7	5
7	5	3	2	6	1	4	8	9
4	8	1	7	5	9	2	6	3
6	2	9	5	4	8	7	3	1
1	7	5	9	3	6	8	4	2
3	4	8	1	7	2	9	5	6
2	3	6	8	1	4	5	9	7
8	1	7	6	9	5	3	2	4
5	9	4	3	2	7	6	1	8

I001

4	2	9	8	5	3	6	1	7
8	7	6	4	9	1	5	2	3
1	5	3	2	6	7	4	9	8
3	9	8	1	7	4	2	6	5
2	4	7	6	8	5	1	3	9
6	1	5	3	2	9	8	7	4
5	3	2	7	4	6	9	8	1
7	6	4	9	1	8	3	5	2
9	8	1	5	3	2	7	4	6

I002

4	6	2	5	8	7	9	1	3
9	5	3	2	1	6	4	8	7
1	8	7	4	3	9	5	2	6
3	7	6	8	9	5	2	4	1
8	9	1	7	4	2	3	6	5
2	4	5	3	6	1	7	9	8
7	3	9	6	2	8	1	5	4
5	2	8	1	7	4	6	3	9
6	1	4	9	5	3	8	7	2

I003

6	9	4	7	8	5	2	3	1
7	8	1	3	2	4	6	9	5
2	3	5	1	9	6	7	8	4
4	1	3	8	5	7	9	2	6
5	7	6	2	1	9	8	4	3
8	2	9	6	4	3	5	1	7
3	4	8	5	7	2	1	6	9
1	6	7	9	3	8	4	5	2
9	5	2	4	6	1	3	7	8

I004

3	7	5	1	2	4	8	9	6
6	1	2	8	7	9	3	5	4
8	9	4	3	6	5	1	7	2
4	8	9	5	1	2	6	3	7
1	2	6	4	3	7	9	8	5
7	5	3	9	8	6	4	2	1
9	6	1	7	5	3	2	4	8
5	4	8	2	9	1	7	6	3
2	3	7	6	4	8	5	1	9

I005

7	4	6	2	1	8	3	5	9
8	2	5	3	4	9	6	1	7
9	1	3	5	6	7	2	4	8
4	6	7	9	2	3	1	8	5
2	5	8	4	7	1	9	6	3
3	9	1	6	8	5	4	7	2
6	7	4	8	9	2	5	3	1
5	8	2	1	3	6	7	9	4
1	3	9	7	5	4	8	2	6

I006

5	2	3	7	4	6	9	8	1
8	1	6	9	5	2	7	4	3
7	9	4	8	1	3	6	5	2
6	5	2	1	7	9	4	3	8
3	8	1	4	6	5	2	7	9
9	4	7	2	3	8	1	6	5
2	6	5	3	9	7	8	1	4
1	3	8	6	2	4	5	9	7
4	7	9	5	8	1	3	2	6

I007

2	8	5	6	9	3	1	4	7
7	4	6	8	1	2	3	9	5
3	1	9	4	7	5	8	2	6
8	5	2	7	3	9	4	6	1
4	3	1	5	6	8	2	7	9
6	9	7	2	4	1	5	3	8
5	7	8	3	2	6	9	1	4
9	2	4	1	5	7	6	8	3
1	6	3	9	8	4	7	5	2

I008

7	3	2	8	6	5	1	4	9
1	6	9	4	3	7	8	2	5
4	5	8	1	2	9	3	6	7
5	2	7	3	1	8	4	9	6
3	1	6	9	5	4	7	8	2
8	9	4	2	7	6	5	1	3
2	7	3	6	8	1	9	5	4
6	4	1	5	9	3	2	7	8
9	8	5	7	4	2	6	3	1

I009

4	1	8	7	3	5	6	2	9
5	9	6	8	1	2	4	3	7
2	3	7	6	9	4	8	1	5
8	4	3	2	7	1	5	9	6
6	7	5	3	8	9	2	4	1
9	2	1	4	5	6	3	7	8
3	8	2	9	6	7	1	5	4
7	5	4	1	2	8	9	6	3
1	6	9	5	4	3	7	8	2

I010

4	5	3	7	2	9	6	1	8
7	2	6	5	8	1	4	9	3
8	1	9	4	3	6	5	7	2
5	8	2	1	9	7	3	4	6
1	3	7	6	4	8	2	5	9
6	9	4	2	5	3	7	8	1
2	6	1	9	7	4	8	3	5
3	7	5	8	1	2	9	6	4
9	4	8	3	6	5	1	2	7

I011

3	7	2	8	1	4	5	6	9
8	6	4	7	9	5	2	1	3
9	1	5	3	6	2	8	7	4
2	3	6	1	8	7	9	4	5
5	8	7	4	3	9	1	2	6
4	9	1	2	5	6	7	3	8
7	5	3	6	2	8	4	9	1
6	4	8	9	7	1	3	5	2
1	2	9	5	4	3	6	8	7

I012

2	4	5	9	8	3	1	6	7
1	3	7	2	4	6	8	9	5
8	9	6	1	7	5	4	3	2
7	1	2	8	9	4	3	5	6
3	6	4	5	1	2	7	8	9
5	8	9	3	6	7	2	1	4
6	7	1	4	3	9	5	2	8
4	2	8	6	5	1	9	7	3
9	5	3	7	2	8	6	4	1

I013

8	6	1	7	9	3	4	2	5
7	9	5	4	1	2	3	6	8
4	2	3	6	8	5	7	1	9
5	1	7	9	4	8	6	3	2
9	4	6	2	3	1	5	8	7
2	3	8	5	6	7	9	4	1
3	8	4	1	5	9	2	7	6
6	7	9	8	2	4	1	5	3
1	5	2	3	7	6	8	9	4

I014

5	9	3	2	4	1	8	7	6
8	7	1	5	3	6	9	4	2
4	6	2	9	7	8	5	3	1
9	3	5	7	6	2	4	1	8
2	1	8	4	9	5	7	6	3
7	4	6	8	1	3	2	9	5
6	2	7	3	8	9	1	5	4
3	8	4	1	5	7	6	2	9
1	5	9	6	2	4	3	8	7

I015

6	4	3	8	2	1	7	9	5
1	9	8	7	3	5	2	6	4
7	2	5	4	9	6	8	3	1
4	6	7	9	5	8	3	1	2
8	1	2	6	4	3	9	5	7
3	5	9	2	1	7	6	4	8
2	3	6	5	8	4	1	7	9
5	8	1	3	7	9	4	2	6
9	7	4	1	6	2	5	8	3

I016

4	6	2	8	3	5	1	9	7
8	1	7	4	9	6	2	5	3
9	5	3	2	1	7	4	8	6
2	8	6	7	5	3	9	1	4
7	4	1	9	6	2	5	3	8
3	9	5	1	4	8	7	6	2
5	2	8	3	7	1	6	4	9
1	7	9	6	8	4	3	2	5
6	3	4	5	2	9	8	7	1

I017

4	9	3	7	6	8	2	5	1
5	1	8	4	9	2	3	6	7
2	6	7	5	3	1	4	9	8
3	4	9	8	1	7	5	2	6
6	7	1	2	5	3	8	4	9
8	5	2	6	4	9	7	1	3
9	3	5	1	8	4	6	7	2
7	8	4	9	2	6	1	3	5
1	2	6	3	7	5	9	8	4

I018

7	9	6	8	3	2	4	1	5
2	4	5	9	1	7	6	3	8
8	1	3	4	6	5	7	2	9
5	8	9	2	4	3	1	6	7
4	6	2	7	9	1	5	8	3
1	3	7	5	8	6	2	9	4
9	2	8	6	5	4	3	7	1
3	7	4	1	2	9	8	5	6
6	5	1	3	7	8	9	4	2

I019

4	7	5	9	2	8	3	1	6
6	2	3	4	1	7	8	5	9
9	1	8	3	5	6	4	7	2
2	4	9	6	8	1	5	3	7
5	3	6	7	4	2	9	8	1
1	8	7	5	3	9	6	2	4
8	5	2	1	6	4	7	9	3
3	9	4	2	7	5	1	6	8
7	6	1	8	9	3	2	4	5

I020

1	5	3	6	7	2	8	9	4
6	7	9	8	4	5	1	2	3
8	2	4	9	1	3	6	7	5
5	1	8	2	3	9	4	6	7
3	6	7	5	8	4	9	1	2
4	9	2	1	6	7	5	3	8
9	8	5	3	2	6	7	4	1
7	3	1	4	9	8	2	5	6
2	4	6	7	5	1	3	8	9

I021

6	9	4	5	1	7	8	3	2
5	3	7	2	8	4	6	1	9
8	2	1	9	3	6	7	4	5
9	8	5	3	7	1	4	2	6
7	4	2	8	6	5	3	9	1
1	6	3	4	9	2	5	8	7
2	5	8	7	4	9	1	6	3
4	7	6	1	2	3	9	5	8
3	1	9	6	5	8	2	7	4

I022

7	6	4	9	5	3	2	8	1
8	2	1	7	6	4	9	5	3
9	5	3	8	2	1	7	6	4
6	1	9	3	7	5	8	4	2
5	4	7	2	8	6	3	1	9
3	8	2	1	4	9	5	7	6
4	3	6	5	9	8	1	2	7
1	7	5	6	3	2	4	9	8
2	9	8	4	1	7	6	3	5

I023

5	2	6	4	1	9	7	3	8
3	1	9	5	7	8	2	6	4
4	8	7	3	2	6	1	9	5
8	5	4	9	6	2	3	7	1
9	3	2	7	5	1	4	8	6
6	7	1	8	4	3	9	5	2
2	9	3	1	8	5	6	4	7
1	4	5	6	9	7	8	2	3
7	6	8	2	3	4	5	1	9

I024

9	8	4	5	3	7	1	2	6
2	7	5	1	6	8	9	3	4
1	6	3	9	2	4	5	7	8
4	9	8	3	7	5	2	6	1
5	2	6	4	9	1	3	8	7
7	3	1	6	8	2	4	5	9
8	5	2	7	1	9	6	4	3
6	4	9	8	5	3	7	1	2
3	1	7	2	4	6	8	9	5

I025

9	6	3	4	8	5	7	1	2
8	1	2	3	6	7	4	9	5
7	5	4	2	9	1	3	8	6
2	9	7	8	5	6	1	3	4
6	8	1	7	3	4	2	5	9
4	3	5	9	1	2	8	6	7
3	4	8	6	2	9	5	7	1
1	2	6	5	7	3	9	4	8
5	7	9	1	4	8	6	2	3

I026

2	9	6	3	8	7	5	4	1
1	5	7	2	4	6	3	8	9
3	8	4	1	5	9	7	6	2
7	3	9	6	2	4	1	5	8
5	2	8	7	9	1	6	3	4
6	4	1	8	3	5	9	2	7
8	1	5	9	6	2	4	7	3
9	6	2	4	7	3	8	1	5
4	7	3	5	1	8	2	9	6

I027

8	9	1	7	4	6	2	3	5
2	6	3	5	1	8	9	7	4
5	4	7	9	3	2	8	1	6
9	1	2	3	6	7	4	5	8
4	5	6	8	9	1	3	2	7
3	7	8	2	5	4	1	6	9
1	2	4	6	7	9	5	8	3
6	3	9	1	8	5	7	4	2
7	8	5	4	2	3	6	9	1

I028

6	1	2	9	4	5	8	7	3
4	3	8	7	6	2	9	1	5
9	7	5	3	1	8	4	6	2
3	2	4	1	5	9	7	8	6
1	8	9	2	7	6	3	5	4
7	5	6	8	3	4	1	2	9
5	6	1	4	9	7	2	3	8
8	9	7	5	2	3	6	4	1
2	4	3	6	8	1	5	9	7

I029

8	5	1	2	3	7	6	4	9
2	6	7	4	8	9	1	3	5
9	4	3	6	5	1	8	7	2
5	8	2	9	6	4	7	1	3
6	1	4	7	2	3	9	5	8
7	3	9	5	1	8	2	6	4
4	9	8	1	7	5	3	2	6
3	7	6	8	4	2	5	9	1
1	2	5	3	9	6	4	8	7

I030

6	7	1	9	2	5	8	3	4
4	2	8	1	6	3	9	7	5
9	3	5	8	7	4	6	2	1
1	9	3	4	8	6	7	5	2
8	4	7	5	1	2	3	9	6
5	6	2	3	9	7	4	1	8
3	1	9	2	4	8	5	6	7
7	5	4	6	3	1	2	8	9
2	8	6	7	5	9	1	4	3

I031

4	2	9	7	3	6	1	8	5
6	8	3	2	5	1	4	9	7
1	7	5	9	4	8	6	2	3
9	4	1	5	7	3	8	6	2
5	3	8	1	6	2	7	4	9
7	6	2	4	8	9	5	3	1
3	9	7	6	1	4	2	5	8
8	1	4	3	2	5	9	7	6
2	5	6	8	9	7	3	1	4

I032

6	3	7	4	8	2	5	9	1
8	9	2	3	5	1	6	4	7
5	1	4	7	9	6	8	2	3
9	4	5	1	7	3	2	6	8
2	7	8	9	6	5	1	3	4
3	6	1	2	4	8	9	7	5
7	2	6	8	1	4	3	5	9
4	8	3	5	2	9	7	1	6
1	5	9	6	3	7	4	8	2

I033

9	3	7	1	5	4	8	6	2
2	4	6	8	3	7	9	1	5
5	8	1	9	6	2	3	4	7
7	9	3	2	4	1	5	8	6
4	6	2	5	8	3	7	9	1
1	5	8	7	9	6	2	3	4
6	1	9	3	7	5	4	2	8
3	7	4	6	2	8	1	5	9
8	2	5	4	1	9	6	7	3

I034

5	6	8	4	7	9	3	2	1
7	1	3	5	2	8	4	6	9
4	2	9	1	6	3	5	7	8
9	5	7	8	1	2	6	4	3
1	3	2	9	4	6	8	5	7
8	4	6	3	5	7	9	1	2
2	9	4	7	3	5	1	8	6
3	7	5	6	8	1	2	9	4
6	8	1	2	9	4	7	3	5

I035

6	9	7	3	2	4	8	5	1
8	2	5	1	7	6	4	3	9
1	3	4	8	5	9	7	6	2
2	6	9	7	3	5	1	4	8
3	5	1	2	4	8	6	9	7
4	7	8	6	9	1	3	2	5
5	8	3	4	1	2	9	7	6
7	1	2	9	6	3	5	8	4
9	4	6	5	8	7	2	1	3

I036

6	4	7	9	3	5	2	1	8
5	2	1	6	8	7	9	4	3
8	9	3	1	4	2	5	6	7
4	6	2	8	5	3	1	7	9
1	3	8	7	6	9	4	5	2
7	5	9	4	2	1	3	8	6
3	8	4	5	9	6	7	2	1
2	1	6	3	7	4	8	9	5
9	7	5	2	1	8	6	3	4

I037

3	4	1	8	6	2	5	9	7
5	6	8	7	9	1	4	3	2
7	9	2	5	3	4	1	6	8
9	2	3	4	5	8	7	1	6
1	5	6	9	2	7	8	4	3
4	8	7	6	1	3	9	2	5
2	3	5	1	7	9	6	8	4
6	1	4	3	8	5	2	7	9
8	7	9	2	4	6	3	5	1

I038

3	4	5	7	6	1	9	8	2
1	6	7	8	2	9	3	4	5
9	2	8	3	4	5	1	7	6
8	1	9	4	5	3	6	2	7
6	5	2	9	7	8	4	1	3
7	3	4	6	1	2	8	5	9
5	7	6	1	3	4	2	9	8
2	9	1	5	8	6	7	3	4
4	8	3	2	9	7	5	6	1

I039

7	8	4	3	1	6	9	5	2
6	9	2	5	8	4	7	1	3
3	1	5	7	9	2	4	8	6
8	3	9	4	6	5	1	2	7
4	2	1	8	7	9	3	6	5
5	6	7	2	3	1	8	4	9
2	7	8	6	4	3	5	9	1
9	4	6	1	5	7	2	3	8
1	5	3	9	2	8	6	7	4

I040

5	6	2	1	9	3	8	4	7
8	3	9	6	4	7	1	2	5
1	4	7	2	5	8	9	6	3
6	8	5	7	2	4	3	1	9
2	7	3	9	6	1	4	5	8
4	9	1	8	3	5	6	7	2
9	5	8	4	7	6	2	3	1
3	1	4	5	8	2	7	9	6
7	2	6	3	1	9	5	8	4

I041

5	4	2	6	7	1	8	3	9
6	9	3	4	2	8	7	1	5
8	7	1	5	9	3	6	4	2
3	6	8	7	1	5	9	2	4
1	5	7	2	4	9	3	8	6
4	2	9	3	8	6	1	5	7
2	8	6	1	5	7	4	9	3
9	3	4	8	6	2	5	7	1
7	1	5	9	3	4	2	6	8

I042

6	2	3	5	1	9	7	4	8
1	5	9	8	4	7	6	2	3
8	4	7	2	3	6	9	1	5
9	6	4	1	5	2	8	3	7
3	1	2	7	6	8	5	9	4
5	7	8	4	9	3	1	6	2
4	9	5	3	7	1	2	8	6
2	3	6	9	8	5	4	7	1
7	8	1	6	2	4	3	5	9

I043

8	4	6	2	5	9	3	7	1
3	1	5	7	8	4	2	9	6
7	9	2	3	6	1	4	8	5
4	8	3	6	9	5	7	1	2
9	6	1	4	7	2	5	3	8
2	5	7	1	3	8	6	4	9
1	3	8	5	2	7	9	6	4
6	2	9	8	4	3	1	5	7
5	7	4	9	1	6	8	2	3

I044

4	8	2	1	9	6	3	5	7
3	9	5	7	8	2	6	1	4
6	7	1	4	3	5	2	8	9
8	4	9	2	6	3	5	7	1
1	3	7	5	4	9	8	2	6
5	2	6	8	1	7	9	4	3
9	1	4	6	2	8	7	3	5
2	5	3	9	7	1	4	6	8
7	6	8	3	5	4	1	9	2

I045

8	1	7	3	4	6	2	9	5
3	2	9	1	7	5	4	8	6
5	4	6	9	8	2	7	1	3
4	8	2	6	5	3	1	7	9
7	5	3	8	9	1	6	4	2
6	9	1	4	2	7	3	5	8
9	3	4	7	6	8	5	2	1
2	6	8	5	1	4	9	3	7
1	7	5	2	3	9	8	6	4

I046

5	2	3	9	8	6	4	1	7
1	8	9	7	2	4	6	5	3
6	7	4	1	3	5	8	2	9
8	3	5	2	6	9	7	4	1
2	4	6	8	1	7	9	3	5
7	9	1	4	5	3	2	6	8
3	5	2	6	7	8	1	9	4
4	6	8	3	9	1	5	7	2
9	1	7	5	4	2	3	8	6

I047

8	3	4	1	5	9	7	6	2
2	5	7	4	3	6	1	8	9
9	1	6	8	7	2	3	5	4
4	7	5	3	1	8	2	9	6
3	6	2	7	9	4	8	1	5
1	8	9	2	6	5	4	3	7
5	4	1	6	8	7	9	2	3
6	2	8	9	4	3	5	7	1
7	9	3	5	2	1	6	4	8

I048

2	4	5	7	1	3	8	9	6
1	3	7	9	8	6	4	2	5
8	9	6	5	4	2	1	7	3
6	7	4	1	2	9	5	3	8
5	1	9	3	7	8	2	6	4
3	2	8	6	5	4	9	1	7
9	8	2	4	6	7	3	5	1
7	5	3	8	9	1	6	4	2
4	6	1	2	3	5	7	8	9

I049

6	3	7	4	1	9	8	2	5
5	9	2	6	7	8	1	4	3
4	1	8	2	5	3	6	7	9
7	6	3	5	4	1	2	9	8
8	5	9	3	2	7	4	1	6
1	2	4	8	9	6	5	3	7
9	7	6	1	8	2	3	5	4
2	8	5	7	3	4	9	6	1
3	4	1	9	6	5	7	8	2

I050

6	5	1	2	8	3	4	9	7
9	4	3	5	1	7	2	8	6
2	7	8	9	4	6	1	5	3
3	2	6	8	7	4	9	1	5
8	9	5	1	3	2	6	7	4
4	1	7	6	9	5	8	3	2
1	3	2	7	6	9	5	4	8
7	6	9	4	5	8	3	2	1
5	8	4	3	2	1	7	6	9

I051

8	9	3	4	5	7	1	6	2
5	4	2	3	6	1	9	8	7
6	1	7	8	2	9	3	5	4
9	8	5	7	4	6	2	3	1
2	7	6	1	3	5	4	9	8
4	3	1	9	8	2	5	7	6
3	2	4	5	7	8	6	1	9
7	5	9	6	1	4	8	2	3
1	6	8	2	9	3	7	4	5

I052

6	1	8	7	2	3	5	4	9
2	3	4	5	6	9	8	7	1
7	5	9	4	1	8	2	6	3
8	6	2	1	3	4	9	5	7
1	9	3	6	5	7	4	8	2
5	4	7	8	9	2	1	3	6
4	7	6	2	8	1	3	9	5
3	2	5	9	4	6	7	1	8
9	8	1	3	7	5	6	2	4

I053

5	8	1	7	6	9	4	2	3
7	6	9	2	4	3	1	8	5
2	3	4	5	8	1	7	6	9
3	9	2	8	1	7	6	5	4
4	5	7	9	3	6	8	1	2
8	1	6	4	2	5	3	9	7
9	4	5	1	7	8	2	3	6
6	2	8	3	9	4	5	7	1
1	7	3	6	5	2	9	4	8

I054

8	5	4	3	6	2	7	1	9
3	1	7	5	9	4	2	6	8
6	9	2	7	1	8	4	5	3
1	3	8	4	2	5	6	9	7
7	2	9	1	3	6	8	4	5
5	4	6	9	8	7	3	2	1
9	7	1	2	4	3	5	8	6
4	8	3	6	5	1	9	7	2
2	6	5	8	7	9	1	3	4

I055

6	2	1	4	3	8	9	5	7
4	9	8	7	5	6	2	1	3
3	5	7	9	1	2	4	6	8
7	6	5	3	8	9	1	4	2
1	3	2	5	4	7	6	8	9
8	4	9	6	2	1	7	3	5
5	1	3	2	7	4	8	9	6
9	7	4	8	6	5	3	2	1
2	8	6	1	9	3	5	7	4

I056

5	9	1	7	3	4	2	6	8
7	6	2	9	5	8	3	4	1
8	4	3	6	1	2	5	7	9
3	1	9	4	7	5	6	8	2
4	7	6	2	8	9	1	3	5
2	8	5	3	6	1	7	9	4
1	5	7	8	4	6	9	2	3
6	2	4	5	9	3	8	1	7
9	3	8	1	2	7	4	5	6

I057

8	7	9	4	2	5	6	1	3
6	5	4	3	7	1	8	2	9
1	2	3	8	6	9	4	7	5
5	6	2	9	8	7	3	4	1
4	9	7	5	1	3	2	6	8
3	8	1	6	4	2	9	5	7
7	3	8	2	5	4	1	9	6
9	4	5	1	3	6	7	8	2
2	1	6	7	9	8	5	3	4

I058

1	8	4	3	7	9	6	2	5
6	9	5	1	8	2	7	3	4
2	7	3	5	4	6	1	8	9
4	1	7	8	6	3	5	9	2
5	2	9	4	1	7	3	6	8
3	6	8	9	2	5	4	1	7
9	5	1	7	3	8	2	4	6
8	4	6	2	5	1	9	7	3
7	3	2	6	9	4	8	5	1

I059

5	7	2	8	9	1	4	3	6
6	9	4	3	7	2	1	8	5
1	3	8	4	5	6	7	9	2
3	5	7	2	1	9	6	4	8
8	6	1	7	4	3	5	2	9
2	4	9	6	8	5	3	7	1
7	8	5	1	2	4	9	6	3
4	1	6	9	3	8	2	5	7
9	2	3	5	6	7	8	1	4

I060

5	7	1	9	4	8	3	6	2
4	2	3	5	7	6	9	1	8
9	6	8	3	1	2	5	4	7
6	1	9	7	2	4	8	5	3
2	5	7	8	3	1	6	9	4
8	3	4	6	5	9	2	7	1
1	8	5	2	9	7	4	3	6
3	4	2	1	6	5	7	8	9
7	9	6	4	8	3	1	2	5

I061

9	5	2	6	8	1	4	7	3
3	4	8	5	7	2	6	1	9
1	6	7	4	3	9	5	8	2
5	1	4	3	9	7	8	2	6
7	2	6	8	5	4	9	3	1
8	9	3	2	1	6	7	4	5
2	3	9	7	4	5	1	6	8
4	8	5	1	6	3	2	9	7
6	7	1	9	2	8	3	5	4

I062

8	2	6	9	7	4	1	5	3
5	1	4	3	6	2	9	7	8
9	7	3	5	1	8	6	4	2
6	8	2	4	9	1	5	3	7
1	4	7	8	5	3	2	9	6
3	9	5	7	2	6	4	8	1
7	6	8	2	4	5	3	1	9
4	3	1	6	8	9	7	2	5
2	5	9	1	3	7	8	6	4

I063

1	5	7	2	3	8	6	9	4
4	9	8	1	7	6	2	3	5
2	6	3	4	9	5	1	7	8
5	1	6	7	2	3	8	4	9
7	4	9	5	8	1	3	6	2
8	3	2	6	4	9	5	1	7
9	7	5	3	6	2	4	8	1
6	2	4	8	1	7	9	5	3
3	8	1	9	5	4	7	2	6

I064

2	1	7	4	3	6	8	9	5
8	4	3	5	7	9	1	2	6
5	6	9	1	2	8	4	7	3
7	2	8	6	5	1	3	4	9
4	5	1	3	9	2	7	6	8
9	3	6	8	4	7	2	5	1
1	7	4	9	6	3	5	8	2
6	8	5	2	1	4	9	3	7
3	9	2	7	8	5	6	1	4

I065

7	8	1	5	6	2	3	4	9
6	9	2	8	3	4	5	7	1
5	3	4	1	7	9	8	6	2
1	7	8	9	2	5	6	3	4
9	4	6	3	8	7	1	2	5
3	2	5	6	4	1	9	8	7
8	1	7	4	5	6	2	9	3
2	6	9	7	1	3	4	5	8
4	5	3	2	9	8	7	1	6

I066

9	2	3	8	7	5	6	4	1
1	5	4	3	9	6	7	8	2
7	8	6	1	4	2	5	9	3
2	3	9	4	8	7	1	5	6
6	4	1	5	2	3	8	7	9
8	7	5	9	6	1	2	3	4
5	9	2	7	1	4	3	6	8
4	6	7	2	3	8	9	1	5
3	1	8	6	5	9	4	2	7

I067

4	7	3	6	1	9	8	2	5
6	5	9	8	4	2	1	7	3
8	1	2	3	7	5	6	4	9
1	9	6	5	8	4	7	3	2
3	8	4	7	2	6	5	9	1
5	2	7	1	9	3	4	8	6
9	4	8	2	5	1	3	6	7
2	6	5	4	3	7	9	1	8
7	3	1	9	6	8	2	5	4

I068

7	8	1	2	9	5	4	6	3
9	3	6	1	4	7	5	2	8
2	4	5	8	6	3	9	7	1
5	2	7	3	1	8	6	4	9
6	1	3	4	7	9	2	8	5
4	9	8	5	2	6	1	3	7
1	7	2	9	3	4	8	5	6
8	6	4	7	5	1	3	9	2
3	5	9	6	8	2	7	1	4

I069

2	4	3	1	7	6	8	9	5
8	7	9	3	2	5	4	6	1
6	5	1	9	4	8	2	7	3
3	1	7	5	8	9	6	2	4
9	8	2	6	3	4	5	1	7
4	6	5	7	1	2	3	8	9
7	3	8	4	6	1	9	5	2
1	9	6	2	5	3	7	4	8
5	2	4	8	9	7	1	3	6

I070

8	3	2	6	7	5	1	9	4
6	4	9	1	3	2	7	8	5
1	5	7	9	8	4	6	2	3
5	8	6	2	1	3	9	4	7
9	2	3	4	5	7	8	6	1
4	7	1	8	6	9	5	3	2
7	6	8	3	2	1	4	5	9
2	1	4	5	9	8	3	7	6
3	9	5	7	4	6	2	1	8

J001

6	9	1	7	3	8	4	5	2
7	3	2	5	6	4	1	9	8
5	4	8	1	2	9	6	7	3
8	6	4	2	1	5	7	3	9
9	2	7	3	4	6	5	8	1
3	1	5	8	9	7	2	6	4
4	5	3	6	8	1	9	2	7
2	7	9	4	5	3	8	1	6
1	8	6	9	7	2	3	4	5

J002

1	4	6	5	3	8	7	2	9
7	5	8	4	9	2	1	3	6
2	3	9	7	6	1	8	5	4
6	9	2	8	7	4	3	1	5
4	1	5	3	2	9	6	8	7
8	7	3	1	5	6	9	4	2
3	2	7	9	1	5	4	6	8
9	6	4	2	8	3	5	7	1
5	8	1	6	4	7	2	9	3

J003

9	3	4	7	1	8	6	2	5
8	1	5	2	9	6	4	7	3
2	7	6	4	5	3	1	9	8
5	4	9	3	8	2	7	1	6
7	6	8	1	4	5	2	3	9
3	2	1	9	6	7	5	8	4
1	9	3	5	2	4	8	6	7
4	8	2	6	7	9	3	5	1
6	5	7	8	3	1	9	4	2

J004

7	2	4	1	5	6	9	3	8
6	9	3	2	7	8	1	4	5
8	1	5	4	9	3	7	6	2
4	7	1	6	8	9	5	2	3
9	3	8	5	2	7	4	1	6
5	6	2	3	4	1	8	9	7
2	4	6	8	1	5	3	7	9
3	5	7	9	6	4	2	8	1
1	8	9	7	3	2	6	5	4

J005

7	4	6	9	3	2	5	8	1
2	1	5	4	7	8	9	6	3
3	9	8	6	1	5	4	2	7
8	2	4	5	6	3	1	7	9
6	3	7	1	2	9	8	5	4
9	5	1	7	8	4	6	3	2
4	6	9	2	5	7	3	1	8
1	8	2	3	4	6	7	9	5
5	7	3	8	9	1	2	4	6

J006

2	7	1	8	6	9	4	5	3
3	9	4	5	1	7	8	6	2
6	8	5	2	4	3	9	1	7
8	5	7	3	9	2	1	4	6
4	1	2	6	7	5	3	9	8
9	3	6	1	8	4	2	7	5
7	2	8	9	5	1	6	3	4
1	4	3	7	2	6	5	8	9
5	6	9	4	3	8	7	2	1

J007

6	7	9	8	5	2	3	4	1
3	2	4	9	1	6	7	5	8
5	1	8	3	7	4	2	9	6
4	8	3	1	2	9	5	6	7
1	5	6	7	3	8	4	2	9
7	9	2	6	4	5	1	8	3
2	6	7	4	8	1	9	3	5
9	4	1	5	6	3	8	7	2
8	3	5	2	9	7	6	1	4

J008

9	2	6	1	7	5	3	4	8
4	1	5	3	2	8	7	9	6
7	3	8	6	4	9	1	2	5
3	8	7	4	1	2	6	5	9
5	4	2	9	3	6	8	7	1
1	6	9	5	8	7	2	3	4
8	9	4	2	6	3	5	1	7
2	7	1	8	5	4	9	6	3
6	5	3	7	9	1	4	8	2

J009

1	8	3	4	7	9	2	5	6
6	5	9	2	1	3	4	8	7
4	2	7	5	6	8	9	1	3
8	7	2	9	3	1	5	6	4
3	6	5	8	2	4	7	9	1
9	4	1	7	5	6	8	3	2
2	1	4	6	8	5	3	7	9
7	3	8	1	9	2	6	4	5
5	9	6	3	4	7	1	2	8

J010

5	3	9	6	1	7	2	8	4
8	2	6	5	9	4	3	1	7
4	7	1	3	2	8	9	6	5
1	9	3	8	4	2	5	7	6
7	8	5	9	6	1	4	3	2
2	6	4	7	5	3	1	9	8
9	4	8	2	3	6	7	5	1
6	5	2	1	7	9	8	4	3
3	1	7	4	8	5	6	2	9

J011

1	5	9	7	3	2	4	8	6
7	6	3	9	4	8	5	2	1
8	4	2	5	6	1	7	3	9
6	8	5	4	2	3	9	1	7
9	1	7	8	5	6	2	4	3
3	2	4	1	7	9	8	6	5
2	7	8	6	1	5	3	9	4
5	9	1	3	8	4	6	7	2
4	3	6	2	9	7	1	5	8

J012

3	4	2	9	1	8	6	5	7
8	9	6	7	5	4	3	1	2
5	1	7	3	2	6	4	8	9
4	5	9	1	7	3	8	2	6
6	7	3	2	8	9	5	4	1
2	8	1	6	4	5	7	9	3
7	6	5	4	9	1	2	3	8
1	2	4	8	3	7	9	6	5
9	3	8	5	6	2	1	7	4

J013

9	3	7	4	1	2	8	6	5
6	2	5	8	3	9	4	1	7
8	1	4	6	7	5	9	3	2
1	4	3	5	9	7	2	8	6
7	9	6	2	8	1	3	5	4
2	5	8	3	4	6	7	9	1
5	8	2	7	6	3	1	4	9
3	6	1	9	2	4	5	7	8
4	7	9	1	5	8	6	2	3

J014

7	4	1	3	8	9	2	6	5
5	3	8	6	2	4	1	9	7
6	9	2	1	7	5	8	4	3
8	5	4	9	6	3	7	2	1
2	1	9	8	4	7	5	3	6
3	7	6	2	5	1	9	8	4
4	8	7	5	3	2	6	1	9
9	6	3	7	1	8	4	5	2
1	2	5	4	9	6	3	7	8

J015

7	8	4	6	5	9	1	3	2
2	5	6	1	7	3	8	4	9
9	1	3	2	8	4	7	6	5
5	3	9	4	1	8	6	2	7
6	2	1	7	9	5	4	8	3
4	7	8	3	2	6	9	5	1
3	9	5	8	4	1	2	7	6
8	6	7	9	3	2	5	1	4
1	4	2	5	6	7	3	9	8

J016

4	8	3	1	2	5	6	7	9
7	1	2	9	6	3	4	5	8
9	6	5	4	8	7	1	2	3
2	3	7	8	9	4	5	6	1
5	4	6	3	7	1	9	8	2
8	9	1	6	5	2	7	3	4
6	5	8	2	4	9	3	1	7
1	2	4	7	3	6	8	9	5
3	7	9	5	1	8	2	4	6

J017

7	1	5	3	6	4	8	2	9
2	6	8	7	9	5	4	3	1
4	3	9	2	8	1	6	7	5
9	8	6	5	4	7	3	1	2
1	7	3	6	2	9	5	8	4
5	4	2	1	3	8	9	6	7
3	9	4	8	7	2	1	5	6
6	5	7	9	1	3	2	4	8
8	2	1	4	5	6	7	9	3

J018

9	5	2	3	4	1	8	7	6
8	3	6	2	7	9	5	4	1
1	7	4	5	6	8	9	2	3
4	1	5	6	3	7	2	8	9
2	9	8	4	1	5	6	3	7
3	6	7	8	9	2	4	1	5
6	8	3	1	5	4	7	9	2
7	2	1	9	8	6	3	5	4
5	4	9	7	2	3	1	6	8

J019

7	1	3	8	6	9	4	5	2
4	9	5	3	1	2	8	7	6
8	6	2	5	4	7	9	1	3
6	2	9	1	7	8	3	4	5
1	8	4	9	3	5	6	2	7
3	5	7	6	2	4	1	8	9
2	3	1	7	8	6	5	9	4
9	4	8	2	5	3	7	6	1
5	7	6	4	9	1	2	3	8

J020

8	3	6	2	7	5	1	9	4
4	1	2	6	9	8	3	7	5
9	7	5	4	1	3	8	6	2
7	5	4	9	8	2	6	1	3
6	9	1	5	3	4	7	2	8
2	8	3	1	6	7	4	5	9
3	4	9	7	5	6	2	8	1
1	6	8	3	2	9	5	4	7
5	2	7	8	4	1	9	3	6

J021

3	6	7	1	8	2	5	9	4
5	4	1	3	9	6	7	2	8
9	8	2	4	5	7	3	1	6
2	9	6	5	4	1	8	3	7
8	7	4	2	6	3	9	5	1
1	3	5	9	7	8	6	4	2
4	2	8	7	3	9	1	6	5
6	5	9	8	1	4	2	7	3
7	1	3	6	2	5	4	8	9

J022

8	2	4	9	7	5	3	1	6
5	9	3	1	8	6	4	2	7
1	7	6	4	3	2	9	5	8
6	4	2	3	1	7	5	8	9
3	1	8	2	5	9	7	6	4
9	5	7	8	6	4	1	3	2
7	6	1	5	9	8	2	4	3
2	3	9	6	4	1	8	7	5
4	8	5	7	2	3	6	9	1

J023

9	7	5	3	8	4	6	1	2
4	6	3	2	1	5	8	9	7
1	2	8	6	7	9	3	4	5
8	3	6	7	2	1	9	5	4
7	4	1	9	5	8	2	6	3
2	5	9	4	6	3	1	7	8
3	1	7	5	9	2	4	8	6
5	8	4	1	3	6	7	2	9
6	9	2	8	4	7	5	3	1

J024

4	1	9	3	7	8	2	6	5
5	8	6	4	2	1	7	9	3
3	7	2	9	5	6	1	8	4
2	9	5	1	4	7	8	3	6
8	6	1	5	3	2	4	7	9
7	4	3	8	6	9	5	1	2
1	3	4	7	9	5	6	2	8
9	2	7	6	8	4	3	5	1
6	5	8	2	1	3	9	4	7

J025

4	2	5	3	1	7	8	9	6
9	6	7	8	4	2	1	5	3
3	8	1	5	6	9	2	7	4
7	5	6	2	8	3	4	1	9
8	3	4	6	9	1	7	2	5
2	1	9	4	7	5	6	3	8
5	9	8	7	2	6	3	4	1
6	7	3	1	5	4	9	8	2
1	4	2	9	3	8	5	6	7

J026

2	1	4	7	8	6	5	3	9
3	6	8	4	5	9	7	1	2
5	7	9	2	1	3	4	6	8
7	5	1	8	6	2	3	9	4
4	3	2	9	7	1	6	8	5
8	9	6	3	4	5	2	7	1
9	4	5	6	3	8	1	2	7
1	8	3	5	2	7	9	4	6
6	2	7	1	9	4	8	5	3

J027

1	2	6	9	7	5	8	4	3
3	7	9	1	4	8	5	6	2
8	5	4	3	6	2	7	1	9
5	4	8	6	2	1	9	3	7
9	6	1	7	8	3	2	5	4
7	3	2	4	5	9	1	8	6
4	8	5	2	9	6	3	7	1
6	9	3	5	1	7	4	2	8
2	1	7	8	3	4	6	9	5

J028

1	2	4	7	3	8	5	6	9
7	9	3	1	5	6	8	4	2
5	6	8	9	2	4	7	1	3
8	4	7	3	9	1	6	2	5
2	3	5	8	6	7	1	9	4
6	1	9	5	4	2	3	7	8
9	7	2	6	8	5	4	3	1
4	8	1	2	7	3	9	5	6
3	5	6	4	1	9	2	8	7

J029

5	8	1	7	3	9	6	4	2
6	9	7	4	1	2	8	3	5
2	3	4	5	6	8	7	9	1
8	4	9	2	5	1	3	6	7
3	1	5	6	8	7	9	2	4
7	6	2	9	4	3	5	1	8
9	2	6	8	7	4	1	5	3
1	5	8	3	2	6	4	7	9
4	7	3	1	9	5	2	8	6

J030

7	9	5	8	3	6	2	1	4
6	4	1	2	7	9	3	5	8
2	8	3	4	5	1	7	6	9
4	2	7	9	1	8	6	3	5
3	5	8	6	2	7	4	9	1
1	6	9	3	4	5	8	2	7
8	3	6	5	9	4	1	7	2
5	1	4	7	6	2	9	8	3
9	7	2	1	8	3	5	4	6

J031

9	5	1	2	6	8	3	4	7
8	2	6	7	4	3	5	1	9
3	7	4	9	1	5	8	2	6
1	8	7	3	2	9	6	5	4
2	6	9	4	5	7	1	8	3
5	4	3	6	8	1	9	7	2
6	1	2	8	3	4	7	9	5
7	3	8	5	9	2	4	6	1
4	9	5	1	7	6	2	3	8

J032

7	3	1	9	5	4	8	2	6
9	6	5	7	8	2	3	1	4
8	2	4	6	3	1	7	9	5
5	9	6	1	7	8	2	4	3
4	7	3	5	2	9	1	6	8
1	8	2	4	6	3	9	5	7
6	1	9	8	4	7	5	3	2
2	5	7	3	9	6	4	8	1
3	4	8	2	1	5	6	7	9

J033

3	5	6	8	9	1	2	7	4
9	7	2	4	3	5	8	1	6
8	4	1	2	7	6	5	9	3
1	3	4	5	8	9	7	6	2
2	8	5	1	6	7	4	3	9
6	9	7	3	4	2	1	8	5
4	6	8	7	5	3	9	2	1
5	2	3	9	1	8	6	4	7
7	1	9	6	2	4	3	5	8

J034

3	8	5	9	2	1	4	7	6
1	6	7	4	5	3	2	9	8
2	9	4	8	7	6	5	3	1
5	1	9	2	4	7	8	6	3
4	3	8	6	1	9	7	5	2
7	2	6	3	8	5	1	4	9
6	7	2	5	3	8	9	1	4
9	4	1	7	6	2	3	8	5
8	5	3	1	9	4	6	2	7

J035

4	3	5	1	2	7	8	6	9
6	2	9	4	8	5	1	7	3
1	8	7	9	6	3	5	2	4
9	6	2	5	3	8	4	1	7
3	7	8	2	1	4	9	5	6
5	1	4	6	7	9	3	8	2
8	9	3	7	5	2	6	4	1
7	4	1	8	9	6	2	3	5
2	5	6	3	4	1	7	9	8

J036

2	6	7	8	1	3	4	5	9
1	4	5	7	9	6	3	8	2
9	3	8	5	4	2	1	7	6
6	8	1	3	2	5	9	4	7
4	7	2	9	6	8	5	1	3
3	5	9	4	7	1	6	2	8
8	9	3	2	5	4	7	6	1
5	2	6	1	3	7	8	9	4
7	1	4	6	8	9	2	3	5

J037

2	9	3	8	4	6	5	7	1
5	1	4	7	2	9	8	6	3
8	6	7	3	1	5	9	4	2
3	2	8	6	5	7	1	9	4
7	5	9	4	8	1	3	2	6
1	4	6	2	9	3	7	8	5
6	8	5	9	3	2	4	1	7
9	3	2	1	7	4	6	5	8
4	7	1	5	6	8	2	3	9

J038

1	9	2	4	7	6	5	8	3
6	5	8	1	3	2	4	7	9
7	3	4	9	5	8	2	1	6
9	6	5	3	2	1	7	4	8
2	1	7	8	9	4	6	3	5
4	8	3	5	6	7	9	2	1
3	2	6	7	1	5	8	9	4
5	4	1	2	8	9	3	6	7
8	7	9	6	4	3	1	5	2

J039

3	2	7	8	5	9	1	6	4
9	1	8	4	7	6	2	3	5
6	5	4	2	1	3	8	9	7
1	9	2	7	4	5	6	8	3
5	8	3	9	6	2	7	4	1
7	4	6	1	3	8	9	5	2
4	3	9	6	2	7	5	1	8
8	7	5	3	9	1	4	2	6
2	6	1	5	8	4	3	7	9

J040

9	4	8	5	3	6	1	2	7
7	3	6	9	1	2	4	8	5
2	1	5	8	7	4	9	3	6
5	7	2	6	9	1	8	4	3
1	8	4	3	2	7	6	5	9
3	6	9	4	5	8	2	7	1
8	9	3	1	4	5	7	6	2
4	5	7	2	6	9	3	1	8
6	2	1	7	8	3	5	9	4

J041

2	4	9	6	1	8	7	3	5
8	1	7	5	2	3	9	4	6
5	6	3	7	9	4	2	1	8
6	2	5	8	4	7	1	9	3
3	9	4	2	6	1	8	5	7
1	7	8	3	5	9	4	6	2
7	3	1	4	8	6	5	2	9
4	8	2	9	3	5	6	7	1
9	5	6	1	7	2	3	8	4

J042

5	7	1	2	9	4	6	3	8
2	6	8	5	3	7	4	9	1
4	9	3	1	8	6	7	5	2
3	2	9	7	5	1	8	4	6
8	1	4	6	2	9	3	7	5
7	5	6	3	4	8	1	2	9
1	8	5	4	7	2	9	6	3
9	4	2	8	6	3	5	1	7
6	3	7	9	1	5	2	8	4

J043

4	5	1	2	7	6	3	9	8
2	7	8	3	1	9	4	5	6
3	6	9	5	4	8	7	1	2
5	3	4	8	6	1	2	7	9
9	1	6	7	2	4	5	8	3
7	8	2	9	3	5	1	6	4
8	2	3	1	9	7	6	4	5
1	4	5	6	8	2	9	3	7
6	9	7	4	5	3	8	2	1

J044

8	2	1	6	5	4	7	3	9
7	3	4	9	1	8	6	5	2
9	5	6	7	3	2	1	8	4
5	6	9	1	8	7	2	4	3
1	8	3	4	2	5	9	6	7
4	7	2	3	6	9	5	1	8
3	9	8	5	7	6	4	2	1
2	4	5	8	9	1	3	7	6
6	1	7	2	4	3	8	9	5

J045

7	6	5	9	4	1	3	8	2
8	9	3	2	6	5	1	4	7
4	1	2	8	3	7	9	6	5
6	5	7	4	8	3	2	9	1
9	3	8	5	1	2	4	7	6
1	2	4	7	9	6	8	5	3
3	4	6	1	7	8	5	2	9
2	8	1	6	5	9	7	3	4
5	7	9	3	2	4	6	1	8

J046

3	4	2	8	6	7	5	1	9
6	9	7	4	1	5	8	2	3
1	5	8	3	2	9	4	6	7
9	7	4	6	3	8	2	5	1
8	6	1	7	5	2	9	3	4
5	2	3	1	9	4	7	8	6
4	8	6	2	7	3	1	9	5
2	3	5	9	4	1	6	7	8
7	1	9	5	8	6	3	4	2

J047

8	6	5	2	7	3	9	4	1
7	2	9	1	4	8	5	3	6
4	1	3	5	6	9	8	2	7
3	9	6	4	2	7	1	8	5
1	8	4	3	5	6	7	9	2
2	5	7	9	8	1	3	6	4
5	3	2	7	9	4	6	1	8
9	4	8	6	1	5	2	7	3
6	7	1	8	3	2	4	5	9

J048

9	5	1	8	6	7	2	3	4
3	2	8	4	9	1	6	7	5
7	6	4	5	3	2	8	9	1
2	9	5	1	4	6	3	8	7
6	8	7	3	5	9	1	4	2
4	1	3	2	7	8	9	5	6
5	4	9	6	2	3	7	1	8
8	3	2	7	1	5	4	6	9
1	7	6	9	8	4	5	2	3

J049

9	3	4	6	2	7	5	8	1
6	2	5	9	8	1	3	4	7
8	7	1	4	3	5	2	6	9
2	5	9	3	6	8	7	1	4
4	6	7	1	5	2	9	3	8
1	8	3	7	9	4	6	5	2
7	4	6	2	1	3	8	9	5
5	9	2	8	4	6	1	7	3
3	1	8	5	7	9	4	2	6

J050

6	3	1	8	5	7	2	4	9
9	4	8	2	6	1	7	3	5
2	5	7	4	9	3	8	1	6
3	7	6	9	8	2	1	5	4
5	8	4	3	1	6	9	7	2
1	9	2	7	4	5	6	8	3
8	1	5	6	2	4	3	9	7
7	6	9	5	3	8	4	2	1
4	2	3	1	7	9	5	6	8

J051

3	1	4	2	9	6	5	7	8
5	8	2	1	7	3	6	9	4
9	6	7	4	8	5	3	1	2
8	3	9	6	5	1	4	2	7
2	7	1	3	4	8	9	6	5
4	5	6	7	2	9	1	8	3
1	4	5	8	6	7	2	3	9
7	2	3	9	1	4	8	5	6
6	9	8	5	3	2	7	4	1

J052

4	5	1	7	6	8	9	2	3
7	6	3	4	9	2	8	5	1
9	2	8	3	5	1	6	7	4
8	7	2	5	4	9	1	3	6
1	3	9	2	7	6	5	4	8
6	4	5	1	8	3	7	9	2
3	9	4	8	1	7	2	6	5
5	8	6	9	2	4	3	1	7
2	1	7	6	3	5	4	8	9

J053

1	8	7	3	9	6	4	2	5
5	9	4	2	8	1	7	3	6
3	2	6	4	7	5	1	8	9
8	1	2	5	3	9	6	4	7
9	7	5	6	2	4	8	1	3
4	6	3	7	1	8	9	5	2
7	5	8	9	4	2	3	6	1
2	4	9	1	6	3	5	7	8
6	3	1	8	5	7	2	9	4

J054

6	3	1	7	9	8	5	2	4
7	5	9	6	4	2	8	3	1
4	2	8	3	1	5	9	7	6
1	4	7	2	5	6	3	9	8
8	9	3	1	7	4	6	5	2
2	6	5	8	3	9	4	1	7
9	7	2	4	6	3	1	8	5
3	1	6	5	8	7	2	4	9
5	8	4	9	2	1	7	6	3

J055

4	5	1	7	9	3	2	8	6
2	7	9	8	6	4	5	1	3
3	8	6	2	1	5	4	7	9
7	9	5	1	4	8	6	3	2
1	3	2	9	5	6	8	4	7
6	4	8	3	7	2	9	5	1
8	1	7	4	2	9	3	6	5
5	2	3	6	8	7	1	9	4
9	6	4	5	3	1	7	2	8

J056

4	5	2	3	1	6	8	7	9
7	1	9	5	8	4	3	6	2
6	8	3	7	2	9	4	1	5
2	3	8	6	4	7	9	5	1
9	6	4	1	5	3	2	8	7
1	7	5	8	9	2	6	3	4
5	9	1	2	3	8	7	4	6
8	2	7	4	6	1	5	9	3
3	4	6	9	7	5	1	2	8

J057

6	5	4	7	1	2	8	3	9
8	2	7	9	3	4	5	1	6
9	1	3	8	6	5	7	4	2
2	3	8	1	9	6	4	5	7
5	9	1	3	4	7	2	6	8
7	4	6	2	5	8	3	9	1
1	7	5	6	8	3	9	2	4
4	8	9	5	2	1	6	7	3
3	6	2	4	7	9	1	8	5

J058

9	8	4	5	6	7	3	1	2
5	2	1	3	8	4	6	9	7
3	6	7	9	1	2	8	4	5
7	1	6	8	3	5	4	2	9
2	5	8	7	4	9	1	3	6
4	3	9	6	2	1	7	5	8
6	4	3	2	9	8	5	7	1
8	7	2	1	5	3	9	6	4
1	9	5	4	7	6	2	8	3

J059

6	7	2	4	8	3	5	1	9
1	5	3	9	2	6	4	8	7
9	4	8	7	5	1	6	3	2
4	8	6	1	3	2	7	9	5
2	9	5	8	7	4	1	6	3
7	3	1	5	6	9	2	4	8
5	6	4	2	9	8	3	7	1
8	1	7	3	4	5	9	2	6
3	2	9	6	1	7	8	5	4

J060

4	8	9	1	2	6	7	5	3
5	1	6	4	7	3	9	8	2
7	2	3	5	9	8	4	6	1
1	6	4	7	3	9	5	2	8
9	3	2	8	5	1	6	7	4
8	5	7	6	4	2	3	1	9
3	9	1	2	6	5	8	4	7
6	7	8	3	1	4	2	9	5
2	4	5	9	8	7	1	3	6

J061

5	6	7	3	2	9	8	1	4
8	4	1	6	5	7	2	9	3
3	9	2	1	4	8	6	5	7
1	7	6	9	8	5	4	3	2
2	8	5	4	3	6	1	7	9
4	3	9	2	7	1	5	6	8
6	2	8	5	9	3	7	4	1
9	1	4	7	6	2	3	8	5
7	5	3	8	1	4	9	2	6

J062

7	1	5	8	6	4	3	9	2
8	2	6	3	5	9	4	1	7
9	3	4	2	1	7	5	6	8
5	6	3	1	7	8	2	4	9
2	9	8	4	3	5	6	7	1
4	7	1	9	2	6	8	5	3
3	5	7	6	8	1	9	2	4
1	4	2	5	9	3	7	8	6
6	8	9	7	4	2	1	3	5

J063

8	2	6	7	5	4	1	3	9
4	9	7	1	6	3	2	8	5
3	1	5	9	2	8	7	6	4
1	7	3	2	8	5	4	9	6
9	4	8	6	3	1	5	2	7
6	5	2	4	9	7	8	1	3
5	3	1	8	4	9	6	7	2
7	6	9	5	1	2	3	4	8
2	8	4	3	7	6	9	5	1

J064

3	6	7	9	1	2	5	8	4
9	4	2	8	5	6	1	7	3
8	1	5	3	7	4	6	9	2
5	7	4	6	8	3	9	2	1
2	8	3	1	9	5	4	6	7
6	9	1	2	4	7	8	3	5
7	3	8	5	6	1	2	4	9
4	5	9	7	2	8	3	1	6
1	2	6	4	3	9	7	5	8

J065

3	9	2	6	5	7	1	4	8
8	6	1	2	4	9	5	7	3
5	4	7	1	3	8	6	9	2
1	3	9	4	8	5	2	6	7
2	5	6	7	1	3	9	8	4
7	8	4	9	6	2	3	1	5
6	7	3	5	9	4	8	2	1
9	2	8	3	7	1	4	5	6
4	1	5	8	2	6	7	3	9

J066

8	9	3	4	5	7	2	1	6
6	7	2	9	3	1	4	8	5
5	1	4	2	6	8	9	7	3
1	2	7	3	8	4	6	5	9
9	3	8	5	2	6	1	4	7
4	6	5	7	1	9	8	3	2
2	8	1	6	7	3	5	9	4
7	5	9	1	4	2	3	6	8
3	4	6	8	9	5	7	2	1

J067

2	6	8	7	3	1	9	4	5
4	5	1	9	2	6	8	7	3
7	3	9	8	4	5	1	6	2
8	4	2	3	1	9	6	5	7
1	7	6	5	8	2	3	9	4
5	9	3	6	7	4	2	8	1
6	1	4	2	5	8	7	3	9
9	2	7	4	6	3	5	1	8
3	8	5	1	9	7	4	2	6

J068

7	6	9	4	8	2	3	5	1
3	4	2	6	1	5	8	7	9
1	5	8	3	9	7	6	2	4
6	9	3	5	7	4	1	8	2
5	8	7	9	2	1	4	3	6
4	2	1	8	3	6	5	9	7
2	1	5	7	4	3	9	6	8
8	3	4	2	6	9	7	1	5
9	7	6	1	5	8	2	4	3

J069

7	5	4	2	9	6	3	8	1
6	9	8	1	3	5	7	2	4
2	1	3	8	4	7	5	9	6
1	8	2	6	7	9	4	5	3
4	6	5	3	8	1	2	7	9
9	3	7	4	5	2	6	1	8
5	4	6	9	2	8	1	3	7
8	7	1	5	6	3	9	4	2
3	2	9	7	1	4	8	6	5

J070

1	7	6	5	4	3	9	2	8
5	2	3	8	6	9	1	4	7
9	4	8	7	2	1	6	3	5
4	9	5	6	1	2	7	8	3
8	6	2	3	5	7	4	9	1
7	3	1	9	8	4	5	6	2
2	5	7	4	9	8	3	1	6
6	1	9	2	3	5	8	7	4
3	8	4	1	7	6	2	5	9

K001

2	7	4	5	8	9	1	3	6
1	6	9	2	3	7	5	8	4
3	8	5	6	1	4	2	7	9
9	5	3	8	2	6	4	1	7
6	4	2	9	7	1	8	5	3
7	1	8	4	5	3	9	6	2
4	9	7	1	6	8	3	2	5
5	3	1	7	9	2	6	4	8
8	2	6	3	4	5	7	9	1

K002

9	4	3	5	6	1	8	2	7
5	1	8	2	4	7	9	3	6
6	2	7	8	3	9	4	1	5
2	7	4	6	1	5	3	8	9
8	5	9	3	7	2	1	6	4
1	3	6	4	9	8	5	7	2
7	6	1	9	5	3	2	4	8
4	8	5	1	2	6	7	9	3
3	9	2	7	8	4	6	5	1

K003

1	3	4	7	5	6	9	8	2
7	9	2	4	1	8	3	6	5
6	5	8	2	9	3	7	4	1
3	8	9	6	4	1	5	2	7
5	4	1	8	2	7	6	3	9
2	6	7	9	3	5	4	1	8
8	2	3	5	7	4	1	9	6
4	7	6	1	8	9	2	5	3
9	1	5	3	6	2	8	7	4

K004

8	6	7	1	5	9	4	3	2
4	5	9	8	2	3	1	6	7
3	2	1	6	4	7	8	5	9
2	4	8	5	3	1	9	7	6
1	3	5	9	7	6	2	8	4
9	7	6	2	8	4	5	1	3
5	1	3	4	6	2	7	9	8
6	9	2	7	1	8	3	4	5
7	8	4	3	9	5	6	2	1

K005

3	5	2	4	6	8	9	1	7
6	9	4	1	7	3	5	8	2
1	7	8	9	2	5	6	4	3
8	4	5	2	1	7	3	9	6
9	2	1	3	4	6	7	5	8
7	3	6	8	5	9	4	2	1
2	6	3	5	8	4	1	7	9
4	1	7	6	9	2	8	3	5
5	8	9	7	3	1	2	6	4

K006

6	2	4	3	5	1	7	8	9
9	7	5	8	2	4	3	1	6
1	8	3	6	9	7	5	2	4
3	5	6	7	1	8	4	9	2
7	1	2	5	4	9	8	6	3
4	9	8	2	6	3	1	7	5
8	6	7	4	3	2	9	5	1
2	4	9	1	8	5	6	3	7
5	3	1	9	7	6	2	4	8

K007

9	6	8	1	7	4	3	2	5
1	2	4	5	3	9	7	6	8
3	5	7	6	8	2	4	1	9
8	7	6	3	9	1	5	4	2
5	9	2	4	6	7	1	8	3
4	1	3	8	2	5	9	7	6
6	8	1	9	4	3	2	5	7
2	4	9	7	5	8	6	3	1
7	3	5	2	1	6	8	9	4

K008

1	2	9	6	5	8	4	3	7
6	3	8	7	2	4	9	1	5
4	7	5	9	1	3	8	2	6
7	6	4	3	8	2	5	9	1
3	9	1	5	7	6	2	4	8
8	5	2	1	4	9	6	7	3
5	4	3	8	9	7	1	6	2
2	1	7	4	6	5	3	8	9
9	8	6	2	3	1	7	5	4

K009

7	6	1	3	4	2	8	9	5
3	5	9	8	1	6	4	7	2
8	4	2	7	5	9	6	3	1
2	8	3	6	9	1	5	4	7
1	9	5	4	2	7	3	8	6
6	7	4	5	3	8	1	2	9
5	2	6	9	8	3	7	1	4
9	3	7	1	6	4	2	5	8
4	1	8	2	7	5	9	6	3

K010

6	7	9	4	3	8	5	2	1
1	2	3	6	7	5	9	4	8
5	8	4	1	9	2	7	3	6
4	9	2	3	5	1	8	6	7
8	3	1	7	4	6	2	5	9
7	5	6	8	2	9	3	1	4
3	6	8	2	1	7	4	9	5
2	1	5	9	8	4	6	7	3
9	4	7	5	6	3	1	8	2

K011

2	8	1	5	6	7	3	9	4
5	7	3	8	9	4	2	6	1
9	4	6	3	1	2	5	8	7
3	9	8	6	4	5	7	1	2
4	1	2	9	7	8	6	5	3
6	5	7	1	2	3	9	4	8
1	2	5	7	8	6	4	3	9
7	6	9	4	3	1	8	2	5
8	3	4	2	5	9	1	7	6

K012

4	6	8	5	7	3	1	2	9
2	7	9	6	1	4	5	3	8
3	5	1	2	8	9	7	4	6
6	1	4	7	5	8	3	9	2
7	3	5	9	6	2	4	8	1
8	9	2	4	3	1	6	7	5
1	8	7	3	9	5	2	6	4
9	4	6	1	2	7	8	5	3
5	2	3	8	4	6	9	1	7

K013

9	1	6	5	4	3	2	8	7
2	7	5	9	8	1	6	3	4
8	4	3	2	7	6	5	9	1
1	3	2	7	9	4	8	5	6
7	5	4	8	6	2	3	1	9
6	9	8	3	1	5	4	7	2
5	2	1	6	3	7	9	4	8
3	8	7	4	2	9	1	6	5
4	6	9	1	5	8	7	2	3

K014

3	7	1	9	2	5	6	4	8
5	9	4	7	6	8	1	2	3
6	2	8	4	1	3	9	7	5
9	8	7	6	3	1	2	5	4
2	1	3	8	5	4	7	9	6
4	5	6	2	7	9	3	8	1
1	6	9	5	8	2	4	3	7
8	3	2	1	4	7	5	6	9
7	4	5	3	9	6	8	1	2

K015

2	9	1	7	3	8	5	6	4
5	3	4	1	6	9	2	7	8
6	8	7	5	4	2	9	3	1
3	7	8	9	1	4	6	5	2
4	2	9	6	5	3	8	1	7
1	6	5	8	2	7	3	4	9
9	1	3	2	7	6	4	8	5
7	4	2	3	8	5	1	9	6
8	5	6	4	9	1	7	2	3

K016

4	8	3	5	6	9	1	7	2
7	5	1	3	2	8	4	6	9
9	2	6	7	4	1	5	3	8
1	7	8	9	5	3	6	2	4
6	4	5	1	8	2	7	9	3
3	9	2	6	7	4	8	1	5
2	6	7	8	9	5	3	4	1
8	3	4	2	1	6	9	5	7
5	1	9	4	3	7	2	8	6

K017

6	5	4	9	1	2	3	7	8
9	2	3	7	4	8	6	5	1
1	8	7	5	6	3	2	4	9
3	6	8	2	9	5	4	1	7
7	9	2	1	3	4	5	8	6
4	1	5	8	7	6	9	3	2
5	7	6	3	8	9	1	2	4
2	4	1	6	5	7	8	9	3
8	3	9	4	2	1	7	6	5

K018

6	4	1	3	7	2	5	9	8
7	2	5	8	4	9	3	6	1
9	8	3	6	1	5	7	2	4
3	1	4	9	6	8	2	7	5
8	5	6	7	2	4	9	1	3
2	7	9	5	3	1	4	8	6
4	9	8	1	5	7	6	3	2
1	6	2	4	9	3	8	5	7
5	3	7	2	8	6	1	4	9

K019

1	4	6	7	2	5	8	9	3
5	9	7	4	8	3	2	1	6
2	3	8	1	9	6	4	5	7
7	5	2	6	3	9	1	4	8
6	1	9	8	4	2	7	3	5
3	8	4	5	1	7	9	6	2
9	6	5	2	7	1	3	8	4
8	7	1	3	6	4	5	2	9
4	2	3	9	5	8	6	7	1

K020

6	5	7	1	3	8	2	9	4
1	9	2	6	5	4	7	3	8
4	3	8	7	2	9	5	1	6
5	1	6	4	7	2	9	8	3
2	7	9	3	8	1	4	6	5
8	4	3	9	6	5	1	2	7
7	6	4	2	9	3	8	5	1
9	8	1	5	4	6	3	7	2
3	2	5	8	1	7	6	4	9

K021

7	4	8	2	1	3	6	9	5
9	1	5	8	4	6	7	3	2
6	3	2	7	5	9	4	8	1
5	7	3	6	9	1	2	4	8
2	9	4	5	3	8	1	6	7
1	8	6	4	7	2	9	5	3
4	5	9	1	8	7	3	2	6
8	6	7	3	2	4	5	1	9
3	2	1	9	6	5	8	7	4

K022

4	2	6	3	9	1	7	8	5
9	7	8	6	5	4	3	1	2
1	5	3	8	2	7	6	4	9
2	3	1	9	7	6	8	5	4
7	8	4	2	1	5	9	3	6
5	6	9	4	3	8	2	7	1
3	9	5	7	4	2	1	6	8
6	1	7	5	8	9	4	2	3
8	4	2	1	6	3	5	9	7

K023

1	3	4	5	2	8	7	9	6
7	6	8	9	3	4	1	2	5
9	2	5	1	6	7	4	8	3
2	5	3	4	1	9	8	6	7
8	9	1	2	7	6	3	5	4
4	7	6	8	5	3	9	1	2
3	8	9	6	4	5	2	7	1
6	4	2	7	8	1	5	3	9
5	1	7	3	9	2	6	4	8

K024

7	8	9	6	1	2	4	5	3
3	6	5	8	9	4	2	7	1
4	2	1	5	7	3	9	8	6
8	5	3	2	4	9	6	1	7
9	7	2	1	8	6	3	4	5
6	1	4	7	3	5	8	2	9
2	3	8	9	5	1	7	6	4
5	4	7	3	6	8	1	9	2
1	9	6	4	2	7	5	3	8

K025

1	9	7	2	8	5	3	4	6
2	8	3	6	4	1	5	9	7
5	4	6	9	3	7	2	8	1
4	7	1	8	5	6	9	2	3
3	6	2	4	7	9	1	5	8
9	5	8	3	1	2	6	7	4
6	3	5	7	2	8	4	1	9
8	2	4	1	9	3	7	6	5
7	1	9	5	6	4	8	3	2

K026

9	8	5	1	4	2	3	6	7
1	3	4	6	9	7	2	5	8
6	2	7	5	3	8	1	4	9
7	6	8	4	2	5	9	1	3
3	4	1	8	7	9	5	2	6
2	5	9	3	6	1	7	8	4
5	9	2	7	8	4	6	3	1
8	1	6	9	5	3	4	7	2
4	7	3	2	1	6	8	9	5

K027

9	2	6	1	3	5	7	8	4
3	7	1	4	2	8	9	6	5
8	4	5	7	6	9	1	2	3
4	3	9	5	8	1	6	7	2
2	6	8	3	4	7	5	9	1
1	5	7	6	9	2	4	3	8
7	9	3	2	5	4	8	1	6
6	1	4	8	7	3	2	5	9
5	8	2	9	1	6	3	4	7

K028

2	7	8	6	3	4	9	5	1
1	5	3	8	2	9	7	6	4
9	6	4	7	5	1	8	3	2
8	4	2	3	9	5	1	7	6
6	3	5	4	1	7	2	9	8
7	1	9	2	8	6	3	4	5
3	9	6	1	4	8	5	2	7
4	2	1	5	7	3	6	8	9
5	8	7	9	6	2	4	1	3

K029

2	5	6	9	3	7	4	1	8
4	3	9	1	8	6	2	5	7
8	7	1	4	5	2	3	6	9
6	4	7	2	1	3	9	8	5
1	2	3	8	9	5	7	4	6
5	9	8	7	6	4	1	2	3
7	1	5	3	2	8	6	9	4
9	6	4	5	7	1	8	3	2
3	8	2	6	4	9	5	7	1

K030

6	2	9	1	4	8	3	7	5
8	3	4	7	6	5	1	2	9
5	7	1	9	2	3	4	8	6
9	6	5	2	3	1	8	4	7
1	8	2	4	7	9	6	5	3
3	4	7	5	8	6	9	1	2
4	5	3	6	1	7	2	9	8
7	1	6	8	9	2	5	3	4
2	9	8	3	5	4	7	6	1

K031

4	7	9	3	8	1	2	5	6
2	8	3	6	5	7	4	1	9
6	5	1	4	2	9	3	7	8
9	3	6	1	4	2	7	8	5
5	4	8	7	9	3	1	6	2
1	2	7	5	6	8	9	3	4
7	6	2	9	3	5	8	4	1
8	1	4	2	7	6	5	9	3
3	9	5	8	1	4	6	2	7

K032

3	2	6	1	9	5	8	7	4
8	1	4	3	6	7	9	5	2
5	9	7	8	2	4	6	1	3
1	5	8	7	4	9	3	2	6
4	7	2	6	8	3	1	9	5
6	3	9	5	1	2	7	4	8
7	4	1	2	3	6	5	8	9
9	8	3	4	5	1	2	6	7
2	6	5	9	7	8	4	3	1

K033

8	9	3	7	4	2	5	6	1
4	7	5	8	6	1	9	3	2
6	1	2	5	3	9	4	7	8
7	4	8	9	2	3	6	1	5
1	3	9	4	5	6	8	2	7
5	2	6	1	8	7	3	4	9
2	8	1	6	9	4	7	5	3
3	5	4	2	7	8	1	9	6
9	6	7	3	1	5	2	8	4

K034

9	7	3	8	2	6	4	1	5
1	8	4	7	3	5	2	9	6
2	6	5	4	9	1	7	3	8
7	3	8	9	5	4	6	2	1
5	1	6	3	8	2	9	4	7
4	2	9	6	1	7	8	5	3
8	5	1	2	6	9	3	7	4
3	4	2	1	7	8	5	6	9
6	9	7	5	4	3	1	8	2

K035

6	7	5	3	9	1	2	8	4
3	4	2	8	5	7	6	1	9
8	9	1	4	6	2	5	3	7
1	5	9	7	3	4	8	6	2
4	2	3	6	8	5	9	7	1
7	8	6	1	2	9	3	4	5
5	1	8	2	4	3	7	9	6
2	3	7	9	1	6	4	5	8
9	6	4	5	7	8	1	2	3

K036

2	1	4	8	3	7	6	9	5
8	5	7	6	4	9	3	2	1
9	6	3	5	2	1	8	4	7
6	8	9	7	5	2	1	3	4
4	7	1	3	9	6	5	8	2
5	3	2	1	8	4	7	6	9
3	9	8	4	1	5	2	7	6
7	2	5	9	6	3	4	1	8
1	4	6	2	7	8	9	5	3

K037

4	3	7	8	2	5	1	6	9
9	6	8	1	7	3	5	2	4
5	2	1	4	9	6	3	8	7
6	7	5	9	4	2	8	3	1
8	1	9	3	6	7	4	5	2
3	4	2	5	1	8	9	7	6
7	5	4	2	8	1	6	9	3
1	8	6	7	3	9	2	4	5
2	9	3	6	5	4	7	1	8

K038

7	1	6	3	5	4	8	2	9
2	9	3	8	1	6	7	5	4
5	8	4	2	7	9	6	3	1
8	6	7	9	4	2	5	1	3
3	4	9	5	6	1	2	8	7
1	5	2	7	8	3	4	9	6
6	7	5	1	9	8	3	4	2
4	3	1	6	2	5	9	7	8
9	2	8	4	3	7	1	6	5

K039

9	6	2	8	7	5	1	3	4
7	8	1	3	2	4	5	6	9
3	4	5	1	6	9	8	2	7
5	9	3	7	1	2	6	4	8
8	1	6	9	4	3	2	7	5
4	2	7	6	5	8	9	1	3
2	7	4	5	9	1	3	8	6
6	5	8	2	3	7	4	9	1
1	3	9	4	8	6	7	5	2

K040

6	5	9	3	8	2	4	1	7
7	3	4	9	1	5	2	8	6
8	2	1	4	7	6	5	9	3
9	6	8	5	4	3	7	2	1
3	7	5	6	2	1	9	4	8
4	1	2	7	9	8	6	3	5
1	4	7	8	5	9	3	6	2
2	9	3	1	6	7	8	5	4
5	8	6	2	3	4	1	7	9

K041

6	5	4	7	3	8	2	1	9
9	2	3	6	1	4	8	5	7
8	1	7	9	2	5	3	4	6
2	8	5	3	9	6	4	7	1
3	7	6	2	4	1	5	9	8
1	4	9	8	5	7	6	2	3
4	9	8	5	7	3	1	6	2
5	3	2	1	6	9	7	8	4
7	6	1	4	8	2	9	3	5

K042

7	2	8	6	3	9	1	4	5
9	5	1	7	4	8	2	6	3
6	3	4	2	5	1	7	8	9
4	7	6	3	9	2	5	1	8
2	9	5	8	1	6	4	3	7
8	1	3	5	7	4	9	2	6
1	6	2	9	8	7	3	5	4
5	8	9	4	2	3	6	7	1
3	4	7	1	6	5	8	9	2

K043

2	6	5	7	3	1	9	8	4
3	4	1	9	8	2	6	5	7
8	9	7	5	4	6	1	2	3
6	5	8	1	7	9	4	3	2
7	3	9	4	2	5	8	1	6
4	1	2	8	6	3	5	7	9
9	8	6	2	5	7	3	4	1
1	7	4	3	9	8	2	6	5
5	2	3	6	1	4	7	9	8

K044

4	6	3	7	8	5	9	2	1
9	8	5	2	1	6	4	3	7
2	1	7	9	3	4	6	5	8
6	4	9	1	2	8	5	7	3
8	7	1	4	5	3	2	9	6
5	3	2	6	7	9	1	8	4
7	9	6	8	4	2	3	1	5
3	2	8	5	6	1	7	4	9
1	5	4	3	9	7	8	6	2

K045

9	3	5	2	7	4	1	8	6
2	8	4	5	6	1	9	7	3
1	6	7	9	8	3	5	2	4
3	7	6	1	5	2	4	9	8
5	4	9	8	3	6	7	1	2
8	2	1	7	4	9	6	3	5
6	1	2	3	9	5	8	4	7
4	9	8	6	2	7	3	5	1
7	5	3	4	1	8	2	6	9

K046

3	9	2	1	8	7	4	5	6
4	6	1	2	9	5	7	3	8
7	5	8	3	6	4	1	9	2
5	2	3	9	4	1	8	6	7
6	1	4	5	7	8	9	2	3
8	7	9	6	3	2	5	1	4
2	4	5	7	1	6	3	8	9
1	3	7	8	2	9	6	4	5
9	8	6	4	5	3	2	7	1

K047

6	4	5	3	1	7	9	8	2
2	1	8	4	6	9	3	5	7
9	3	7	2	8	5	6	4	1
7	5	9	6	3	4	2	1	8
4	2	6	1	5	8	7	3	9
1	8	3	7	9	2	4	6	5
5	6	4	9	2	1	8	7	3
3	9	1	8	7	6	5	2	4
8	7	2	5	4	3	1	9	6

K048

1	6	5	4	9	7	2	3	8
9	2	4	8	3	1	5	7	6
7	8	3	5	6	2	1	4	9
8	5	6	1	4	3	7	9	2
4	7	1	9	2	6	3	8	5
3	9	2	7	5	8	4	6	1
2	1	7	3	8	9	6	5	4
5	3	9	6	1	4	8	2	7
6	4	8	2	7	5	9	1	3

K049

2	9	6	4	7	8	5	3	1
4	8	5	9	1	3	6	7	2
3	7	1	6	5	2	4	9	8
8	4	9	5	3	6	1	2	7
6	2	3	7	8	1	9	5	4
1	5	7	2	9	4	3	8	6
9	3	4	1	2	7	8	6	5
5	6	2	8	4	9	7	1	3
7	1	8	3	6	5	2	4	9

K050

9	8	5	6	3	2	4	1	7
6	4	1	7	8	9	2	5	3
7	3	2	1	4	5	9	8	6
1	6	4	9	7	3	5	2	8
8	2	7	4	5	6	1	3	9
5	9	3	2	1	8	6	7	4
3	1	9	5	6	7	8	4	2
2	5	8	3	9	4	7	6	1
4	7	6	8	2	1	3	9	5

K051

9	7	6	4	5	2	1	3	8
8	1	2	3	7	6	9	5	4
5	4	3	8	1	9	7	2	6
3	5	4	2	9	1	8	6	7
2	9	1	6	8	7	5	4	3
6	8	7	5	3	4	2	9	1
1	2	9	7	6	3	4	8	5
4	3	8	1	2	5	6	7	9
7	6	5	9	4	8	3	1	2

K052

6	8	9	3	5	7	1	4	2
5	7	4	2	8	1	6	3	9
2	1	3	9	6	4	8	7	5
7	9	8	6	1	2	3	5	4
1	5	6	4	7	3	2	9	8
3	4	2	8	9	5	7	1	6
9	2	1	5	3	6	4	8	7
4	3	5	7	2	8	9	6	1
8	6	7	1	4	9	5	2	3

K053

6	5	1	9	2	3	4	8	7
8	9	2	7	1	4	3	6	5
3	7	4	5	6	8	9	2	1
4	3	5	8	7	9	2	1	6
2	8	9	1	5	6	7	4	3
1	6	7	3	4	2	5	9	8
9	1	8	2	3	5	6	7	4
7	4	3	6	9	1	8	5	2
5	2	6	4	8	7	1	3	9

K054

5	9	1	7	6	8	4	2	3
6	2	8	9	4	3	7	5	1
4	3	7	2	5	1	8	9	6
3	8	6	4	2	9	1	7	5
9	5	2	3	1	7	6	8	4
7	1	4	5	8	6	9	3	2
2	7	9	6	3	4	5	1	8
8	6	5	1	7	2	3	4	9
1	4	3	8	9	5	2	6	7

K055

6	2	5	4	1	7	8	9	3
4	7	8	5	3	9	1	2	6
3	9	1	2	6	8	4	7	5
8	5	3	9	2	4	7	6	1
2	1	4	7	5	6	3	8	9
7	6	9	1	8	3	2	5	4
5	3	2	6	7	1	9	4	8
9	8	7	3	4	5	6	1	2
1	4	6	8	9	2	5	3	7

K056

5	4	9	2	8	1	7	3	6
8	2	7	3	4	6	9	5	1
3	6	1	5	7	9	8	4	2
1	5	8	6	9	4	3	2	7
4	7	6	1	2	3	5	8	9
2	9	3	7	5	8	1	6	4
6	8	4	9	3	7	2	1	5
7	3	2	4	1	5	6	9	8
9	1	5	8	6	2	4	7	3

K057

3	1	6	8	4	2	5	9	7
2	9	7	6	1	5	4	8	3
5	4	8	3	7	9	2	1	6
4	8	3	2	5	6	9	7	1
6	5	1	7	9	4	3	2	8
9	7	2	1	8	3	6	4	5
1	6	5	4	2	7	8	3	9
7	3	4	9	6	8	1	5	2
8	2	9	5	3	1	7	6	4

K058

8	4	5	2	3	7	1	6	9
2	6	1	9	4	8	5	7	3
3	9	7	5	1	6	8	2	4
1	2	9	3	5	4	7	8	6
7	3	8	6	2	9	4	1	5
6	5	4	7	8	1	9	3	2
9	8	3	4	7	2	6	5	1
4	7	2	1	6	5	3	9	8
5	1	6	8	9	3	2	4	7

K059

4	2	8	1	6	7	5	3	9
6	3	9	2	5	4	1	7	8
5	1	7	9	8	3	6	4	2
3	9	6	5	1	2	7	8	4
2	8	1	4	7	9	3	6	5
7	5	4	8	3	6	9	2	1
8	7	2	3	9	5	4	1	6
9	4	3	6	2	1	8	5	7
1	6	5	7	4	8	2	9	3

K060

5	9	3	2	7	6	1	4	8
1	2	6	8	4	3	7	5	9
8	4	7	9	5	1	6	2	3
9	8	5	7	2	4	3	6	1
4	3	2	6	1	9	8	7	5
7	6	1	5	3	8	2	9	4
3	7	8	4	6	5	9	1	2
6	1	4	3	9	2	5	8	7
2	5	9	1	8	7	4	3	6

K061

4	8	1	7	5	9	6	2	3
7	3	9	2	1	6	4	5	8
5	6	2	8	4	3	9	7	1
1	4	5	9	7	8	3	6	2
8	7	3	1	6	2	5	9	4
9	2	6	5	3	4	1	8	7
3	9	8	4	2	5	7	1	6
6	5	7	3	8	1	2	4	9
2	1	4	6	9	7	8	3	5

K062

5	6	8	9	4	2	3	1	7
7	4	9	1	3	6	8	5	2
3	1	2	8	5	7	4	9	6
6	8	7	3	9	5	1	2	4
4	9	3	2	8	1	6	7	5
1	2	5	6	7	4	9	3	8
8	3	6	7	2	9	5	4	1
9	7	4	5	1	8	2	6	3
2	5	1	4	6	3	7	8	9

K063

3	2	4	9	7	1	8	5	6
9	8	7	3	5	6	1	4	2
1	5	6	2	4	8	9	7	3
8	3	1	5	9	2	4	6	7
7	4	9	6	8	3	2	1	5
5	6	2	4	1	7	3	9	8
4	9	3	8	6	5	7	2	1
6	1	8	7	2	9	5	3	4
2	7	5	1	3	4	6	8	9

K064

3	5	2	1	6	8	7	4	9
8	4	6	9	5	7	3	2	1
9	1	7	3	2	4	6	8	5
6	9	1	8	3	5	2	7	4
7	2	8	4	1	6	5	9	3
4	3	5	7	9	2	1	6	8
1	8	3	6	7	9	4	5	2
5	6	4	2	8	3	9	1	7
2	7	9	5	4	1	8	3	6

K065

8	4	2	5	7	9	6	1	3
3	6	1	4	8	2	7	9	5
9	7	5	6	3	1	2	8	4
2	9	8	1	6	3	4	5	7
1	5	7	9	2	4	8	3	6
6	3	4	8	5	7	9	2	1
4	1	6	3	9	8	5	7	2
7	8	3	2	4	5	1	6	9
5	2	9	7	1	6	3	4	8

K066

5	8	9	3	7	4	6	1	2
4	6	3	5	2	1	9	8	7
7	2	1	9	8	6	3	5	4
1	9	4	2	5	8	7	3	6
8	3	7	6	4	9	1	2	5
6	5	2	7	1	3	4	9	8
2	1	8	4	9	7	5	6	3
9	7	6	8	3	5	2	4	1
3	4	5	1	6	2	8	7	9

K067

9	1	5	4	3	7	8	6	2
8	2	4	9	5	6	7	1	3
7	3	6	8	1	2	5	4	9
1	5	8	3	2	4	9	7	6
4	7	9	6	8	5	3	2	1
3	6	2	7	9	1	4	8	5
6	9	3	1	4	8	2	5	7
2	8	7	5	6	9	1	3	4
5	4	1	2	7	3	6	9	8

K068

6	2	9	1	4	7	8	5	3
4	5	8	2	3	6	1	9	7
1	7	3	9	8	5	6	2	4
8	6	7	4	2	3	5	1	9
2	3	4	5	1	9	7	6	8
9	1	5	7	6	8	3	4	2
5	8	6	3	9	4	2	7	1
7	9	1	8	5	2	4	3	6
3	4	2	6	7	1	9	8	5

K069

6	1	3	5	9	4	2	8	7
4	5	9	8	2	7	1	3	6
7	8	2	6	1	3	5	4	9
1	2	5	3	8	9	7	6	4
3	4	7	1	6	2	9	5	8
9	6	8	4	7	5	3	1	2
5	9	1	2	4	6	8	7	3
8	7	6	9	3	1	4	2	5
2	3	4	7	5	8	6	9	1

K070

4	7	9	6	5	8	1	2	3
8	5	1	3	7	2	6	4	9
3	2	6	9	4	1	5	7	8
6	4	7	5	9	3	2	8	1
2	3	5	1	8	4	7	9	6
9	1	8	2	6	7	4	3	5
7	6	4	8	1	9	3	5	2
5	9	3	4	2	6	8	1	7
1	8	2	7	3	5	9	6	4

L001

7	4	1	6	9	2	5	8	3
9	2	6	8	3	5	7	4	1
3	5	8	4	1	7	9	2	6
8	3	5	7	4	1	6	9	2
6	9	2	5	8	3	1	7	4
1	7	4	2	6	9	3	5	8
4	1	7	9	2	6	8	3	5
2	6	9	3	5	8	4	1	7
5	8	3	1	7	4	2	6	9

L002

1	5	9	2	6	4	8	3	7
4	2	7	5	3	8	1	6	9
6	8	3	9	7	1	4	2	5
8	3	6	1	5	9	7	4	2
5	9	4	7	2	6	3	1	8
2	7	1	4	8	3	5	9	6
9	4	8	6	1	5	2	7	3
3	6	2	8	4	7	9	5	1
7	1	5	3	9	2	6	8	4

L003

9	3	7	2	6	4	1	8	5
4	6	2	5	8	1	9	3	7
1	8	5	9	3	7	4	6	2
8	5	1	7	9	3	6	2	4
3	7	9	4	2	6	8	5	1
6	2	4	1	5	8	3	7	9
2	4	8	6	1	5	7	9	3
7	9	3	8	4	2	5	1	6
5	1	6	3	7	9	2	4	8

L004

8	5	2	4	9	6	3	1	7
6	3	7	2	5	1	8	4	9
1	9	4	7	3	8	5	2	6
3	6	9	5	7	4	2	8	1
7	1	5	8	2	9	4	6	3
2	4	8	1	6	3	7	9	5
4	8	3	6	1	7	9	5	2
9	2	6	3	8	5	1	7	4
5	7	1	9	4	2	6	3	8

L005

4	1	3	8	5	2	6	9	7
2	5	8	6	9	7	3	1	4
7	9	6	4	1	3	8	5	2
1	6	2	7	3	9	4	8	5
5	8	4	2	6	1	7	3	9
9	3	7	5	8	4	2	6	1
3	7	5	1	4	6	9	2	8
6	4	1	9	2	8	5	7	3
8	2	9	3	7	5	1	4	6

L006

2	5	8	4	6	1	7	3	9
7	9	3	8	2	5	1	6	4
4	6	1	3	7	9	5	2	8
6	1	4	7	9	3	8	5	2
9	3	7	2	5	8	4	1	6
5	8	2	6	1	4	9	7	3
8	2	5	1	4	6	3	9	7
3	7	9	5	8	2	6	4	1
1	4	6	9	3	7	2	8	5

L007

3	6	8	2	5	9	7	1	4
7	1	4	8	3	6	2	5	9
5	9	2	4	7	1	6	8	3
8	3	6	9	2	5	1	4	7
4	7	1	6	8	3	5	9	2
2	5	9	1	4	7	3	6	8
6	8	3	7	1	4	9	2	5
9	2	5	3	6	8	4	7	1
1	4	7	5	9	2	8	3	6

L008

3	1	6	8	4	7	9	5	2
7	4	8	5	2	9	3	1	6
9	2	5	1	6	3	7	4	8
6	9	3	7	1	5	2	8	4
1	5	7	4	8	2	6	3	9
4	8	2	9	3	6	1	7	5
8	6	4	2	7	1	5	9	3
5	3	1	6	9	4	8	2	7
2	7	9	3	5	8	4	6	1

L009

9	1	8	4	7	2	5	3	6
2	7	4	6	3	5	9	1	8
5	3	6	8	1	9	2	7	4
3	6	9	5	8	1	7	4	2
7	4	2	9	6	3	1	8	5
1	8	5	2	4	7	3	6	9
8	5	3	7	2	4	6	9	1
6	9	1	3	5	8	4	2	7
4	2	7	1	9	6	8	5	3

L010

6	3	9	5	8	4	1	7	2
2	8	5	1	3	7	4	9	6
7	4	1	9	6	2	8	5	3
3	1	7	4	9	6	2	8	5
8	5	2	7	1	3	6	4	9
4	9	6	2	5	8	3	1	7
9	6	4	8	2	5	7	3	1
5	2	8	3	7	1	9	6	4
1	7	3	6	4	9	5	2	8

L011

6	9	5	3	1	4	8	2	7
3	7	1	8	5	2	6	4	9
8	2	4	6	9	7	3	1	5
5	8	2	4	6	9	7	3	1
1	3	7	2	8	5	9	6	4
4	6	9	7	3	1	5	8	2
2	4	6	9	7	3	1	5	8
9	1	8	5	2	6	4	7	3
7	5	3	1	4	8	2	9	6

L012

4	9	1	8	3	6	2	7	5
7	3	6	1	5	2	8	4	9
2	5	8	4	7	9	6	1	3
6	2	5	7	9	4	1	3	8
1	7	3	5	2	8	4	9	6
8	4	9	3	6	1	7	5	2
5	8	4	6	1	3	9	2	7
9	1	7	2	8	5	3	6	4
3	6	2	9	4	7	5	8	1

L013

7	9	4	2	5	3	1	6	8
5	2	6	8	1	7	3	9	4
3	8	1	4	6	9	5	2	7
8	6	3	9	2	4	7	5	1
2	4	7	5	8	1	9	3	6
9	1	5	7	3	6	4	8	2
1	5	8	3	7	2	6	4	9
4	7	2	6	9	5	8	1	3
6	3	9	1	4	8	2	7	5

L014

3	5	1	8	6	2	4	9	7
8	2	7	5	9	4	6	3	1
6	4	9	1	3	7	2	8	5
4	7	5	3	8	1	9	6	2
9	1	3	6	2	5	7	4	8
2	8	6	4	7	9	5	1	3
7	3	8	2	4	6	1	5	9
5	9	4	7	1	3	8	2	6
1	6	2	9	5	8	3	7	4

L015

3	7	9	2	5	8	4	1	6
8	5	1	4	9	6	2	7	3
4	2	6	1	7	3	9	5	8
6	4	8	3	1	9	7	2	5
2	9	5	8	4	7	3	6	1
7	1	3	6	2	5	8	4	9
1	3	7	9	6	2	5	8	4
9	6	2	5	8	4	1	3	7
5	8	4	7	3	1	6	9	2

L016

8	4	7	5	3	6	2	9	1
5	9	3	1	7	2	4	6	8
2	6	1	8	4	9	7	3	5
7	2	4	6	9	5	1	8	3
3	5	8	4	1	7	9	2	6
9	1	6	2	8	3	5	7	4
4	8	2	9	6	1	3	5	7
6	3	5	7	2	4	8	1	9
1	7	9	3	5	8	6	4	2

L017

2	5	8	3	9	4	7	1	6
7	1	6	8	5	2	4	9	3
4	9	3	6	1	7	2	5	8
6	2	9	1	7	3	5	8	4
8	4	1	5	2	6	9	3	7
3	7	5	9	4	8	1	6	2
9	3	7	4	6	1	8	2	5
1	6	4	2	8	5	3	7	9
5	8	2	7	3	9	6	4	1

L018

4	7	3	9	2	6	8	5	1
6	2	9	1	5	8	3	7	4
8	5	1	3	7	4	9	2	6
3	8	5	7	4	1	6	9	2
9	6	2	5	8	3	1	4	7
1	4	7	2	6	9	5	8	3
5	1	4	8	3	7	2	6	9
7	3	8	6	9	2	4	1	5
2	9	6	4	1	5	7	3	8

L019

2	5	8	4	1	6	9	3	7
6	1	4	7	3	9	5	8	2
9	3	7	2	8	5	1	6	4
7	9	3	8	5	2	4	1	6
4	6	1	3	9	7	2	5	8
8	2	5	1	6	4	7	9	3
5	8	2	6	4	1	3	7	9
1	4	6	9	7	3	8	2	5
3	7	9	5	2	8	6	4	1

L020

3	7	9	2	8	5	1	6	4
8	5	2	6	4	1	7	3	9
4	1	6	9	7	3	5	8	2
1	3	8	4	9	6	2	5	7
9	6	4	7	5	2	8	1	3
5	2	7	1	3	8	4	9	6
7	9	5	3	1	4	6	2	8
2	4	1	8	6	9	3	7	5
6	8	3	5	2	7	9	4	1

L021

3	6	8	2	4	7	9	1	5
5	1	4	8	6	9	2	7	3
9	7	2	5	1	3	8	4	6
1	5	7	3	9	6	4	8	2
6	8	3	7	2	4	1	5	9
2	4	9	1	5	8	6	3	7
8	2	5	9	7	1	3	6	4
4	9	1	6	3	5	7	2	8
7	3	6	4	8	2	5	9	1

L022

6	1	3	5	8	2	9	4	7
4	7	5	3	1	9	6	8	2
8	2	9	7	4	6	1	3	5
2	9	6	4	7	3	8	5	1
7	5	1	6	2	8	4	9	3
3	8	4	9	5	1	7	2	6
1	4	7	2	9	5	3	6	8
9	6	2	8	3	7	5	1	4
5	3	8	1	6	4	2	7	9

L023

1	4	7	9	3	5	8	6	2
8	6	2	4	7	1	5	3	9
5	3	9	6	2	8	1	7	4
7	5	3	1	8	4	9	2	6
9	1	6	3	5	2	7	4	8
2	8	4	7	9	6	3	1	5
4	2	8	5	1	3	6	9	7
6	9	1	8	4	7	2	5	3
3	7	5	2	6	9	4	8	1

L024

8	1	4	2	7	5	9	6	3
6	3	7	9	4	1	5	2	8
2	5	9	6	8	3	1	7	4
5	8	2	4	6	9	7	3	1
1	4	6	8	3	7	2	5	9
9	7	3	1	5	2	4	8	6
3	9	5	7	1	6	8	4	2
7	2	8	3	9	4	6	1	5
4	6	1	5	2	8	3	9	7

L025

3	8	6	1	9	5	2	7	4
1	4	2	8	3	7	5	9	6
5	7	9	4	6	2	8	3	1
2	5	1	7	4	9	3	6	8
7	3	8	5	1	6	9	4	2
9	6	4	2	8	3	7	1	5
6	2	7	9	5	1	4	8	3
4	9	3	6	2	8	1	5	7
8	1	5	3	7	4	6	2	9

L026

2	5	8	3	9	6	4	1	7
4	7	1	5	2	8	6	3	9
6	3	9	1	7	4	8	5	2
9	6	3	7	4	1	5	2	8
1	8	5	2	6	9	3	7	4
7	4	2	8	3	5	1	9	6
5	1	7	4	8	2	9	6	3
3	9	4	6	1	7	2	8	5
8	2	6	9	5	3	7	4	1

L027

4	8	6	9	2	5	1	3	7
9	3	1	6	4	7	5	8	2
2	5	7	3	8	1	9	4	6
5	2	4	7	3	8	6	1	9
1	6	8	5	9	2	4	7	3
7	9	3	1	6	4	8	2	5
3	7	9	4	1	6	2	5	8
6	4	2	8	5	3	7	9	1
8	1	5	2	7	9	3	6	4

L028

1	4	8	5	7	3	9	2	6
5	7	2	9	1	6	4	8	3
9	3	6	2	4	8	1	5	7
6	9	3	8	2	5	7	1	4
2	5	7	4	9	1	3	6	8
4	8	1	6	3	7	5	9	2
7	1	5	3	6	2	8	4	9
3	6	9	1	8	4	2	7	5
8	2	4	7	5	9	6	3	1

L029

3	8	4	6	2	9	7	5	1
7	5	1	3	8	4	9	2	6
9	2	6	1	5	7	4	8	3
4	9	2	5	7	3	1	6	8
1	7	5	8	4	6	3	9	2
6	3	8	2	9	1	5	7	4
8	6	3	7	1	5	2	4	9
2	4	7	9	3	8	6	1	5
5	1	9	4	6	2	8	3	7

L030

9	1	8	5	3	7	4	2	6
4	7	2	9	6	1	8	5	3
6	3	5	2	8	4	1	9	7
1	6	9	4	2	8	3	7	5
8	2	4	7	5	3	6	1	9
3	5	7	1	9	6	2	8	4
5	8	3	6	1	9	7	4	2
2	4	1	3	7	5	9	6	8
7	9	6	8	4	2	5	3	1

L031

2	5	9	7	3	1	8	6	4
7	1	4	2	6	8	5	3	9
3	6	8	5	9	4	1	7	2
6	9	3	1	5	7	4	2	8
1	4	7	3	8	2	6	9	5
8	2	5	9	4	6	3	1	7
4	8	1	6	2	9	7	5	3
9	3	6	4	7	5	2	8	1
5	7	2	8	1	3	9	4	6

L032

6	4	7	5	2	8	3	1	9
8	2	5	1	9	3	6	4	7
1	9	3	7	4	6	2	8	5
4	6	9	3	7	2	8	5	1
7	3	1	8	5	9	4	2	6
2	5	8	6	1	4	9	7	3
9	7	2	4	6	1	5	3	8
3	1	6	2	8	5	7	9	4
5	8	4	9	3	7	1	6	2

L033

8	2	6	3	1	5	9	7	4
4	7	3	9	6	8	1	5	2
1	5	9	7	4	2	8	3	6
5	3	7	2	9	6	4	8	1
9	1	4	8	5	3	6	2	7
6	8	2	4	7	1	3	9	5
2	4	8	6	3	7	5	1	9
7	9	5	1	8	4	2	6	3
3	6	1	5	2	9	7	4	8

L034

1	9	4	7	2	5	8	6	3
5	3	7	1	6	8	2	4	9
8	6	2	4	9	3	5	7	1
3	8	5	2	4	9	7	1	6
6	2	9	5	7	1	3	8	4
4	7	1	8	3	6	9	5	2
9	5	8	3	1	4	6	2	7
7	1	3	6	8	2	4	9	5
2	4	6	9	5	7	1	3	8

L035

8	6	3	1	5	9	7	2	4
1	4	9	7	2	6	3	5	8
5	2	7	4	8	3	1	9	6
2	8	4	6	3	1	5	7	9
9	3	6	2	7	5	8	4	1
7	5	1	9	4	8	2	6	3
4	1	8	5	9	2	6	3	7
6	9	5	3	1	7	4	8	2
3	7	2	8	6	4	9	1	5

L036

3	9	5	8	2	6	4	7	1
6	2	8	1	7	4	9	5	3
4	7	1	5	3	9	2	8	6
7	1	4	9	6	2	5	3	8
2	8	6	3	1	5	7	9	4
9	5	3	7	4	8	1	6	2
5	3	7	4	8	1	6	2	9
1	6	9	2	5	3	8	4	7
8	4	2	6	9	7	3	1	5

L037

6	3	7	4	8	2	5	9	1
4	1	9	7	3	5	8	2	6
2	8	5	9	6	1	4	7	3
5	2	8	3	1	9	6	4	7
9	6	3	5	7	4	1	8	2
7	4	1	8	2	6	9	3	5
3	7	4	1	5	8	2	6	9
8	5	2	6	9	3	7	1	4
1	9	6	2	4	7	3	5	8

L038

5	8	3	9	7	2	6	4	1
1	4	6	3	5	8	2	9	7
7	9	2	6	1	4	8	5	3
3	6	8	2	9	1	4	7	5
9	2	5	7	4	6	1	3	8
4	7	1	5	8	3	9	6	2
6	1	4	8	3	5	7	2	9
2	5	7	1	6	9	3	8	4
8	3	9	4	2	7	5	1	6

L039

8	2	7	1	4	6	3	5	9
4	9	5	3	7	2	6	8	1
6	3	1	8	5	9	2	4	7
9	5	8	6	1	3	7	2	4
3	7	2	4	8	5	1	9	6
1	4	6	9	2	7	5	3	8
7	1	3	5	9	4	8	6	2
2	6	9	7	3	8	4	1	5
5	8	4	2	6	1	9	7	3

L040

5	8	3	6	9	2	7	4	1
9	4	1	3	7	5	2	8	6
7	2	6	1	4	8	5	3	9
2	6	9	4	8	1	3	5	7
8	3	5	7	2	6	1	9	4
4	1	7	9	5	3	8	6	2
6	9	2	5	3	7	4	1	8
1	5	8	2	6	4	9	7	3
3	7	4	8	1	9	6	2	5

L041

7	1	5	3	9	4	6	2	8
4	9	2	6	1	8	3	7	5
8	3	6	2	7	5	1	4	9
2	6	8	5	3	7	4	9	1
9	4	1	8	6	2	7	5	3
5	7	3	1	4	9	2	8	6
3	5	7	9	2	6	8	1	4
6	2	9	4	8	1	5	3	7
1	8	4	7	5	3	9	6	2

L042

8	1	4	7	2	5	3	6	9
3	7	2	4	6	9	5	8	1
6	9	5	8	3	1	7	2	4
2	5	8	3	1	7	4	9	6
7	3	1	6	9	4	8	5	2
4	6	9	2	5	8	1	3	7
9	4	7	5	8	2	6	1	3
1	8	3	9	4	6	2	7	5
5	2	6	1	7	3	9	4	8

L043

7	5	1	8	4	2	9	3	6
3	9	4	6	1	7	5	8	2
8	2	6	3	5	9	1	4	7
5	7	3	1	8	4	6	2	9
9	1	8	5	2	6	3	7	4
6	4	2	9	7	3	8	5	1
2	6	9	7	3	8	4	1	5
4	8	5	2	6	1	7	9	3
1	3	7	4	9	5	2	6	8

L044

5	9	2	7	1	3	8	4	6
8	3	6	4	9	5	1	7	2
1	7	4	8	6	2	5	3	9
7	5	1	6	2	9	3	8	4
4	2	8	3	5	7	9	6	1
9	6	3	1	8	4	7	2	5
3	1	7	9	4	6	2	5	8
6	8	5	2	7	1	4	9	3
2	4	9	5	3	8	6	1	7

L045

2	7	5	1	4	8	3	9	6
8	3	1	6	9	5	7	4	2
6	9	4	2	7	3	1	8	5
3	6	8	4	2	9	5	1	7
9	4	2	7	5	1	8	6	3
5	1	7	3	8	6	4	2	9
1	5	3	8	6	2	9	7	4
7	2	9	5	1	4	6	3	8
4	8	6	9	3	7	2	5	1

L046

6	9	4	2	5	7	1	3	8
2	5	8	6	1	3	9	7	4
7	3	1	8	4	9	5	2	6
3	6	9	1	8	4	7	5	2
5	8	2	7	3	6	4	1	9
1	4	7	5	9	2	6	8	3
9	1	5	3	6	8	2	4	7
4	7	3	9	2	5	8	6	1
8	2	6	4	7	1	3	9	5

L047

9	4	7	5	1	3	8	6	2
2	6	3	7	4	8	1	9	5
8	1	5	2	9	6	4	7	3
1	5	9	4	6	2	7	3	8
4	7	2	8	3	9	5	1	6
6	3	8	1	7	5	2	4	9
3	8	4	9	5	1	6	2	7
7	2	6	3	8	4	9	5	1
5	9	1	6	2	7	3	8	4

L048

5	8	1	4	6	3	9	7	2
9	4	6	8	2	7	3	1	5
3	7	2	5	9	1	6	4	8
6	3	7	2	5	9	4	8	1
8	1	4	7	3	6	2	5	9
2	5	9	1	8	4	7	3	6
7	2	5	9	4	8	1	6	3
4	9	3	6	1	5	8	2	7
1	6	8	3	7	2	5	9	4

L049

9	3	1	4	6	8	2	7	5
6	8	4	7	2	5	9	1	3
2	5	7	1	9	3	6	4	8
7	9	5	3	1	6	8	2	4
1	6	3	8	4	2	5	9	7
4	2	8	5	7	9	3	6	1
8	4	6	2	5	7	1	3	9
5	7	2	9	3	1	4	8	6
3	1	9	6	8	4	7	5	2

L050

7	4	8	3	1	6	9	2	5
2	6	3	9	5	8	4	7	1
5	9	1	7	2	4	8	3	6
9	3	6	2	7	1	5	8	4
1	7	4	8	3	5	2	6	9
8	5	2	4	6	9	7	1	3
4	2	9	6	8	3	1	5	7
6	8	5	1	4	7	3	9	2
3	1	7	5	9	2	6	4	8

L051

9	1	4	6	2	5	8	3	7
7	3	6	1	4	8	5	9	2
5	8	2	7	9	3	1	6	4
2	5	7	3	1	6	9	4	8
4	9	3	8	5	2	7	1	6
1	6	8	4	7	9	2	5	3
6	2	5	9	3	7	4	8	1
3	7	1	5	8	4	6	2	9
8	4	9	2	6	1	3	7	5

L052

6	9	3	1	4	7	2	8	5
8	2	5	3	6	9	4	1	7
4	7	1	5	8	2	6	3	9
1	4	7	2	5	8	3	9	6
5	8	2	9	3	6	1	7	4
3	6	9	7	1	4	8	5	2
9	3	6	4	7	1	5	2	8
7	1	4	8	2	5	9	6	3
2	5	8	6	9	3	7	4	1

L053

3	9	5	7	2	8	6	4	1
8	6	1	5	9	4	2	7	3
4	2	7	1	3	6	8	5	9
9	7	3	8	6	2	5	1	4
2	5	8	4	1	7	3	9	6
6	1	4	9	5	3	7	2	8
1	3	6	2	7	9	4	8	5
5	8	2	6	4	1	9	3	7
7	4	9	3	8	5	1	6	2

L054

1	6	3	7	5	8	4	2	9
5	2	7	1	9	4	8	6	3
8	4	9	3	6	2	5	1	7
3	8	4	6	2	7	9	5	1
9	5	2	4	8	1	7	3	6
7	1	6	9	3	5	2	8	4
2	9	1	5	7	3	6	4	8
4	7	5	8	1	6	3	9	2
6	3	8	2	4	9	1	7	5

L055

5	3	8	4	6	2	7	9	1
2	6	4	7	1	9	5	3	8
9	1	7	3	8	5	2	6	4
7	9	1	8	5	3	6	4	2
4	2	6	1	9	7	3	8	5
8	5	3	6	2	4	9	1	7
3	8	5	2	4	6	1	7	9
6	4	2	9	7	1	8	5	3
1	7	9	5	3	8	4	2	6

L056

8	6	3	7	5	1	9	2	4
5	1	7	4	2	9	3	8	6
2	4	9	6	8	3	7	5	1
4	9	2	8	3	6	1	7	5
1	7	5	2	9	4	6	3	8
6	3	8	5	1	7	4	9	2
9	5	1	3	6	2	8	4	7
7	2	6	9	4	8	5	1	3
3	8	4	1	7	5	2	6	9

L057

6	1	9	3	5	8	4	2	7
4	8	3	7	2	6	1	5	9
2	5	7	1	9	4	6	8	3
7	2	4	8	6	9	3	1	5
9	6	8	5	1	3	7	4	2
1	3	5	2	4	7	9	6	8
3	7	2	6	8	1	5	9	4
8	4	6	9	3	5	2	7	1
5	9	1	4	7	2	8	3	6

L058

7	2	5	8	6	1	4	9	3
1	6	8	3	9	4	7	2	5
4	9	3	5	2	7	1	6	8
9	3	7	1	5	2	6	8	4
6	8	4	7	3	9	2	5	1
2	5	1	4	8	6	9	3	7
5	1	6	9	4	8	3	7	2
3	7	2	6	1	5	8	4	9
8	4	9	2	7	3	5	1	6

L059

4	8	1	3	5	7	9	6	2
7	3	6	8	2	9	5	1	4
5	9	2	6	4	1	8	3	7
9	7	4	2	8	6	3	5	1
2	5	8	4	1	3	7	9	6
6	1	3	7	9	5	2	4	8
3	6	9	1	7	2	4	8	5
1	4	7	5	3	8	6	2	9
8	2	5	9	6	4	1	7	3

L060

3	9	4	8	5	1	7	2	6
1	5	8	6	2	7	3	9	4
7	2	6	4	9	3	8	5	1
4	7	2	9	3	6	1	8	5
8	1	5	2	7	4	6	3	9
6	3	9	5	1	8	4	7	2
2	6	3	1	8	5	9	4	7
5	8	1	7	4	9	2	6	3
9	4	7	3	6	2	5	1	8

L061

2	4	6	9	1	8	3	5	7
5	7	3	6	4	2	8	1	9
8	1	9	3	7	5	2	6	4
4	6	2	8	3	7	5	9	1
1	3	8	5	9	4	7	2	6
7	9	5	2	6	1	4	8	3
3	5	1	7	2	9	6	4	8
6	8	4	1	5	3	9	7	2
9	2	7	4	8	6	1	3	5

L062

9	5	2	4	1	7	3	6	8
7	3	6	2	8	5	1	9	4
4	8	1	9	6	3	5	7	2
1	4	8	6	2	9	7	3	5
6	9	5	3	7	4	2	8	1
2	7	3	8	5	1	9	4	6
8	1	7	5	3	6	4	2	9
3	6	4	1	9	2	8	5	7
5	2	9	7	4	8	6	1	3

L063

2	6	4	8	5	9	3	7	1
8	3	1	4	7	2	6	9	5
5	9	7	1	3	6	8	4	2
9	5	3	6	8	1	4	2	7
6	1	8	2	4	7	9	5	3
4	7	2	5	9	3	1	8	6
1	4	6	9	2	5	7	3	8
7	2	9	3	6	8	5	1	4
3	8	5	7	1	4	2	6	9

L064

2	7	5	1	3	6	8	4	9
9	3	8	4	7	2	6	1	5
6	1	4	9	5	8	3	7	2
3	8	1	5	9	4	7	2	6
5	2	6	8	1	7	4	9	3
7	4	9	2	6	3	1	5	8
4	6	3	7	2	9	5	8	1
1	9	7	3	8	5	2	6	4
8	5	2	6	4	1	9	3	7

L065

2	6	9	3	5	8	4	1	7
5	1	4	7	9	2	8	6	3
8	3	7	4	1	6	2	9	5
1	7	3	8	6	4	9	5	2
6	2	8	5	3	9	1	7	4
4	9	5	2	7	1	6	3	8
7	4	1	9	2	5	3	8	6
3	8	6	1	4	7	5	2	9
9	5	2	6	8	3	7	4	1

L066

1	5	7	3	8	4	6	2	9
8	2	4	9	1	6	3	7	5
3	6	9	7	5	2	8	4	1
7	3	1	4	9	5	2	6	8
5	8	6	2	7	1	4	9	3
9	4	2	6	3	8	1	5	7
2	7	5	8	6	3	9	1	4
6	9	3	1	4	7	5	8	2
4	1	8	5	2	9	7	3	6

L067

4	8	6	9	7	2	5	1	3
7	2	9	3	1	5	8	4	6
1	5	3	6	4	8	2	7	9
5	9	7	1	8	3	6	2	4
2	6	4	7	5	9	3	8	1
8	3	1	4	2	6	9	5	7
3	1	8	2	6	4	7	9	5
9	7	5	8	3	1	4	6	2
6	4	2	5	9	7	1	3	8

L068

1	3	6	9	4	8	2	5	7
5	8	2	7	1	6	4	9	3
7	4	9	3	5	2	8	1	6
2	7	5	1	3	9	6	4	8
4	1	3	6	8	5	9	7	2
9	6	8	4	2	7	1	3	5
6	9	4	2	7	3	5	8	1
8	2	7	5	9	1	3	6	4
3	5	1	8	6	4	7	2	9

L069

8	5	1	9	4	6	2	7	3
3	7	4	2	8	1	5	9	6
6	2	9	5	3	7	1	4	8
1	9	5	3	7	2	6	8	4
7	3	8	6	1	4	9	5	2
4	6	2	8	5	9	3	1	7
2	8	6	4	9	5	7	3	1
5	1	3	7	2	8	4	6	9
9	4	7	1	6	3	8	2	5

L070

4	8	5	3	7	9	1	6	2
7	3	1	5	2	6	8	4	9
2	6	9	1	4	8	5	7	3
6	9	2	4	8	1	3	5	7
8	5	7	2	6	3	9	1	4
3	1	4	7	9	5	2	8	6
1	4	6	9	5	2	7	3	8
5	2	8	6	3	7	4	9	1
9	7	3	8	1	4	6	2	5

M001

7	9	1	8	5	2	6	3	4			
5	4	8	7	3	6	2	1	9			
3	6	2	1	9	4	8	5	7			
4	5	9	2	1	8	7	6	3	4	5	9
8	3	6	4	7	9	5	2	1	8	3	6
2	1	7	3	6	5	9	4	8	1	7	2
9	8	5	6	4	3	1	7	2	5	9	8
1	2	3	5	8	7	4	9	6	3	2	1
6	7	4	9	2	1	3	8	5	7	6	4
			8	9	4	6	5	7	2	1	3
			7	3	2	8	1	9	6	4	5
			1	5	6	2	3	4	9	8	7

M002

2	9	8	6	7	3	5	4	1			
3	4	7	2	1	5	8	6	9			
5	6	1	8	4	9	7	3	2			
6	5	4	7	9	2	1	8	3	4	6	5
8	1	3	4	5	6	9	2	7	8	3	1
9	7	2	1	3	8	4	5	6	9	2	7
4	2	5	9	6	1	3	7	8	5	4	2
7	8	9	3	2	4	6	1	5	7	8	9
1	3	6	5	8	7	2	9	4	6	1	3
			6	1	3	5	4	9	2	7	8
			2	7	5	8	6	1	3	9	4
			8	4	9	7	3	2	1	5	6

M003

8	2	4	1	7	9	6	3	5			
9	3	7	5	6	2	8	4	1			
6	1	5	8	3	4	9	7	2			
5	6	1	9	2	7	3	8	4	1	5	6
7	8	3	6	4	5	1	2	9	7	8	3
4	9	2	3	8	1	5	6	7	4	2	9
3	4	9	2	5	6	7	1	8	3	9	4
1	7	8	4	9	3	2	5	6	8	7	1
2	5	6	7	1	8	4	9	3	2	6	5
			8	7	4	9	3	5	6	1	2
			5	3	2	6	7	1	9	4	8
			1	6	9	8	4	2	5	3	7

M004

7	4	9	6	2	3	8	1	5			
1	2	8	7	9	5	3	4	6			
5	6	3	4	8	1	2	7	9			
2	5	4	9	3	6	7	8	1	4	2	5
3	7	1	8	5	4	6	9	2	7	3	1
8	9	6	2	1	7	4	5	3	9	8	6
4	1	7	5	6	2	9	3	8	1	7	4
6	8	5	3	7	9	1	2	4	6	5	8
9	3	2	1	4	8	5	6	7	3	9	2
			4	2	3	8	1	9	5	6	7
			7	9	5	2	4	6	8	1	3
			6	8	1	3	7	5	2	4	9

M005

1	2	5	4	8	3	7	9	6			
9	7	8	1	6	5	3	2	4			
4	6	3	7	9	2	8	1	5			
6	8	1	3	7	9	4	5	2	6	1	8
7	4	2	8	5	1	9	6	3	2	7	4
3	5	9	6	2	4	1	8	7	5	9	3
2	3	7	9	1	6	5	4	8	7	3	2
5	1	4	2	3	8	6	7	9	1	4	5
8	9	6	5	4	7	2	3	1	9	8	6
			4	8	2	7	9	5	3	6	1
			1	9	3	8	2	6	4	5	7
			7	6	5	3	1	4	8	2	9

M006

3	5	2	9	4	1	6	8	7			
1	9	6	8	7	2	5	4	3			
4	8	7	5	3	6	9	2	1			
2	6	1	3	8	4	7	9	5	6	1	2
5	4	9	6	1	7	2	3	8	5	9	4
7	3	8	2	9	5	4	1	6	8	7	3
9	7	5	1	2	3	8	6	4	9	5	7
6	2	3	4	5	8	1	7	9	2	3	6
8	1	4	7	6	9	3	5	2	1	4	8
			5	4	6	9	8	7	3	2	1
			8	3	2	5	4	1	7	6	9
			9	7	1	6	2	3	4	8	5

M007

6	9	4	1	3	5	2	8	7			
8	2	5	4	9	7	1	6	3			
7	3	1	2	8	6	9	4	5			
1	6	3	8	5	2	4	7	9	6	1	3
2	5	9	7	6	4	8	3	1	9	5	2
4	7	8	9	1	3	5	2	6	7	4	8
9	1	2	3	7	8	6	5	4	1	2	9
3	4	6	5	2	9	7	1	8	4	3	6
5	8	7	6	4	1	3	9	2	5	8	7
			1	8	6	9	4	3	2	7	5
			2	9	5	1	8	7	3	6	4
			4	3	7	2	6	5	8	9	1

M008

9	3	6	8	7	5	2	4	1			
7	1	2	3	4	9	6	5	8			
8	5	4	1	6	2	7	3	9			
2	4	7	6	5	8	1	9	3	2	4	7
1	8	5	9	2	3	4	6	7	5	8	1
3	6	9	4	1	7	5	8	2	6	9	3
5	9	1	2	3	6	8	7	4	1	5	9
6	2	8	7	9	4	3	1	5	8	6	2
4	7	3	5	8	1	9	2	6	7	3	4
			1	7	9	6	4	8	3	2	5
			8	4	5	2	3	1	9	7	6
			3	6	2	7	5	9	4	1	8

M009

5	3	6	1	7	8	9	4	2			
2	7	1	3	9	4	5	8	6			
8	9	4	5	2	6	7	1	3			
3	4	9	8	1	2	6	7	5	4	3	9
1	6	2	4	5	7	8	3	9	1	2	6
7	8	5	6	3	9	1	2	4	5	8	7
9	2	3	7	6	1	4	5	8	2	9	3
6	1	8	2	4	5	3	9	7	6	1	8
4	5	7	9	8	3	2	6	1	7	5	4
			1	9	4	5	8	6	3	7	2
			3	7	6	9	1	2	8	4	5
			5	2	8	7	4	3	9	6	1

M010

8	4	6	3	5	1	7	2	9			
2	1	3	6	7	9	5	8	4			
5	9	7	8	4	2	6	1	3			
9	6	4	1	2	8	3	7	5	9	4	6
7	2	8	9	3	5	4	6	1	2	8	7
1	3	5	4	6	7	8	9	2	3	5	1
4	8	1	7	9	3	2	5	6	4	1	8
6	7	2	5	1	4	9	3	8	6	7	2
3	5	9	2	8	6	1	4	7	5	3	9
			8	5	9	6	1	3	7	2	4
			6	7	1	5	2	4	8	9	3
			3	4	2	7	8	9	1	6	5

M011

3	4	6	5	9	8	2	7	1			
9	2	8	6	1	7	3	5	4			
7	5	1	2	3	4	9	8	6			
5	7	4	1	2	9	8	6	3	5	7	4
6	8	2	7	5	3	1	4	9	2	6	8
1	3	9	4	8	6	5	2	7	3	1	9
2	6	5	9	4	1	7	3	8	6	5	2
4	9	3	8	7	5	6	1	2	9	4	3
8	1	7	3	6	2	4	9	5	7	8	1
			2	1	4	3	5	6	8	9	7
			5	9	8	2	7	1	4	3	6
			6	3	7	9	8	4	1	2	5

M012

1	2	3	6	5	4	7	8	9			
9	5	8	2	1	7	3	4	6			
6	7	4	9	8	3	2	1	5			
4	3	9	8	2	5	6	7	1	4	3	9
5	1	7	4	6	9	8	3	2	5	7	1
2	8	6	3	7	1	5	9	4	6	8	2
8	4	5	7	9	2	1	6	3	8	5	4
7	9	2	1	3	6	4	5	8	2	9	7
3	6	1	5	4	8	9	2	7	1	6	3
			2	5	3	7	1	6	9	4	8
			9	1	4	3	8	5	7	2	6
			6	8	7	2	4	9	3	1	5

M013

3	9	5	7	1	2	6	4	8			
1	8	4	3	9	6	7	2	5			
7	6	2	4	5	8	1	9	3			
9	3	1	5	2	7	4	8	6	3	1	9
6	4	8	1	3	9	2	5	7	4	6	8
2	5	7	8	6	4	3	1	9	7	5	2
4	7	9	6	8	1	5	3	2	9	7	4
8	1	3	2	7	5	9	6	4	8	3	1
5	2	6	9	4	3	8	7	1	6	2	5
			7	5	6	1	4	8	2	9	3
			3	9	8	6	2	5	1	4	7
			4	1	2	7	9	3	5	8	6

M014

3	1	5	4	6	8	9	2	7			
2	6	4	7	9	5	3	1	8			
8	7	9	2	3	1	5	4	6			
5	2	6	9	4	7	8	3	1	2	6	5
1	9	3	8	2	6	4	7	5	9	1	3
7	4	8	5	1	3	6	9	2	7	8	4
4	3	1	6	8	2	7	5	9	4	3	1
6	5	2	3	7	9	1	8	4	6	5	2
9	8	7	1	5	4	2	6	3	8	7	9
			2	3	8	5	4	7	1	9	6
			7	9	1	3	2	6	5	4	8
			4	6	5	9	1	8	3	2	7

M015

7	5	1	8	9	4	3	6	2			
8	9	6	7	2	3	5	4	1			
4	2	3	6	5	1	7	8	9			
2	3	4	9	6	5	8	1	7	2	3	4
9	1	8	3	4	7	6	2	5	8	1	9
6	7	5	1	8	2	4	9	3	5	6	7
5	6	7	2	1	8	9	3	4	6	7	5
3	8	2	4	7	9	1	5	6	3	8	2
1	4	9	5	3	6	2	7	8	9	4	1
			6	2	3	5	4	1	7	9	8
			7	9	4	3	8	2	1	5	6
			8	5	1	7	6	9	4	2	3

M016

8	3	2	6	4	1	9	7	5			
6	4	5	9	3	7	8	1	2			
1	9	7	5	2	8	4	6	3			
5	6	4	7	8	3	1	2	9	5	4	6
2	1	3	4	5	9	6	8	7	3	2	1
9	7	8	2	1	6	3	5	4	8	7	9
4	8	1	3	7	5	2	9	6	4	1	8
7	2	6	1	9	4	5	3	8	2	6	7
3	5	9	8	6	2	7	4	1	9	5	3
			6	4	8	9	7	5	1	3	2
			5	3	1	8	6	2	7	9	4
			9	2	7	4	1	3	6	8	5

M017

7	1	3	4	5	2	9	8	6			
8	4	2	9	6	7	3	5	1			
5	6	9	3	1	8	7	4	2			
1	2	8	6	3	4	5	7	9	1	8	2
6	9	4	8	7	5	2	1	3	6	9	4
3	5	7	1	2	9	8	6	4	7	3	5
2	3	6	7	8	1	4	9	5	3	2	6
4	8	1	5	9	3	6	2	7	8	4	1
9	7	5	2	4	6	1	3	8	9	5	7
			9	5	8	7	4	6	2	1	3
			4	6	2	3	8	1	5	7	9
			3	1	7	9	5	2	4	6	8

M018

7	1	5	9	8	2	4	6	3			
6	9	2	3	4	1	8	7	5			
8	3	4	7	5	6	1	2	9			
4	5	7	6	2	9	3	1	8	5	4	7
1	2	9	8	7	3	6	5	4	1	9	2
3	6	8	5	1	4	7	9	2	3	8	6
2	8	1	4	9	7	5	3	6	8	2	1
5	7	6	2	3	8	9	4	1	7	6	5
9	4	3	1	6	5	2	8	7	9	3	4
			7	8	6	1	2	3	4	5	9
			3	5	1	4	6	9	2	7	8
			9	4	2	8	7	5	6	1	3

M019

1	9	7	5	8	3	4	6	2			
2	4	8	7	6	9	1	3	5			
3	5	6	4	2	1	8	7	9			
6	2	1	9	3	4	5	8	7	2	1	6
5	8	4	2	1	7	6	9	3	4	8	5
9	7	3	8	5	6	2	1	4	7	9	3
8	3	9	6	4	5	7	2	1	8	3	9
7	6	5	1	9	2	3	4	8	6	5	7
4	1	2	3	7	8	9	5	6	1	2	4
			5	8	3	4	6	2	9	7	1
			7	6	1	8	3	9	5	4	2
			4	2	9	1	7	5	3	6	8

M020

7	3	4	5	6	8	2	9	1			
8	5	2	1	9	4	7	6	3			
6	9	1	7	3	2	5	4	8			
4	7	3	8	2	9	6	1	5	7	3	4
2	8	5	6	1	7	9	3	4	8	2	5
9	1	6	3	4	5	8	7	2	6	9	1
3	6	9	2	5	1	4	8	7	9	6	3
1	2	8	4	7	6	3	5	9	1	8	2
5	4	7	9	8	3	1	2	6	5	4	7
			5	6	2	7	9	3	4	1	8
			1	3	4	5	6	8	2	7	9
			7	9	8	2	4	1	3	5	6

M021

8	9	6	7	5	1	2	4	3			
1	3	2	6	4	8	7	9	5			
5	7	4	3	9	2	8	1	6			
7	1	8	2	6	4	5	3	9	1	8	7
6	2	5	9	1	3	4	7	8	2	5	6
3	4	9	5	8	7	1	6	2	3	4	9
4	5	7	8	3	6	9	2	1	4	7	5
9	6	1	4	2	5	3	8	7	6	9	1
2	8	3	1	7	9	6	5	4	8	3	2
			6	4	2	7	9	3	5	1	8
			3	9	8	2	1	5	7	6	4
			7	5	1	8	4	6	9	2	3

M022

8	9	7	5	1	4	3	6	2			
2	1	6	3	8	7	4	5	9			
5	3	4	9	6	2	8	7	1			
1	7	3	8	2	6	9	4	5	1	7	3
9	6	2	4	5	3	7	1	8	9	2	6
4	8	5	1	7	9	6	2	3	8	5	4
3	2	8	7	4	1	5	9	6	3	8	2
7	5	1	6	9	8	2	3	4	7	1	5
6	4	9	2	3	5	1	8	7	6	4	9
			5	8	7	3	6	2	4	9	1
			3	1	2	4	7	9	5	6	8
			9	6	4	8	5	1	2	3	7

M023

1	6	8	2	4	9	5	7	3			
5	9	2	7	3	8	1	4	6			
3	4	7	1	5	6	8	9	2			
4	8	6	5	9	7	2	3	1	4	8	6
2	7	3	8	1	4	9	6	5	2	7	3
9	5	1	3	6	2	7	8	4	1	5	9
7	3	9	4	2	1	6	5	8	3	9	7
8	2	4	6	7	5	3	1	9	8	4	2
6	1	5	9	8	3	4	2	7	5	6	1
			2	3	9	5	4	6	7	1	8
			1	5	6	8	7	2	9	3	4
			7	4	8	1	9	3	6	2	5

M024

2	7	9	3	5	8	4	6	1			
3	6	1	2	4	9	5	7	8			
8	4	5	1	6	7	9	3	2			
6	1	7	5	2	4	8	9	3	7	1	6
4	2	8	9	3	1	6	5	7	4	8	2
9	5	3	8	7	6	2	1	4	3	5	9
1	3	2	6	8	5	7	4	9	1	2	3
5	8	4	7	9	3	1	2	6	8	4	5
7	9	6	4	1	2	3	8	5	9	6	7
			3	5	9	4	6	8	2	7	1
			1	6	8	9	7	2	5	3	4
			2	4	7	5	3	1	6	9	8

M025

4	5	1	2	8	3	7	6	9			
2	3	9	7	6	1	5	4	8			
7	8	6	9	4	5	3	2	1			
5	9	2	1	7	6	4	8	3	2	5	9
3	6	7	4	9	8	1	5	2	7	3	6
8	1	4	3	5	2	9	7	6	1	8	4
1	4	5	8	2	9	6	3	7	4	1	5
6	2	3	5	1	7	8	9	4	6	2	3
9	7	8	6	3	4	2	1	5	9	7	8
			7	8	1	3	4	9	5	6	2
			9	6	3	5	2	1	8	4	7
			2	4	5	7	6	8	3	9	1

M026

3	5	1	2	4	7	9	8	6			
9	4	7	5	6	8	1	2	3			
8	2	6	9	1	3	4	5	7			
7	1	4	8	5	6	3	9	2	1	7	4
2	6	3	1	7	9	5	4	8	2	3	6
5	8	9	4	3	2	6	7	1	9	5	8
4	7	5	6	8	1	2	3	9	7	4	5
1	9	8	3	2	4	7	6	5	8	9	1
6	3	2	7	9	5	8	1	4	3	6	2
			5	4	3	1	2	7	6	8	9
			2	6	8	9	5	3	4	1	7
			9	1	7	4	8	6	5	2	3

M027

8	4	3	1	9	6	7	2	5			
1	5	9	3	2	7	4	6	8			
6	2	7	5	4	8	1	9	3			
4	1	8	2	7	3	9	5	6	4	1	8
3	6	5	9	1	4	8	7	2	6	5	3
7	9	2	6	8	5	3	4	1	7	9	2
2	3	4	7	6	1	5	8	9	2	3	4
9	7	1	8	5	2	6	3	4	9	7	1
5	8	6	4	3	9	2	1	7	5	8	6
			3	4	6	1	9	5	8	2	7
			5	2	8	7	6	3	1	4	9
			1	9	7	4	2	8	3	6	5

M028

1	6	8	3	5	4	9	2	7			
4	7	2	8	6	9	5	3	1			
9	5	3	7	1	2	8	6	4			
2	4	5	1	9	6	3	7	8	2	4	5
6	1	7	2	8	3	4	9	5	1	7	6
8	3	9	5	4	7	2	1	6	8	9	3
5	8	6	9	2	1	7	4	3	5	6	8
7	2	4	6	3	5	1	8	9	7	2	4
3	9	1	4	7	8	6	5	2	9	3	1
			8	6	2	9	3	1	4	5	7
			3	1	4	5	2	7	6	8	9
			7	5	9	8	6	4	3	1	2

M029

8	2	1	4	6	7	9	5	3			
9	7	5	2	3	8	4	6	1			
6	3	4	9	1	5	7	8	2			
1	8	3	6	4	9	5	2	7	3	1	8
2	4	9	7	5	3	8	1	6	9	4	2
7	5	6	8	2	1	3	9	4	7	6	5
4	9	7	1	8	2	6	3	5	4	7	9
5	1	8	3	7	6	2	4	9	5	8	1
3	6	2	5	9	4	1	7	8	6	2	3
			9	6	5	4	8	2	1	3	7
			2	1	7	9	6	3	8	5	4
			4	3	8	7	5	1	2	9	6

M030

9	2	6	4	8	1	5	7	3			
8	1	5	9	7	3	6	2	4			
7	4	3	5	6	2	9	1	8			
1	5	2	3	9	7	8	4	6	2	5	1
3	7	4	8	5	6	2	9	1	4	7	3
6	8	9	1	2	4	7	3	5	9	8	6
2	6	1	7	3	8	4	5	9	1	6	2
4	9	8	2	1	5	3	6	7	8	4	9
5	3	7	6	4	9	1	8	2	5	3	7
			4	7	2	6	1	8	3	9	5
			5	8	1	9	7	3	6	2	4
			9	6	3	5	2	4	7	1	8

M031

6	9	5	2	4	7	8	3	1			
2	1	7	8	3	6	4	9	5			
4	3	8	1	9	5	7	2	6			
8	4	3	6	2	9	5	1	7	3	4	8
7	2	9	5	1	4	3	6	8	2	7	9
5	6	1	3	7	8	2	4	9	1	6	5
3	7	4	9	8	1	6	5	2	4	3	7
1	5	2	7	6	3	9	8	4	5	1	2
9	8	6	4	5	2	1	7	3	8	9	6
			2	3	5	4	9	6	7	8	1
			8	4	6	7	2	1	9	5	3
			1	9	7	8	3	5	6	2	4

M032

3	9	5	4	6	7	2	8	1			
7	2	6	3	8	1	9	5	4			
8	4	1	9	5	2	7	6	3			
1	5	2	6	3	4	8	9	7	5	2	1
6	7	4	8	1	9	5	3	2	4	7	6
9	3	8	7	2	5	1	4	6	9	8	3
2	6	3	5	7	8	4	1	9	3	6	2
5	1	9	2	4	6	3	7	8	1	5	9
4	8	7	1	9	3	6	2	5	7	4	8
			9	6	1	7	8	4	2	3	5
			4	8	2	9	5	3	6	1	7
			3	5	7	2	6	1	8	9	4

M033

2	4	8	6	3	9	7	5	1			
6	5	7	1	2	4	8	9	3			
9	3	1	7	5	8	4	2	6			
4	2	5	3	9	6	1	7	8	5	4	2
1	8	6	4	7	5	9	3	2	1	8	6
3	7	9	8	1	2	6	4	5	3	7	9
8	9	4	5	6	3	2	1	7	8	9	4
7	6	3	2	4	1	5	8	9	7	6	3
5	1	2	9	8	7	3	6	4	2	1	5
			1	5	8	4	9	3	6	2	7
			7	2	9	8	5	6	4	3	1
			6	3	4	7	2	1	9	5	8

M034

1	5	8	3	2	7	4	6	9			
4	7	6	5	9	1	3	2	8			
9	3	2	6	4	8	7	1	5			
7	8	1	4	6	3	9	5	2	8	7	1
3	9	5	1	8	2	6	7	4	9	3	5
6	2	4	9	7	5	1	8	3	2	4	6
5	1	7	2	3	9	8	4	6	1	5	7
2	4	9	8	1	6	5	3	7	4	9	2
8	6	3	7	5	4	2	9	1	3	6	8
			6	9	7	3	1	8	5	2	4
			3	2	1	4	6	5	7	8	9
			5	4	8	7	2	9	6	1	3

M035

4	9	1	8	6	5	3	2	7			
6	2	7	1	4	3	9	5	8			
3	5	8	9	7	2	6	4	1			
2	1	3	5	8	6	7	9	4	3	1	2
5	6	4	7	1	9	8	3	2	4	5	6
8	7	9	2	3	4	5	1	6	7	8	9
1	3	5	6	2	7	4	8	9	5	3	1
9	8	6	4	5	1	2	7	3	6	9	8
7	4	2	3	9	8	1	6	5	2	7	4
			1	6	3	9	4	7	8	2	5
			9	7	5	6	2	8	1	4	3
			8	4	2	3	5	1	9	6	7

M036

9	1	8	2	5	7	6	4	3			
7	6	2	3	4	8	5	9	1			
4	3	5	6	9	1	7	2	8			
2	7	1	5	6	3	9	8	4	2	1	7
5	4	3	8	7	9	1	6	2	5	4	3
6	8	9	4	1	2	3	5	7	8	6	9
8	5	6	7	3	4	2	1	9	6	8	5
1	2	7	9	8	5	4	3	6	1	7	2
3	9	4	1	2	6	8	7	5	9	3	4
			6	4	1	5	9	3	7	2	8
			3	5	8	7	2	1	4	9	6
			2	9	7	6	4	8	3	5	1

M037

3	9	6	8	4	1	7	2	5			
4	1	7	2	5	6	8	9	3			
5	2	8	3	9	7	6	1	4			
9	8	2	4	7	5	1	3	6	8	9	2
1	7	3	6	8	2	5	4	9	1	7	3
6	5	4	9	1	3	2	7	8	5	6	4
7	3	9	5	2	8	4	6	1	9	3	7
8	4	1	7	6	9	3	5	2	4	8	1
2	6	5	1	3	4	9	8	7	2	5	6
			2	9	6	8	1	3	7	4	5
			3	5	1	7	9	4	6	2	8
			8	4	7	6	2	5	3	1	9

M038

1	4	6	7	3	9	8	2	5			
7	5	8	6	1	2	9	3	4			
2	9	3	5	8	4	6	1	7			
4	3	1	2	6	7	5	9	8	4	3	1
9	6	2	3	5	8	7	4	1	9	2	6
8	7	5	4	9	1	3	6	2	7	8	5
3	1	9	8	2	5	4	7	6	3	1	9
6	8	4	1	7	3	2	5	9	8	6	4
5	2	7	9	4	6	1	8	3	5	7	2
			7	1	4	6	3	5	2	9	8
			6	3	9	8	2	4	1	5	7
			5	8	2	9	1	7	6	4	3

M039

3	2	6	4	8	1	5	9	7			
9	5	4	2	7	6	1	3	8			
7	8	1	9	3	5	6	4	2			
5	1	7	8	6	4	9	2	3	7	5	1
8	6	9	3	2	7	4	1	5	8	9	6
2	4	3	1	5	9	8	7	6	3	2	4
1	7	8	5	9	3	2	6	4	1	8	7
4	3	2	6	1	8	7	5	9	2	4	3
6	9	5	7	4	2	3	8	1	9	6	5
			9	7	1	5	4	8	6	3	2
			4	3	6	1	9	2	5	7	8
			2	8	5	6	3	7	4	1	9

M040

```
146275839
523869174
789431562
632914758263
451783296154
897652413798
915348627915
378126945387
264597381426
   835179642
   271864539
   469532871
```

M041

```
498625173
276314958
153879264
347158629743
521496387152
689237541689
962743815296
715982436517
834561792834
   375968421
   629154378
   814273965
```

M042

```
863791245
451623987
729458613
687145329867
312967458213
945832761945
198276534198
234519876432
576384192576
   698247351
   451683729
   723915684
```

M043

```
759361482
841952673
623487159
185276394185
396145827369
274839561724
417598236471
938624715938
562713948256
   451672893
   387459612
   962183547
```

M044

```
326591874
718463295
945782631
259647183952
461835729461
837129456738
194378562194
573216948573
682954317826
   763891245
   591234687
   482675319
```

M045

```
173294856
248756193
569831247
357642918357
621589734621
984317562498
895423671985
416978325164
732165489732
   794853216
   831246579
   256197843
```

M046

```
792846351
518397426
364251789
456739812564
837162594837
129485637921
283614975283
675928143675
941573268419
   841756392
   396421758
   257389146
```

M047

```
758634912
634219785
291875364
183547629183
465923178654
972186453297
527391846725
316458297316
849762531849
   819764532
   274385961
   635912478
```

M048

```
837625914
645193287
921847635
352469871235
419738526194
768512349876
296371458962
573984162753
184256793481
   697234518
   125687349
   843915627
```

M049

```
395716482
672348951
418952637
154289376145
287634195872
963571824369
826195743286
741823569714
539467218953
   742631598
   356987421
   918452637
```

M050

```
964235817
381697425
527841369
156783942516
293164578923
478529631478
739418256397
812356794182
645972183645
   695427831
   847315269
   231869754
```

M051

```
837514296
562937481
149682537
371249658317
296851374926
485763129458
628195743862
953476812593
714328965174
   637581249
   584296731
   912437685
```

M052

9	2	5	4	7	6	1	8	3			
6	7	1	8	5	3	9	4	2			
8	3	4	1	9	2	6	7	5			
3	1	8	2	6	7	4	5	9	3	8	1
2	5	6	9	4	1	8	3	7	2	6	5
7	4	9	3	8	5	2	6	1	4	7	9
1	6	3	7	2	4	5	9	8	6	1	3
5	9	7	6	1	8	3	2	4	9	5	7
4	8	2	5	3	9	7	1	6	8	2	4
			4	5	6	9	7	2	1	3	8
			1	9	3	6	8	5	7	4	2
			8	7	2	1	4	3	5	9	6

M053

8	5	9	1	7	4	3	6	2			
2	3	4	6	9	8	7	1	5			
6	1	7	3	2	5	8	4	9			
3	4	5	2	8	1	6	9	7	4	5	3
1	6	8	9	4	7	2	5	3	1	6	8
7	9	2	5	3	6	4	8	1	7	9	2
9	7	1	8	6	2	5	3	4	9	7	1
5	2	6	4	1	3	9	7	8	6	2	5
4	8	3	7	5	9	1	2	6	8	3	4
			1	9	5	7	4	2	3	8	6
			3	2	4	8	6	9	5	1	7
			6	7	8	3	1	5	2	4	9

M054

6	5	1	4	9	2	3	7	8			
3	8	2	1	7	5	4	6	9			
9	7	4	3	8	6	5	1	2			
7	2	8	5	1	4	6	9	3	8	7	2
5	1	3	6	2	9	7	8	4	5	3	1
4	6	9	8	3	7	1	2	5	6	9	4
8	4	7	9	5	1	2	3	6	4	8	7
2	9	5	7	6	3	8	4	1	9	2	5
1	3	6	2	4	8	9	5	7	1	6	3
			4	7	6	3	1	9	2	5	8
			3	8	5	4	6	2	7	1	9
			1	9	2	5	7	8	3	4	6

M055

6	8	4	7	5	2	3	1	9			
7	3	5	9	8	1	4	2	6			
1	2	9	4	3	6	5	8	7			
4	6	8	3	2	7	1	9	5	8	4	6
2	7	1	5	6	9	8	3	4	1	2	7
5	9	3	8	1	4	7	6	2	9	5	3
9	5	2	1	4	8	6	7	3	2	9	5
3	1	7	6	9	5	2	4	8	3	7	1
8	4	6	2	7	3	9	5	1	6	8	4
			9	8	6	4	1	7	5	3	2
			4	5	2	3	8	6	7	1	9
			7	3	1	5	2	9	4	6	8

M056

5	6	3	8	1	7	4	2	9			
2	1	7	4	5	9	6	3	8			
8	4	9	3	6	2	7	5	1			
9	7	1	2	3	5	8	6	4	9	1	7
3	8	2	9	4	6	5	1	7	3	8	2
6	5	4	1	7	8	2	9	3	6	5	4
1	2	6	7	9	4	3	8	5	1	2	6
4	9	8	5	2	3	1	7	6	8	4	9
7	3	5	6	8	1	9	4	2	7	3	5
			4	5	9	6	3	8	2	7	1
			3	1	7	4	2	9	5	6	8
			8	6	2	7	5	1	4	9	3

M057

5	8	9	2	4	1	7	6	3			
6	1	4	3	8	7	9	5	2			
2	3	7	6	9	5	1	8	4			
8	9	3	5	1	4	6	2	7	8	3	9
4	6	5	9	7	2	3	1	8	4	5	6
7	2	1	8	3	6	5	4	9	7	1	2
9	7	6	1	2	8	4	3	5	6	9	7
3	5	2	4	6	9	8	7	1	3	2	5
1	4	8	7	5	3	2	9	6	1	4	8
			6	9	7	1	5	3	2	8	4
			2	8	1	9	6	4	5	7	3
			3	4	5	7	8	2	9	6	1

M058

7	8	5	1	3	6	9	4	2			
2	6	3	7	4	9	1	5	8			
1	4	9	5	2	8	7	6	3			
3	7	1	8	6	4	2	9	5	3	1	7
6	2	8	9	7	5	3	1	4	8	6	2
5	9	4	3	1	2	8	7	6	4	5	9
8	5	2	4	9	7	6	3	1	5	2	8
4	3	7	6	8	1	5	2	9	7	3	4
9	1	6	2	5	3	4	8	7	1	9	6
			1	4	8	9	6	3	2	7	5
			7	2	9	1	5	8	6	4	3
			5	3	6	7	4	2	9	8	1

M059

1	5	8	6	7	3	4	2	9			
9	6	4	8	2	1	3	5	7			
2	3	7	9	4	5	1	6	8			
8	7	1	5	6	9	2	3	4	7	1	8
4	9	6	2	3	7	5	8	1	9	6	4
5	2	3	4	1	8	9	7	6	5	3	2
3	8	9	7	5	4	6	1	2	8	9	3
6	4	5	1	8	2	7	9	3	4	5	6
7	1	2	3	9	6	8	4	5	2	7	1
			8	2	5	3	6	7	1	4	9
			9	4	3	1	5	8	6	2	7
			6	7	1	4	2	9	3	8	5

M060

2	4	3	9	7	5	1	6	8			
7	8	6	2	1	3	9	4	5			
5	9	1	8	4	6	2	7	3			
1	2	4	3	8	9	6	5	7	1	4	2
9	3	8	5	6	7	4	2	1	8	9	3
6	7	5	4	2	1	8	3	9	7	6	5
3	1	2	6	5	8	7	9	4	2	3	1
8	6	9	7	3	4	5	1	2	9	8	6
4	5	7	1	9	2	3	8	6	5	7	4
			9	7	6	2	4	5	3	1	8
			2	1	3	9	6	8	4	5	7
			8	4	5	1	7	3	6	2	9

M061

1	7	6	5	4	3	8	2	9			
3	8	4	7	2	9	1	5	6			
5	9	2	1	6	8	3	7	4			
8	4	9	6	3	2	7	1	5	4	8	9
2	3	7	9	5	1	4	6	8	2	3	7
6	5	1	8	7	4	2	9	3	1	5	6
9	2	5	3	8	7	6	4	1	5	9	2
7	1	8	4	9	6	5	3	2	7	1	8
4	6	3	2	1	5	9	8	7	3	6	4
			7	4	9	1	5	6	8	2	3
			1	6	3	8	2	4	9	7	5
			5	2	8	3	7	9	6	4	1

M062

8	4	6	5	3	9	1	7	2			
7	1	5	6	2	8	3	4	9			
2	9	3	7	4	1	5	6	8			
4	2	9	1	6	3	7	8	5	2	9	4
3	7	8	2	5	4	6	9	1	3	8	7
5	6	1	9	8	7	2	3	4	1	6	5
6	3	4	8	1	5	9	2	7	4	3	6
1	8	7	3	9	2	4	5	6	8	7	1
9	5	2	4	7	6	8	1	3	5	2	9
			7	2	1	5	6	8	9	4	3
			5	4	9	3	7	2	6	1	8
			6	3	8	1	4	9	7	5	2

M063

8	6	1	5	7	2	9	3	4			
4	2	9	1	3	6	7	5	8			
5	3	7	8	4	9	1	6	2			
6	1	3	2	8	7	5	4	9	6	1	3
9	8	2	4	6	5	3	7	1	9	8	2
7	4	5	9	1	3	8	2	6	7	4	5
3	7	8	6	9	4	2	1	5	3	7	8
2	9	6	3	5	1	4	8	7	2	6	9
1	5	4	7	2	8	6	9	3	4	5	1
			1	4	9	7	3	8	5	2	6
			5	3	2	1	6	4	8	9	7
			8	7	6	9	5	2	1	3	4

M064

4	9	6	7	5	2	8	3	1			
7	3	2	8	1	9	6	4	5			
5	8	1	4	3	6	2	7	9			
6	2	8	3	9	7	1	5	4	8	6	2
9	5	3	1	4	8	7	2	6	9	5	3
1	7	4	2	6	5	3	9	8	7	4	1
8	1	5	9	2	3	4	6	7	5	1	8
2	4	9	6	7	1	5	8	3	4	2	9
3	6	7	5	8	4	9	1	2	6	3	7
			7	1	6	2	4	9	3	8	5
			4	3	2	8	7	5	1	9	6
			8	5	9	6	3	1	2	7	4

M065

4	6	1	2	3	9	7	5	8			
3	5	7	6	8	1	9	2	4			
2	9	8	5	4	7	6	1	3			
7	4	6	9	2	8	5	3	1	6	4	7
1	8	5	3	7	4	2	6	9	8	1	5
9	3	2	1	6	5	8	4	7	2	9	3
5	2	4	7	9	3	1	8	6	5	2	4
8	1	9	4	5	6	3	7	2	1	8	9
6	7	3	8	1	2	4	9	5	3	7	6
			2	8	9	6	5	4	7	3	1
			5	4	1	7	2	3	9	6	8
			6	3	7	9	1	8	4	5	2

M066

9	1	6	3	4	5	8	2	7			
3	5	8	6	7	2	1	9	4			
4	7	2	1	8	9	5	3	6			
2	8	9	5	6	7	3	4	1	2	8	9
5	4	7	2	1	3	9	6	8	7	4	5
1	6	3	8	9	4	7	5	2	3	6	1
8	2	1	9	5	6	4	7	3	8	1	2
6	9	4	7	3	8	2	1	5	6	9	4
7	3	5	4	2	1	6	8	9	5	7	3
			1	4	5	8	3	7	9	2	6
			3	8	2	1	9	6	4	5	7
			6	7	9	5	2	4	1	3	8

M067

5	6	4	1	9	2	3	7	8			
9	8	3	7	5	4	6	2	1			
1	2	7	3	8	6	5	9	4			
3	4	6	2	7	1	9	8	5	6	3	4
2	9	8	4	3	5	7	1	6	9	2	8
7	1	5	9	6	8	4	3	2	7	5	1
6	3	2	5	1	9	8	4	7	3	6	2
8	7	1	6	4	3	2	5	9	8	1	7
4	5	9	8	2	7	1	6	3	5	4	9
			1	5	4	3	7	8	2	9	6
			3	8	2	6	9	4	1	7	5
			7	9	6	5	2	1	4	8	3

M068

4	7	2	8	1	9	3	5	6			
1	5	6	3	2	4	9	7	8			
3	8	9	5	6	7	2	4	1			
7	3	8	4	9	2	1	6	5	7	8	3
2	6	1	7	3	5	8	9	4	2	6	1
5	9	4	1	8	6	7	2	3	5	4	9
9	1	7	6	5	8	4	3	2	1	9	7
8	4	5	2	7	3	6	1	9	4	5	8
6	2	3	9	4	1	5	8	7	3	2	6
			3	1	9	2	5	6	8	7	4
			8	2	4	9	7	1	6	3	5
			5	6	7	3	4	8	9	1	2

M069

2	9	8	7	3	4	5	6	1			
1	4	7	5	6	9	8	3	2			
3	5	6	2	8	1	7	9	4			
9	2	5	1	4	8	3	7	6	9	5	2
8	3	1	6	7	2	9	4	5	1	8	3
6	7	4	9	5	3	1	2	8	4	7	6
4	8	9	3	1	6	2	5	7	8	4	9
7	6	2	8	9	5	4	1	3	6	2	7
5	1	3	4	2	7	6	8	9	3	1	5
			7	3	4	8	9	2	5	6	1
			2	8	9	5	6	1	7	3	4
			5	6	1	7	3	4	2	9	8

M070

5	9	3	2	4	6	7	8	1			
1	2	6	3	8	7	4	5	9			
7	4	8	1	5	9	6	2	3			
9	7	2	8	1	3	5	6	4	7	2	9
3	1	5	6	7	4	2	9	8	3	1	5
8	6	4	5	9	2	3	1	7	8	4	6
2	5	9	4	3	1	8	7	6	5	9	2
6	3	7	9	2	8	1	4	5	6	7	3
4	8	1	7	6	5	9	3	2	4	8	1
			2	8	9	4	5	3	1	6	7
			3	4	6	7	2	1	9	5	8
			1	5	7	6	8	9	2	3	4